Knaur.

Über den Autor:
Hans Girod, geboren 1937, ist Kriminalist. 1975 Promotion zum Dr. jur., 1983 Habilitation. Bis 1994 war er Hochschuldozent für Spezielle Kriminalistik an der Humboldt-Universität Berlin. Arbeitsgebiete: Sexual- und Gewaltdelikte, insbesondere Tötungsfälle, Identifizierung unbekannter Toter und interdisziplinäre Probleme der forensischen Psychiatrie. Hans Girod ist mit seinen kriminalgeschichtlichen Darstellungen zum Bestsellerautor geworden: »Das Ekel von Rahnsdorf«, »Leichensache Kollbeck«, »Der Kannibale«, »Blutspuren«.

Hans Girod

Der Würger von Plauen

Und weitere spektakuläre Mordfälle

Knaur Taschenbuch Verlag

Besuchen Sie uns im Internet:
www.knaur.de

Vollständige Taschenbuchausgabe Oktober 2006
Knaur Taschenbuch.
Ein Unternehmen der Droemerschen Verlagsanstalt
Th. Knaur Nachf. GmbH & Co. KG, München

Umschlaggestaltung: ZERO Werbeagentur, München
Umschlagabbildung: FinePic, München
Satz: Adobe InDesign im Verlag
Druck und Bindung: Clausen & Bosse, Leck
Printed in Germany
ISBN 978-3-426-77864-7

2 4 5 3

Inhalt

Vorbemerkung

Eigentlich sollte die Buchreihe über ungewöhnliche Gewaltverbrechen, die sich in der DDR zugetragen haben, mit dem Band »Blutspuren« abgeschlossen werden. Jedoch lassen viele Anfragen und Diskussionen ein nicht erloschenes Leserinteresse an kriminalistischen Sachbüchern, vor allem an speziellen Berichten über die Gewaltkriminalität im Land des Sozialismus, erkennen. Auch wenn der Autorenkreis, der sich mit der fallbezogenen Retrospektive auf die DDR-Kriminalität beschäftigt, inzwischen größer geworden ist, besteht offenbar noch immer ein ungebrochenes Informationsbedürfnis der ehemaligen DDR-Bürger, endlich über jene Fälle aufgeklärt zu werden, über die wenig oder überhaupt nichts bekannt ist, und die dennoch zu den Realien des DDR-Alltags zählten. Deshalb wurde die Anregung des Verlages aufgenommen, dem kleinen Pitaval über die ungewöhnlichen Gewaltverbrechen in der DDR einen weiteren Band hinzuzufügen.

Auch diesmal geht es um verschwiegene, vergessene, zumindest kaum bekannte Kapitaldelikte. Es wird über die kriminogene Entwicklung innerhalb zwischenmenschlicher Konflikte und ihre unvernünftigen, absurden Lösungen berichtet, über Unfälle, die aus Angst verschleiert werden und damit weitaus größere rechtliche Konsequenzen nach sich ziehen, über tatrelevante ungestüme Gemütsaufwallungen und die sich aus ihnen ergebenden psychiatrisch-rechtlichen Probleme, über tödliche Habgier und die kriminellen Folgen sexueller Triebhaftigkeit, aber auch über die Gründe, die Unschuldige rasch in den Strudel einer Beschuldigung geraten lassen:

Ein Familienvater vergewaltigt eine junge Frau, tötet sie aus Angst vor einer Anzeige und vergräbt ihren Leichnam im Wald. Fast scheint der Fall vergessen, bis Kinder die sterblichen Überreste finden und so die polizeilichen Ermittlungen in Gang setzen. Ein anderer verstrickt sich sukzessive in einem Geflecht aus Lügen und selbstverschuldeten Konflikten und bestätigt mit einem Doppelmord den Grundsatz von der kriminінologischen Gleichförmigkeit, nach dem viele Täter in Konfliktsituationen vor vernünftigen, einfacheren Lösungen zurückschrecken. Stattdessen bevorzugen sie falsche, oft irrationale Bewältigungsstrategien, die verheerende Auswirkungen zeigen. Wieder ein anderer tötet seine Ehefrau, vergräbt ihre Leiche, täuscht erfolgreich einen Suizid vor und lebt fast zwanzig Jahre unbehelligt und in neuer Ehe, bis ihm ein zufälliger Knochenfund zum Verhängnis wird. Ein Jugendlicher tötet aus tiefem Haß seine Mutter, die ihn von kleinauf auf abscheuliche Weise sexuell mißbraucht. Da hält ein unbekannter Serientäter, der Frauen überfällt, beraubt und beinahe tötet, jahrelang eine ganze Stadt in Atem und die Polizei auf Trab, ehe man seiner habhaft werden kann …

In zehn Kapiteln werden fünfzehn authentische Fälle behandelt, die aus jeweils unterschiedlichem Blickwinkel weitere Einblicke in die Erscheinungsformen und Begehungsweisen dieser speziellen Deliktkategorie vermitteln, aber auch das kriminalistische Vorgehen auf dem mitunter langen und steinigen Weg zur Wahrheit skizzieren.

Erneut bestätigt sich, wie brüchig die Fassade menschlicher Beziehung sein kann, wenn psychosoziale Verwahrlosung und enthemmender Alkoholgenuß, aber auch Egoismus, Eitelkeit oder Habgier ihre destruktive Wirkung entfalten, und wie Täter und Opfer im Konfliktstrudel gleichermaßen untergehen. Sämtliche Fälle wurden durch die jeweils zuständige Mordkommission untersucht und als versuchte oder

vollendete Tötungsdelikte zur Anklage gebracht, obgleich sie vom Gericht mitunter anders beurteilt wurden.
Der Leser wird mit den teilweise trostlosen Lebenswegen der Täter bekanntgemacht, die – bei aller Unterschiedlichkeit der Taten – in vielen Fällen auffällig ähnlich verlaufen und von fragwürdigem Erziehungsmilieu, Verhaltensstörung, ausgekühlter Emotionalität, mangelhafter sozialer Integration und Bindung ebenso geprägt sind wie von Alkoholismus, Agressivität und fehlender normgerechter Lebensperspektive.
Neben den Psychogrammen der Täter und der Beschreibung der jeweiligen Tatentwicklung steht das erfolgreiche untersuchungsmethodische Vorgehen der Kriminalpolizei bei der Beweiserlangung im Vordergrund, wobei spurenkundliche Spezialitäten nicht zu kurz kommen sollen.
Aber auch Fehlschläge in der Untersuchung sind Gegenstand des Buches. An realen Vorkommnissen wird gezeigt, wie leicht durch verschleiernde Täterhandlung verbrecherische Hintergründe bei Vermißtenfällen verkannt und dadurch die Ermittlungsprozesse beeinträchtigt werden, ehe – zumeist zufallsbedingt – Korrekturen möglich sind. Bei anderen geht es um die fallspezifischen Gründe für falsche Beweise oder irrige Tatsachenbewertungen, die sehr rasch zu fatalen rechtlichen Entscheidungen führen und Unschuldige hinter Gitter bringen. Gewöhnlich nennt man sie Justizirrtümer, die überall dort vorkommen können, wo Recht gesprochen wird, deren Keimzellen aber fast immer im polizeilichen Ermittlungsverfahren liegen.
Andere Fallschilderungen widmen sich den unterschiedlichen tatrelevanten Affekten, deren Beurteilung schon zu allen Zeiten moderner Rechtsprechung besonders hohe Ansprüche an Sachverständige und Richter stellt.

Insgesamt wurden solche Fälle ausgewählt, die kriminalistisch und kriminologisch Ungewöhnliches in sich vereinen, die aber

auch durch einen kurzen Blick auf den herrschenden Zeitgeist die gesellschaftlichen Rahmenbedingungen widerspiegeln, in denen sich die beschriebenen Verbrechen ereigneten. Zum Schutz der Persönlichkeitsrechte von Tätern, Opfern, Hinterbliebenen und Zeugen wurden die meisten Namen geändert. Das gilt auch für die anderen Akteure, die keinesfalls erfundene Figuren sind. Um Überdehnungen zu vermeiden, wurden gelegentlich bestimmte, vor allem tathergangsbezogene Abläufe gestrafft, andere wiederum auf das kriminologisch Typische konzentriert. Die für eine auflockernde, plastische Darstellung der Berichte erforderlichen Dialoge wurden nach den Vernehmungsprotokollen rekonstruiert und nachempfunden, bleiben aber sach- und persönlichkeitsbezogen.
Ganz bewußt fehlen in diesem Buch die bisher gewohnten bildlichen Darstellungen. Durch den Verzicht auf spektakuläre Tatortfotos und Bilddokumente nimmt die Authentizität der Vorgänge aber keinen Schaden. Daß sie in den früheren Büchern dieser Reihe erfolgten, lag vor allem in der Absicht, dem Außenstehenden einen kleinen bildlichen Einblick in eine abartige und gräßliche Realität zu gestatten, der sich die an der Untersuchung Beteiligten im Interesse der Wahrheitsfindung nicht entziehen können.
Der sensible Leser wird allein mit der verbalen Beschreibung der verbrecherischen Vorgänge schnell an die Grenzen des Vorstell- und Zumutbaren geführt.

Da sich das Buch an die Liebhaber kriminalistischer Sachliteratur wendet, wurden in die Fallschilderungen gegentlich kurzgefaßte kriminologische, forensische oder rechtliche Exkurse eingefügt. Sie sind durch ein anderes Schriftbild deutlich gemacht. Diese kommentierenden Einschübe sollen als Erläuterungen verstanden werden, erheben aber keinen Anspruch auf Vollständigkeit.
Überhaupt ist das Buch nicht als wissenschaftliche Monogra-

phie anzusehen, weshalb sich auch die Literaturangaben nur auf grundsätzliche Quellenhinweise beschränken.
Bleibt noch anzumerken: Am Ende des Buches findet sich ein Glossar zu den wichtigsten Fachbegriffen und Abkürzungen. Die Nennung der Aktenzeichen soll dem beruflich Interessierten den Zugang zum Originalmaterial erleichtern.

Und schließlich: Die kritische Rückbesinnung auf Vergangenes sollte für einen Blick in die Zukunft genutzt werden. Der allerdings gibt wenig Anlaß zu Optimismus: Zur Zeit wird der Medienmarkt mit realen und erdachten Schauergeschichten über menschliche Gewaltakte regelrecht überschwemmt, was zu schädlicher Adaptation und Desensibilisierung, ja sogar nachweislich zur Nachahmung führt. Zugleich wird ein schöngefärbtes, aber wirklichkeitsfremdes Bild über die Polizei und ihre Arbeit vermittelt. Am Ende siegt immer das Gute, so enden die meisten Märchen.
Wahrheit jedoch ist: Das in der Gesellschaft herrschende Gewaltpotential bildet mit Egoismus, Habgier und Sucht eine unheilvolle Allianz und kann kaum noch gezügelt werden. Auf diesem Nährboden gedeiht die Gewaltkriminalität weiter, hat längst internationale Formen erreicht, ihr bisheriges Erscheinungsbild verändert und hinterläßt ein gewaltiges Dunkelfeld. Inzwischen ist das Verbrechen finanziell, technisch und moralisch oftmals besser ausgestattet als die Institutionen, die es bekämpfen.
Es ist unbestritten, die moderne Kriminalistik verfügt über bestechende Erkennntnismöglichkeiten. Doch die vorhandenen rechtlichen Rahmenbedingungen, unter denen die Aufdeckung und Aufklärung der gewaltsamen Todesfälle erfolgt, sind antiquiert und verkrustet – eine längst bekannte Tatsache. Aber der Ruf nach gesetzgeberischen Innovationen verhallt im exklusiven Ambiente der Volksvertretungen. Statt dessen bedroht eine rigorose Einsparpolitik die Existenz der für

die Verbrechensbekämpfung dringend erforderlichen forensischen Disziplinen. Selbst die Tätigkeit der Ordnungshüter ist vielerorts längst zu bloßer Kriminalitätsverwaltung und Abwicklung versicherungsrechtlicher Fragen verkommen. Und das bei stetem Anstieg der Ermittlungsverfahren.
Es gibt also reichlichen Stoff für künftige Wortmeldungen.

Altdorf/Ndb., im Dezember 2004
Hans Girod

Die Tote in der Mäker

AZ 132-6-71 Bezirksstaatsanwalt Schwerin, Tgb.-Nr. 51/71 MUK Schwerin

Bützow ist ein idyllisches Mecklenburger Städtchen, in breiter wald- und seenreichen Talaue gelegen und zu DDR-Zeiten das Zentrum eines kleinen Landkreises im Bezirk Schwerin. Der Binnenhafen, die Produktion flüssigen Sauerstoffs, das Trockenmilchwerk und eine Möbelfabrik sichern den knapp 10 000 Einwohnern ausreichenden Broterwerb.

Umgeben ist die Stadt von einer reizvollen Hügellandschaft mit dichten Mischwäldern, unterbrochen von Dutzenden kleinen Wasserläufen, breiten Kanälen und weitflächigen Seen. Für Kenner immer schon ein Geheimtip.

Die Harmonie wird nur gestört durch die im Ortsteil Dreibogen am westlichen Ufer des Bützower Sees zu Gesetzestreue und Disziplin still mahnende meterhohe Mauer eines Knastes, in dem seit Kaisers Zeiten bis zum heutigen Tage bereits etliche Generationen von Verurteilten ihr tristes Gefangenendasein fristen.

Längst haben die Bützower Bürger sich mit diesem unbeliebten Inventar ihres Städtchens abgefunden. Von seinen Insassen geht indes keine nennenswerte Bedrohung aus. Denn: Beurlaubung und Freigang – wie heutzutage allenthalben üblich – sind in der Strafvollzugspraxis der DDR unbekannte Vokabeln. Der Makel, der dem ungastlichen Terrain anhaftet, ist bedeutungslos angesichts der Schönheiten des Bützower Umlandes, dessen wahren Wert eigentlich nur jene erkennen, die auf ihrem Weg in den FDGB-Urlaub an den Ostseegestaden in der »Mecklenburger Schweiz« innehalten.

Es ist der 25. Februar 1971. Winterlicher Frieden liegt über dem Kreisstädtchen Bützow. Tage zuvor hatte ein plötzlich einsetzendes sonniges Hoch Schnee und Eis verschwinden lassen. Noch haben die Schulkinder Winterferien, wenn auch ohne Schneeballschlacht und Rodelfreude. Schnell breitet sich eine milde Wärme aus.
Das allein ist für die elfjährige Melanie Kupfer und ihren zwei Jahre älteren Bruder Michael, die in der Nähe des Bahnhofs wohnen, Grund genug, nach dem Mittagessen die Fahrräder aus dem Schuppen hervorzukramen. Die Geschwister wollen, wie sie der Mutter sogleich mitteilen, »in der Mäker ein bißchen herumfahren«, so wie es schon viele Male zuvor geschah. Die Mäker – Teil eines weitläufigen Waldes, der sich nach Süden bis zum Peetscher See erstreckt, ein Landschaftsschutzgebiet mit reicher Fauna und beliebten Spazierpfaden – ist den Geschwistern bestens vertraut.
Kurz nach 14.00 Uhr radeln die beiden die Tarnower Chaussee stadtauswärts entlang, um nach einem reichlichen Kilometer hinter den letzten Häusern, wo sich heute das Gewerbegebiet ausdehnt, nach rechts in den Wald einzubiegen. Nach kurzer Fahrt parken sie ihre Räder am Wegrand. Übermütig durchstreifen Melanie und Michael das dichte Unterholz. Dann halten sie jäh inne. Was ist das? Sie erspähen im Laub einen seltsamen, schmutzigen, fast kugeligen Gegenstand. Bei näherer Prüfung durchfährt sie ein Schauder. »Ih, ist das ein Totenkopf?« fragt Melanie entsetzt. Teils angewidert, teils neugierig beäugen die Geschwister das unwirkliche Gebilde, stochern mit kleinen Ästchen daran herum. In der Tat. Augenhöhlen und Zähne eines vollständigen Kiefers werden sichtbar. Augenblicklich verlassen die Kinder den schaurigen Ort, schwingen sich auf ihre Räder, radeln schnurstracks heim und teilen den Eltern ihre Entdeckung mit.
Vater Kupfer ist kurz entschlossen, verfrachtet die Kinder in seinen »Trabi« und tuckert auf schnellstem Wege ins Stadt-

zentrum, um im VP-Kreisamt den Fund des vermeintlichen Schädels anzuzeigen. Eine uniformierte Abordnung mit Funkwagen und Blaulicht läßt sich von den Geschwistern die Fundstelle in der Mäker zeigen. Tatsächlich: Schon die bloße Inaugenscheinnahme bestätigt die Aussage der Kinder: Im Unterholz liegt ein menschlicher Kopf. Und trotz der erheblichen Verschmutzung mit feuchtem Erdreich können die Gesetzeshüter erkennen, daß er nahezu komplett skelettiert ist. Die Geschwister sind ahnungslos, daß ihre Entdeckung die Maschinerie polizeilicher Ermittlungen bald auf Hochtouren bringt.

Unverzüglich wird die Absperrung der Fundstelle veranlaßt. Möglichen Gaffern soll der Zutritt verwehrt werden. Spuren sind vor Vernichtung zu schützen. Denn es besteht durchaus die vage Möglichkeit, daß die restlichen Leichenteile noch irgendwo im Unterholz der Mäker liegen. Zumindest muß diese Version gewissenhaft geprüft werden.

Bereits eine dreiviertel Stunde später ist die Mordkommission aus Schwerin zur Stelle. Regisseur der folgenden kriminalistischen Maßnahmen ist Hauptmann Horst Paschke (41), ein mittelgroßer Mecklenburger Sturkopf mit hellwachem Geist, seit fast zwanzig Jahren emsiger Staatsdiener. In seiner Begleitung zwei jüngere Mitarbeiter. Auch ein unauffälliger Kleinbus des Typs Barkas hat sich inzwischen am Rande des Waldwegs plaziert, das Fahrzeug des Kriminaltechnikers. Paschke verschafft sich einen Überblick von der Fundstelle. Und eifrig betätigt der Kriminaltechniker den Auslöser seines Fotoapparats. Schließlich erscheinen wenig später zwei Gerichtsärzte aus dem sich im Aufbau befindlichen Schweriner Institut für Gerichtliche Medizin, die sogleich den Schädel inspizieren. Nach grober Reinigung erkennen sie bereits, daß die Weichteile infolge natürlicher Verwesungsvorgänge bis auf einige kleine Gewebefetzen komplett abgelöst sind. Schartenartige Verletzungen werden sichtbar. »Tierfraß«, stellen die

Fachleute nüchtern fest, »vermutlich haben Wildschweine den Schädel irgendwo freigescharrt und hierher verschleppt.« Schließlich verschwindet der makabre Fund in einer Plastiktüte: »Weitere Untersuchungen im Institut!«

Hauptmann Paschke läßt rund um die Fundstelle Sektoren im Waldboden abstecken. Dann suchen die Männer, sich behutsam Schritt für Schritt vorwärtsbewegend, ihre Blicke hochkonzentriert auf den Waldboden und das Unterholz gerichtet, die nähere Umgebung ab, ob sie weitere Leichenteile oder eine vermeintliche Grabestelle entdecken. Die laue Frühlingsluft erleichtert ihr anstrengendes Werk.

Schnell werden sie fündig: Im dichten Unterholz stoßen sie auf offensichtlich aufgewühltes Erdreich, typisch für das Werk emsiger Wildschweine. Paschke ist zufrieden, doch er weiß auch, daß nun eine zeitaufwendige Freilegung der Stelle notwendig wird. Sorgfältig, Schicht für Schicht abtragend, wird der Waldboden ausgehoben und untersucht. Dann: In fast einem Meter Tiefe die Überreste eines Menschen, die sich in erheblicher Verwesung befinden. Die Extremitäten des Leichnams sind vollständig skelettiert, der Unterkörper bis zur Unkenntlichkeit verwest. Jedoch sind Weichteile des Oberbauches und des hinteren Thorax noch relativ gut erhalten. Eine Geschlechtsfeststellung ist unter den gegebenen Bedingungen noch nicht möglich. Auch zum Alter können die Experten zunächst keine Aussage treffen. Doch was die vermutliche Liegezeit betrifft, gelten mehrere Monate, etwa ein halbes Jahr, als wahrscheinlich.

Paschke schlußfolgert richtig: Das ist das Resultat einer illegalen Bestattung! Derlei Umstände weisen üblicherweise auf ein Verbrechen hin. Und da weder Textilreste noch Schuhe gesichert werden können, resümiert er weiter, daß der Täter sein Opfer vollständig entkleidet haben muß, bevor er es verscharrte. So ist die Bekleidung womöglich an anderer Stelle des Waldes entsorgt worden.

Inzwischen ist die Nacht hereingebrochen. Die Untersuchungen können vorerst beendet werden. Es ist keine Eile geboten. Doch die Aufgabe für den nächsten Tag steht damit fest.
Unter der Obhut der Gerichtsmediziner werden die sterblichen Überreste nach Schwerin ins Institut überführt. Paschke sorgt unterdessen dafür, daß Polizisten aus Bützow die Sicherung des gesamten Areals der Mäker übernehmen. Mit den Worten »Morgen ist auch noch ein Tag« verläßt er mit seinen Mitstreitern schließlich die Szene.
Während der Rückfahrt sinnieren sie über die ersten Versionen. Vorrangig geht es jetzt um die Identifizierung des Leichnams, aber auch um die Klärung der Todesursache. Beides sind wichtige Voraussetzungen für die sich daran anschließenden täterbezogenen Ermittlungen. Morgen früh geht es erst einmal um die Suche nach der fehlenden Bekleidung, die allenfalls in der Mäker irgendwo verscharrt ist. Horst Paschke weiß aus der Erfahrung, daß sie selbst bei langer Liegezeit nicht nur ein ausgezeichneter Träger tat- und täterrelevanter Spuren sein, sondern schlagartig eine Identifizierung des Leichnams ermöglichen kann. Das stimmt ihn zuversichtlich. Gleichzeitig hofft er darauf, daß der Leichenfund in der Mäker sich nicht zu einem langwierigen, kräftezehrenden Vermißtenfall ausweitet.
Seinen endgültigen Abschluß findet der Tag, nachdem Paschke kurz vor Mitternacht das formelle Ermittlungsverfahren gegen Unbekannt wegen Verdachts der vorsätzlichen Tötung eingeleitet hat.

Am folgenden Morgen wird die Autopsie der sterblichen Überreste vorgenommen. Paschke läßt es sich nicht nehmen, dabei zu sein. Und das ist gut so, denn die Ergebnisse überraschen ihn so sehr, daß er sich zu der flapsigen Bemerkung hinreißen läßt: »Was so ein Matsch alles noch preisgibt!«

Es ist der Leichnam einer Frau, geschätztes Alter etwa 20 Jahre. In den Weichteilen der linken vorderen Thoraxseite, aber auch im Oberbauch und in der Rückenpartie sind sechs tiefe Einstiche zu lokalisieren. Sie sind durch ein einschneidiges Werkzeug, etwa ein Fahrtenmesser, entstanden und mit hoher Wahrscheinlichkeit todesursächlich. Zusätzlich weist der knöcherne Schädel mehrere stumpfkantige Hiebverletzungen auf. Alles in allem: Der erste Beweis eines Gewaltdelikts.

Für eine Identifizierung der unbekannten Frau wird der Zahnstatus bestimmt, eine wichtige Voraussetzung für mögliche Ermittlungen bei der Dentisten-Zunft. Einige an kleinen Weichteilfetzen des Schädels gesicherte Haare der Toten eignen sich sogar für die Bestimmung der Blutgruppe 0.

Zeitgleich mit den Aktivitäten im Sektionssaal sucht unter der Leitung des Kriminaltechnikers ein Dutzend Polizisten in der Mäker nach der Bekleidung der jungen Frau. Mit Sonden wird Meter für Meter der Waldboden abgetastet. Bereits 30 Meter von der Fundstelle des Schädels entfernt findet die akribische Suche ein erfolgreiches Ende. Ein kleiner, dennoch auffälliger Erdhügel erweckt das besondere Interesse der Kriminalisten. Behutsam wird die Erde entfernt und die Stelle untersucht. Unter dem feuchten Laub zeichnet sich ein etwa einhalb Quadratmeter großes Areal ab, innerhalb dessen der Waldboden wesentlich lockerer erscheint. Wiederum muß die Erde mit archeologischer Akribie abgetragen werden.

Dann: Aus etwa 50 cm Tiefe wird ein Packen verschmutzter, teils verrotteter und miteinander verklebter, kompletter Bekleidungsstücke einer weiblichen Trägerin geborgen: ein grüner Rollkragenpullover, eine blaue Popelinejacke, ein grauer Minirock, ein Slip, ein Unterhemd und ein Paar weiße Damenschuhe der Größe 38. Die leere Grube wird kriminaltechnisch näher untersucht. Aus ihren Wänden ragen mehrere offensichtlich gewaltsam durchtrennte Wurzeln. Auch sie werden sorgfältig gesichert. Im Ergebnis ihrer späteren tras-

sologischen Untersuchung wird ein Gutachter nämlich zu dem Schluß gelangen, »daß die an den Wurzeln vorhandenen Trennspuren durch ein einschneidiges Werkzeug, vermutlich einen Spaten, verursacht wurden«. Auch die Untersuchung des Grubenrandes bestätigt diese Vermutung. Vorsorglich werden innerhalb und außerhalb der Grube Erdproben genommen und asserviert.
Alles in allem: Dieser Fund ist ein spurenkundlicher Goldschatz. Als Hauptmann Horst Paschke nämlich die inzwischen getrockneten Bekleidungsstücke untersuchen läßt, wird aus der Innentasche der Jacke neben einigen kosmetischen Utensilien das gerade noch lesbare Fragment eines Krankenscheins der Sozialversicherung zutage gefördert. Ausgestellt auf den Namen Brigitte Bittner, unterzeichnet von einem Arzt der Poliklinik Bützow.
Kriminalistenglück! Die Ermittler frohlocken. Denn für eine endgültige Identifizierung des vielleicht schon namentlich gemachten Leichnams verfügen sie jetzt über ausreichende Informationen. Überdies können sie davon ausgehen, daß sich alle ergänzenden Recherchen zur Person der toten Frau vorrangig auf den Versorgungsbereich der Poliklinik, nämlich die Stadt und ihr Umland, beschränken. Nach vielfach erprobtem Rezept richtet Paschke im VP-Kreisamt Bützow einen Stützpunkt ein, um die künftigen kriminalistischen Prozesse effektiv steuern zu können. Unterdessen stößt einer seiner findigen Ermittler in der Poliklinik auf konkrete Daten über die Tote aus der Mäker.
Die Unbekannte heißt Brigitte Bittner, 16 Jahre alt, Zögling im wenige Kilometer südöstlich von Bützow gelegenen Jugendwerkhof in der Ortschaft Rühn. Sie war am 23. September 1970 in der ärztlichen Sprechstunde der Poliklinik Bützow. Grund: »Eitrige Nagelbettentzündung am Daumen der rechten Hand infolge einer infizierten Bagatellverletzung«, wie die Männer in Weiß sachlich feststellten.

Nachdenklich nimmt Horst Paschke die Mitteilung entgegen und wirft die Frage in den Raum: »Da muß doch ein Vermißtenvorgang existieren?«
Sein Mitstreiter versteht: »Ich kümmere mich drum!«
Postwendend verläßt dieser seinen Chef. Der greift unterdessen zum Telefon: »Verbinden Sie mich mal mit dem Leiter des Jugendwerkhofs«, spricht er in die Muschel mit ernster Stimme. Zwei Atemzüge später ist die Verbindung hergestellt. Paschke hat nur eine Frage, die der Mann am anderen Ende der Leitung ohne langes Nachdenken beantwortet: »Brigitte Bittner? Ja, ist Zögling bei uns, schwer erziehbar, schwieriges Elternhaus, verstehen Sie! Seit ihrem Ausgang zum Besuch der Poliklinik vor einigen Monaten ist sie verschwunden. Vermutlich hat sie sich bei sowjetischen Soldaten versteckt. Mitte Oktober vorigen Jahres habe ich deshalb persönlich beim VPKA Vermißtenanzeige erstattet!«

Jugendwerkhöfe waren staatliche Spezialheime zur Umerziehung schwererziehbarer und bereits straffälliger Jugendlicher. Ihre Etablierung begann unmittelbar nach dem 2. Weltkrieg. Sie lösten – freilich unter sozialistischem Vorzeichen – die während der Nazizeit entstandenen berüchtigten Fürsorgeanstalten ab. Ihre pädagogische Konzeption folgte dem Grundsatz »Erziehung durch Arbeit im Kollektiv«. Dazu gehörten vor allem die politische Erziehung, aber auch Schulunterricht, berufliche Qualifizierung und eine unter der Schirmherrschaft der FDJ stehende, straff gesteuerte Freizeit. Die Lebens- und Arbeitsbedingungen wurden durch strenge, eine individuelle Persönlichkeitsentfaltung stark einschränkende Heimordnungen reglementiert. Durchnittlich betrug die Aufenthaltsdauer der Zöglinge zwei Jahre.
Die Einweisung in Jugendwerkhöfe erfolgte einerseits durch Gerichtsbeschluß (in Anwendung des Jugendgerichtsgesetzes der DDR), andererseits durch amtliche Verfügung der soge-

nannten Organe der Jugendhilfe. Allerdings blieb der angestrebte Erziehungseffekt dieser Einrichtungen zumeist hinter den Erwartungen.
Der offensichtlich geringe Wirkungsgrad der Jugendwerkhöfe wurde durch das von Margot Honecker geführte Ministerium für Volksbildung, dem diese Einrichtungen unterstellt waren, mehrmals bemängelt. Zentrale Inspektionsgruppen mußten diese Spezialheime regelmäßig überprüfen.
Der Hauptgrund für das Versagen der pädagogischen Konzeptionen lag einerseits in der Tatsache, daß die realen Bedingungen in den Jugendwerkhöfen hinsichtlich der geforderten Schulbildung, beruflichen Entwicklung und Freizeitgestaltung zumeist im Widerspruch zu den vollmundigen theoretischen Ansprüchen standen, die an die sozialistische Umerziehung gestellt wurden. Andererseits boten die rechtlichen Bedingungen für eine Kriminalisierung unangepaßten Verhaltens Jugendlicher den Behörden leichte Möglichkeiten einer Zwangseinweisung (etwa nach dem Schema »arbeitsscheu gleich asosial, asozial gemäß § 249 StGB gleich kriminell, kriminell gleich Einweisung«). Das förderte die Renitenzen und Aversionen, unterdrückte hingegen jede Besserungsbereitschaft vieler Zöglinge. Ratlos mußten Volksbildungsministerium und Justiz deshalb eine besorgniserregende strafrechliche Rückfallquote unter den entlassenen Jugendlichen zur Kenntnis nehmen. Sie blieb trotz aller Bemühungen angesichts der bei vielen Zöglingen festzustellenden zunehmenden »Verfestigung sozial-negativer, kriminell gerichteter Verhaltensbereitschaften« eigentlich immer ein ungelöstes Problem.
Die ungenügenden Umerziehungserfolge führten bereits Ende der 60er Jahre zu einer Umstrukturierung des Systems. Es entstanden die Jugendwerkhöfe Typ 1 (Heime für kurzfristigen Aufenthalt bis neun Monate, ohne berufliche Bildung) und die Jugendwerkhöfe Typ 2 (langfristiger Aufenthalt bis zwei

Jahre, mit beruflicher Bildung). Dies allerdings – wie die Zukunft zeigte – ohne nennenswerte Verbesserung der Situation.
Neben diesen beiden Haupttypen wurden die später zum Kombinat vereinten sogenannten Sonderheime (für erheblich verhaltensgestörte Kinder und Jugendliche, die einer heilpädagogischen, psychologischen Betreuung bedurften) und in Torgau ein sogenannter geschlossener Jugendwerkhof geschaffen, dessen äußere und innere Bedingungen einem üblichen Gefängnis entsprachen.

Bevor Paschke darüber nachdenken kann, welche Gründe den Leiter des Jugendwerkhofs wohl veranlaßt haben könnten, erst Mitte Oktober eine Vermißtenmeldung bei der Polizei zu machen, ist sein Mitarbeiter zurück und überreicht ihm, vielsagend lächelnd, einen abgegriffenen Schnellhefter, auf dem in fein säuberlichen Lettern steht »Vermißtensache Brigitte Bittner«: »Hier, aus dem Kommissariat 3!«
Zunächst kann Paschke den Gesichtsausdruck seines Kollegen nicht deuten. Als er aber zwischen den Aktendeckeln nur verhältnismäßig wenige Schriftstücke bemerkt, schlußfolgert er messerscharf, daß die polizeilichen Bemühungen in dieser Sache sehr oberflächlich geblieben sein müssen. Zornesfalten breiten sich auf seiner Stirn aus. Er hebt die Akte an, als wolle er deren Gewicht abschätzen, und donnert vorwurfsvoll die Frage in den Raum: »Ist das alles?«
Unschuldig grinsend zuckt der Mitarbeiter mit den Schultern und entzieht sich den weiteren Blicken seines Chefs durch eiligen taktischen Rückzug: »Ich fahre nach Rühn, vernehme den Werkhofchef!«

Paschke vertieft sich in die Akte. In der Tat. Der Vermißtenvorgang ist höchst schlampig bearbeitet worden. Auffällig ist, daß die förmliche Aufnahme der Anzeige des Jugendwerk-

hofleiters erst am 19.10.1970 mit dem Hinweis erfolgte, Brigitte Bittner sei entwichen, obwohl sie bereits seit beinahe vier Wochen als überfällig gilt. Lapidare Begründung: »Die Bittner suchte in der Vergangenheit Verbindung zu sowjetischen Soldaten und hat sich geäußert, illegal in die Sowjetunion zu gelangen.«
Folglich ging auch der zuständige Sachbearbeiter der Bützower Kripo einseitig davon aus, daß das Mädchen in irgendeiner sowjetischen Garnison untergetaucht sein muß. Lediglich die Tatsache des Besuchs in der Poliklinik am 23.9.1970 wurde durch Zeugenbefragungen objektiviert. Bürokratisch formal wurde Brigitte Bittner mit dem Status »Heimentweichung« zur Fahndung ausgeschrieben. Der polizeiliche Aufwand beschränkte sich auf flüchtige, folgerichtig fruchtlose Nachfragen in den benachbarten Kasernen der Roten Armee. Notwendige Ermittlungen in der erforderlichen Breite unterblieben.
Horst Paschke schüttelt beim Lesen des Vorgangs unentwegt ärgerlich den Kopf. Doch die letzte Seite des Schnellhefters vertreibt seinen Unmut wieder: ein Schriftstück des Kripochefs von Bützow vom 19. November 1970. Ihm muß gehörig der Kragen geplatzt sein. Mit scharfen Worten rügt dieser nämlich die nachlässige Arbeit des Kommissariats 3 in der Vermißtensache wegen der »ungenügenden operativen Wertung der Vermißtenmeldung, der fehlenden Untersuchungsplanung, dem Selbstlauf der Fahndung und der Mißachtung von Weisungen«. Empfindliche personelle Konsequenzen werden angedroht.
Paschke schließt die Akte, legt sie beiseite und hängt einen Augenblick seinen Gedanken nach. Dann gibt er sich einen inneren Ruck, um kampfentschlossen zu sich selbst zu sagen: »Na, dann mal los!«
Wenige Tage später steht die Ermittlungsmaschine der Mordkommission bereits unter Volldampf. Telefone läuten, Schreib-

maschinen klappern, Akten werden hin und her getragen, eine Beratung jagt die andere, die Köpfe rauchen. Paschke und seine Männer kompensieren die Anspannung mit ungesunden Mengen von Kaffee und Nikotin.

Die in der Mäker gesicherten, verrotteten Textilien und die Bodenproben sind längst zum Kriminalistischen Institut nach Berlin unterwegs. Dort sitzen die Experten für die Schnüffeleien im Mikrokosmos von Verbrechen. Paschke weiß, Täterermittlung ist Vergleichsarbeit. Deshalb erwartet er überzeugende gutachterliche Antworten auf seine Fragen, ob sich Beschädigungen an der Bekleidung finden, die womöglich durch Täterhandlung zustande kamen, ob sie sogar Rückschlüsse auf das verwendete Werkzeug zulassen und ob Textilfasern entdeckt werden können, die nicht aus dem Milieu des Mädchens stammen.

Vielfältige Ermittlungen wurden bereits in Gang gesetzt, mehr als zwanzig Fahnder sind in Bützow und den angrenzenden Ortschaften unterwegs. Ihnen geht es um die Aufklärung der Persönlichkeit des getöteten Mädchens und das Aufspüren von möglichen Zeugen aus der Poliklinik. Aber parallel zu deren Erkundungen wird Paschkes methodisches Vorgehen in dieser frühen Untersuchungsphase von der Erfassung und Überprüfung der »üblichen Verdächtigen« bestimmt.

Mit anderen Worten: Es müssen die Alibis von mehr als fünfzig polizeibekannter Gewalt- und Sexualtäter überprüft werden. Ein sehr umfangreicher, zeitaufwendiger Routinevorgang, der im konkreten Fall durch den Umstand der bereits Monate zurückliegenden Tatzeit zusätzlich belastet wird.

Fast drei Monate vergehen so, ohne auf eine heiße Spur zu stoßen. Der anfängliche Optimismus unter den Fahndern ist längst verflogen. Bedenken werden laut, ob sie sich überhaupt auf der richtigen Fährte befinden. Stammt der Täter etwa nicht aus der Region? Sind in dieses tödliche Spiel doch sowjetische Soldaten verwickelt, wie der Chef des Jugendwerk-

hofs andeutete? Anzeichen von Ermüdung und Resignation breiten sich aus.
Dann endlich, Mitte Mai, ein Lichtschein am Ende des Tunnels: Bei den routinemäßigen Erkundigungen sind Paschkes Männer auf einen wegen gewaltsamer Unzucht vorbestraften Mann names Detlef Hämmerling (27) gestoßen, der als Kraftfahrer beim VEB Altstoffhandel beschäftigt ist. Er war in der Woche vom 21. bis 25.9. wegen einer Knieverstauchung von der Poliklinik Bützow arbeitsunfähig geschrieben worden. Diese genauen Angaben waren möglich, weil die Kaderabteilung in seiner Personalakte eine ellenlange, akkurat geführte Liste mit Fehlzeiten abgeheftet hat, um ihn eines Tages zum Betriebsbesten im Krankfeiern zu küren.
Aber auch anderes geben die Akten her: Hämmerling ist seit neun Jahren verheiratet, Vater von vier Kindern und bewohnt ein Häuschen mit Garten in Tarnow, der kleinen Gemeinde wenige Kilometer südlich von Bützow.
Paschke will nun mehr über den Mann erfahren und verpaßt ihm, wie es im Polizeijargon heißt, das Prädikat »aktive Verdachtsrichtung«, was bedeutet, die Ermittlungen von nun an auf ihn zu konzentrieren. Seine unauffälligen Schnüffler erfahren sehr bald, daß Hämmerling am 23.9. in der Poliklinik zur Nachuntersuchung war.
Weiteres wird aktenkundig: Den größten Teil seiner Freizeit hängt er am Zapfhahn seiner Stammkneipe und schüttet Unmengen Bier in sich hinein. Gelegentlich sitzt er aber auch mit Köder und Angel am Ufer des Teiches, den die Einheimischen »Gloses Torfloch« nennen. Dieser Teich liegt nahe der Mäker, beinahe an der Fundstelle der Getöteten. Zufall oder Tatzusammenhang? Kein Wunder, daß Paschkes Argwohn wächst. Dann wird ein pikantes Detail bekannt: Detlef Hämmerling ergreift nämlich hinter dem Rücken seiner Gattin jede Gelegenheit zu schnellen außerehelichen sexuellen Kontakten. Heimlich werden die betreffenden Damen befragt. »Ein

sexueller Kraftprotz, egoistisch, rücksichtslos, triebhaft und gewalttätig«, beurteilen sie ihn einmütig.
Einige Tage später liegt das lang erwartete Gutachten aus Berlin auf Paschkes Schreibtisch. Jetzt steht es fest: Die Gewebedurchtrennungen an der Jacke und am Pullover der Getöteten sind Stiche mit einem einscheidigen Messer und paßgerecht mit den tödlichen Verletzungen im Körper. Die Einstiche im Ärmel der Oberbekleidung dürften mit hoher Wahrscheinlichkeit Abwehrverletzungen sein. Hingegen wurde der Rock komplett aufgeschlitzt. Die Spurenanordnung erlaubt eine ziemlich genaue Rekonstruktion des Tatablaufs. Danach stach der Täter auf das am Boden liegende Mädchen ein, das mit beiden Armen die todbringenden Attacken abzuwehren versuchte. Nachdem es keine Reaktion mehr zeigte, zerschlitzte der Angreifer dessen Unterbekleidung.
Dann ein wichtiger Anhaltspunkt für die Täterermittlung: »Bei der auflichtmikroskopischen Untersuchung der Popelinejacke wurden an der Brustpartie rote Polyacrylnitrilfasern gesichert, bei denen es sich um Fremdfasern handelt, da derartiges Material in keinem Bekleidungsstück oder anderem textilen Flächengebilde, die der Geschädigten gehörten, verarbeitet war.« Damit liegt die begründete Vermutung nahe, daß der Mörder bei der Tatausführung Oberbekleidung aus rotem Gewebe trug.
Auch die Befunde aus den untersuchten Bodenproben sind verheißungsvoll. Neben einer exakten Bestimmung der mineralischen, organischen, anorganischen und pflanzlichen Bestandteile des Bodens am Fundort, wurden vor allem blaue Textilfasern isoliert, die nicht der Bekleidung des getöteten Mädchen zuzuordnen waren und folgerichtig vom Täter stammen müssen.
Inzwischen ist es Anfang Juni und Zeit, sich einen persönlichen Eindruck von dem Kandidaten zu machen, der auf der Verdächtigenliste ganz oben steht. Paschke kennt die prozeß-

rechtliche Unzulänglichkeit, den dringenden Verdacht einer Täterschaft allein aus der Tatsache herleiten zu wollen, daß Hämmerling wegen einer sexuellen Gewaltstraftat vorbestraft ist und am gleichen Tag in der Poliklinik war wie das Opfer. Er hofft auf zusätzliche Fakten. Vielleicht liefert Hämmerling sie selbst. Ziel der Vernehmung muß es also sein, den dringenden Tatverdacht so herauszuarbeiten, daß er die Einleitung eines Ermittlungsverfahrens – und damit vor allem die Anordnung einer Hausdurchsuchung – rechtfertigt. Denn die spurenkundlichen Ergebnisse über die Bekleidung bleiben solange wirkungslos, bis ein Vergleich mit Gegenständen aus dem Milieu des Verdächtigen möglich ist.

Eine amtliche Vorladung »zur Klärung eines Sachverhalts« setzt diesen diffizilen Erkenntnisprozeß in Gang.

Ein Tag später. Pünktlich erscheint Detlef Hämmerling zum geforderten Zeitpunkt. Paschke zieht sich mit ihm in die Tristesse eines Vernehmungszimmers zurück und plaziert ihn vor seinem Schreibtisch. Dann tastet sein prüfender Blick den unfreiwilligen Gast ab: ein unauffälliger, mittelgroßer Mann mit Dreitagebart, tiefliegenden Augen und einer Tätowierung am linken Unterarm. Wahrlich kein Adonis, urteilt Paschke kurz und geht zur Tagesordnung über. Seine Gesprächsstrategie steht fest: Nur Fragen zum Alibi stellen, reden lassen, mögliche Widersprüche konsequent überhören, aber alles gewissenhaft protokollieren!

»Können Sie sich denken, warum Sie vorgeladen wurden?« leitet Paschke die Befragung ein.

»Vielleicht wegen dem Mord voriges Jahr«, antwortet sein Gegenüber unsicher.

»Wie kommen Sie darauf?«

»Na, Sie haben doch schon halb Tarnow verhört, und jetzt bin ich dran«, schmunzelt Hämmerling verständnisvoll.

»Genauso ist es«, meint Paschke und fragt weiter: »Wissen Sie, wann der Mord war?«

»So im September, glaub ich, so was bleibt doch nicht geheim!«
»Richtig«, bestätigt Paschke, »nun wollen wir mal gemeinsam überlegen, was Sie im Oktober gemacht haben.«
»Mein Gott, ist schon so lange her, das weiß ich nicht mehr!« wehrt Hämmerling ab.
»Ich helfe Ihnen. Stichwort Knie verstaucht, erinnern Sie sich?« reizt ihn Paschke vorsichtig.
Der Befragte überlegt einen Moment. »Ach ja, stimmt. Ich war vom Rad gestürzt. Mann, war ich fett!« grinst er verlegen, veranschaulicht durch eine pantomimische Handbewegung, wie er ein Glas Schnaps hinter die Binde gießt und wundert sich, »woher wissen Sie ...?«
»Sie waren doch krankgeschrieben!« fällt ihm Paschke ins Wort.
Hämmerling bejaht die Frage mit einem stummen Kopfnicken.
»Wo waren Sie denn damals in Behandlung?«
»Bei Dr. Gerlach in Bützow. Unser Hausarzt«, reagiert Hämmerling prompt.
»Nicht in der Poliklinik in Bützow?« wundert sich Paschke.
»Nö, war ich nicht, bin ja sonst kerngesund«, lügt der Mann mit dem Dreitagebart.
»Sie waren also nicht in der Poliklinik?« fragt Paschke erneut.
»Nö, nö, bestimmt nicht!«
Warum lügt dieser Mann? Paschkes Argwohn erreicht den Höhepunkt. Doch er reißt sich zusammen, läßt sich nichts anmerken. Mit immer neuen Finten lenkt er das Gespräch auf die an sich harmlose Frage nach der Poliklinik. Und immer wieder hört er die gleiche hartnäckige Antwort: »Nein, ich war nicht in der Poliklinik!«
Besitzt Hämmerling so wenig kritische Selbsterkenntnis, daß er nicht einzuschätzen vermag, wie schnell die Polizei ihn die-

ser Lüge überführen könnte? Wie dem auch sei. Widerspruchslos unterzeichnet er das Protokoll seiner unwahren Aussagen und liefert damit den letzten Grund für die Einleitung eines Ermittlungsverfahrens.

Verdutzt und wortlos nimmt er seine Festnahme zur Kenntnis. Erst Augenblicke später begreift er seine mißliche Lage und wehrt sich verzweifelt gegen die Anschuldigung: »Ich bin kein Mörder!« Zu spät! In einer Haftzelle steht von nun an ein frischbezogenes Bett für ihn bereit.

Auch in den folgenden Verhören wiederholt er vehement seine Unschuldsbeteuerung, zur Sache jedoch schweigt er konsequent.

Unbeeindruckt von der Sprachlosigkeit Hämmerlings halten Paschke, der Staatsanwalt und einige Mitarbeiter aus der Führungsetage Kriegsrat. Ergebnis: Ein hochkarätiges Aufgebot an zivilen Fahndern und Kriminaltechnikern, unterstützt von uniformierten Sicherungskräften, macht sich auf den Weg und okkupiert vorübergehend Hämmerlings Anwesen.

Die Männer werden angewiesen, vor allem nach Trägern von Bodenspuren, aber auch roten und blauen Bekleidungstextilien zu suchen. Nach ausgeklügeltem Schlachtplan verteilen sie sich auf dem Grundstück.

Die einen nehmen die Inhalte der Zimmer, Schränke, Behältnisse, Schuppen und Abstellräume unter die sprichwörtliche Lupe. Die anderen, mit Spateln, Gläschen und Plastiktütchen bewaffnet, erfüllen draußen im Garten mit der Entnahme von Dutzenden Bodenproben wichtige Aufgaben. Nach Stunden akribischer Schnüffelarbeit kann der Einsatz beendet werden. Beschlagnahmt werden: aus dem Geräteschuppen ein antiquierter, ziemlich angerosteter Spaten mit angetrocknetem Erdreich, aus Hämmerlings Kleiderschrank ein rotes Oberhemd, unter der ausgesonderten, in der Rumpelkammer

deponierten Bekleidung eine blaue Turnhose und aus den Angelutensilien ein aufklappbares Fahrtenmesser.
Flugs machen sich die Sachverständigen des Kriminalistischen Instituts ans Werk. Sie finden heraus, daß vor allem die am oberen Spatenrand anhaftende Erde nicht vom Grundstück Hämmerlings, sondern von der Fundstelle der Opferbekleidung in der Mäker stammt. Überdies sind in die Erdreste am Spaten mikroskopisch kleine Pollenkörner von Fichten und Kiefern eingelagert, wie sie zwar am Fundort der Leiche, aber keineswegs am Wohnort des Verdächtigen vorkommen. Aber auch grüne und blaue Textilfasern werden in den Erdanhaftungen am Spaten gefunden. Sie stimmen in ihrer Beschaffenheit mit dem grünen Pullover und der blauen Jacke der Getöteten ebenso überein wie die an der Jacke gefundenen roten Polyacrylnitrilfasern mit Hämmerlings rotem Hemd. Und schließlich werden am Vorderteil der beschlagnahmten blauen Turnhose anhaftende grüne Wolprylafasern isoliert, die mit den Fasern aus dem Rollkragenpullover des Mädchens identisch sind.
Alles in allem: Zwischen Hämmerling und der getöteten Brigitte Bittner muß eine bedeutsame wechselseitige Spurenübertragung stattgefunden haben. Er hat folglich während der Tat die inzwischen beschlagnahmte blaue Turnhose und das rote Hemd getragen und zur Beseitigung des Opfers und dessen Bekleidung den sichergestellten Spaten verwendet.

Als Detlef Hämmerling erneut zur Vernehmung vorgeführt wird, fällt seine Zerknirschung und Niedergeschlagenheit auf. Er hat sich nämlich noch nicht damit abfinden können, daß seine Frau ihn wissen ließ, sie werde sich von ihm trennen und mit den Kindern alsbald woanders hinziehen. Jetzt wirkt er verstört und labil. Paschke nutzt die Chance, konfrontiert ihn kurzerhand mit den vorliegenden Beweisen, erläutert die wichtigsten Zusammenhänge der Spurenüberkreuzung im

vorliegenden Fall und legt klar, welche beweisrechtlichen Konsequenzen sich daraus ergeben. Hämmerling muß notgedrungen die Vorlesung über sich ergehen lassen. Unter seiner Schädeldecke aber ein einziges Chaos.
»Erklären Sie's mir!« fordert Paschke ihn dann auf. Hämmerling ist mit den Nerven am Ende, gibt seinen Widerstand auf und will sprechen. Äußerlich ruhig und bedächtig, innerlich triumphierend, baut Paschke das Tonbandgerät auf dem Schreibtisch auf, schaltet es ein und sagt: »Ich bin ganz Ohr!«
Was nun folgt, ist das Bekenntnis eines Mörders, am 23. September 1970 in der Mäker ein Mädchen umgebracht zu haben. Nun werden die kommenden Wochen damit ausgefüllt sein, in den Beschuldigtenvernehmungen das verbrecherische Geschehen bis in den letzten Winkel auszuleuchten. Paschke ist zufrieden.
Hämmerling wird in der Folgezeit seine Widerstandsenergien mobilisieren und zuvor gemachte Einlassungen bestreiten, um diese Widerrufe später jedoch zurückzunehmen. Aber am Ende liegt ein detailliertes Geständnis vor, und das Verfahren kann zur Anklageerhebung dem Staatsanwalt übergeben werden.

Detlef Hämmerling ist ein zwiespältiger, zerrissener Mensch, von Kindesbeinen an. Ein Produkt komplizierter Familienverhältnisse. Er hält sich für ein ungeliebtes Kind, leidet unter den Zerwürfnissen seiner Eltern. Geborgenheit und Nestwärme sind für ihn unbekannte Begriffe.
Eigentlich normal begabt und mit guten Anlagen, aber unkonzentriert, aufmüpfig und wenig lerneifrig, quält er sich durch die Schulzeit.
Nach Abschluß der 8. Klasse verläßt er die Schule. Der nun Dreizehnjährige kehrt mit einigen Gleichgesinnten dem Arbeiter-und-Bauern-Staat den Rücken, um im Westen sein Glück zu suchen. Doch es fehlt dem Pubertierenden an

Entschlossenheit, konstruktive Lebensentscheidungen zu treffen. So kehrt er nach einem Jahr aus der Fremde zurück in die Mecklenburger Heimat, nimmt widerwillig eine ihm zugewiesene Lehre in der Landwirtschaft auf.
Mit 18 Jahren wird er das erste Mal Vater. Wieder ändert sich sein Leben. Er heiratet. Es ist eine Mußehe, die herrschende Moral in der Gesellschaft verlangt sie.
Eine Zeitlang verdingt er sich mit allerlei Hilfstätigkeiten, doch zufrieden ist er nicht, bis er einc Anstellung als Kraftfahrer beim Altstoffhandel findet.
Elke, Hämmerlings junge Frau, ebenso alt wie er, bringt alle zwei Jahre ein Kind zur Welt. Das Paar hat im zarten Alter von 26 Jahren bereits vier Kinder zu versorgen. Haushalt und Nachwuchs sind im wesentlichen der Mutter überlassen, wenngleich die Großeltern gelegentliche Unterstützung geben. Der Vater und Gatte hingegen entzieht sich immer häufiger dem häuslichen Rummel durch Flucht in den Alkohol, in die Abgeschiedenheit des Angelparadieses »Gloses Torfloch« oder auch in die Betten anderer Frauen.
Zunehmend wird das Familienklima von Gereiztheit, Aggression, verwirrendem Erziehungsstil und Überforderung beherrscht. Demütig leidet die Ehefrau unter den unberechenbaren Gewaltausbrüchen ihres Angetrauten. Doch auch im ehelichen Schlafgemach erduldet sie mit sklavischer Untergebenheit seine rohen, nur von Eigennutz bestimmten sexuellen Attacken.
Als er sich eines Tages im Rausch eine andere Frau mit roher Gewalt gefügig macht, sprechen Staatsanwalt und Richter ein Machtwort: Gewaltsame Unzucht wird mit Freiheitsentzug bestraft. Auch diesen Zwischenfall muß Frau Hämmerling still zur Kenntnis nehmen. So vergeht die Zeit.
Wenn auch die inzwischen achtjährige Ehe seit langem morbide und zerrüttet ist, die Eheleute sind bestrebt, ihre internen Konflikte und Probleme möglichst nicht nach außen

dringen zu lassen. Und Hämmerling erkennt keinen Grund, sich zu ändern. Auch vernünftige Konfliktlösungsstrategien sind ihm fremd. Unaufhaltsam gerät er so in den gefährlichen Sog allgemeiner Verkommenheit. Unbeherrschte Triebe, Selbstgefälligkeit und Alkoholabusus sind dabei getreue Gefährten. Auf dieser Basis nimmt das Verhängnis seinen Lauf.

20. September 1970. Es ist Sonntag und ein angenehm warmer Spätsommertag. Hämmerling radelt in einen Nachbarort, um sich zu amüsieren. Magisch zieht ihn der Dorfkrug an. Stunden später ist er stockbetrunken. Auf der Heimfahrt kann er sein Fahrrad nicht mehr beherrschen, der Alkohol hat Motorik und Denkvermögen außer Kraft gesetzt. Nach kurzer Schlangenlinienfahrt auf der Landstraße hechtet er unsanft auf das unverwüstliche Mecklenburger Kopfsteinpflaster, über das weiland Gustav Adolfs Heerscharen schon zogen. Eine leichte Knieverstauchung ist die Folge. Den Rest der Strecke torkelt er, auf sein Rad gestützt, heimwärts. Dann schläft er seinen Rausch aus.
Am nächsten Vormittag sitzt er mit jammervoller Miene und virtuos gespielter Gehbehinderung im Wartezimmer der Poliklinik Bützow. Nun hat er einen triftigen Grund, krank zu feiern, falls der Arzt mitspielt.
Eine junge Blondine, etwa 16, wohlfgeformt und keß, nimmt neben ihm Platz. Ihr Minirock und die sich an ihre jugendlichen Brüste anschmiegende Dederonbluse wecken in ihm lüsterne Sinne. »Scharfe Deern« denkt Hämmerling. Als er ihre geschundene Hand erblickt, sieht er darin einen willkommenen Anlaß, ein Gespräch zu beginnen, und scherzt plump: »Hast wohl zu lange in der Nase gebohrt?«
Die Blondine grinst. Sie zeigt ihren verbundenen Finger: »War entzündet. Jetzt ist er schon viel besser, seit der Eiter raus ist. – Und was ist mit dir?«
Hämmerling hebt sein Bein, bewußt schwerfällig, mit

schmerzverzerrtem Gesicht, und flachst, wegen seiner Knieverletzung vermutlich amputiert zu werden. Wieder grinst sie – und das Gespräch gewinnt schnell an Vertrautheit. Bald amüsieren sie sich, tuscheln hämisch über die anderen Patienten im Wartezimmer. Zwischendurch fragt Hämmerling: »Bist du aus Bützow?«
»Nö, aus Röhn, Jugendwerkhof«, antwortet die junge Frau voller Bitterkeit.
»Hält man's da aus?« will Hämmerling wissen.
»Im Knast kann's auch nicht schlimmer sein«, murmelt sie finster, »irgendwann hau ich sowieso ab!« Dann wird sie still. Ein Hauch von Schwermut befällt sie.
Hämmerling erkennt dies. Das plötzliche Stimmungstief könnte seinen längst gefaßten Plan gefährden, sie nämlich bei nächster Gelegenheit geschickt zu einem Stelldichein zu überreden. Deshalb lenkt er sie mit der Frage ab: »Wie heißt'n du?«
»Brigitte. Und du?«
»Ich bin Detlef. Aus Tarnow«, antwortet Hämmerling und ist zufrieden, daß ihre Traurigkeit so schnell verflogen ist. Er bemüht sich, die Konversation fortzusetzen, macht ihr Komplimente und witzelt mit manch anzüglicher Bemerkung. Aber auch sie kokettiert mit ihm und kontert in gleichem Maße mit zotigen Kommentaren. »Die ist leicht zu haben«, denkt er schließlich. Das wohlige Gefühl eines möglichen Triumphes bestärkt ihn, sie direkt fragen zu wollen, ob sie sich heimlich mit ihm treffen würde. Gerade will er dazu ansetzen, da erscheint eine korpulente Schwester an der Tür des Wartezimmers und ruft ihn unsanft und ungeduldig in die Realität zurück: »Herr Hämmerling, ins Sprechzimmer Zwo!« Enttäuscht und verärgert muß er die Blondine mit einem »Bis gleich!« verlassen.
Jetzt kann er nur noch hoffen, sie nach dem Arztbesuch wiederzusehen.

Der Doktor im Sprechzimmer 2 untersucht Hämmerlings lädiertes Knie. »Das wird nur ein schöner bunter Bluterguß, gebrochen ist nichts«, stellt er fest, verordnet eine kampferhaltige Einreibungssalbe und schreibt ihn vorsichtshalber krank.
»Ich sehe Sie übermorgen zur Kontrolle!« fordert er kühl. Der Patient frohlockt insgeheim. Immerhin ging sein Konzept auf, denn der Arzt hat ohne es zu wissen mitgespielt.
Kaum hat Hämmerling die Tür des Sprechzimmers hinter sich geschlossen, beherrscht ihn nur eine einzige Frage: Wo ist die Blondine? Er sucht im Warteraum. Dort ist sie nicht mehr. Die Erregung nimmt zu. Er streift durch Gänge und Wartezimmer anderer Abteilungen. Nichts. Das Mädchen ist verschwunden. Enttäuscht bricht er schließlich die Suche ab. Schade, es hätte klappen können. »Vergiß es!« entschließt er sich kurzerhand und verschwendet von nun an keinen Gedanken mehr an die hübsche Blondine aus dem Jugendwerkhof.
Eine halbe Stunde später knattert er mit seinem Moped über die Landstraße heimwärts nach Tarnow.

Mittwoch, am 23. September. Hämmerling darf den Arzttermin in Bützow nicht versäumen, sein Krankenschein gilt nur bis heute. Gleich nach dem Frühstück macht er sich auf den Weg. Die Schwellung an seinem Knie ist inzwischen abgeklungen. Lediglich ein gelblichgrüner, schmerzloser Bluterguß erinnert an den unsanften Sturz vom Fahrrad. Er hat sich damit abgefunden, daß der Arzt ihn gesundschreiben wird.
Im Vorsaal der Poliklinik kommt es zu einer überraschenden Begegnung. Er traut seinen Augen nicht: Kommt da nicht die rattenscharfe Blondine vom Montag, die mit dem Minirock? Tatsächlich: Brigitte Bittner scheint ihren Arztbesuch bereits erledigt zu haben, denn ohne ihn zu bemerken schreitet sie schnurstracks dem Ausgang zu. Hämmerlings Sinne

überschlagen sich, Blut schießt heiß in sein Hirn, die Ohren glühen vor Aufregung. Jetzt heißt es, ranschmeißen und die Gelegenheit nicht verpatzen! Eilig drängt er sich durch die Patientenmassen vor dem Anmeldeschalter und steuert auf sie zu: »He, Brigitte, schon fertig? Was macht der Finger?«

Sie erkennt ihn sofort und strahlt: »Na, das ist ja ein Zufall!« Sie zeigt ihren Finger, der längst ohne Verband ist: »Hier, kaum was zu sehen!«

Hämmerling fühlt sich in arger Verlegenheit: »Ich muß noch zum Arzt. Kannst du warten?«

Brigitte muß ihn enttäuschen, sie hat es eilig, blickt nervös und besorgt auf die große Uhr im Foyer: »Geht nicht! Ich muß zum Bus nach Röhn, sonst krieg ich Hausarrest!«

Der unvermutete Zeitdruck zwingt Hämmerling, die entscheidende Frage gleich zu stellen: »Können wir uns sehen, wann ist mir gleich?«

Sie lächelt zustimmend. Folgerichtig schließt er aus ihrer Reaktion, sie habe ebenfalls Interesse an einem Abenteuer: »Kein Problem. Heut nachmittag, ich haue durch den Zaun ab!« Dann fragt sie: »Und wo?«

»Ich bin angeln, den ganzen Nachmittag, am Torfloch, gleich bei der Mäker«, erklärt Hämmerling. Sie nickt wortlos, denn sie kennt diese Gegend rechts von der Tarnower Chaussee und sagt: »Kurz nach zwei bin ich da!«

Wieder blickt sie ungeduldig auf die Uhr. Mit den Worten »Ich muß los!« beendet sie den kurzen Dialog und verschwindet.

Kurz nach 13.00 Uhr. Seit dem überraschenden Wiedersehen mit der hübschen Blondine hat eine undefinierbare, wollüstige Erregung Hämmerlings Innenleben ergriffen. Jetzt steuern sexuelle Triebe sein weiteres Verhalten. Unversehens verläßt er den häuslichen Mittagstisch. Er will zum Angeln fahren, solange das Wetter noch so schön ist, läßt

er die Gattin wissen. Sie indes hat sich längst an derlei spontane Aktionen gewöhnt und nimmt die Mitteilung still zur Kenntnis.
Er holt das Angelzeug hervor, schwingt sich auf sein Moped und fährt davon. »Gloses Torfloch« ist sein Ziel. Eine Viertelstunde später hat er sein Gefährt auf einem ufernahen Trampelpfad geparkt, nur wenige Schritte von seinem gewohnten Angelplatz entfernt. Mit Bedacht befestigt er einen Köder an dem Haken und wirft die Angel weit aus bis fast in die Mitte des Teiches. Dann heißt es warten. Auf Brigitte oder auf den Fisch.
Eigentlich glaubt Hämmerling nicht so recht, daß es mit dem Stelldichein klappt. Vielleicht hat das Mädel es sich inzwischen anders überlegt, vielleicht mißlingt das heimliche Verlassen des Jugendwerkhofs. Dennoch: Sich allerlei lüsternen Phantasien hingebend, sitzt er so eine Zeitlang am Ufer des Angelteiches.
Dann hört er Schritte. Zweige knacken, die zertreten werden. Gespannt dreht er sich in Richtung des Trampelpfades um. Ja, das ist sie! Tatsächlich: Brigitte nähert sich. Sie trägt eine blaue Popelinejacke locker über den Schultern. Er starrt wie gebannt auf ihre Brüste, die unter dem grünen Rollkragenpullover bei jedem Schritt auf und ab wippen. Mit einem verschmitzten Lächeln geht sie auf ihn zu: »Dachtest wohl, ich komme nicht?« Augenblicklich steht Hämmerling unter Hochspannung. Am liebsten würde er sich sofort über sie hermachen und seinen Trieben freien Lauf lassen, doch das könnte ihren Widerstand mobilisieren. Deshalb will er sich auf seine Weise taktisch geschickt verhalten. Vertrauen gewinnen durch Zärtlichkeit, heißt die Devise. Freilich, auch eine ästhetische Annäherung ist so bei Rohlingen möglich. Er umarmt sie behutsam, streichelt ihre Wangen und küßt sie. Brigitte erwidert seine Liebkosungen ebenso. In dem Maße, wie seine Zärtlichkeiten an Intensität zunehmen, reagiert auch

Brigitte. Auch ihre Lustgefühle sind erwacht. »Sie hat Erfahrung«, denkt er.
Dann steuert er sein Ziel unvermittelt an und faßt zwischen ihre Schenkel. Brigitte sträubt sich ein wenig, weiß offensichtlich, was weiter geschehen wird, blickt sich um und haucht: »Nicht hier, jeder kann uns sehen!«
Hämmerling denkt an sein knallrotes Oberhemd, das wie ein Warnsignal weithin auffällt, nickt zustimmend und läßt von ihr. Eilig holt er die Angel ein, um sie in einem Gebüsch zu verstecken. Dann geht er zum Moped und fordert Brigitte auf, hinter ihm auf der Sitzbank Platz zunehmen: »Komm, ich kenn eine Stelle!« Sie ordnet ihre Bekleidung und folgt ihm.
Einen reichlichen Kilometer weiter, inmitten des Waldgeländes Mäker hält er am dichten Unterholz an. Brigitte breitet ihre Jacke auf dem Waldboden aus, zieht ihren Slip herunter, legt sich in Position und fragt: »Hast du'n Gummi?«
Flugs zieht Hämmerling seine Hose aus, ist nur noch mit Hemd und Turnhose bekleidet, legt sich zu ihr und beschwichtigt sie: »Nee, aber ich paß schon auf!« Mit steigender Grobheit setzt er sein Liebesspiel fort. Brigitte läßt ihn zunächst gewähren. Doch er wird immer wilder, rücksichtsloser, gebärdet sich schließlich wie ein Irrsinniger. Nichts ist geblieben von der anfänglichen Zärtlichkeit. Jetzt werden ihr Schmerzen zugefügt, und das ernüchtert sie.
»Hör auf, du tust mir weh!« klagt sie.
Vergeblich. Mit aller Kraft will sie seinen Körper von sich stoßen. Doch ihr Widerstand versetzt ihn um so mehr in Ekstase.
»Halt die Schnauze!« faucht er sie an und setzt rigoros seinen Gewaltakt fort, bis ihm eine brutale Penetration gelingt.
»Hör auf«, fleht Brigitte angstvoll, aber entschieden, »ich will nicht schwanger werden!«
Doch all ihre Gegenwehr scheitert an seiner Kraft und Wild-

heit. Sie wimmert und stöhnt unter seinem massigen Körper, bis er seinen Höhepunkt erreicht hat und von ihr läßt.

Hämmerlings Trieb ist schnell abgeklungen, der Ekstase folgt nun die Ernüchterung. Brigitte heult vor Schmerz und Enttäuschung. Nein, daß es so kommen würde, hätte sie nicht vermutet! Jetzt empfindet sie nur noch Abscheu und Wut.
»Das ist Vergewaltigung! Ich zeige dich an!« schreit sie ihm voller Bitterkeit entgegen, stürzt auf ihn zu und schlägt so wild um sich, daß sie ihm einen langen Kratzer im Gesicht verpaßt.
Hämmerling reagiert nur mit einem zynischen Grinsen. Ihre Drohung hat ihm längst höchste Gefahr signalisiert. Angesichts seiner Vorstrafe ist ihm nämlich klar, daß er keine milden Richter finden würde. Blitzschnell entschließt er sich daher, Brigitte zum Schweigen zu bringen. Er faßt in die Gesäßtasche seiner Hose, holt ein zusammengeklapptes Fahrtenmesser heraus, umfaßt den Knauf mit der rechten Hand wie einen Faustkeil und schlägt mit voller Wucht auf Brigittes Kopf. Vergeblich versucht sie, den Angriff mit den Händen abzuwehren, doch Hämmerling hat kein Erbarmen. Er klappt die Klinge auf und sticht wie besessen solange auf Brigitte ein, bis sie kein Lebenszeichen mehr von sich gibt.
Seine Nerven liegen blank. Nur ein Gedanke leitet ihn jetzt: Sie muß weg! Zunächst überzeugt er sich davon, daß sie tatsächlich tot ist. Den leblosen Körper schleift er sodann tiefer ins Unterholz und legt ihn in einer grabenartigen Vertiefung ab. Eilig und mit bloßen Händen scharrt er das flache Grab oberflächlich zu, bedeckt es mit herumliegendem Strauchwerk, ordnet seine Kleidung, schwingt sich aufs Moped und fährt zurück zum Torfloch.
Hämmerling kramt die Angel aus dem Versteck hervor, wirft sie aus und setzt sich ans Ufer, schweißgebadet und völlig

erschöpft. Jetzt benötigt er eine Atempause und Zeit zur Besonnenheit.
Bis kurz vor 17.00 Uhr sitzt er gedankenversunken an seinem Angelplatz. Er hat sich ausgedacht, den Leichnam zu vergraben. Vorsichthalber will er ihn aber entkleiden, um eine mögliche Identifizierung zu erschweren. Die Sachen des Mädchens sollen dann an einer anderen Stelle verschwinden.
Dann fährt er heim, um unbemerkt den Spaten aus dem Schuppen zu holen und an die Stelle zurückzukehren, an der er das tote Mädchen verscharrt hat.
Er hebt eine Grube aus, beseitigt die Abdeckung von der Leiche und versucht, das tote Mädchen zu entkleiden. Doch er scheut den erforderlichen Aufwand. Deshalb trennt er die Textilien mit dem Messer vom Körper und legt sie vorerst neben die ausgehobene Grube. Sodann rollt er den nackten Leichnam in das Grab, schaufelt es gewissenhaft zu und gleicht die Oberfläche mit Gras und Ästen dem übrigen Waldboden an.
Den Packen mit der Bekleidung trägt er tiefer in den Wald, hebt an einer wurzelreichen Stelle eine weitere Grube aus und läßt auf gleiche Weise die verräterischen Utensilien verschwinden. Dann ist er beruhigt, fährt nach Hause zurück und widmet sich der Familie.
Als ihn am Abend die Gattin fragt, woher er die Verletzung im Gesicht habe, hat er sofort eine überraschende, fast wie einen Vorwurf klingende, Antwort parat: »Das warst du! Du hast mich letzte Nacht im Schlaf gekratzt!«

Ein halbes Jahr kann Hämmerling unbesorgt weiterleben, bis die Kinder Melanie und Michael Kupfer im Unterholz der Mäker den Schädel des Mädchens aus dem Jugendwerkhof Röhn entdeckenn und auf diese Weise die Maschinerie polizeilicher Ermittlungen in Gang setzen. Vier Monate später wird er verhaftet.

Nach einem mehrtägigen Indizienprozeß vor dem Bezirksgericht Schwerin wird am 24. März 1972 das Urteil gefällt: Der Kraftfahrer Detlef Hämmerling wird wegen vorsätzlicher Tötung nach § 112 StGB mit lebenslangem Freiheitsentzug und dauernder Aberkennung der bürgerlichen Ehrenrechte bestraft.
Im Zusammenhang mit einem am 17. Juli 1987 gefaßten Beschluß des DDR-Staatsrats über eine allgemeine Amnestie, der für etwa 25 000 Strafgefangene die Entlassung aus der Haft und für knapp 2500 Verurteilte die Nichtvollstreckung ihrer Strafe bedeutet, öffnen sich am 9. Dezember 1987 auch für Detlef Hämmerling vorzeitig die Gefängnistore. Damit ist seine Tat gesühnt. Inzwischen fast 60 Jahre alt, lebt er jetzt zurückgezogen im Umland des sächsischen Zwickau.
Sein Fall ist längst in Vergessenheit geraten. Nur die Altangesessenen von Röhn und Tarnow erinnern sich noch vage. Doch hartnäckig hält sich das Gerücht, Hämmerling sei Opfer eines Justizirrtums, und seine vorzeitige Entlassung wäre das Ergebnis eines in aller Stille durchgeführten Wiederaufnahmeverfahrens. Deshalb habe ihn seine Gattin wieder bei sich aufgenommen, die immer schon von seiner Unschuld überzeugt gewesen sei. Fest steht, im Fall Hämmerling liegt weder ein Justizirrtum vor, noch wurde ein Wiederaufnahmeverfahren durchgeführt.
Hauptmann Paschke überließ seinen Sessel im Jahr 1975 einem jüngeren Mitarbeiter und übernahm im VPKA Ludwigslust einen weniger nervenaufreibenden Posten. 1990 ging er in den Ruhestand und verstarb 2001 im Alter von 71 Jahren.

Der Würger von Plauen

Aktenzeichen 3 BS 14/87-131-132.87
Bezirksstaatsanwalt Karl-Marx-Stadt

Am 25. Juni 1982 meldet sich gegen 1.00 Uhr die neunzehnjährige Abiturientin Corinna Kiefer beim Kriminaldienst des VPKA Plauen zur Erstattung einer Anzeige.

Ihr Zustand läßt Schreckliches vermuten: Struppiges blondes Haar, Gesicht, Hände und Rückenpartie des geblümten Kleides voller Schmutz, im vorderen Halsbereich rot verfärbte, deutliche Würgemale.

Tränenüberströmt und angstschlotternd stammelt sie, vor einer knappen Stunde im August-Bebel-Hain von einem Unbekannten überfallen, bis zur Bewußtlosigkeit gewürgt und beraubt worden zu sein. Der Mann sei wie eine Schleichkatze plötzlich aus der Deckung eines Gebüsches hervorgesprungen, habe sie von hinten gepackt, blitzschnell zu Boden gerissen und ins Dickicht gezerrt. Er sei dann über sie gestiegen, hätte sich auf ihre Arme gekniet, sie auf diese Weise am Erdboden fixiert und sein Gesicht ganz an das ihre gedrückt, daß sie seinen gehetzten, heftigen Atem wahrnehmen konnte. Dann habe er sie mit beiden Händen kräftig gewürgt. Ihr war so, als hätte der Unbekannte Gummihandschuhe getragen, denn sie habe den Gummi gerochen. Überdies hätten starke Schmerzen, Atemnot und Lebensangst sie völlig wehrlos gemacht.

Durch den brutalen Würgeakt sei sie ohnmächtig geworden. Ihrer Einschätzung nach müsse sie einige Minuten bewußtlos gewesen sein. Wieder zu sich gekommen, habe sie rücklings auf dem Erdreich zwischen den Sträuchern gelegen. Der Unbekannte wäre unterdessen längst verschwunden.

Ihr erster Gedanke war, im Zustand der Willenlosigkeit womöglich vergewaltigt worden zu sein. Nach Überprüfung ihres Körpers glaube sie dies aber nicht. Hingegen sei ihr aufgefallen, daß die beiden Goldringe von ihrer Hand, die Brille, das Scheckheft und die Geldbörse mit etwas Kleingeld fehlen. Und was den Unbekannten betrifft? Leider, der ließe sich nur ziemlich unzureichend beschreiben, aber er sei groß und kräftig, könnte womöglich schulterlanges Haar tragen und völlig schwarz gekleidet gewesen sein. Er habe die ganze Zeit kein Wort gesprochen und sein Gesicht immer von ihr abgewendet.

Der Diensthabende, Kriminalmeister Lothar Griesbauer (28), ein stattlicher Jungsiegfriedtyp mit freundlichen Augen, der normalerweise im Kommissariat 3 arbeitet, um Einbrecher, Diebe und Hehler zu verfolgen, leitet noch vor der förmlichen Anzeigenaufnahme die notwendigen polizeilichen Maßnahmen ein: Sofortmeldung absetzen, Fahndung nach dem unbekannten Täter auslösen, die Sperrung des entwendeten Scheckhefts veranlassen. Zudem wird die Schülerin ärztlich untersucht. Und tatsächlich: Die Spuren am Hals sind Relikte eines massiven Würgevorgangs, der glücklicherweise nicht zum Bruch des Zungenbeins oder Kehlkopfskeletts führte. Auch die Vermutung, eine sexuelle Manipulation oder gar ein Geschlechtsverkehr könnte ausgeschlossen werden, wird durch die ärztlichen Befunde bestätigt.

Dann läßt sich Griesbauer von der Schülerin den Ort des Überfalls zeigen. Er liegt inmitten des August-Bebel-Hains zwischen einer dichten Gebüschgruppe linksseitig des vom Bezirkskrankenhaus stadteinwärts führenden, die Parkanlage durchquerenden Verbindungsweges. Doch die spurenkundliche Ausbeute einer bloßen Inaugenscheinnahme ist logischerweise mager. Zwar sind die Schleifspuren vom Weg bis in das Buschwerk ebenso deutlich zu erkennen wie die Stelle, an der Corinna Kiefer rücklings auf dem Erdreich gelegen haben muß, doch werden keine Schuhabdruckspuren des Täters gefunden, anhand derer Schuhgröße und -art sowie ein individuelles Sohlenprofil hätten bestimmt werden können. Eine weitere kriminaltechnische Untersuchung des Tatorts unterbleibt. Zumindest aber bestätigen sich die Angaben des Mädchens …

Wochenlange Ermittlungen in dieser Sache führen aber keinen Schritt weiter. Zu vage sind die Angaben zum Täter, der überdies auch keinerlei Bemühungen zeigt, die geraubten Sparkassenschecks in bare Münze einzulösen.

Wahrscheinlich wäre der Vorgang bald eingestellt worden, wenn nicht am 11. August 1982 – also knapp zwei Monate nach dem Überfall auf Corinna Kiefer – die neunzehnjährige Schwesternschülerin Evelin Rabel einen ähnlichen Überfall angezeigt hätte. Sie kam gerade vom Spätdienst im Bezirkskrankenhaus, nahm ihren gewohnten Weg nach Hause stadteinwärts durch den August-Bebel-Hain, als sie plötzlich hinterrücks von einem Unbekannten angefallen, bis zur Ohnmacht gewürgt, hinter einem Gebüsch abgelegt und ihrer Armbanduhr sowie eines Täschchens mit Kosmetika beraubt wurde. Auch sie kann den Räuber nur unzureichend beschreiben. Ihr fiel jedoch auf, daß er mit einer rot-weiß-gestreiften Strickjacke bekleidet war, Gummihandschuhe trug, kein Wort sprach und sich bemühte, sein Gesicht zu verbergen.

Aus den spärlichen Informationen »groß, sportlich gewandt, stark, schulterlange Haare, vermutlich Träger eines Oberlippenbärtchens« fertigt die Polizei ein Phantombild, das in der örtlichen Presse veröffentlicht wird. Doch der Fahndungsaufruf verfehlt seine angestrebte Wirkung. Statt dessen breiten sich Unruhe und Angst in der Bevölkerung aus. Die allgemeine Verdrossenheit in der ansonsten von schwerer Kriminalität verschonten Vogtländischen Kreisstadt sorgt für eine gereizte Stimmung. Sachdienliche Hinweise gehen bei der

Kripo indes nicht ein. Vier Tage später, in der Nacht vom 13. zum 14. August 1982, schlägt der Unbekannte in nur kurzem zeitlichen Abstand gleich zweimal zu: Die vierundzwanzigjährige Textilfacharbeiterin Sabine Huth wird in der Nähe der Streichhölzerbrücke auf gleiche Weise wie die anderen beiden Frauen überfallen und ihres Einkaufsbeutels beraubt. Fast eine Stunde lang ist sie bewußtlos. Noch in der gleichen Nacht gerät auch die zweiundzwanzigjährige Verkäuferin Martina Hermann auf ihrem Heimweg am Rinnelberg in die Fänge des Unholds, kann sich aber von ihm losreißen und flüchten.

Die Nachricht von der nächtlichen Aktivität des würgenden Räubers verbreitet sich am nächsten Tag in der Stadt wie ein Buschfeuer. Die SED-Bezirksleitung reagiert höchst verstimmt und schlußfolgert klassenkämpferisch, daß ein solcher Täter großen ideologischen Schaden anrichtet, indem er die durch vielfältige Versorgungsengpässe ohnehin erschwerte Lage im Lande zusätzlich vermiest. Deshalb sorgt sie dafür, notwendige Presseinformationen über den Würger tunlichst zurückzuhalten, um eine weitere Beunruhigung der Bürger zu vermeiden. Doch das Gegenteil tritt ein: Spekulationen und Verunsicherung schießen nun erst recht ins Kraut. So gesellt sich zur allgemeinen wirtschaftlichen Unzufriedenheit der Bevölkerung die Angst um Leib und Leben. Hinter vorgehaltener Hand ist aber auch die vermeintliche Unfähigkeit der Polizei allgemeines Stadtgespräch, weil es immer noch nicht gelungen ist, des Würgers habhaft zu werden.
Tatsächlich aber ist der polizeiliche Aufklärungswille längst mobilisiert. Allerdings: in derlei Fällen besteht das kriminalistische Dilemma darin, daß Serientäter regelmäßig erst dann erkannt werden können, wenn mehrere vergleichbare Fälle vorliegen. Die Tatanalysen der bisherigen Delikte weisen nun sicher auf gleichartige Begehungsweisen und Tätermerkmale hin und lassen somit einen gefährlichen Serientäter vermuten.

Für den Leiter des VP-Kreisamts liegen damit die administrativen Voraussetzungen vor, einen sogenannten Brennpunktbefehl zu erlassen. Ergebnis: Aus Mitarbeitern verschiedener Sachgebiete wird eine stabsmäßig geführte Sonderkommission »Würger« gebildet.

Da die vier Überfälle jeweils um Mitternacht verübt wurden, die Tatzeiten aber keinen Aufschluß über die Präferenz bestimmter Wochentage erlauben, werden die üblichen Ermittlungen der Einsatzgruppe von zeitlich unregelmäßigen, verdeckten, nächtlichen Observationen im weiträumigen Territorium des Plauener Südosten begleitet. Zivile Polizistinnen flanieren in den Nachtstunden durch das industriereiche Stadtgebiet mit seinen Kleingärten und Parkanlagen. Andernorts lauern in unauffälligen Baubuden, geparkten Fahrzeugen oder Häusernischen Dutzende von Gesetzeshütern, um den geheimnisvollen Würger auf frischer Tat zu schnappen. Doch eine Nacht nach der anderen vergeht ohne einen Fahndungserfolg. Lediglich einige harmlose männliche Nachtschwärmer, die sich »im Operationsgebiet aufhalten«, werden vorübergehend Opfer polizeilicher Neugierde.

Am späten Donnerstagabend des 2. September 1982 – für diese Nacht ist zufällig keine Observation geplant – wird bei der Polizei ein weiterer Überfall gemeldet. Ein Unbekannter beraubt gegen 22.00 Uhr an der Verbindungstreppe der Trögerstraße zum Rinnelberg die einundvierzigjährige Sekretärin Steffi Lange, nachdem er sie durch rabiates Würgen außer Gefecht gesetzt hat.

Kein Zweifel, der Würger hat wieder zugeschlagen, denn alle bisher festgestellten Tatmerkmale treffen auf ihn zu. Diesmal aber besteht seine Beute nur aus einer simplen textilen Einkaufstasche mit wertlosen persönlichen Sachen, darunter ein Paßbild des Opfers. Aber auch ein weiteres Merkmal läßt der Vorfall erkennen: Der Würger führt seine Überfälle auch vor Mitternacht durch. Fazit: Taktischen Regeln zufolge müßten die heimlichen Beobachtungen zeitlich erweitert werden und von nun an auch die Stunden vor Mitternacht erfassen. Doch Observationen dieses Ausmaßes sind personalintensiv und zeitaufwendig und stehen zumeist in einem ungesunden Aufwand-Nutzen-Verhältnis. Zehn Tage später finden deshalb die nächtlichen Laueraktionen nur noch gelegentlich, mit weniger Einsatzkräften und zeitlich reduziert statt.

Dann, am Abend des 19.9.1982 – zufällig hat Kriminalmeister Griesbauer sonntäglichen Kriminaldienst –, wird ein weiterer Fall des Würgers bekannt: Die siebzehnjährige Schülerin Karin Linkhorst wurde auf ihrem Heimweg in der Nähe des August-Bebel-Hains überfallen, ins Gebüsch gezerrt, bis zur Bewußtlosigkeit gewürgt und ihrer Cordtasche beraubt, in der sich lediglich Kosmetika, Ausweise, Schlüssel und Kleingeld befanden. Nun ist sie mit ihrem Vater auf dem VPKA erschienen, um den Vorfall anzuzeigen. Griesbauer läßt sich von der Schülerin den Tatort zeigen und sucht minutenlang ergebnislos nach Schuheindruckspuren und verdächtigen Gegenständen. Resigniert übergibt er beim morgendlichen Rapport Anzeige und Besichtigungsprotokoll dem Leiter der Einsatzgruppe »Würger«, den der Neuanfall verständlicherweise keineswegs entzückt.
Die Ermittler treten auf der Stelle. Zwar gehen ständig neue Hinweise ein, werden andere Straftaten aufgedeckt, Verdächtige überprüft und Zeugen vernommen, nur der ersehnte Erfolg, den Würger endlich dingfest zu machen, stellt sich nicht ein.
Inzwischen wächst die Sorge der abkommandierten Kriminalisten, daß sich in ihren seit vielen Wochen verwaisten Büros massenhaft unerledigte Akten stapeln. Überdies ist es nicht üblich, Überstunden zu vergüten oder durch Freizeit abzugelten. Schnell sind die Belastungsgrenzen erreicht, und der

Jagdeifer läßt nach. So vergeht die Zeit, und mit ihr schwindet die Hoffnung.
Mehr als sechs Monate gibt der Würger Ruhe. Das ist ungewöhnlich. Fragen werden aufgeworfen: Ist er krank, wegen einer anderen Sache in Haft, hat er sein Betätigungsfeld verlagert oder sein Unwesen gar endgültig aufgegeben, kann folglich die Einsatzgruppe aufgelöst werden? In der Führungsetage des VPKA sinniert man darüber und kommt zu dem Schluß, die Sonderkommission zwar nicht gänzlich aufzulösen, aber zu reduzieren.

Sonntag. Am 15. Mai 1983, ein neuer Überfall. Schock in der kleinen Einsatzgruppe: Ist der Würger nach so langer Zeit plötzlich wieder aktiv? Gegen 2.45 Uhr wird nämlich die zweiunddreißigjährige Kellnerin Gerlinde Franze an der Bahnunterführung Reichenbacher Straße von einem Mann, den sie kaum beschreiben kann, von hinten angefallen und nach der Aufforderung, die Augen zu schließen, zu Boden gerissen und so massiv gewürgt, daß sie fast anderthalb Stunden bewußtlos auf dem Rücken liegt. Die Ärzte des Bezirkskrankenhauses stellen erhebliche Würgeverletzungen fest. Tagelang wird die junge Frau unter Schluckbeschwerden und Übelkeit leiden. Nur glücklichen Umständen ist es zu verdanken, daß sie nicht zu Tode kam. Doch es gibt drei bemerkenswerte Unterschiede zu den bisherigen Fällen: Zum einen wurde Frau Franze nicht beraubt. Zum zweiten sprach der Unbekannte sie an. Und schließlich, so glaubt sie, muß der Täter ihre Ohnmacht ausgenutzt haben, ihren Rock hochzuschieben und die Strumpfhose herunterzuziehen, ohne jedoch direkte sexuelle Handlungen vorzunehmen, denn der Slip blieb unberührt.
Wenngleich dieser Überfall vor allem wegen der offensichtlich sexuellen Komponente nicht deckungsgleich mit den anderen Fällen ist und vermutlich von einem »Trittbrettfahrer«

begangen wurde, wird er dennoch von der Einsatzgruppe erfaßt. Aber auch dieses Ereignis bleibt trotz hartnäckiger Ermittlungen unaufgeklärt.

Weitere Monate vergehen ohne eine weitere Untat des Würgers. Die polizeiliche Lage wird indes von den wachsenden ökonomischen Problemen des Landes beeinflußt. Erste Symptome des wirtschaftlichen Niedergangs der DDR zeigen sich. Längst haben die Volksrepubliken Polen und Rumänien den ökonomischen Bankrott erklärt. Der politische Untergrund regt sich allerorten. Trotz offiziellem Zweckoptimismus der SED-Führung spürt jedermann, wie der DDR-Binnenmarkt unter dem Devisenmangel leidet und die Versorgungslücken nicht geschlossen werden können. Selbst ein Milliardenkredit, den der bayerische Ministerpräsident Franz Josef Strauß vermittelt, kann die Agonie nur verlängern. Vielerorts greift das Volk zur Selbsthilfe: Die geflügelten Worte »etwas organisieren« symbolisieren, wie aus den volkseigenen Produktionsfonds immer mehr in die private Konsumtion illegal abfließt. Westgeld eröffnet in zunehmendem Maße einen inoffiziellen, zweiten Markt, führt zu Spekulation und Preistreiberei. Auch im Kriminalitätsbild spiegelt sich dieses Dilemma wider. So boomen im großen wie im kleinen Finanz- und Wirtschaftsdelikte. Die Untersuchung von Straftaten gegen die Volkswirtschaft hat damit auch polizeiliche Priorität und erfordert eine entsprechende Kräftebindung. Deshalb, aber auch, weil die Polizei bereits monatelang auf der Stelle tritt und einige Funktionäre der Ansicht sind, der Würger sei gar kein DDR-Bürger und habe das Land längst verlassen, wird der Brennpunktbefehl alsbald aufgehoben. Ergebnis: Die Sonderkommission »Würger« wird aufgelöst. Doch glücklicherweise verrinnt die Zeit ohne einen Neuanfall.

Zwei scheinbar nebensächliche Episoden in den Nächten des 27. September und 17. Oktober 1985 erfordern zwar noch

einmal die volle polizeiliche Aufmerksamkeit. Zum einen wird die neunundvierzigjährige Postangestellte Heidi Schiffmann von einem Unbekannten hinterrücks angefallen, der ihr den Einkaufskorb entreißt. Da sich zufällig ein Passant nähert, läßt er von ihr ab und macht sich unerkannt aus dem Staub. Zum anderen wird die dreißigjährige Verkäuferin Inge Schäfer auf dem Heimweg vom Kino hinterrücks überfallen, kann sich aber aus den Klauen des Unholds befreien und flüchten. Natürlich wird die Frage aufgeworfen, ob der Würger wieder aktiv geworden ist. Doch diese Überfälle scheinen nicht seine Handschrift zu tragen, also kein Grund für eine Notiz in der sozialistischen Tagespresse. Die Zweifler beruhigen sich bald, denn es geht in der Tat weitere Zeit ins Land ohne ein Vorkommnis ähnlicher Art.
So verblassen im Verlauf des Jahres 1986 die Erinnerungen an den geheimnisvollen würgenden und raubenden Missetäter. Hingegen wird die Öffentlichkeit durch andere, höchst offizielle Themen auf Trab gebracht.
Monatelang bestimmt nämlich der XI. SED-Parteitag das gesellschaftspolitische Leben in der DDR. Überschwengliche Huldigungen der SED-Führung und unzählige Erfolgsmeldungen über die vermeintliche »Festigung der entwickelten sozialistischen Gesellschaft« und schließlich das pompöse Partei-Spektakel im Berliner Palast der Republik bilden die Schlagzeilen in den sozialistischen Medien. Auch als Gorbatschow im Januar 1987 in einer programmatischen Rede zu Perestroika und Glasnost aufruft, gehen die alten Männer im SED-Politbüro verärgert auf Distanz zum »großen Bruder«, weil sie meinen, das Mehrparteiensystem in der DDR verkörpere genügend Demokratie. Sie wollen nicht wahrnehmen, daß die allgemeine Unzufriedenheit der Menschen wächst.

Inzwischen ist es Februar 1987. An den Würger denkt wohl niemand mehr. Auch nicht bei der Polizei. Das Verfahren gegen den Unbekannten wurde längst eingestellt, da »die kriminalistischen Mittel und Möglichkeiten zur Aufklärung der Straftaten erschöpft sind und keine begründete Aussicht besteht, den Täter zu ermitteln«. Scheinbar hat sich die damalige Vermutung bestätigt, er sei Ausländer und längst in sein Heimatland abgetaucht – ein kapitalistisches, versteht sich. Also, undenkbar, daß er in Plauen wieder von sich reden macht.

Ein fataler Irrtum! Denn in der Nacht vom 13. zum 14. Februar wird die Erinnerung an den würgenden Unhold plötzlich wieder belebt. Gegen 3.00 Uhr erscheint die MTA Steffi Golze (22) im VPKA zur Erstattung einer Strafanzeige, weil sie, von einer privaten Feier kommend, auf dem Heimweg in der Nähe der Kleingärten an der Liebigstraße von einem Unbekannten überfallen, niedergerissen, bis zur Bewußtlosigkeit gewürgt und beraubt wurde. Zum Glück ist sie noch am Leben.

Es ist kurios: Zufällig hat Lothar Griesbauer, nach erfolgreichem Fernstudium an der Fachschule des MDI inzwischen zum Unterleutnant der Kriminalpolizei avanciert, wieder Wochenenddienst. Folglich obliegt ihm die Anzeigenaufnahme und der erste Angriff bei allen am Wochenende anfallenden kriminalistisch relevanten Sachverhalten. Er befragt Frau Golze. Aber auch ihre Informationen über den Täter sind so dürftig wie die in der Vergangenheit, und die übliche Inaugenscheinnahme des Tatorts verläuft ebenfalls im Sande. Diesmal aber gibt es keinen Zweifel. Der Würger ist wieder unterwegs.

Im internen Polizeibetrieb des VPKA schlägt der Neuanfall wie eine Bombe ein. Doch den Berufsrevolutionären der Polizeiführung und SED-Kreisleitung paßt er nicht in das sicherheitspolitische und ideologische Konzept. Schnell haben sie eine einfache Erklärung parat: »Der Täter unterliegt offensichtlich dem dekadent-klassenfeindlichen Einfluß des Westfernsehens.« Woher sonst sollen die Anregungen für derartig heimtückische Überfälle kommen? Gewollt oder ungewollt wird damit der Würger zum Staatsfeind gestempelt, was praktisch bedeutet, ihn im politischen Untergrund zu ermitteln. Mit klassenkämpferischer Diktion mahnen die Funktionäre zur Wachsamkeit und vor allem zur Schweigsamkeit. Nichts darf nach außen dringen. Keine Information an die Presse, keine erneute Beunruhigung der Plauener Bürger!

Einer jedoch sieht das anders: Wolfgang Bollmann (44), Major der Kriminalpolizei – ein hellwacher Geist mit jahrelanger Erfahrung bei der Untersuchung unnatürlicher Todesfälle. Er ist seit kurzem neuer Kripo-Chef von Plauen. Klar, einen Fahndungsaufruf in der Presse wird er nicht durchsetzen können, aber eine Wiederbelebung des Brennpunktbefehls und die Neuformierung einer Sonderkommission hält er für möglich. Voraussetzung ist eine sachkundige Analyse aller Vorgänge über den würgenden Räuber – die Grundlage für einen fundierten Untersuchungsplan. Nichts soll mehr dem Zufall überlassen bleiben! Kriminalistische Offensive ist gefragt. Eine neue Strategie muß her!
Bollmann konsultiert telefonisch Dr. Hartwig Glaser (48) von der Sektion Kriminalistik der Humboldt-Universität im fernen Berlin, fragt ihn, ob er im Fall des Würgers eine sogenannte Täterhypothese erstellen würde. Glaser ist Kriminalwissenschaftler, vor allem ein renommierter Untersuchungsmethodiker in Sachen nicht natürliche Todesfälle und Sexualdelikte, der neben seiner akademischen Tätigkeit in Lehre und Forschung gelegentlich auch die Mordkommissionen in praktischen Untersuchungsfragen unterstützt. Er ist sofort bereit, nach Plauen zu kommen, jedoch erst am Abend des 9. März. Schließlich beeinträchtigt das Tingeln in der kriminalistischen Praxis den regulären Dienstbetrieb, weshalb mit Bedacht Vorlesungen und Seminare getauscht, Konsultationen und Beratungen verschoben und andere, weniger wichtige Termine abgesagt werden müssen.

Major Bollmann läßt ein Hotelzimmer reservieren und beauftragt Lothar Griesbauer aus dem Kommissariat 3, der mit dem Würgerfall bestens vertraut ist, dem Gast aus Berlin als Adlatus zur Seite zu stehen.

Am Morgen des 10. März, 7.30 Uhr. Dr. Glaser sitzt im Speiseraum des HO-Central-Hotels in der Plauener Bahnhofstraße und beißt gerade genüßlich in ein knuspriges Marmeladenbrötchen, als ein stattlicher junger Mann im sportlichen Anorak an seinen Tisch tritt und fast schüchtern fragt: »Verzeihung, sind Sie Dr. Glaser?«
Der Angesprochene nickt mit dem Kopf.
»Unterleutnant Griesbauer«, stellt sich der junge Mann vor. Weil der Bissen Glasers Mundhöhle verstopft und Sprechen mit vollem Mund gegen die guten Sitten verstößt, begrüßt er den Ankömmling nur mit einer Handbewegung, die bedeuten soll, Platz zu nehmen. Zaghaft folgt Griesbauer der stummen Aufforderung. Dr. Glaser gibt dem Ober ein Zeichen, einen weiteren Kaffee zu bringen, und wendet sich Griesbauer zu: »Ihr Chef hat Sie schon angekündigt. Sie trinken doch einen Kaffee mit?« Der Leutnant bekundet sein Einverständnis mit einem kurzen Lächeln, sagt: »Ich habe Befehl vom K-Leiter, Sie zu betreuen. 8.30 Uhr will er Sie begrüßen. Mein Dienstwagen steht draußen«, und nimmt Platz.
Beim Kaffee entwickelt sich zwischen den Männern ein Small talk, bei dem Glaser nebenbei erfährt, daß Griesbauer stolzer Vater zweier Kinder ist. Allerdings habe sich seine Frau vor einem halben Jahr von ihm scheiden lassen. Sie wolle ein normales Familienleben, wie andere auch. Schade. Jetzt teile er das Los mit vielen seiner Genossen. Denn Polizistenehen zerbrechen häufig an den permantenten dienstlichen Belastungen. Glücklicherweise bleibt ihm wenigstens der »Trabi«, auf den er so lange warten mußte.
Aber auch Fachliches kommt zur Sprache: Das bereits Jahre

andauernde Katze-und-Maus-Spiel zwischen dem würgenden Räuber und der Polizei. Griesbauer klagt: Mehr als zwölf Fälle sind bereits angezeigt worden. Aber keine Spuren, keine brauchbare Beschreibung des Täters. Weiß der Teufel, wie viele Fälle noch latent sind, wie viele Frauen aus Scham keine Anzeige erstatteten und wie viele Versuche scheiterten. Eine vertrackte Geschichte! Zu allem Unglück habe der Unbekannte vor einigen Tagen wieder zugeschlagen. Die übliche Machart. Diesmal sei das Opfer aber eine fünfundvierzigjährige Frau. Außerdem betrage der Abstand zwischen den letzten beiden Überfällen nur elf Tage. Beinahe wehmütig beendet Griesbauer das Klagelied, in dem er anzweifelt, daß die Plauener Polizei den Fall jemals lösen wird. Dr. Glaser, der seinem Gegenüber aufmerksam zuhört, will neutral bleiben und schließt das Gespräch kurzerhand ab: »Erwarten Sie jetzt noch keine Meinung von mir. Ich muß mir erst ein genaues Bild machen!«
Kurz darauf kutschiert Griesbauer den Gast aus Berlin mit dem VP-eigenen Wartburg zum Kreisamt in der Freiheitsstraße.
Die Begrüßung bei Major Bollmann ist kurz. Er hat es eilig, muß zum großen Chef. Besorgt berichtet er von dem Neuanfall in der Nacht zum 23. Februar und von seinem Vorhaben, den Alten von einer Reaktivierung des Brennpunktbefehls zu überzeugen. Die Frage, was Glaser für seine Arbeit benötige, beantwortet dieser kurz und präzise: »Ein Büro, Telefon, Stadtplan, die Akten aller ungeklärten Überfälle auf Frauen aus den letzten Jahren und die Möglichkeit, die Tatorte zu besichtigen!«
»Kein Problem«, verspricht Bollmann, »Unterleutnant Griesbauer hat Anweisung, sich um alles zu kümmern!«

Bis zum Abend verkriecht sich Dr. Glaser in das für ihn vorbereitete Büro. Stundenlang vertieft er sich in die inzwischen

herangeschafften Akten. Gelegentlich betritt Unterleutnant Griesbauer auf leisen Sohlen den Raum, um wortlos eine Tasse frischgebrühten Kaffee auf den Schreibtisch zu stellen. Nur zur Tischzeit, die er mit Major Bollmann in der Kantine verbringt, unterbricht er für eine halbe Stunde seine Arbeit.
Am anderen Morgen bittet er Griesbauer um eine streng zweckorientierte Stadtrundfahrt: Er will sich einen Überblick über alle Tatorte verschaffen, ihre topografischen Eigenheiten ebenso kennenlernen wie ihre Einordnung in das Stadtbild von Plauen. Stundenlang sind die beiden unterwegs. Grünanlagen, Kleingärten, Wohngebiete, die Umgebung des Kreiskrankenhauses und der Fabriken im Nordosten der Stadt, Brücken und inoffizielle Abkürzungswege sind Objekte kriminalistischer Neugierde des Berliner Experten. Während sich Glaser von den Orten vergangener Untaten unentwegt Notizen und Skizzen macht, erläutert der Unterleutnant mit erstaunlicher Genauigkeit, wie sich das jeweilige Gelände mit den Jahren verändert hat und in welcher Art und an welchen Orten seinerzeit die polizeilichen Observationen stattfanden.
Nach dieser Exkursion verschwindet Dr. Glaser wieder im Büro. Jetzt hat er alle Ausgangsmaterialien für die Analyse der Fälle beisammen. Der Sortierarbeit folgt das Denken. In Glasers Hirn läuft ein für die Kriminalistik typischer, ziemlich komplizierter Erkenntnisprozeß ab, bei dem die vorhandenen Fakten geordnet und bewertet werden, um ihre objektiven Zusammenhänge zu finden und zu erklären. Das betrifft Tatabläufe, Tatorte, Tatzeiten ebenso wie Persönlichkeiten von Täter und Opfer, deren Handlungsmotive und Rolle in der Dynamik des Verbrechens. Die Ergebnisse sind Hypothesen, die wegen ihrer Variabilität und Variantenhaftigkeit in der Kriminalistik Versionen genannt werden. Das Erkenntnisziel besteht darin, die Versionen zu verifizieren, zu verwerfen oder aus ihnen Schlußfolgerungen abzuleiten, die zum Auffinden neuer, bisher unbekannter Tatsachen verhelfen.

Um die Übersicht über diesen Prozeß zu behalten und sich von jeglicher Voreingenommenheit und Spekulation zu lösen, ist für jede Version eine exakte Untersuchungsplanung vonnöten.

Dr. Glaser prüft die Fälle zunächst auf Gleichartigkeit einzelner Tat- und Tätermerkmale, dann darauf, ob sie tatsächlich einem einzigen Täter zuzuordnen wären. Auch die überfallenen Frauen vergleicht er hinsichtlich ihres tatrelevanten äußeren und inneren Erscheinungsbildes, ob sich möglicherweise ein präferenter Opfertyp bestimmen ließe, der wiederum Rückschlüsse auf die Täterpersönlichkeit gestattet. Das Ziel seiner Tätigkeit besteht also letztlich darin, neue Ermittlungsansätze zu finden und so den Untersuchern den erforderlichen Motivationsschub zu verleihen.

Drei Tage lang dröselt Glaser die in den Fällen steckenden Informationsmengen auf, vergleicht, entschlüsselt und leitet ab. Lediglich durch die Butlerdienste, die Unterleutnant Griesbauer leistet, um ihn bei Laune zu halten, läßt er sich kurzzeitig ablenken. Schließlich münden alle Überlegungen in einer vierzehnseitigen »Stellungnahme zum Fall ›Würger‹«, die Dr. Glaser am 4. Tag dem Kripo-Chef Major Bollmann und dem Sachbearbeiter Unterleutnant Griesbauer zur Diskussion stellt.

Danach weisen zehn der ausgewerteten Fälle bedeutsame Gleichförmigkeiten auf, die eine Zusammenfassung zu einem Brennpunkt rechtfertigen, verursacht durch einen gefährlichen sexuellen Serientäter, der seit Jahren sein Unwesen treibt, ein genau geplantes Sicherungsverhalten zeigt, von Tat zu Tat handlungsintensiver und risikobereiter wird. Glaser begründet, warum aus den Tatzeiten keine Schlußfolgerungen für einen prognostizierbaren Tatrhythmus zu ziehen sind, hingegen die Tatorte für eine ausgezeichnete Ortskenntnis des Täters sprechen. Auch wenn die herkömmlichen Spuren von Sexualhandlungen fehlen, spräche dies keineswegs gegen ein sexuelles Handlungsmotiv des Täters, der nämlich das Würgen bis zur Bewußtlosigkeit anstrebt und nicht den Raub. Die absolute Wehrlosigkeit der Opfer verschafft ihm das Gefühl innerer Größe und Befriedigung, kompensiert sein beschädigtes Selbstbewußtsein, wenigstens für kurze Zeit. Auf diese Weise will er beherrschen, demütigen und sich sexuell befriedigen. Folglich ist er eine gestörte, selbstwertbeeinträchtigte Persönlichkeit. Ein einsamer Mann, der vermutlich allein oder in weitgehend zweckbestimmter Partnerschaft lebt. Äußerlich sozial angepaßt, bieder, unauffällig, aber innerlich schwach, egoistisch und eitel, wird er getrieben von seinen übermächtigen, krankhaften Wünschen. Kurzum: Er ist das Produkt einer sexuologisch relevanten Vorgeschichte, und die dürfte dem sozialen Umfeld nicht verborgen geblieben sein.

Von den geringen Bargeldmengen abgesehen, spielt das vermeintliche Raubgut für den Täter lediglich die Rolle von sexuellen Souvenirs, besser Fetischen. Er behütet sie insgeheim, um sich bei Gelegenheit an ihnen zu erregen und die Überfälle gedanklich nachzuerleben. Also: Die polizeilichen Ermittlungen in Richtung eines materiell motivierten Täters – wie sie bei Raubdelikten üblich sind und von denen die bisherigen Untersuchungen ausgingen – müssen wegen der andersgearteten Täterpersönlichkeit zwangsläufig in eine Sackgasse führen.

Dr. Glaser meint, wenn auch keines der Opfer bisher zu Tode kam, läge das mitnichten in der Absicht des Täters, sondern sei vielmehr ein außergewöhnlicher Glücksumstand. Denn dahinter verberge sich ein forensisches Problem mit direkten strafrechtlichen Konsequenzen: Wenn der Täter nämlich in der Lage wäre, einen Würgeakt bewußt so zu dosieren, daß er lediglich eine Bewußtlosigkeit herbeiführt und nicht den Tod, könne er strafrechtlich nur wegen eines Körperverletzungsdelikts belangt werden. Tatsächlich aber ist eine nur auf die

Bewußtlosigkeit des Opfers abzielende Dosierung des Würgevorgangs unmöglich, weil verschiedene physische und psychische Dispositionen zu einem reflexartigen Tod führen können. Und solche Dispositionen sind nicht vorhersehbar. Folglich ist bei der strafrechtlichen Bewertung der bisherigen Überfälle immer von einem bedingten Tötungsvorsatz auszugehen. Mit anderen Worten: Der Plauener Würger findet sich bewußt damit ab, daß seine Attacken zum Tod der Opfer führen können. Und das kennzeichnet seine hohe Gesellschaftsgefährlichkeit. Er ist ein potentieller Mörder, dessen Konto mittlerweile zehn bekannte Mordversuche aufweist. Und das ist vielleicht nur die Spitze des Eisbergs.
Glaser schließt seine Erläuterungen mit der Empfehlung ab, den Würgerfall unverzüglich der zuständigen Mordkommission in Karl-Marx-Stadt zu übergeben.
Unterleutnant Griesbauer ist nicht so leicht von der Expertenmeinung zu überzeugen und bekundet leise Zweifel an den Thesen des Berliners. Für ihn ist der Würger ein klassischer Räuber, der bislang nur durch Zufall an solche Opfer geriet, die ihm nur unbedeutende Beute einbrachten. Aber das könne sich ja beim nächsten Fall ändern. Im übrigen sei er sowieso skeptisch gegenüber solchen Fallanalysen und Täterhypothesen, von denen man meist nicht wisse, ob sie die Grenze zur Spekulation bereits überschritten haben.
Major Bollmann wiederum ist nach Glasers Ausführungen ziemlich still geworden. Nachdenklich überfliegt er Seite für Seite des Schriftstücks, das Glaser ihm überreicht hatte, und räumt schließlich ein, den Fall unter diesem Aspekt bisher nicht gesehen zu haben. Ja, das ist wahrscheinlich nichts für Plauen, er werde sich mit dem Amtsleiter beraten und umgehend mit Karl-Marx-Stadt telefonieren.
Am Abend des gleichen Tages will Dr. Glaser nach Berlin zurück. Griesbauer, der ihn zum Bahnhof chauffiert, ist ziemlich in sich gekehrt und wortkarg. Glaser erahnt die Gründe

für die Verstimmung und beruhigt ihn: »Denken Sie nur nicht, ich wäre sauer, nur weil Sie mir in dem Gespräch bei Ihrem Chef widersprochen haben!«
Griesbauer grinst verlegen. Er scheint erleichtert zu sein und bekennt: »Vielleicht haben Sie doch recht mit dem Würger!«

Anfang der siebziger Jahre war in den USA die Aufklärungsquote bei Tötungsverbrechen von vormals etwa 93 % auf 69 % gesunken. Auch die für diese Deliktkategorie sonst üblichen engen Täter-Opfer-Beziehungen hatten zugunsten von »Fremdtätern« rapide abgenommen. Dieser besorgniserregende Trend initiierte nicht nur intensivere kriminologische Untersuchungen, sondern veranlaßte auch das FBI, die Untersuchungsmethodik von Tötungsverbrechen stärker wissenschaftlich zu durchdringen, um dem Phänomen der großen Zahl an unbekannten Tätern taktisch wirkungsvoller begegnen zu können. So ging man u. a. von der Überlegung aus, die übliche Dekodierung der Tatspuren nicht nur auf den formalen naturwissenschaftlich-technischen Gehalt zu beschränken, sondern auch mögliche Widerspiegelungen psychologischer Inhalte in die Spureninterpretation einzuschließen. Anders ausgedrückt: Die kriminalistische Spurenanalyse sollte auch ein subjektiver Transformationsprozeß sein, der Spuren zu hypothetischen Aussagen über psychische und soziale Eigenarten des Spurenverursachens umwandelt. Dazu wurden Ende der achtziger Jahre computergestützte, methodische Verfahren entwickelt. Das war die Geburtsstunde des »Täterprofiling«, das die flinken Medien bald zur Wunderwaffe gegen Serienkiller erklärten. Falsche Interpretationen der statistischen Angaben hatten nämlich längst dazu verleitet, in der hohen Zahl an unbekannten Tätern einen »Serienmörderboom« zu erkennen. In Wahrheit – so seriöse kriminologische Untersuchungen – wichen die Zahlen der Fälle von Serientätern in den USA keineswegs signifikant von denen anderer Länder ab. Doch das »Hannibal-Lecter-Virus« hatte längst eine Epidemie der Phantasterei ausgelöst. Sogar in der Verbrechenswirklichkeit übertrieb mancher Täter angesichts des großen Medieninteresses seine Taten mit überschenglicher Geständnisfreude. Der »Profiler« wurde zum neuen Helden der Krimiautoren, verhalf zu hohen Buchauflagen und belegte beste Sendeplätze. Doch echte »Profiler« sind keine Hellseher, die beim Rundgang über den Tatort aus den Spuren treffsicher »Name und Anschrift« des Täters herauslesen, so daß dessen Verhaftung für die erstaunte Polizei nur noch ein Kinderspiel ist.

Sie sind vielmehr penible Fallanalytiker, arbeiten am Schreibtisch und ermitteln nicht selbst. Auf der Basis verschiedener gültiger Modelle werden nach festgelegtem Verfahren (Datenerfassung durch Fragebögen, computergestützte Auswertung) Fälle nach unterschiedlichen Gesichtspunkten ausgewertet. Einer dieser Aspekte ist die Frage nach dem »Täterprofil«. Und die Antwort darauf darf keinesfalls apodiktisch sein. Vielmehr hat sie nur zu einer hypothetischen Aussage zu führen analog anderer Versionen. Dergestalt dient sie als Ermittlungshilfe mit mehr oder minder großem Wahrscheinlichkeitsgehalt.

In der DDR-Kriminalistik erfolgte die Erarbeitung von Täterhypothesen, besser Täterversionen, schon immer auf fallanalytischer Basis. Sie zählte bereits seit den frühen siebziger Jahren zum allgemeinen Methodenarsenal der Aufklärung von Kapitalverbrechen und wurde auf hohem Niveau betrieben.

Dafür gibt es im wesentlichen zwei Gründe: Zum einen befand sich die Kriminalistik längst nicht mehr wie in der Vergangenheit in der Umklammerung einer internen kriminalpolizeilichen Dienstkunde. Vielmehr entwickelte sie sich unter Einschluß der forensischen Disziplinen zu einer komplexen Wissenschaft, die nach langer, wechselvoller Geschichte an der Berliner Humboldt-Universität sich als autonome, im deut-

schen Sprachraum einmalige Fachrichtung (Studiengang mit Diplomabschluß) etablieren konnte, bis sie – nebenbei bemerkt – im Jahr 1994 auf Beschluß des Berliner Senats »mangels Bedarfs« (!) schließen mußte.
Zum anderen beschäftigte sich das Kriminalistische Institut der VP, das dem Ministerium des Innern unterstand, nicht nur mit Routineaufgaben spurenkundlicher Gutachtenerstattung, sondern auch mit theoretischen Fragen der Kriminalistik. Die Erkenntnisse beider Institutionen z. B. im Teilbereich der kriminalistischen Untersuchungsplanung mit seinem Herzstück der Versionsbildung und -überprüfung wurden direkt in die Methodik der kriminalpolizeilichen Untersuchungspraxis überführt.
Eigens für das »Profiling« ausgebildete Experten – über die heutzutage jede moderne Polizei verfügt – gab es zu DDR-Zeiten zwar nicht, doch wurden Ermittlungssachverständige (Kriminalwissenschaftler sowie forensisch orientierte Psychologen und Psychiater) vor allem in die Untersuchung komplizierter Tötungs- und Sexualverbrechen mit unbekanntem Täter einbezogen. Sie erarbeiteten empirische Täterprofile. Erwähnenswert scheint, daß bei der Fahndung nach dem sogenannten Eberswalder Knabenmörder in den Jahren 1969 bis 1971 (Täter Erwin Hagedorn) der Ostberliner Psychiater Hans Szewzczyk fallanalytisch die weltweit erste Täterhypothese schuf, also etliche Jahre vor den ersten FBI-Veröffentlichungen von Robert K. Ressler und John Douglas, die gemeinhin als Väter des »Profiling« gelten. Allerdings war der Einsatz von »Ermittlungssachverständigen« dann problematisch, wenn diese nach Abschluß der polizeilichen Untersuchungen zusätzlich mit der Erstattung von Gerichtsgutachten beauftragt und damit am Strafprozeß direkt beteiligt wurden. Da sie bereits in die Interna der Ermittlungen involviert waren, hätten sie de jure als gerichtliche Sachverständige ausgeschlossen werden müssen (§§ 39 und 157 des DDR-Straf-

prozeßrechts), »um die Unvoreingenommenheit und Objektivität der Begutachtung zu gewährleisten«. Die Gerichtspraxis sah in vielen Fällen jedoch darüber hinweg. Ob unter diesen Umständen ein objektives, von jeglicher Befangenheit freies Gutachten möglich war, darf wohl bezweifelt werden.

Etwa zehn Tage später erhält Dr. Glaser einen dringenden Anruf aus Plauen. Major Bollmann ist am Apparat. »Glückwunsch!« scherzt er, »Sie wollen wohl unbedingt Ehrenbürger von Plauen werden!«
Glaser ist verdutzt, versteht nicht. Bollmann bemerkt die Irritation seines Gesprächspartners und kommt auf den Punkt: »Ich hoffe, Sie sitzen. Wir haben nämlich Ihren Mann!«
»Wie ›Ihren Mann‹?« fragt Glaser ziemlich ratlos.
»Na, genau den, den Sie in der Täterhypothese beschrieben haben«, erklärt Bollmann, »Haftbefehl ist bereits erlassen. Die MUK hat die Sache übernommen. Übrigens, Sie kennen ihn!«
»Wieso soll ich ihn kennen?« wundert sich Glaser. Kichern am anderen Ende der Leitung. Der Kripo-Chef amüsiert sich über Glasers Ahnungslosigkeit: »Ich sagte doch ›hoffentlich sitzen Sie‹! Eine Woche lang haben Sie mit ihm zusammengearbeitet!«
Langsam scheint Glaser zu begreifen. Aber: Um sicher zu gehen, ob er Bollmann richtig verstanden hat, fragt er: »Meinen Sie etwa Griesbauer?«
»Genau«, brüllt Bollmann begeistert in die Sprechmuschel, »ist das nicht ein Hammer?«
Glaser ist so perplex, daß er nur sagen kann: »Das haut mich um!«
Bollmann meint es ernst. Der jahrelang gesuchte Würger befindet sich seit einigen Tagen tatsächlich hinter Schloß und Riegel.
Nicht nur Glaser, auch die Plauener Polizisten sind baff, als

sich in Windeseile im VPKA herumspricht, Unterleutnant Griesbauer aus dem Kommissariat 3 sei der seit Jahren gesuchte Übeltäter. Im Speisesaal, auf den Fluren und in den Büros gibt es nur noch ein Thema: der nette und emsige Genosse Griesbauer – Würger von Plauen! Sofort wittert die politische Obrigkeit Ungemach. Nicht auszumalen, welcher ideologische Schaden entsteht, wenn die Öffentlichkeit erführe, der Plauener Unhold sei Offizier der Kripo und langjähriges SED-Mitglied, der sogar eifrig gegen sich selbst ermittelte. Deshalb ordnet sie das große Stillschweigen an. Über die Person des Würgers soll keine Einzelheit »nach draußen« dringen. Lediglich zu einer knappen Information in der Tagespresse entschließt man sich: »Dank unermüdlicher und intensiver Ermittlungstätigkeit der Volkspolizei konnte der Bürger G. verhaftet werden. G. hatte Frauen und Mädchen gesundheitlich geschädigt und sich fremdes Eigentum angeeignet.«

Wie kam es zu der plötzlichen Wende im Würgerfall? Um es gleich klarzustellen: Glasers Täterhypothese hat nicht die Festnahme des Täters bewirkt. Zwar stimmen die von ihm beschriebenen Tätermerkmale mit Griesbauers Persönlichkeit in so vielen Punkten überein, daß sie nicht nur die späteren personenbezogenen Ermittlungen, sondern auch das psychologisch-taktische Vorgehen in den Beschuldigtenvernehmungen erleichtern.

Tatsächlich jedoch führt die plötzliche Wende im Würgerfall der in der Kriminalistik zwar beliebte, aber sehr zurückhaltende »Kommissar Zufall« herbei. Denn: Einige Tage nach Glasers Gastrolle in Plauen sucht Griesbauers Exgattin Jutta den Chef des VPKA auf und bittet ihn in einer persönlichen Angelegenheit um ein Gespräch. Bollmann wird hinzugezogen. Nur mit Rücksicht auf die gemeinsamen Kinder, so Frau Griesbauer, habe sie sich bisher zurückgehalten und die Probleme nicht nach außen dringen lassen. Doch nun ist ihre

Geduld erschöpft. Die prekäre Wohnungsnot in Plauen zwang dazu, die ehemals eheliche Behausung durch scharf gezogene Grenzen in Bereiche zu trennen, in denen der jeweils andere nichts mehr zu suchen hat. Auch der Hausrat wurde peinlich genau aufgeteilt. Doch das einstmals vereinbarte kameradschaftliche Nebeneinander gelingt nicht. Statt dessen wird das Klima zwischen den Eheleuten immer kälter. Streitigkeiten häufen sich, nehmen an Heftigkeit zu, eskalieren bereits zu Handgreiflichkeiten. Deshalb bittet sie den VPKA-Chef, kraft seines Amts bei der Beschaffung einer Wohnung für ihren Exgatten oder für sie und die Kinder behilflich zu sein. Und er verspricht, sich für sie einzusetzen, und überläßt das weitere Gespräch dem Kripo-Chef, weil er zu einer dringenden Beratung müsse.

Bollmann will nun noch mehr über das bisherige Privatleben seines emsigen Mitarbeiters wissen. Und Frau Griesbauer legt die Geheimnisse ihrer verkorksten Ehe frei: Ja, überhaupt verhält sich Lothar von jeher ziemlich absonderlich. So zum Beispiel die Sache mit dem sogenannten Observationskoffer, den er sorgsam verschlossen im Keller aufbewahrt und dessen Inhalt sie aus Gründen der Geheimhaltung niemals sehen sollte. Wenn er Nachtdienst hat, nimmt er das geheimnisvolle Utensil stets mit. Manchmal steht er sogar mitten in der Nacht auf, nimmt den Koffer und geht für einige Stunden »auf Observation«. Sie vermutet, daß sich darin »Umziehsachen« befinden, die er für seine verdeckten Beobachtungen benötigt.

Bollmann argwöhnt bei diesen Schilderungen, daß Unterleutnant Griesbauer ein Doppelleben führen muß, denn das, was die junge Frau vorbringt, mutet wie ein billiger Krimi an und hat mit realer Polizeipraxis nichts zu tun. Geht er vielleicht fremd? Nun, das wäre möglich. Aber benötigt man dazu einen Koffer, vor allem, im Nachtdienst? War es Zufall, daß in den beiden Nächten, in denen Griesbauer Kriminaldienst

hatte, Überfälle des Würgers stattfanden? Freilich, Bollmanns Gedanken sind kühn, doch Glasers Täterhypothese mit der vermutlichen Persönlichkeitsstruktur des Würgers läßt ihn nicht los. Sie regt zu konkreten Fragen an. Jetzt will der Major mehr über das Innenleben seines Mitarbeiters erfahren. Gottlob ist Frau Griesbauer auch bereit, die intimsten Dinge ihrer Ehe zu offenbaren. Mit naiver Offenherzigkeit schildert sie, daß Lothar sexuelle Probleme hat und unter Erektionsschwäche leidet, sich aber hartnäckig weigert, einen Facharzt aufzusuchen. Er zeigt von Beginn der Ehe an eine gewisse Aversion gegen körperliche Kontakte mit ihr und befriedigt sich deshalb meist selbst. Manchmal aber kommt es über ihn, dann fesselt er sie gewaltsam nackt aufs Bett, um mit dem Hals einer Weinflasche seine perversen Spielchen mit ihr zu treiben und dabei zu masturbieren. Ein normales, auf gegenseitiger Lust beruhendes Sexualleben ist ihr völlig fremd.
Aber auch anderes weiß Jutta Griesbauer zu berichten: vor Jahren habe sie Lothar eine rot-weiß-gestreifte Strickjacke geschenkt. Als sie später zufällig erfuhr, die Polizei fahnde nach einem Täter, der offenbar mit einer ähnlichen Jacke bekleidet war, fiel ihr ein, daß Lothar seine Jacke schon lange nicht mehr getragen hatte. Arglos fragte sie ihn danach. Er hatte prompt eine Erklärung parat: Schon kurze Zeit nach ihrem Erhalt habe er sie wegen einer Ölverschmutzung vernichten müssen. Angeblich habe er sie darüber unterrichtet, woran sie sich aber nicht im geringsten erinnern kann.
Und: Lothar müßte als Parteimitglied eigentlich die Gebote der sozialistischen Moral einhalten, doch offensichtlich nimmt der es mit dem Eigentum anderer nicht so genau. Er dringt nämlich nicht nur heimlich in ihren verschlossenen Wohnraum ein und bestiehlt sie, sondern ist schon seit langem in Besitz einer aus einem Einbruch stammenden, polizeilich beschlagnahmten Industrie-Bohrmaschine, die er kurzerhand

aus der Asservatenkammer mitgehen ließ und jetzt sein eigen nennt. Das ist doch Diebstahl, eines Volkspolizisten unwürdig! Oder?

Zufrieden verläßt die ehemüde Frau das VP-Kreisamt. In ihrer Begleitung zwei freundliche Kriminalisten der MUK mit einem Durchsuchungsbeschluß in der Tasche. Vielleicht finden sie nicht nur die Bohrmaschine in Griesbauers Keller. Allein ihre Unterschlagung erfüllt bereits einen strafrechtlichen Tatbestand, der nach allen prozeßrechtlichen Regeln untersucht werden muß. Und zusätzlich könnte ganz nebenbei auch das Geheimnis des »Observationskoffers« gelüftet werden, hinter dem sich womöglich ein viel bedeutsamerer Tatbestand verbirgt.
Zwei Stunden später. Bollmann läßt den ahnungslosen Unterleutnant Griesbauer zu sich kommen. Schon beim Betreten des Büros erblickt dieser auf dem Schreibtisch seines Chefs die Bohrmaschine und den geöffneten ominösen »Observationskoffer«, in dem sich Utensilien für eine komplette Maskerade als »schwarze Gestalt« befinden. Aber noch viel brisanter sind die im Koffer deponierten Beutestücke des Würgers: Ausweise, Geldbörsen, Kosmetikutensilien, Armbanduhren und Schmuck – die Habseligkeiten der überfallenen Frauen. Griesbauer schrickt zusammen. Die beiden Kriminalisten, die die Durchsuchung führten, postieren sich bedrohlich neben ihn. Bollmann blickt böse, zeigt auf den Koffer und meint sarkastisch: »Sieh an, sieh an, unser Herr Würger!«
Griesbauer ist am Ende, errötet bis unter die Schädeldecke, seine Kinnlade vibriert. Er stammelt: »Ich wußte es, eines Tages bin ich dran!«
Major Bollmann streckt fordernd eine Hand aus: »Dienstausweis und Waffe her!«
Wortlos folgt Griesbauer dem Befehl, wohl wissend, daß zu

beiden Seiten neben ihm wachsame Augen jede seiner Bewegungen verfolgen. Dann klicken die Handschellen. Als er abgeführt wird, zischt Bollmann voller Bitterkeit: »Sie wollten doch immer schon zur MUK. Jetzt werden Sie sogar hingebracht!«

Lothar Griesbauer ist ein weiches, weinerliches Kind aus geordnetem Elternhaus. Von der ziemlich dominanten Mutter gehätschelt, von Gleichaltrigen isoliert, wächst er in provinziellen Verhältnissen auf. Er bleibt viel für sich allein, hat kaum Spielgefährten. Eine auffällige Introvertiertheit und häufiges Bettnässen, das erst kurz vor der Einschulung aufhört, zeigt schon frühzeitig eine neurotische Entwicklung an. Beizeiten weisen ihm die Schulkameraden, unter deren Hänseleien er jahrelang leidet, eine Außenseiterrolle zu. Kein Wunder, daß Lothars soziale Bindungsfähigkeit auch weiterhin unterentwickelt bleibt. Später, auf der Berufsschule erkennt er aber, daß überdurchschnittliche sportliche Leistungen ihm Anerkennung einbringen und seinen Selbstwert aufbessern. Jedoch führt der nun einseitig sportbezogene Ehrgeiz zu Arroganz, Egoismus und Elitebewußtsein. Wiederum werden so soziale Distanzen aufgebaut, die ihm den Weg zu echten Freundschaften versperren. Auf diese Weise bleibt er Einzelgänger mit nur wenigen zweckbestimmten Sozialkontakten. Seine schulischen Leistungen liegen durchweg im Mittelmaß. Nach der kombinierten Berufsausbildung mit Abitur arbeitet er eine Zeitlang als Monteur, absolviert seinen freiwilligen Wehrdienst in einem Spezialaufklärungsbataillon der NVA, wo Nahkampf und Überlebenstraining seine körperliche Fitneß herausfordern. Anschließend beginnt er ein Studium an der Pädagogischen Hochschule Zwickau, das er jedoch alsbald abbricht. Eine Zeitlang verdingt er sich nun als Übungsleiter beim Deutschen Turn- und Sportbund. Dann sieht er seine endgültige berufliche Perspektive in der Volkspolizei.

Lothars sexuelle Entwicklung verläuft bis zum Abschluß der Pubertät unauffällig. Doch bei späteren Intimkontakten mit dem anderen Geschlecht beherrschen ihn Erektionsschwäche und Versagensängste derart, daß er schließlich, selbst in der späteren Ehe, mit allerlei Techniken autoerotischer Betätigung experimentiert.
Seine Frau Jutta kennt er bereits von Kindesbeinen an. Auch sie wächst in ziemlich spießiger Umgebung, über alle Maßen behütet auf. Die Eltern scheuen die sexuelle Aufklärung der Tochter und halten hartnäckig und mit Erfolg jeden Burschen von ihr fern. Nur den Umgang mit Lothar tolerieren sie. So gleitet sie unschuldig und unwissend in die, übrigens von beiden Eltern mit Eifer forcierte, Ehe mit Lothar. Er ist es, der sie in der Kunst des Liebesspiels unterweist, freilich nach seinen eigenwilligen Regeln, denen sie sich zwar artig fügt, die ihr aber stets zuwider sind.
Der freundliche, zurückhaltende, jede soziale Konfrontation vermeidende Lothar Griesbauer leistet im Kommissariat 3 von Anfang an eine ordentliche, gewissenhafte Arbeit, so daß man ihn schon frühzeitig mit selbständiger Fallbearbeitung betraut. Aber niemand bemerkt, daß er hin und wieder Orte aufsucht, die ihm als Tatorte sexuellen Mißbrauchs bekannt sind. Sorgsam darauf achtend, nicht beobachtet zu werden, versetzt er sich dort in die Rolle des Täters und masturbiert. Manchmal zieht er sich dabei zur sexuellen Stimulation eine inzwischen völlig überdehnte rote Kinderstrumpfhose über, deren Asservation im Rahmen eines von ihm bearbeiteten Falles unterblieb.
Im Frühjahr 1982 erfährt Griesbauer von einem Mitarbeiter des Kommissariats Einzelheiten über einen autoerotischen Unfall durch Strangulation. Dieser Fall interessiert ihn sehr. In der Fachliteratur informiert er sich genauer. Denn dieses Phänomen sexueller Lustgewinnung könnte das Arsenal seiner eigenen Sexualpraktiken bereichern. Wochenlang spukt

die sexuelle Selbststrangulation in seinem Hirn. Er erfährt aber auch von den lebensbedrohlichen Risiken dieser Befriedigungsart und schreckt deshalb davor zurück. Übrig bleibt aber die erregende Vorstellung, eine Frau mit den Händen zu strangulieren. Der Gedanke, dies zu tun, setzt sich fest. Er durchdenkt sein Vorgehen, beschafft sich dunkle Bekleidung und Gummihandschuhe, sucht ein geeignetes »Operationsgebiet«, prüft Fluchtmöglichkeiten. Zunächst halten ihn noch Hemmungen zurück. Doch mit der Zeit gewinnt der Triebdruck Übermacht. Dann will er es wissen!

Am 25.6.1982 hat Lothar Griesbauer Nachtdienst. Der VP-eigene Trabant steht ihm zur Verfügung. In den späten Abendstunden muß er zu einem Einsatz: Einbruch in einen Kiosk. Zigaretten und Alkoholika wurden entwendet. Der erste Angriff liegt in seiner Kompetenz. Als die Spezialisten kommen, übergibt er den Tatort. Doch er fährt nicht zurück zur Dienststelle. Unweit des August-Bebel-Hains parkt er den Trabi. Einige Male läuft er durch den Park, sondiert die Lage. Dann lauert er im Gebüsch. Kurz nach 24.00 Uhr erspäht er ein junges Mädchen, die Abiturientin Corinna Kiefer, sein erstes Opfer. Blitzschnell fällt er über sie her, setzt zum Würgegriff an, schleift die Bewußtlose ins Gebüsch. Das Gefühl absoluter Macht über sein wehrloses Opfer löst in ihm einen übermächtigen Sinnesrausch aus, der ohne weitere sexuelle Manipulation einen Samenerguß produziert.

»Ich kniete seitlich neben ihr«, sagt er später, »habe ihren Puls gefühlt und dabei festgestellt, daß sie mehrere Fingerringe trug. Die habe ich von den Fingern abgezogen. Dann habe ich ihr die Brille vom Gesicht entfernt, weil ich noch nie eine Frau mit Brille besessen habe. Auch ein Scheckheft habe ich ihr abgenommen, aber niemals einen Scheck davon eingelöst. Die entwendeten Gegenstände habe ich in eine Tasche meiner Kutte gesteckt ...«

Nach der Tat flüchtet Griesbauer über verschiedene Schleichwege zum Auto, zieht sich um und fährt zurück zum VPKA, wo eine Stunde später die Überfallene zur Anzeige erscheint. In höchster innerer Anspannung begegnet er ihr, doch sie erkennt ihn nicht. Mit Feuereifer nimmt er die Anzeige auf, besichtigt mit ihr den Tatort, nicht um Spuren zu sichern, wie er vorgibt, sondern um sie zu verwischen. Später, wieder allein im Büro, legt er eine Akte über den »Raubüberfall« an. Da er gewissenhafte Polizeiarbeit leisten will, entnimmt er seiner Kutte die entwendeten Ringe und die Brille, legt das Raubgut vor sich auf den Schreibtisch und malt es auf einem Bogen Papier fein säuberlich ab. Er versieht die Zeichnung mit der Bemerkung »Nach Angaben der Geschädigten gefertigt« und vervollständigt damit die Akte. Die verräterischen Utensilien verstaut er wieder in der Kutte, um sie bei nächster Gelegenheit in seinem »Observationskoffer« zu deponieren.

Sodann verschwindet er auf der Toilette, um in einer Masturbationsphantasie das Geschehene im August-Bebel-Hain noch einmal intensiv aufleben zu lassen.

In unregelmäßigen Zeitabständen schleicht er ruhelos im nächtlichen Plauen umher. Dies freilich nur dann, wenn keine polizeilichen Sondereinsätze, über die er immer bestens informiert ist, ihn gefährden könnten. Dabei ist er äußerst vorsichtig, vermeidet jedes Risiko. Hat er ein Opfer erspäht, sichert er sich nach allen Seiten ab, um bei der geringsten Störung sein Vorhaben aufzugeben. In einem Fall, so vermutet er, hätte ihn das Opfer womöglich an seiner rot-weißen Strickjakke wiedererkennen können, weshalb er das verräterische Kleidungsstück bei nächster Gelegenheit vernichtet. Viele vergebliche Versuche nimmt er in Kauf, ehe ein Überfall gelingt. Doch von Mal zu Mal wird er sicherer, komplettiert seine Tarnung und die Sammlung seiner Fetische und brutalisiert den Würgevorgang.

Besonders aufregend sind die Ereignisse in der Nacht vom 19. zum 20. September 1982, als er Kriminaldienst hat. Nach

einem Einsatz im Süden Plauens kehrt er nicht zur Dienststelle zurück, sondern macht einen Abstecher zum August-Bebel-Hain. Dort fällt er über die Schülerin Karin Linkhorst her, zerrt sie hinter die Büsche und würgt sie bewußtlos. Die Wehrlosigkeit des ohnmächtigen jungen Mädchens versetzt ihn in eine solche Erregung, daß er ohne weiteres Zutun zum sexuellen Höhepunkt gelangt. Sorgsam darauf achtend, keine verdächtigen Spuren zu hinterlassen, macht er sich flugs aus dem Staub und überläßt die Bewußtlose ihrem Schicksal.
Einige Stunden später sitzt Griesbauer im Büro und tippt irgendwelche Protokolle, als das Telefon klingelt. Die Hauswache bittet ihn zum Warteraum ins Erdgeschoß. Ein brutaler Überfall soll angezeigt werden. Augenblicklich liegen seine Nerven blank, weil er ahnt, was auf ihn zukommt. Und richtig: Auf der Wartebank sitzt die Schülerin, die er überfallen hat. Später wird er in der Vernehmung diese Szene so beschreiben: »Als ich die Treppe runterging und die Kleine mit ihrem Vater dort sitzen sah, mußte ich mich vor Aufregung kurz am Treppengeländer festhalten. Ich spürte, wie mir heißes Blut in den Unterleib schoß, hatte sofort eine feuchte Hose. Zum Glück erkannte sie mich nicht. Ein nettes Mädchen, wir haben uns gut unterhalten. Das war ein schönes Gefühl ...«
Bis zum nächsten Überfall vergehen reichlich acht Monate, unterbrochen von mehreren vergeblichen Versuchen. Lediglich die »sexuellen Experimente« setzt er regelmäßig fort, mal in der Abgeschiedenheit seines Hauskellers, mal im ehelichen Schlafgemach. Doch das alles befriedigt ihn nicht. Offensichtlich liegen die sexuellen Reizschwellen bereits so hoch, daß er sie nur schwerlich erreichen kann.
In der Nacht vom 14. zum 15. Mai 1983 erfolgt dann der Überfall auf die Kellnerin Gerlinde Franze, der zwei Besonderheiten aufweist: Zum einen geht Griesbauer wesentlich handlungsintensiver und risikobereiter vor als bei früheren

Überfällen. Sein Angriff erfolgt so heftig, daß die junge Frau fast anderthalb Stunden ohne Bewußtsein ist. Nur glückliche Umstände und eine gesunde Konstitution verhindern ihren Tod. Zum anderen hinterläßt er erstmalig deutliche Merkmale einer sexuell getönten Handlung. Dazu schildert er später: »Als sie auf dem Boden vor mir lag, kam mir zu Bewußtsein, daß sie viel fleischiger war, ich meine korpulenter, als die anderen Frauen. Aus Neugierde habe ich dann ihren Rock hochgeschlagen und die Strumpfhose ein Stück runtergezogen. Als ich das weiße Schlüpferdreieck gesehen habe, hat es gereicht. Ich habe sie dann so liegen lassen ...«

Griesbauer hat sich längst damit abgefunden, daß die Würgeattacken seine Opfer töten können. Auch die »Experimente« mit Jutta, das weiß er, sind mitunter lebensgefährlich. Aber die Lust am Würgen läßt ihn einfach nicht los. Nur ganz tief in seinem Innern spürt er, daß seine verkorkste Sexualität therapiebedürftig wäre. Trotzdem will er weiter machen wie bisher. Wieder und wieder. Bis man ihn stoppt.

Länger als zwei Jahre bleibt Lothar Griesbauer im Hintergrund, führt nach außen ein unauffälliges Leben. Erst am 28. September 1985 schlägt er wieder zu. Es wird ein Fiasko. Der Überfall mißlingt, weil sich ein Zeuge nähert. Er muß flüchten. Wieder heißt es warten, bis sich die Öffentlichkeit einigermaßen beruhigt hat.

Auch der Überfall auf die dreißigjährige Inge Schäfer mißlingt. Zuvor hatte er sie aus einer Deckung heraus in ihrer Parterrewohnung beim Umkleiden beobachtet und solange gewartet, bis sie das Haus verläßt. Doch sie kann den Überfall abwehren und flüchten. Später auf der Dienststelle führt er mit »großer Einfühlsamkeit« ihre Zeugenvernehmung durch.

Die Zuspitzung der ehelichen Konflikte im Jahre 1986, die Ärgernisse im Zusammenhang mit der von Jutta hartnäckig betriebenen Scheidung, aber auch die von Feindseligkeiten

und Neid durchsetzte Aufteilung des Hausrats halten ihn eine Zeitlang von weiteren Überfällen ab.
Erst am 14. Februar 1987 ist es so weit: Er fällt über die MTA Steffi Golze her. Dabei ist er unvorsichtig, denn sie kann ihn kurz sehen. Griesbauer selbst nimmt später ihre Anzeige auf. Er hat Glück! Sie erkennt in ihm nicht den Täter. Allerdings: Als sie den Unbekannten beschreiben soll, erhält er die arglose Antwort: »Etwa so wie Sie hat er ausgesehen!«
Elf Tage später fällt er wieder eine Frau an, würgt sie und befriedigt sich an ihrer Wehrlosigkeit. Es ist das letzte Mal, daß er auf diese erbärmliche Weise seinen Trieben freien Lauf lassen kann. Noch ahnt er nicht, daß die Geschichte des Würgers von Plauen bald ein unerwartetes Ende findet. Es beginnt mit dem Besuch des Berliner Experten, der ihm höchstes Unbehagen bereitet. Unvermutet stehen nämlich sexuelle Beweggründe im Mittelpunkt der Ermittlungen und nicht mehr die materiellen Motive eines profanen Räubers. Plötzlich ist ein psychisches Täterbild entstanden, in dem er sich unschwer selbst erkennt. Lothar Griesbauer fühlt sich in der Falle, aus der er nicht mehr entrinnen kann. Allerdings: Entscheidend für seine schnelle Entlarvung ist der Besuch seiner Exgattin Jutta beim Chef des VPKA und Major Bollmann.
Nach Griesbauers Festnahme wird er der Mordkommission überstellt. Dort wird sein Fall weiterbearbeitet und vom 25. bis 29. Februar sowie am 7. März 1988 vor dem 3. Strafsenat des Bezirksgerichts verhandelt. Mehrfach versuchter Mord, lautet die Anklage. Doch das Gericht will der staatsanwaltlichen Tatbestandsbegründung nicht folgen, daß die teilweise an die Grenze der Todesherbeiführung reichenden, massiven Würgeakte bedingt vorsätzliche Tötungsversuche seien. Vielmehr beurteilt es Griesbauers Taten als schwere Körperverletzung. Es verurteilt Griesbauer zunächst mit der für diesen Tatbestand zulässigen Höchststrafe von acht Jahren.
Gegen dieses Strafmaß legt der Staatsanwalt erfolgreich das

Rechtsmittel des Protests ein, so daß es zweitinstanzlich zu einer Überprüfung des Urteils kam. Ergebnis: Griesbauers Tathandlungen, so das zweitinstanzliche Gericht, rechtfertigen in Anwendung des § 64 StGB ausnahmsweise eine höhere als die sonst bei schwerer Körperverletzung angedrohte Höchststrafe. Schließlich wird für Recht erkannt, ihn in neun nachgewiesenen Fällen wegen »mehrfachen Verbrechens der schweren Körperverletzung gemäß §§ 116 Abs. 1 und 2, 64 Abs. 3 StGB (DDR) – teils in Tateinheit, teils in Tatmehrheit mit Diebstahl persönlichen Eigentums – zu einer Freiheitsstrafe von 12 Jahren« zu verurteilen.

Vergeblich sucht man in der Tagespresse eine Notiz über den Prozeß. Es ist offensichtlich: Die politische Führung hat kein Interesse daran, die Plauener Öffentlichkeit darüber zu informieren, wie es einem Offizier der Kripo gelingen konnte, über Jahre hinweg unbemerkt schwere Straftaten zu begehen und diese auch noch selbst zu »bearbeiten«.
In Fachkreisen hat das Urteil im Fall Griesbauer eine lebhafte Debatte der Frage »Ist ein derart massives, dosiertes Würgen ohne bedingten Tötungsvorsatz überhaupt möglich?« entfacht. Folgt man nämlich der Logik des Urteils, wäre Griesbauer selbst dann nur wegen Körperverletzung mit Todesfolge, also fahrlässiger Tötung, und nicht wegen bedingt vorsätzlicher Tötung belangt worden, wenn eines seiner Opfer zu Tode gekommen wäre. Er hätte nur hartnäckig bestreiten müssen, sich mit dem möglichen Tod abgefunden zu haben.
Dennoch: Das Strafmaß von 12 Jahren Freiheitsentzug wäre im Grunde auch dann nicht anders ausgefallen, wenn das Gericht den Intentionen der Staatsanwaltschaft gefolgt wäre, Lothar Griesbauer wegen mehrfachen bedingt vorsätzlichen Tötungsversuchs zu verurteilen.
In der zweiten Hälfte der 90er Jahre wird Lothar Griesbauer aus der Haft entlassen. Seine Taten sind gesühnt, rechtlich

vergessen. Bleibt die bange Frage, ob er während der Haftzeit dauerhaft therapiert werden konnte. Bislang jedenfalls führt der inzwischen Fünfzigjährige ein unauffälliges Leben irgendwo im Brandenburgischen.

Etwa zur gleichen Zeit muß Bollmann seinen Hut nehmen: Zunächst noch in der ost-westlich vereinten Polizei tätig, hat er die spätere Personalüberprüfung wegen seiner Kontakte zum MfS nicht überstanden. »Nichteignung für den sächsischen Polizeidienst« ist der Grund für die fristlose Entlassung. Heute verdingt er sich als technische Reinigungskraft in einem Freizeitpark.

Gordischer Knoten

Aktenzeichen BI 17/67 Bezirksstaatsanwalt Dresden,
Tgb.-Nr. 8632/67 BdVP Dresden

Herbst 1968. Beklommenheit und Abscheu liegt über dem Sitzungssaal des 2. Strafsenats des Dresdner Bezirksgericht, als der Staatsanwalt die Anklage gegen den neunundzwanzigjährigen Ingenieur Armin Rauschenbach wegen Doppelmordes Punkt für Punkt begründet. Regungslos, die Lippen fest aufeinandergepreßt und den Blick auf den Boden gerichtet, vernimmt der hochaufgeschossene, ein wenig bärentapsig wirkende junge Mann auf der Anklagebank die schweren Vorwürfe.

So beginnt die mehrtägige Hauptverhandlung, die die Geschichte eines Mörders offenlegt, der ganz und gar nicht in das kriminologische Klischee des asozialen, trunksüchtigen und kriminell anfälligen Gewaltverbrechers zu passen scheint. Hingegen wird am Ende des Prozesses zu erkennen sein, wie verheerend sich falsche Konfliktbewältigungsstrategien auswirken können, wenn ein Mensch sich durch eigene Schuld und Schwäche in einem Geflecht aus Feigheit, Lüge und Eitelkeit verfängt und vermeint, sich mit den üblichen Mitteln der Vernunft und Einsicht nicht befreien zu können.

Der Bericht über den Fall des Armin Rauschenbach legt die äußeren und inneren Gründe frei, die einen bislang unbescholtenen Mitmenschen zum Mörder werden lassen.

Es ist Anfang Juli 1961. Ein Bilderbuchsommer kündigt sich an. Urlaubs- und Ferienstimmung ergreift die Menschen, die nicht ahnen, daß einen Monat später der Bau der Mauer die Welt verändern wird. Fassungslos werden sie sich an der deutsch-deutschen Grenze gegenüberstehen, wenn schwerbewaffnete Grenzpolizisten und Kampfgruppen über Nacht Stacheldrahtverhaue und Barrikaden errichten, um den Exodus von Ost nach West rigoros zu stoppen. Verbittert und hilflos werden sie ansehen müssen, wie in kurzer Zeit eine unüberwindbare Bastion entsteht, die die Welt des Sozialismus von der des Kapitalismus anscheinend für alle Zeiten trennt. Noch aber herrscht allgemeine Ahnungslosigkeit hüben wie drüben. Auch unter den Urlaubern, die sich gerade auf dem Weg zu ihren zugewiesenen FDGB-Heimen auf der Insel Rügen befinden.

Der Bahnhof Putbus ist einer der Umschlagsplätze für die Urlaubermassen, die sich von dort aus auf der schönen Insel in allen Richtungen ausbreiten, um für die nächste Zeit die Strände zu okkupieren.

Unter ihnen Sigrid Weihle, eine schlanke, aufgeschossene, blonde Schönheit von 22 Jahren, Textilhandelskauffrau aus Weida – dem kleinen Städtchen wenige Kilometer südlich von Gera. Eine lange, anstrengende Bahnfahrt liegt bereits hinter ihr. Jetzt wartet sie geduldig auf die Abfahrt der altehrwürdigen Schmalspurbahn, die der Volksmund liebevoll »Rasender Roland« nennt.

Im Unterschied zu den meisten Reisenden benötigt sie keinen FDGB-Urlaubsscheck. Der jährliche Kampf um die wenigen, ihrem Betrieb zugeteilten Urlaubsplätze findet ohne sie statt. Außerdem hätte sie als alleinstehende junge Frau sowieso keine Chance. Doch das berührt sie nicht. Denn Sigrids Tante Gerda ist altangesessene Rüganerin. Die ältere Schwester ihres Vaters ist Wirtschaftsleiterin in einem gewerkschaftlichen Ferienheim im Badeort Sellin und bewohnt gleich nebenan eine kleine, altersschwache Jugendstilvilla, in der eine der Dachkammern immer für Sigrid frei ist. Einstmals waren Ferienheim und Villa eine zusammenhängende Immobilie und seit Generationen in Familienbesitz. Bis nach dem Krieg unterhielten Sigrids Großeltern dort das gutgehende »Strand-

hotel Granitz«, das nach deren Tod im Jahre 1948 in den Besitz der Tochter überging. Die Jahre danach rackerte Tante Gerda mit großem Fleiß und ohne Unterlaß, um das Hotel und sich am Leben zu erhalten. Dann kam das Unheil über sie: Als es wirtschaftlich nämlich langsam wieder aufwärts ging, brach plötzlich und mit Urgewalt eine Enteignunswelle herein, die Hunderte von Hotels und Pensionen an den Ostseegestaden erfaßte und viele Besitzer in den Ruin stürzte oder sie zur Flucht in den Westen zwang.
Und dabei hatte Tante Gerda noch Glück, daß ihr nichts Schlimmeres widerfuhr. Zwar ging ihr Hotel mir nichts dir nichts in das Eigentum des FDGB über, doch blieb ihr wenigstens die kleine Villa. Und ihre Erfahrungen im Hotelbetrieb sicherten ihr eine Tätigkeit als Wirtschaftsleiterin im neuen Ferienheim, das jetzt »Fritz Heckert« heißt. Jetzt ist sie Angestellte im einstigen Besitz.

Kurzer polizeihistorischer Exkurs: In der Zeit vom 10. Februar bis 11. März 1953 mobilisierte der DDR-Generalstaatsanwalt 400 Absolventen der Polizeischule Arnsdorf zur Durchführung der berüchtigten »Aktion Rose«. Angeblich – so ein Zitat aus seinem späteren Abschlußbericht – »lagen seit einiger Zeit begründete Hinweise vor, daß die Eigentümer und Pächter von Hotels und Pensionen seit vielen Jahren gegen die Gesetze und Verordnungen der DDR verstoßen und von einem bestimmten Kreise von Gewerbetreibenden unterstützt werden. In der Hauptsache handelte es sich bei diesen Verstößen um den Verkauf von illegal eingeführten Westwaren, Auf- und Verkauf von bezugsbeschränkten Lebensmitteln, ohne im Besitz von Bezugsberechtigungen zu sein, Preisvergehen, Steuerhinterziehungen und sonstige Wirtschaftsverstöße …«
Der polizeiliche Angriff richtete sich vorrangig auf die Überprüfung von Hotels, Pensionen und Wirtschaftsbetrieben auf den Urlauberinseln Rügen und Usedom und diente dem Ziel,

mit nebulösen Beschuldigungen Gründe für die Einleitung von Ermittlungsverfahren und den Erlaß von Haftbefehlen zu konstruieren. Ergebnis: Etwa 450 Personen wurden wegen angeblicher Wirtschaftsvergehen verhaftet, 220 Betroffene konnten sich unter Zurücklassung ihres Hab und Guts in den Westen absetzen, 440 Hotels und 181 Gaststätten, Wohnhäuser und Betriebe wurden beschlagnahmt.
Ein eigens in der Haftanstalt Bützow etabliertes Sondergericht nahm die Verurteilungen vor. Mehr als 400 Beschuldigte wurden nach der »Wirtschaftsstrafverordnung« von 1948 mit teilweise bis zu 10 Jahren Zuchthaus bestraft. Die eigentlichen Intentionen der SED-Obrigkeit aber lagen sowohl in einer »Schwächung des privaten Wirtschaftssektors« zugunsten der »Schaffung der Grundlagen zum Aufbau des Sozialismus«, als auch in dem mit dem jeweiligen Strafverfahren angestrebten Vermögenseinzug, der eine reiche Beute sicherte, die zum großen Teil zwischen dem FDGB, der SED, dem MfS und der VP aufgeteilt wurde, um auf billigste Weise zu eigenen Feriendomizilen zu gelangen.
Siegesbewußt präsentierte der Generalstaatsanwalt am 2. Mai 1953 das Resultat dieser illegalen Blitzaktion: Allein der Wert der beschlagnahmten Immobilien erreichte die beträchtliche Summe von 30 Millionen Mark. Darüber hinaus wurden Bargeld in Höhe von 1,7 Millionen Mark sowie Schmuck und Wertsachen im Gesamtwert von 500 000 Mark eingezogen.
Einen Monat später mußte die SED-Führung einem Ukas aus Moskau folgen und die perfide Repressionspolitik weitgehend drosseln. »Das brachte vielen verurteilten Hotelbesitzern die Freiheit, aber nur wenigen den Besitz zurück« (Die Welt, 13. März 2003).

Eine dreiviertel Stunde muß Sigrid auf die Weiterfahrt warten, ehe sich der kleine Zug schnaufend und zischend ostwärts durch die Insellandschaft in Richtung Sellin schlängelt.

Währenddessen hängt sie ihren Gedanken nach, beobachtet verträumt und ein wenig neidisch eine Gruppe von Burschen und Mädchen, die sich liebkosen und unbefangenen Albernheiten hingeben. Gern hätte sie selbst einen festen Freund. Aber das ist für eine Frau ihrer Statur nicht einfach. Ganz tief in ihrer Seele quält sie immer noch, daß die Klassenkameraden ihr einst den Spitznamen »die lange Weihle« verpaßten. Natürlich sind die hämischen Tuscheleien längst verstummt. Vor allem, seit sie sich als exzellente Schwimmerin und Basketballspielerin bei den Schulmeisterschaften einen Namen machte, hänselt sie niemand mehr. Und auch jetzt nach dem kaufmännischen Lehrabschluß im Textilhandel, der ihr einen guten Job in der Absatzabteilung der volkseigenen Wäschefabrik sichert, frotzelt niemand mehr. Eigentlich genug Grund, zufrieden zu sein. Dennoch mangelt es ihr an einem lebensbejahenden Optimismus. Das angeknackste Selbstbewußtsein hat sie introvertiert, grüblerisch und argwöhnisch gemacht. Sigrid wirkt abgeklärt wie eine reife, ernste Frau. Manchmal wittert sie grundlos Gefahren und Sorgen für sich und andere. Überhaupt ist sie ein Mensch mit einem Hang zu einer gewissen Weltfremdheit, vertraut lieber der Astrologie und übersinnlichen Kräften, die vermeintlich ihr Leben bestimmen. Heitere Ausgelassenheit kennt sie eigentlich nur bei ihren Freundinnen, die sie für kurze Zeit mitreißen können. Auch etliche Vertreter des starken Geschlechts buhlen emsig um ihre Gunst. Sie aber hält die Burschen konsequent auf Distanz. Sigrid meint, sie seien meist nur »auf das eine« aus, viel zu oberflächlich und von zu kleiner Statur. Zurück bleibt die tiefe Sehnsucht nach einem dauerhaften Freund, der altersmäßig zu ihr paßt, ihre Marotten toleriert und zu dem sie im wahrsten Sinne des Wortes aufblicken kann.

Tagelang ist der Himmel über Sellin hell und klar, und vom Meer her weht eine leichte, angenehme Brise über den Strand.

Sigrid fühlt sich rundweg wohl, bei Tante Gerda und beim Baden im Meer, manchmal in Gesellschaft gleichaltriger einheimischer Mädchen, die sie seit Jahren kennt. Sie liebt aber auch einsame, barfüßige Wanderungen im feuchten Ufersand oder die Spaziergänge in den windstillen Buchenwäldern der Granitz. Dann kann sie ungehemmt ihren Phantasien nachhängen.

Als eines Abends eine Selliner Freundin Sigrid zum gemeinsamen Besuch eines Tanzlokals überredet, verändert sich abrupt ihr Leben: Beim Foxtrott lernt sie einen gleichaltrigen jungen Mann kennen – groß, kräftig, ein überaus netter Kerl, der in Erfurt, also fast in ihrer Nähe, daheim ist und seinen Urlaub mit ein paar Kumpels auf einem Selliner Campingplatz verbringt. Sigrid ist begeistert. Das ist der Mann ihrer Träume, einer zum Kuscheln und Anlehnen! Im Nu ist sie über beide Ohren in ihn verknallt. Tausend Schmetterlinge schwirren in ihrem Leib. Aber auch er hat Feuer gefangen, weicht keinen Schritt mehr von ihrer Seite. Die beiden tanzen die ganze Nacht hindurch. Es ist die Liebe auf den ersten Blick, von der sie besessen sind. Sigrid erfährt, daß der junge Mann Armin Rauschenbach heißt, nach seiner Lehre als Betriebs- und Verkehrseisenbahner bei der Deutschen Reichsbahn in Erfurt alsbald zum Fahrdienstleiter avancierte. Wahrhaftig, Armin scheint ein strebsamer Typ mit überdurchschnittlichen Leistungen zu sein. Nun drückt er ab September wieder die Hörsaalbank, um sein Studium an der Fachschule für Eisenbahnwesen in Dresden als Ingenieur für Sicherungs- und Fernmeldetechnik zu beenden.

Und es kommt, wie es kommen muß: Dem Austausch ihrer Biografien folgt der Austausch von Zärtlichkeiten.

Tage später. Sigrid und Achim sind im siebten Himmel. Dieser Urlaub ist voller Glückseligkeit, ausgefüllt mit ausgiebigen Spaziergängen und innigen Liebkosungen. In der letzten Nacht vor ihrer Abreise teilt Sigrid zum ersten Mal das Bett

in der Dachkammer mit Armin. Für sie ist er der erste Mann. Und Armin gesteht, daß sie die erste Frau für ihn sei. Für beide aber ist es ein prickelndes erotisches Erlebnis, von dem Tante Gerda nichts ahnt.
Als Sigrid am nächsten Tag Sellin in Richtung Weida verlassen muß, bleibt Armin für den Rest seiner Urlaubstage wehmütig bei seinen Kumpels zurück. Doch die Verliebten geloben, für immer zusammen zu bleiben.
So ist es auch. Die örtliche Trennung ist kein Hindernis für die junge Liebe. Von Erfurt nach Weida dauert die Zugfahrt nur eineinhalb Stunden. Auch Armins Studienort Dresden liegt nur zwei Fahrstunden entfernt. Ihm, der als Reichsbahner kostenlos reisen kann, ist im Dienstabteil immer ein Sitzplatz sicher. So nutzt er jede Möglichkeit, um Sigrid zu besuchen. Ihre kleine, in einem verschlissenen Altbau gelegene, gemütliche Ein-Zimmer-Wohnung wird an vielen Wochenenden zum Refugium für ungestörte Minne.
Nur Sigrids Besuche in Erfurt sind sehr selten. Schuld daran ist die Wohnsituation, in der Armin dort lebt. Er ist nämlich Untermieter bei seiner Großtante. Sie hat ihm ein kleines Zimmer überlassen. Nicht weil sie großzügig wäre, sondern um ihre magere Rente aufzubessern. Sigrid mag die schrullige, neugierige und altmodische Alte nicht, die argwöhnisch über jeden Schritt der jungen Leute wacht. »Sie ist eine Hexe, die nicht will, daß Armin mit mir zusammen ist«, beklagt sie sich einmal bei einer Freundin.
Mit der Zeit lernen sich Armin und Sigrid immer besser kennen. Sie scheinen wie füreinander geschaffen, trotz ihrer höchst unterschiedlichen Naturen. Sigrid ist sensibel und träumerisch-versponnen, dennoch klar perspektivisch denkend, reif und von starker Vitalität. Sie versteht es, Armin zu nehmen. Dieser große, starke Kerl nämlich, der sein Studium mit Bravour meistert und danach als Ingenieur bei der Reichsbahn in Erfurt seine fachliche Kompetenz überzeugend unter

Beweis stellt, ist im Grunde innerlich weich und verletzlich, kontaktscheu und ziemlich verschlossen. Einem offensiven Austragen von Konflikten weicht er aus, überläßt es lieber anderen. Diesen Makel kompensiert er mit Kriechertum und Opportunismus, sehr zum Wohlgefallen seiner Vorgesetzten. Dem gegenüber macht ihn sein selbstgefälliges, egoistisches und sozial distanziertes Auftreten bei den Arbeitskollegen ziemlich unbeliebt. Allerdings: In der Zweisamkeit mit Sigrid ist er liebenswürdig, anpassungsfähig und harmoniebedürftig – Eigenschaften, die sie an ihm besonders schätzt, wenn auch mancher Bekannter hinterrücks tuschelt, Armin stehe jetzt schon unter ihrem Pantoffel.

Wie dem auch sei, die beiden lieben und verstehen sich und planen eine gemeinsame Zukunft. So schließen sie im Herbst 1963 den Bund fürs Leben. Prompt folgt dem Jawort vor dem Standesbeamten der übliche Antrag auf Zuweisung einer gemeinsamen Ehewohnung beim, wie es im Amtsjargon der DDR heißt, Referat Wohnraumlenkung der Abteilung Wohnungswesen beim Rat der Stadt Erfurt. Aber der allgemeine Wohnungsmangel zwingt meist zu langjährigem Warten. Das wissen die jungen Eheleute und finden sich weiterhin notgedrungen mit einem auf die Wochenenden beschränkten Beisammensein ab. Sie wissen aber auch, daß Kindersegen die Realisierung ihres Wohnungsantrags beschleunigen könnte. Und da sie sich ohnehin nach einem Kind sehnen, basteln sie mit Eifer am personellen Ausbau der Familie. Doch so sehr sie sich auch bemühen, Sigrids Körper scheint nicht empfängsnisbereit zu sein. In ihrer Bedrängnis konsultiert sie schießlich einen Frauenarzt. Unglücklicherweise diagnostiziert dieser ein latentes Unterleibsleiden, das therapiert werden muß, was die Nachwuchsfrage in eine fernere Zukunft verschiebt.

Ansonsten haben Sigrid und Armin Rauschenbach ihr Leben den äußeren Bedinungen angepaßt, führen trotz der

Beschwerlichkeiten ihrer Trennung eine harmonische und unauffällige Ehe: Armin arbeitet in Erfurt und wohnt derweil bei der schrulligen Großtante, Sigrid bleibt ihrem Büro in der Wäschefabrik treu. Sie kümmert sich rührend um ihren kleinen Haushalt, hält in Erwartung einer größeren Wohnung und in der ungetrübten Hoffnung auf ein Kind mit eiserner Disziplin das Geld zusammen. Bereitwillig übergibt Armin seine monatlichen Lohnabrechnungen und ist, solange die Trennung unabwendbar, mit dem ihm zugedachten Taschengeld von 160,– Mark zufrieden. Die Wochenenden und die Zeit der Freischichten verbringen die Eheleute zusammen in Sigrids kleiner Wohnung.

Die Monate vergehen. Bis Mitte Februar 1965, als Armin zu einem mehrwöchigen Weiterbildungslehrgang nach Dresden muß. Ab diesem Zeitpunkt werden sich nämlich jene schicksalhaften Ereignisse häufen, die ihn langsam und unerbittlich ins Fiasko führen. Noch aber ist er völlig ahnungslos.

Wenige Tage vor seiner Abreise erfährt die eheliche Eintracht eine leichte Dissonanz: Und zwar hatte sich Armin kraft eines amtlichen Besichtigungsscheines eine Wohnung im Erfurter Bahnhofsviertel angesehen, diese aber kurzerhand mit der Begründung »zu laut, zu klein, zu dunkel« abgelehnt. Sigrid ist darüber sauer, weil er sie von der Besichtigung ausgeschlossen und über ihren Kopf hinweg entschieden hatte.

»Aus den wichtigen Dingen hältst du mich raus«, klagt sie und fragt argwöhnisch, »manchmal habe ich den Eindruck, du willst mich nicht in Erfurt haben. Ist da etwa eine andere Frau im Spiel?«

Armin hat alle Mühe, sie zu beruhigen. Klar, gesteht er, sie hätten die Entscheidung über die Ablehung der Wohnung gemeinsam treffen sollen, aber zur Eifersucht gibt es wahrlich keinen Grund. Sigrid warnt ihn vorsichtshalber: »Wenn du

mich jemals betrügst, will ich nicht mehr leben. Aber vorher kratze ich dir und der anderen die Augen aus!«
Doch der kleine Zusammenprall ist schnell vergessen.

Armins Fortbildung findet an der Fachschule für Eisenbahnwesen statt, sein ehemaliger Studienort. Die Seminarteilnehmer, die aus verschiedenen Dienststellen der DDR angereist sind, beziehen im Studentenwohnheim einstweiliges Quartier. Dort herrscht die vertraute Ungezwungenheit, die an die alten Tage des eigenen Studentenlebens erinnert. Ansonsten muß ein straffes Tagespensum absolviert werden, ausgefüllt mit interessanten, weniger interessanten, wichtigen und überflüssigen Vorträgen. Anwesenheit ist Pflicht. Sie ist die Voraussetzung für das spätere Zertifikat. Die Abende jedoch gehören der Erbauung. Man trifft sich in geselliger Runde und klönt bei einem Glas Bier über Gott und die Welt. Armin wohnt mit zwei ledigen und fidelen Jungingenieuren auf einer Bude, die nahezu jeden Abend im Trubel der Großstadt auf die Pirsch gehen. Sie kriegen ihn herum, am kommenden seminarfreien Wochenende nicht nach Weida zu fahren, sondern mit ihnen auf den Faschingsball der Pädagogischen Hochschule zu gehen, an der erfahrungsgemäß chronischer Herrenmangel herrscht. Armin legt die Skrupel ab, überlegt kurz und kramt das Schreibzeug hervor: Noch ist's Zeit für einen pünktlichen Brief an Sigrid, der neben besänftigenden Liebesbezeigungen tiefes Bedauern ausdrückt, das kommende Wochenende über den Büchern verbringen zu müssen. Und bis zum Freitagabend bastelt das Trio an der faschingsgemäßen Kostümierung.

Am Abend des erwarteten Events: Tanz in allen Räumen der Pädagogenschmiede. Überall bunte Girlanden. Lustige Poster verdecken das Inventar: Eine studentische Dixieband der Musikhochschule hat reichlich Boogie, Swing und Ragtime in ihrem Repertoire, mißachtet die von der gestrengen »Anstalt zur Wahrung der Aufführungsrechte« erlaubte Höchstquote von vierzig Prozent Musiktitel aus der kapitalistischen Welt. Armins lüsterne Zimmergenossen sind längst im bunten Gewimmel der Tanzenden untergetaucht. Eigentlich würde auch er gern tanzen, denn hübsche Mädchen gibt es reichlich, doch Hemmungen halten ihn zurück. So steht er, ein Glas Bier in der Hand, eine Zeitlang einsam an einer Säule und lauscht der Musik.

»Hast du Lust zu tanzen?« raunt ihm eine süße Stimme ins Ohr. Erst jetzt bemerkt Armin eine junge Frau neben sich. Er mustert sie einen Augenblick lang. Sie scheint ein wenig jünger als er zu sein und kleiner als Sigrid. Eine schlanke Erscheinung mit schwarzhaarigem Pferdeschwanz und pfiffigen, dunklen Augen. Armin lächelt verlegen. Ohne Umschweife ergreift sie sein Bierglas, stellt es irgendwo ab und führt ihn mit Charme und sanfter Gewalt geradewegs auf die Tanzfläche.

Er und das Mädchen mit dem Pferdeschwanz bleiben die ganze Nacht zusammen. Und von Minute zu Minute löst sich Armins innere Verkrampfung, und er wird heiter und gelöst. Die beiden tanzen bis zur Erschöpfung und erholen sich in der schummerigen »Böse-Buben-Bar«, der einzige Ort, an dem eine ungestörte Unterhaltung möglich ist. Armin plaudert mit der ihm eigenen Eitelkeit über sich, seine Tätigkeit bei der Bahn und die Gründe seines Aufenthalts in Dresden. Als wolle er die Gefahr eines sich anbahnenden amourösen Abenteuers vorsorglich abwehren, baut er ein moralisches Schutzschild vor sich auf und plaudert lang und breit über seine harmonische Ehe mit Sigrid. Das Mädchen mit dem Pferdeschwanz hört eine Zeitlang artig zu. Dann aber rückt sie demonstrativ nah an ihn heran und fällt ihm ins Wort: »Laß deine Frau mal aus dem Spiel, jetzt bin ich bei dir!«

Im weiteren Plausch erfährt er, daß sie Helga Mansfeld heißt,

24 Jahre alt und ledig ist, als Redakteurin bei der Betriebszeitung des Sachsenwerks arbeitet und in Blasewitz bei ihren Eltern wohnt. Nein, und einen Freund hat sie auch nicht. Und – wie im Fasching üblich – küssen sie sich, wobei die Initiative wohl eher von ihr ausgeht.
Erst weit nach Mitternacht verlassen sie das Faschingstreiben. Eine Zeitlang flanieren sie noch durch die kalte, frühmorgendliche Innenstadt. An einer Straßenbahnhaltestelle warten sie dann, bis die Linie nach Blasewitz heranquietscht. Als Helga Mansfeld sich mit einem flüchtigen Kuß von Armin verabschiedet, fragt sie:
»Hast du Lust, morgen, 18.00 Uhr, vor der Milchbar Prager Straße?«
Armin ist begeistert: »Klar doch, ich bin pünktlich!«
Seit dieser Verabredung treffen sich die beiden fast jeden Tag, bummeln Händchen haltend durch die immer noch winterlich kalte Innenstadt, verbringen manche Stunde in verrauchten Cafés oder gehen ins Kino, um sich zu wärmen und zu kuscheln. Armins Innenleben ist durcheinandergeraten. Die prickelnden Gefühle sind so übermächtig, daß er nachts keinen ruhigen Schlaf finden kann. Ständig muß er an die schöne Helga mit dem Pferdeschwanz denken. Ja, er ist bis über beide Ohren verknallt. Aber auch Sigrid beschäftigt ihn. Dies jedoch aus Gründen des Selbstschutzes. Eigennützig durchdenkt er sein künftiges taktisches Verhalten, wie er die Dresdener Romanze solange wie möglich fortsetzen kann, ohne daß Sigrid jemals davon Wind bekommt. Er beruhigt sich damit, die eheliche Treue bisher noch nie gebrochen zu haben.
Auch Helga Mansfeld hat Feuer gefangen. In der Euphorie ihrer Gefühle tauscht sie sich mit einer Freundin aus. Ob die neue Beziehung von Dauer sein wird? Ziemlich arrogant ist er schon, der große, tapsige Kerl. Doch er gefällt ihr. Auch weiß sie von Anfang an, daß er verheiratet ist. Indes sind ihre Überlegungen, wie sie am besten mit ihrem ethischen

Empfinden umgehen soll, selbstbewußt und emanzipiert: »Ich bin ledig und ungebunden und für mich selbst verantwortlich. Und weil meine Gefühle aufrichtig sind, darf ich ihnen auch freien Lauf lassen.« Freilich hätte sie sich taktvoll zurückgehalten, wenn Armin sich gegen ihre Avancen immun gezeigt hätte. So aber muß sie keine Skrupel haben. Möglich, daß er gegenüber seiner Ehefrau ein schlechtes Gewissen hat. Doch damit muß er selbst klarkommen. Basta!

Mittwoch, 3. März 1965, zwei Tage vor Lehrgangsschluß. Pünktlich um 17.00 Uhr beendet der Seminarleiter den Unterricht. Jetzt ist Freizeit angesagt. Wie immer haben sich Armin und Helga verabredet und wie immer treibt es seine beiden Mitbewohner in den nächsten Tanzschuppen. Vor Mitternacht seien sie nicht zurück, lassen sie ihn wissen. Grund genug, Armins heimliche Hoffnung zu nähren, die nun sturmfreie Bude für ungestörte Liebesspiele nutzen zu können.

Und: Dieser Wunsch wird sich erfüllen. Helga weiß, daß Armin am Wochenende heimfährt und sie in den nächsten Tagen für ein weiteres Rendezvous keine Zeit mehr findet. Wann sie ihn dann wiedersehen wird, steht in den Sternen.

Als er den Vorschlag macht, den Abend in ungestörter Zweisamkeit zu verbringen, willigt sie sofort ein. Denn sie hat ungeheure Lust auf Armin. Eine Flasche Tokayer und sein unmißverständliches Balzverhalten tun ihr übriges. So folgt sie ihm ins Studentenheim. Und ins Bett.

Erst gegen Mitternacht nehmen sie Abschied. Armin verspricht hoch und heilig, fleißig Briefe zu schreiben und recht bald nach Dresden zurückzukehren. Helga indes versichert, ihrerseits alles zu tun, daß seine Frau Sigrid von der heimlichen Affäre nichts erfährt. Dann tauschen sie einen letzten leidenschaftlichen Kuß, aber auch ihre Anschriften – und für den Notfall die dienstlichen Telefonnummern – aus. Freilich teilt Armin mit Vorbedacht nur seine Erfurter Adresse mit.

Nach wochenlangem Trennungsleiden empfängt Sigrid ihren Armin in der verzückten Erwartung einer liebenden Gattin. Insgeheim aber plagen ihn Gewissensbisse, die er mit ungewöhnlich guter Laune und ein paar netten Mitbringseln aus Dresden kaschiert. Sigrid ist zufrieden. Nicht die geringste Spur von Argwohn kann Armin an ihr feststellen. Auf dieser emotionalen Basis gestalten die beiden das Wochenende in wohltuender Eintracht.

Montag früh jedoch hat sie der Alltag wieder: Sigrid schafft mit Eifer in der Absatzabteilung der Wäschefabrik. Und Armin sorgt auf dem Erfurter Güterbahnhof mit lobenswertem Sachverstand für Betriebssicherheit und Unfallverhütung, dies freilich mit dem ihm eigenen arroganten und schroffen Umgang mit den Kollegen.

In der Folgezeit schreibt er heimlich mehrere Briefe an Helga Mansfeld. Es sind leidenschaftliche, sehnsuchtsvolle Liebeserklärungen. Sie antwortet auch prompt, ebenso verzückt und darauf brennend, den Geliebten bald wiederzusehen. Aber: Während er vorsichtig genug ist, die verräterischen Schriftstücke mit dem intimen Inhalt sogleich zu vernichten, verwahrt Helga sie sorgsam in einem Schmuckkästchen. Nebenbei bemerkt, werden diese Briefe später für die Kriminalpolizei wichtige Beweismittel für die Aufklärung der motivationalen Hintergründe der Bluttat Armin Rauschenbachs sein.

Ende März erhält Armin Rauschenbach einen Anruf aus Dresden, dessen Inhalt ihn schockiert: Mit ziemlicher Freude teilt Helga mit, daß die letzte Monatsblutung bisher ausgeblieben sei, woraus sie schließe, ein Kind von ihm zu erwarten. Zwar stünde eine verbindliche medizinische Bestätigung noch aus, doch als Frau spüre sie die untrüglichen Zeichen der fruchtbringenden Veränderung in ihrem Leib. Wenn also ihre Vorahnung zuträfe, wäre sie überglücklich, denn sie wünsche sich allzu gern ein Kind. Natürlich erwarte sie dann nicht nur eine moralische Unterstützung von ihm, sondern neben dem freimütigen Bekenntnis zu seiner Vaterschaft die Gewißheit, seinen Unterhaltsverpflichtungen nachzukommen. Sie wolle wissen, ob er dazu steht, wenn sich ihre Vermutung bestätige.

Armin ist fassungslos. Sollte ihn ein einmaliger Seitensprung gleich zum Vater gemacht haben? Schmach und Schande würden über ihn hereinbrechen. Sein Image nähme dauerhaften Schaden. Die Kollegen würden ihn der Lächerlichkeit preisgeben. Und vor allem Sigrid! Er wagt nicht, sich die Konsequenzen für seine Ehe auszumalen, in der ein langgehegter Kinderwunsch immer noch unerfüllt blieb. Nein, es darf nicht sein, was nicht sein soll! Noch kann er sich mit Zweckoptimismus trösten. Vielleicht irrt sich Helga. Vielleicht wird sie in einigen Tagen Entwarnung signalisieren. Vielleicht will sie nur testen, wie er auf eine derart schwerwiegende Mitteilung reagiert. Vielleicht, vielleicht ...

Mit einem Mal bereut er das süße Dresdner Abenteuer. Nichts ist mehr geblieben von der leidenschaftlichen Verliebtheit in den letzten Wochen. »Solltest du tatsächlich schwanger sein, laß es wegmachen«, fordert er hartherzig. Enttäuscht und zornig beendet Helga Mansfeld das Gespräch und schreibt ihm einige Tage später, daß sie niemals abtreiben würde. Nochmals versucht er, sein Verlangen bei ihr durchzusetzen. Vergeblich. Auch ihre Liebesglut scheint erloschen zu sein, denn sie antwortet mit unmißverständlicher Unnachgiebigkeit und resümiert gekränkt, ihn allein wegen seines kriminellen Ansinnens zu verachten.

Aus den bisherigen Gedankenspielen wird harte Realität, als sie ihm Anfang April schreibt, daß sie tatsächlich schwanger sei und Ende Dezember Mutter werde. Und sie betont nochmals: »Abtreibung ist schändlich. So etwas lasse ich bei mir nicht zu!« Also, sie will das Kind und freut sich darauf, egal wie er dazu steht. Hauptsache, er kommt seinen Verpflichtungen nach.

Armin ist erschüttert, merkt sehr wohl, daß Helga durch seine schroffen Forderungen nicht davon abzubringen ist, das Kind auszutragen. Nun schwebt dieses Ereignis wie ein Damoklesschwert über ihm. Er fleht sie an, bittet unterwürfig, winselt um Verständnis, sie solle mit Rücksicht auf seine Ehe die wahre Vaterschaft verschweigen, weil er sich ansonsten existentiell bedroht sehe. Immerhin sei Sigrid krank, anfällig für Depressionen, er müsse sie schonen.
»Ich schütze deine Ehe, wenn du die Vaterschaft anerkennst und deinen Unterhaltsverpflichtungen nachkommst«, läßt sie ihn wissen. Danach bricht sie die spannungsgeladene Kommunikation mit Armin vorerst ab.
In den nächsten Monaten gerät Armin Rauschenbach zunehmend in eine Art Doppelleben, sich mit der immer näherrückenden sozialen Veränderung und Belastung abzufinden und sie gleichzeitig vor Sigrid zu verbergen. Noch kann er diesen quälenden Konflikt unbemerkt in sich hineinfressen. Und in der Tat: Sigrid merkt nichts von alledem. Sie glaubt, ihre Ehe verlaufe weiterhin in den üblichen Bahnen der Harmonie und Glückseligkeit. Nur ein Mal verdunkelt sich der Ehehimmel für kurze Zeit, als Armin zwei weitere Wohnungsangebote ausgeschlagen hatte, ohne sie an der Entscheidung teilhaben zu lassen. Die Wolken verziehen sich aber schnell, denn er überrascht sie mit einer Urkunde über ihre Mitgliedschaft bei der Erfurter AWG, der Arbeiterwohnungsbaugenossenschaft. Und die verheißt von vornherein eine neue Wohnung, freilich nach entsprechender Wartezeit.

In den ersten Januartagen des Jahres 1966 erhält Armin Rauschenbach einen nüchtern formulierten Brief mit bedeutsamen Inhalt. Absender: Helga Mansfeld. Sie läßt ihn wissen, er sei am 30. Dezember 1965 Vater einer Tochter namens Anett geworden, und sie habe ihn bei den Behörden als rechtmäßigen Vater angegeben. Dann erinnert sie ihn an seine nun einsetzenden pekuniären Vaterpflichten und bittet um eine Gehaltsbescheinigung zur Festlegung des Unterhalts. Armin ist schockiert. Daß sie ihn entgegen seiner dringenden Bitte als Vater genannt hat, erschüttert ihn zutiefst. Tagelang ergeht er sich in tiefgründigen Grübeleien und spielt die verschiedensten Verhaltenskonzepte durch, wie er die Probleme von sich und Sigrid fernhalten kann. Dann erhält er ein amtliches Schreiben der Abteilung Jugendhilfe, die Vorladung zu einem Gespräch. Gehorsam und aufs äußerste gespannt folgt er der Aufforderung. Die streng wirkende Dame hinter dem Schreibtisch benötigt aber nur seine Unterschrift. Er soll die Vaterschaft des Kindes Anett Mansfeld anerkennen und besiegeln, seinen Unterhaltsverpflichtungen nachzukommen. Behutsam fragt er, wie hoch bei seinem Nettoverdienst von 800,– Mark die monatlichen Alimente wohl seien. Die gestrenge Dame vertieft sich einen Moment lang in einen Ordner mit Tabellen. Schließlich antwortet sie in beeindruckendem Bürokratenjargon: »Nach den geltenden Richtsätzen für die Festsetzung der monatlichen Unterhaltsbeträge gemäß der 18. Richtlinie des Obersten Gerichts vom 14. April 1965 müssen Sie für das erste Kind 100,– Mark zahlen. Die entsprechende Verdienstbescheinigung legen Sie der Kindesmutter vor!«

Ohne zu zögern unterzeichnet Armin das bedeutungsvolle Dokument. Ihm ist schnell klar geworden, falls er sich etwas einschränkt, könnte er die Alimente unbemerkt von seinen 160.– Mark Taschengeld abzweigen. Sigrid würde davon nichts erfahren. Und der eheliche Frieden bliebe ebenso erhalten wie sein guter Ruf.

Später kommen ihm Bedenken, ob er mit den verbleibenden 60,– Mark Taschengeld auskommen wird. Wieder schreibt er Helga einen herzzerreißenden Brief und fleht sie an, sich mit 50,– Mark Unterhalt zufriedenzugeben. Doch sie will für ihr Kind das, was ihr gesetzlich zusteht. »Sende mir deine Verdienstbescheinigung und danach lasse ich die Unterhaltshöhe festlegen«, antwortet sie knapp und sachlich. Armin fühlt sich in der Falle. Wieder grübelt er, sucht nach einer Lösung. Doch alle seine Überlegungen sind eingeengt und feige, unterliegen dem Schutz seiner selbst, der weiteren Verheimlichung seiner Vaterschaft und der Vermeidung gefährlicher Ehekonflikte. Folgerichtig kommt er auf die absurde Idee, die erforderlichen Verdienstbescheinigungen zu fälschen. Bedenkenlos fertigt er mehrere Dokumente mit falschen Unterschriften an, in denen er sich einen Nettoverdienst von 500,– Mark bescheinigt, weil er weiß, daß er daraufhin nur 70,–Mark zu zahlen hat. Um den Schriftstücken einen offiziellen Charakter zu verleihen, versieht er sie mit Stempelaufdrucken des Lohnbüros seines Betriebes, die er sich auf unrechtem Wege beschafft hat, und überweist von nun an monatlich 70,– Mark an Helga Mansfeld. Damit scheint sie sich abzufinden, denn er hört seitdem nichts mehr von ihr. Und Armin ist einigermaßen beruhigt. Doch das Verhängnis lauert im Hintergrund.

Unerwartet öffnet sich im Mai 1966 über Armin Rauschenbachs Ehe das Füllhorn des Familienglücks, als Sigrid ihm mitteilt, daß sie entgegen aller medizinischen Unkenrufe schwanger ist. Ihre Freude ist grenzenlos. Endlich werden sie eine richtige Familie. Jetzt garantiert der Mutterschutz eine schnellere Bearbeitung ihres Wohnungsantrages. Sigrid ist überglücklich. Auf dem Papier richtet sie sogleich ein imaginäres Kinderzimmer ein, veranschlagt die möglichen Kosten, kauft Spielzeug und Kindersachen ein. Armin schweigt zu allem, ist völlig perplex, kann nur mit ratloser Unsicherheit die Nachricht entgegennehmen. Er vermag nicht, sich aufrichtig zu freuen, so sehr belasten ihn die Umstände, die nur er kennt. Um keinen Argwohn aufkommen zu lassen, täuscht er mit überzeugender Virtuosität einen Jubeltaumel vor. Ansonsten bleibt alles beim alten. Endlich: Mitte Januar 1967 bringt Sigrid komplikationslos ein gesundes Mädchen zur Welt. Für sie ist das Glück komplett, Armins Begeisterung hingegen hält sich in Grenzen. Angesichts des selbstauferlegten großen Schweigens wird für ihn die Situation immer unerträglicher. Nun muß er für zwei Kinder aufkommen, und ein Umzug nach Erfurt wird immer wahrscheinlicher.

Wieder schreibt er heimlich an Helga Mansfeld und winselt um ihr Einverständnis zur Reduzierung des Unterhalts auf 50,– Mark, da nun auch Sigrid ein Kind von ihm bekommen hätte, für das er sorgen muß. Doch Helga bleibt hart. »Ich diskutiere nicht mit Dir über Unterhaltsfragen, die lasse ich durch die Jugendhilfe klären«, schreibt sie genervt zurück. Prompt erhält er ein amtliches Schreiben aus Dresden mit der Aufforderung, »zur Festlegung der Unterhaltshöhe unverzüglich eine Verdienstbescheinigung einzureichen«. Er sieht nur einen Ausweg aus diesem Dilemma: Erneut reicht er gefälschte Dokumente ein, worauf er zu einer monatlichen Unterhaltszahlung von 65,– Mark verdonnert wird. Glimpflich davongekommen, ist sein Resümee. Die Probleme aber bleiben.

Die nächsten Monate vergehen im üblichen Trott. Eines Tages bietet die Erfurter AWG der Familie Rauschenbach überraschend eine 2-Raum-Wohnung mit Einbauküche und Balkon an. Armins Gefühle sind zwiespältig, pendeln unentwegt zwischen Begeisterung und immer größer werdender Gewissenslast. Wie das alles einmal enden wird, weiß er nicht. Sigrid wiederum kann das Glück nicht fassen. Sie verfolgt konsequent und unnachgiebig das Ziel, daß ihre kleine Familie endlich zusammenziehen kann. Das bedeutet aber auch, nicht nur die erforderlichen Genossenschaftsanteile von 4000,– Mark, sondern auch die finanziellen Mittel für die neue Wohnungseinrichtung und den Umzug bereitzuhalten. Und wie es ihre Art ist, kalkuliert und plant sie.

Schließlich legt sie Armin ein vernünftiges Konzept vor, aus dem aber auch hervorgeht, sein Taschengeld vorübergehend auf die Hälfte zu reduzieren. Natürlich weiß Sigrid nicht, daß er in diesem Falle mit lediglich 15,– Mark auskommen müßte, weil er 65,– Mark bereits für den heimlichen Unterhalt abzweigen muß. Nach außen erklärt er sich einverstanden, innerlich aber quält ihn das gewaltige, inzwischen mehr als zwei Jahre dauernde Dilemma. Doch Mut und Aufrichtigkeit, sich mit Sigrid auszusprechen, endlich reinen Tisch zu machen, den quälenden Ballast abzuwerfen und zu dem zu stehen, was er eigentlich auch zu verantworten hat, sind wahrlich nicht seine Sache. Auf diese Weise schiebt Armin Rauschenbach den Konfliktberg immer weiter vor sich her, ohne darüber nachzudenken, wie er ihn bezwingen könnte.

So wie alle bisherigen Versuche, die angestauten Probleme aus der Welt zu schaffen, den eigenen Interessen des Selbstschutzes unterlagen und letzten Endes stümperhaft blieben, faßt er erneut einen widersinnigen Entschluß: Er will bei nächster Gelegenheit Helga Mansfeld in Dresden besuchen. Vorgeschobener Anlaß ist, sein inzwischen zweijähriges Töchterlein, das er bisher noch nie zu Gesicht bekam, einmal zu sehen. Dieses Vaterrecht dürfte sie ihm wohl kaum verwehren. In Wahrheit aber will er ihr Auge in Auge die Härte seiner Situation klarmachen und sie zu einer längeren Aussetzung der Unterhaltszahlungen breitschlagen und zusichern, die Schulden später mit Zins und Zinseszins zurückzuzahlen.

Mehrere Tage durchdenkt Armin diesen Plan, schwankt aber zwischen feiger Unentschlossenheit und innerem Druck, sich endlich aus der unerträglichen Misere zu befreien. So zögert er immer wieder, Helga anzurufen. Dann drängt ihn der Zufall zu einer schnellen Entscheidung: Sein Betrieb delegiert ihn nämlich erneut zu einem achttägigen Fortbildungsseminar an die ihm vertraute Ingenieurschule in Dresden. Anreise am Dienstag, 20. Juni, Unterkunft im Studentenheim. Armin nutzt die Gunst der Stunde und wagt einen Anruf bei Helga. Verlegen und nervös unterbreitet er den Vorschlag, ihr am

Ankunftstag in Dresden einen Besuch abzustatten, um »sein Kind kennenzulernen«. Helga weist sein Anliegen zunächst schroff zurück.
»Ich will mit dir nichts mehr zu tun haben«, läßt sie ihn in aller Schärfe wissen.
Doch sie legt den Hörer nicht auf. Armin kann deshalb das Gespräch fortsetzen. In einer inbrünstigen Litanei bettelt er unterwürfig, fleht und drängt, sein Kind einmal sehen zu dürfen. Offensichtlich erweicht er damit Helgas Herz, denn sie wird etwas zugänglicher: »Das Recht, dein Kind zu sehen, kann ich dir nicht versagen. Aber bei mir zu Hause will ich Dich nicht sehen! Mir wäre es am liebsten, wenn wir uns auf neutralem Boden treffen. Mein Vorschlag: Am Samstag, den 24. Juni um 14.00 Uhr an der Bushaltestelle Kaditz. Die kleine Anett bringe ich im Kinderwagen mit.«
Armin zögert keinen Augenblick, ist sofort einverstanden und verspricht, pünktlich zu sein.
Daß ihr Angetrauter wieder einmal zu einem Lehrgang muß, verdrießt Sigrid aus verständlichen Gründen, doch sie nimmt es hin. Auch die bittere Pille, die Armin mit der Ankündigung bereithält, das Wochenende vom 24. zum 25. Juni angeblich wegen verschiedener Besorgungen in Dresden zu verbringen, schluckt sie widerwillig, aber ohne zu lamentieren. Sie tröstet sich mit der großen Hoffnung auf den baldigen Umzug nach Erfurt, der endlich ein normales Familienleben verspricht.
Armin wiederum glaubt, das Zustandekommen des Stelldicheins mit Helga Mansfeld sei der wichtigste Schritt zur Lösung seines finanziellen Problems. Ohne die Taktik der dringenden Bitte, das Kind sehen zu wollen, an dessen Menschwerdung er ja nicht unerheblich beteiligt war, was er längst bereut hat, wäre ihm die Verabredung nicht gelungen. Jetzt verfolgt er einzig und allein das Ziel, Helga herumzukriegen, für die nächste Zeit einen Unterhalt von 30 bis 35 Mark zu akzeptieren.

Samstag, 24. Juni 1967. Ein sonnenklarer, wolkenloser, ungewöhnlich warmer Frühsommertag. Die meisten Dresdner hat es hinaus ins Grüne oder in die Freibäder gelockt. Unzählige Touristengruppen bevölkern das Stadtzentrum und hasten von Sehenswürdigkeit zu Sehenswürdigkeit.
Kurz vor 14.00 Uhr wartet Armin Rauschenbach wie ein braver Schüler an der vereinbarten Bushaltestelle in Kaditz – der kleine, nordwestlich von Dresden-Neustadt liegende, linkerhand durch die Elbe, in südlicher Richtung durch die Autobahn begrenzte Ortsteil. In einer Hand trägt er eine Einkaufstüte aus Papier mit der Aufschrift »Centrum-Warenhaus Dresden«. Darin: Ein kleiner wuscheliger Teddybär. Es soll das erste Geschenk des Vaters an seine Tochter sein, und es wird das einzige bleiben. Nach einigen Minuten ungeduldigen Wartens kommt der Bus. Ein paar Leute steigen aus und gehen eilig ihrer Wege. Auf der hinteren Plattform erblickt er Helga. Sie hat Mühe, den schweren Kinderwagen aus dem hochbeinigen »Ikarus«-Bus zu hieven. Armin geht ihr zur Hand. Die Begrüßung der beiden ist freundlich und sachlich, doch vermeiden sie einen allzu intensiven Blickkontakt. Inzwischen dröhnt der Bus mit dem schweren Dieselmotor im Heckteil mit einer stinkenden Rußwolke davon. Nervös und unbeholfen sucht Armin nach einem unverfänglichen Gesprächsthema, nachdem Helga fast ungeduldig gefragt hat: »Und jetzt?« Um diese peinliche Situation zu überbrücken, hockt er sich vor den Kinderwagen, um mit dem Kind in Augenhöhe zu sein, lächelt gekünstelt und gibt sich erstaunt: »Du bist aber schon ein großes Mädchen!« Dann überreicht er seinem Töchterlein das plüschene Mitbringsel, das unbefangen sofort davon Besitz ergreift. Das kleine, quicklebendige Mädchen lächelt den fremden Mann an, der sein Vater ist. Dann hat sich Armin einigermaßen gefaßt und wendet sich an Helga: »Wollen wir spazieren gehen?« Und sie ist einverstanden.

Armin trottet unsicher neben Helga her, die den Kinderwagen routiniert vor sich her durch die Serkowitzer Straße schiebt. Mit ängstlich-wachsamen Blicken checkt er die vorübergehenden Menschen, immer auf der Hut, möglichen Bekannten schnell ausweichen zu können. So promenieren die ungewöhnlichen Eltern mit ihrem Kind am kleinen Friedhof und der Emmauskirche entlang, lassen bald die Häuser von Altkaditz hinter sich und steuern geradewegs auf die Elbwiesen zu, die einen breiten Grünstreifen entlang des Flusses bilden, durch den sich kilometerweit beliebte Spazierpfade schlängeln. Im Gegensatz zur Innenstadt trägt dieses Stück Natur keine Spuren mehr jener beiden schrecklichen Kriegsnächte im Februar des Jahres 1945, als anglo-amerikanische Bomberverbände die Stadt in Schutt und Asche legten. Tausende Dresdner waren damals auf die Elbwiesen geflohen, weil sie glaubten, dort dem Inferno zu entkommen. Doch auch dieses militärstrategisch bedeutungslose Territorium wurde zum hundertfachen Bombenziel und bedeutete für unzählige Flüchtlinge den sicheren Tod.
Auf den sonnenüberfluteten Elbwiesen duftet es nach frischgemähtem Gras. Helga und Armin plaudern während ihres Spaziergangs über Belanglosigkeiten. In sicherem Abstand zum Ufer, von wo aus der Blick über den Fluß bis hinüber zu den Wohnhäusern von Stetzsch noch ungehindert schweifen kann, lassen sie sich im Schatten einer dichten Buschgruppe nieder. Helga hat vorsorglich eine Decke mitgebracht, auf der sie es sich bequem machen. Sie befreit die kleine Anett von den Sicherheitsgurten des Kinderwagens und plaziert das Kind neben sich im Gras. Eine herrliche Ruhe liegt über den fast menschenleeren Elbwiesen. Lediglich in einiger Entfernung von der trügerischen Familienidylle weidet ein angepflocktes Pferd. Dort harkt ein sonnengebräunter Mann Heu zusammen und lädt es auf einen flachen Karren.
Armin fühlt sich in seiner Rolle ziemlich unwohl. Immer

noch wartet er auf den geeigneten Moment, sein eigentliches Anliegen vorzubringen. Noch wagt er den Vorstoß nicht. Denn Helga redet unentwegt auf ihn ein. Schweigend liegt er auf der Decke und spielt den aufmerksamen Zuhörer. Lang und breit berichtet sie von ihrer Schwangerschaft, wie sehr sie sich auf die kleine Anett gefreut hatte und wie gut das Kind sich nun entwickle. Sie plaudert über ihre Fahrschule, die Urlaubspläne, die Kinderkrippe und darüber, daß man sie im Betrieb zum Parteisekretär gewählt habe. Begeistert schildert sie, wie hingebungsvoll ihre Eltern sie unterstützen, damit ihre berufliche Karriere unter den Mutterpflichten nicht leiden muß, denn sie möchte Journalistik studieren und später bei einer großen Zeitung arbeiten. Mit ihrer jetzigen Lebenssituation wäre sie durchweg zufrieden. Nein, einen Mann brauche sie nicht, sie wolle frei sein. Und er, Armin, wäre im übrigen sowieso nicht der richtige. »Nicht etwa, weil du verheiratet bist, es ist deine Feigheit, dein ewiges Herumeiern. Das alles kotzt mich an«, meint sie geringschätzig.
Armin spürt zwar den moralischen Tiefschlag, doch er bleibt kalt und verkneift sich eine Entgegnung. Er bemerkt, daß der heuharkende Landmann seine Arbeit inzwischen beendet hat, mit seiner beladenen Karre von dannen zieht, und jetzt weit und breit kein Mensch zu sehen ist. Helga unterbricht ihren Wortschwall, um aus dem Kinderwagennetz eine Erfrischung hervorzukramen. Armin nutzt die kurze Chance, auf sein Thema zu kommen.
»Ich muß etwas mit dir besprechen«, beginnt er zaghaft.
Helga blitzt ihn an. Sie scheint sofort zu ahnen, was kommt und reagiert scharf und böse. »Ich kann mir schon denken, was du willst! Wenn es um den Unterhalt geht, sprich gleich mit der Jugendhilfe, nicht mit mir!«
»Hör mich doch wenigstens mal an«, drängt er.
»Bitte, wenn du denkst, daß es hilft«, reagiert sie genervt, geht

ein wenig auf Abstand zu ihm und wartet demonstrativ auf das, was er zu sagen hat.
Armin unterbreitet seinen merkwürdigen Vorschlag, einen Vertrag abzuschließen, der ihm zusichert, in den nächsten Monaten nur noch höchstens 35,– Mark Unterhalt berappen zu müssen, verspricht eine großzügige Rückzahlung und begründet die Notwendigkeit seines Ansinnens mit der vor einem halben Jahr geborenen Tochter Sabine und malt die finanziellen Probleme im Zusammenhang mit der in Aussicht stehenden AWG-Wohnung in Erfurt in den schillerndsten Farben aus.
Helga hört ihm zunächst zu. Doch ihr Gesicht drückt tiefes Mißtrauen aus. Schnell ist ihre Geduld erschöpft. Sie unterbricht ihn schroff mit der Frage: »Hast du Sigrid endlich reinen Wein eingeschenkt?«
Armin verneint, gibt sich altruistisch: »Das kann ich ihr nicht antun!«
»Dann sieh zu, wie du aus dem Schlamassel kommst. Klipp und klar: Ich will den Unterhalt, und zwar den, der meinem Kinde zusteht«, fordert Helga energisch.
Der starke Armin klagt herzerweichend: »Und was wird aus mir?«
Doch Helga bleibt hart und unerbittlich: »Denk mal lieber an mich und unser Kind, elender Feigling!«
Die Auseinandersetzung gewinnt immer mehr an Schärfe. Helga und Armin sind aufs äußerste erregt. Immer wieder fordert sie den vollen Unterhalt, und immer wieder versucht er, sie breitzuschlagen. Vergeblich. Schließlich gerät Helga so in Rage, daß sie ihn anschreit: »Montag bin ich bei der Jugendhilfe, mir ist jetzt alles egal. Schluß mit der Rücksicht auf deine Ehe!«
Ihre Stimme drückt eiserne Entschlossenheit aus. Plötzlich ist Armin klar, Helga von einem Gang zur Jugendhilfe nicht mehr abhalten zu können. Nun muß er mit Recht befürchten,

daß sein Gehalt gepfändet wird und damit die ganze Angelegenheit im Betrieb publik wird. Er verschließt mit seinen großen Händen Helgas Mund, drückt ihren Körper nieder auf die Decke, beugt sich über sie und zischt gefährlich: »Untersteh dich!«

Als er die Hände wieder zurückzieht, schubst sie ihn mit aller Kraft zur Seite und richtet sich auf: »Schluß jetzt! Ich werde deiner Sigrid schreiben, damit die Geheimniskrämerei ein Ende hat!«

»Das machst du nicht!« warnt er in scharfem Ton und ist wieder bei ihr, packt sie an den Schultern und stemmt ihren Rücken mit roher Gewalt zurück auf die Decke. Helga schlägt wild um sich.

»Du wirst es sehen!« schreit sie ihn an und versucht vergeblich, sich zu befreien.

Armin ist außer sich. Tausend düstere Gedanken toben in seinem Hirn. Ihm wird bewußt, wie schnell seine Welt zusammenstürzen würde, wenn Helga ihre Drohung wahrmacht. Mit einem Mal ist sie eine ernste Gefahr für sein Leben geworden, eine tickende Zeitbombe, die mit einem Schlag alles vernichten könnte, was er sich mühselig aufgebaut hat, die Familie, das Renommee im Betrieb und überhaupt. Und er spürt, daß die Verstrickungen, in denen er sich seit langem verfangen hat, einen unlösbaren Knoten bilden. Eine Art Gordischer Knoten, der nur mit einem wuchtigen Schwerthieb zerschlagen werden kann. »Ich muß sie töten, ehe sie mich vernichtet!« schießt es durch sein Hirn. Jetzt muß er handeln, sonst kann es zu spät sein! Nur einen kurzen Augenblick hält er sich noch zurück, dann umklammern seine großen, starken Hände Helgas Hals, während er mit seinem massigen Körper ihren Leib auf der Decke fixiert. Einige Minuten liegt er so, während sein Töchterchen wenige Meter von ihm entfernt im Gras spielt. Als er seine Hände löst, ist Helga tot. Lang ausgestreckt liegt sie auf der Decke, die Augen weit aufgerissen.

Armin ist innerlich völlig ausgekühlt, überlegt sein weiteres Verhalten. Er denkt an das Kind, das wenige Meter weiter unschuldig auf der Wiese herumkrabbelt. Soll er es bei der toten Mutter lassen? Armin blickt sich um. Weit und breit kein Mensch. Nein. Augenblicke später steht sein Entschluß fest: »Auch das Kind muß weg!« Doch wie? Es zu erwürgen oder zu erschlagen, fehlt ihm der Mut. Dann hat er einen teuflischen Einfall: Er führt das Kind an der Hand zum Fluß. Mitten auf dem etwa zwei Meter breiten, aus felsigen Formsteinen gemauerten, Steilufer stellt er es ab. Er sieht, wie sich das Kind auf der schiefen Ebene kaum halten kann und hin und her schwankt. Mit eiskaltem Gemüt macht er kehrt in Richtung der toten Helga. Nach einigen Metern dreht er sich um und sieht, wie das Kind, ohne einen Schrei von sich zu geben, in die Fluten plumpst und sofort untertaucht. Unbeirrt schreitet er weiter, bis er die Tote auf der Decke erreicht hat. Plötzlich vernimmt er hinter den Büschen die Stimmen von Spaziergängern, die sich unaufhaltsam nähern. Jetzt gilt es, schnell zu reagieren. Flugs legt er sich neben die Leiche, zieht sie zu sich heran und umarmt sie. Arglos ziehen die Spaziergänger vorüber, werfen nur einen kurzen, verstohlenen Blick auf das sich vermeintlich liebkosende Paar. Als sie später von der Kripo als Zeugen vernommen werden, sind sie über die wahren Umstände entsetzt.

Es ist inzwischen 16.30 Uhr. Armin zieht den Leichnam einige Meter weiter zu einer Mauer, legt ihn dort ab und bedeckt ihn oberflächlich mit Zweigen und Pflanzen, die er aus der Umgebung heranschafft. Er geht zurück zum Rastplatz, packt eilig die Decke, den Plüschteddy und Helgas Handtasche in den Kinderwagen und versteckt ihn in einem kleinen Graben am Elbufer, etwa an der Stelle, an der er sein Kind ins Wasser stürzen ließ. Immer wieder sieht er sich prüfend um, ob ihn jemand beobachten könnte. Dabei erblickt er in der Ferne zwei sich nähernde Männer. Eilig macht er sich davon.

Mit absonderlicher Gelassenheit kehrt er zum Studentenheim zurück, um sich zu waschen, etwas auszuruhen und im Kreise anderer Lehrgangsteilnehmer das Abendessen zu genießen. Die Zeit bis zur Nachtruhe gehört dem Skatspiel. Armin Rauschenbach verhält sich wie immer verschlossen, freundlich und unauffällig.

Der Kraftfahrer Otto Brehmer (59), der im Ortsteil Stetzsch direkt am Elbufer wohnt, genießt den sonnigen Nachmittag des 24. Juni auf seinem Balkon. Von dort kann er seinen Blick über den großen Fluß und die Elbwiesen bis hinüber nach Serkowitz, Kaditz und Mickten schweifen lassen, kann die großen und kleinen Schiffe oder die Spaziergänger beobachten. Mit Hilfe seines Feldstechers erspäht er auf der anderen Flußseite bisweilen sogar liebeshungrige Pärchen, die sich, unbeobachtet wähnend, ihren Spielen hingeben. Brehmers Freizeitvergnügen der besonderen Art. Als er kurz nach 14.00 Uhr auf die gegenüberliegende Seite des Flusses über die Elbwiesen späht, nimmt er ganz nebenbei ein auf einer Decke einträchtig lagerndes Ehepaar mit spielendem Kind wahr. Dieser Szene schenkt er zunächst keine Beachtung, weshalb er sich anderen Dingen zuwendet. Als er jedoch kurz nach 17.00 Uhr ein zweites Mal auf das Gelände am gegenüberliegenden Ufer blickt, fällt ihm ein merkwürdiger Umstand auf, der seine volle Aufmerksamkeit wachruft: Er sieht, wie genau der Mann, der ein paar Stunden zuvor mit einer Frau friedlich in der Sonne lag, eilig einen unförmigen, langen Gegenstand versteckt und mit Strauchwerk und Gras abdeckt. Folgerichtig fragt sich Brehmer: »Wo ist die Frau, und wo das Kind?« Überdies kann er nur den leeren Kinderwagen erkennen. Eine schlimme Vorahnung befällt ihn. Dort drüben könnte etwas Schreckliches passiert sein, schlußfolgert er. Jetzt will er wissen, ob sich sein Verdacht bestätigt oder ob sich herausstellt, daß seine Phantasie Purzelbäume schlägt. Er eilt hinunter auf

die Straße, startet seinen dort abgestellten Trabi und fährt los. Er muß er den Weg über die Autobahn nehmen. Es ist die kürzeste und schnellste Verbindung zur anderen Uferseite.
Als er die Elbwiesen erreicht, verläßt er sein Auto und spricht einen älteren Mann an, der ihm zufällig begegnet. Aufgeregt schildert Brehmer die verdächtigen Wahrnehmungen, appelliert an das Rechtsbewußtsein des anderen und bittet ihn um personelle Verstärkung. Mit Erfolg. Beide Männer bewegen sich nun auf die verdächtige Stelle zu, die Brehmer schon von weitem ausgemacht hat. Dabei nehmen sie wahr, wie ein junger, großer und kräftiger Mann sich dort auffällig zu schaffen macht. Als dieser die beiden Männer bemerkt, macht er sich eilig aus dem Staub. Mangels geeigneter physischer Konstitution nehmen Brehmer und der Passant Abstand von einer Verfolgung. Dafür können sie später bei der Polizei eine ziemlich genaue Personenbeschreibung abgeben. Die Männer inspizieren großräumig den verdächtigen Platz, an dem das vermeintliche Ehepaar lagerte. Auf Anhieb entdecken sie nicht nur die mit Gras und Gestrüpp abgedeckte Leiche einer jungen Frau, sondern auch den in einem ufernahen Graben abgestellten Kinderwagen. Höchste Zeit, Alarm zu schlagen.
Kurz nach 18.30 Uhr ist ein Großaufgebot der Polizei zur Stelle. Bereits bei der Tatbefundaufnahme am Fundort der Frauenleiche ist der Mordkommission bekannt, daß zwei Stunden zuvor flußabwärts an der Pieschener Fähre ein totes Kleinkind aus der Elbe geborgen wurde. Todesursache: Ertrinken. Der leere Kinderwagen am Tatort erleichtert die Herstellung eines Zusammenhangs zwischen beiden Ereignissen. Bei der Durchsuchung der im Kinderwagen abgelegten Damenhandtasche stößt die Polizei auf die Personaldokumente der toten Frau. Dann geht alles ungewöhnlich schnell: Die Kriminalisten, denen die höchst unangenehme Aufgabe zuteil wird, den Eltern der Ermordeten die erschütternde Todesnachricht zu überbringen, erfahren, Helga sei nach Dresden-Kaditz gefahren,

um sich für einige Stunden mit dem in Erfurt wohnhaften Kindesvater Armin Rauschenbach zu treffen.
Bereits die ersten gerichtsmedizinischen Befunde beweisen, daß Helga Mansfeld erwürgt wurde. Der Tatverdacht richtet sich sofort gegen Armin Rauschenbach. Allerdings: Die Beantwortung der Frage, inwieweit die Umstände, die zum Ertrinkungstod des Kindes Anett Mansfeld führten, verbrecherischer Natur sind, ist gerichtsmedizinisch nicht zu klären, sondern Aufgabe der Kriminalpolizei.
Im Tagesverlauf des 25. Juni wird wegen Verdachts der vorsätzlichen Tötung gegen Rauschenbach ein Ermittlungsverfahren eingeleitet und Haftbefehl erlassen. Bereits gegen Abend weiß die Mordkommission, daß sich der Verdächtige zur Zeit an der Dresdener Fachschule für Eisenbahnwesen aufhält.

Montag, 26. Juni 1967, kurz vor 1.00 Uhr im Studentenwohnheim. Armin hatte den ganzen Abend mit ein paar Kumpels Skat gespielt. Erst gegen Mitternacht entschloß man sich zur Nachtruhe. Kaum eine Stunde geschlafen, wird er plötzlich durch kräftige Männerarme wachgerüttelt. »Herr Rauschenbach?« fragt eine resolute Stimme. Er springt aus dem Bett, sieht vor sich mehrere Männer mit ernsten Gesichtern, ist auf der Stelle hellwach und weiß Bescheid. »Sie sind verhaftet, packen Sie Ihre Sachen!« herrscht ihn einer an. Wortlos folgt er der Aufforderung. Ruhig und gelassen, ohne eine Miene zu verziehen, läßt er sich abführen.
Was nun folgt, ist der Routineablauf eines Ermittlungsverfahrens gegen »Bekannt«, unspektakulär, ohne besondere kriminalistische Herausforderung, ohne die sonst üblichen Beweisnöte.
Rauschenbach wird verschiedenen unbekannten Menschen gegenübergestellt: Der Kraftfahrer Brehmer und sein Helfer, der Bauer, der auf den Elbwiesen Heu einfuhr, die Spazier-

gänger, die an ihm vorübergingen, als er mit der Getöteten auf der Decke lag – sie alle erkennen in ihm den Mann, der sich mit Helga Mansfeld und ihrer Tochter auf den Elbwiesen sonnte.
Rauschenbach bekennt sich nach anfänglichem Widerstreben unter dem Druck der vorhandenen Beweise zu seinen Taten: Ein Mord durch Tun, ein Mord durch Unterlassen und ganz nebenbei die fortgesetzte Urkundenfälschung. Seine Einlassungen stimmen mit den spurenkundlichen Befunden und sonstigen Ermittlungsergebnissen überein.
Wie generell bei Kapitalverbrechen wird auch Rauschenbach gerichtspsychiatrisch begutachtet. Es soll u.a. festgestellt werden, ob er während der Taten nur eingeschränkt einsichts- und steuerungsfähig war und womöglich in einem die strafrechtliche Verantwortlichkeit mindernden Affektzustand handelte. Doch der Gutachter verneint dies und schätzt ein: Rauschenbach ist eine gehemmte, kontaktschwache, seit früher Kindheit emotional unterversorgte, eitle, egoistische Persönlichkeit mit guter Intelligenz und geringer Fähigkeit zu vernünftiger Konfliktbewältigung. Die beiden Morde bilden den Endpunkt einer langen Kette von Problemanhäufungen, derer er nicht mehr Herr wurde. Jedoch war seine Einsichts- und Steuerungsfähigkeit in keiner Phase der Tat beeinträchtigt. Er handelte kaltschnäuzig und mit Vorbedacht. Auch wenn der Tötungsvorsatz erst am Ende der Auseinandersetzung mit Helga Mansfeld im Zustand heftiger Erregung gefaßt wurde, rechtfertigt diese Gemütsaufwallung keinen strafmildernden Affekt im Sinne eines Totschlags. »Diese negativ geladene Affekterregung ist als normal-psychologischer Affekt zu beurteilen. Für pathologische Affektentgleisung findet sich kein Anhalt, zumal weder Störungen des Bewußtseins noch situationsverfälschende Wahrnehmungen nachzuweisen seien.« Strafrechtlich voll verantwortlich, wird Armin Rauschenbach deshalb wegen Doppelmords zu einer lebenslangen Freiheitstrafe verurteilt.

Nachsatz: Niemand zweifelt an Rauschenbachs Täterschaft. Bis auf eine Ausnahme: Es ist Sigrid, seine Ehefrau. Sie kann nicht fassen, was viele Jahre hinter ihrem Rücken geschah. Die plötzlich freigelegten Geschehnisse um ihren Gatten stürzen wie eine gewaltige Lawine auf sie ein. Ihre Seele nimmt ernsthaften Schaden. Eine schwere psychiatrische Symptomatik macht therapeutische Maßnahmen erforderlich. Wahnhaft verbissen sieht sie die eigentliche Ursache des Verbrechens in Armins betagter Großtante, die ihn mit einem Hexenfluch belegt und zu den Untaten angestiftet habe.
Nach Mitteilungen der seinerzeit an den polizeilichen Ermittlungen Beteiligten wurde Rauschenbach kurz nach Vollendung seines 48. Lebensjahres im Jahre 1987 amnestiert.

Das Skelett im Wald

Aktenzeichen I B/65 Bezirksstaatsanwalt Schwerin,
Tgb.-Nr. 81/65 VPKA Ludwigslust

Montag, 17. Mai 1963, am späten Vormittag. Im Sektionssaal des Instituts für gerichtliche Medizin und Kriminalistik Rostock. Die Betriebsamkeit der letzten Stunden, die beim Umgang mit Knorpelmesser, Knochensäge, Rippenschere, Klemme und Pinzette im Saal herrscht, ist beendet. Längst haben die Sektionsgehilfen die sterblichen Überreste sorgfältig eingesargt und zum Abtransport zur letzten Ruhestätte vorbereitet. Tische und Gerätschaften sind gesäubert und erstrahlen wieder im Glanz des Edelstahls. Die Obduzenten haben sich in ihre Labors zurückgezogen, schreiben Gutachten, bereiten Vorlesungen vor, widmen sich ihren wissenschaftlichen Arbeiten. Nun ist die sprichwörtliche Totenruhe in den Sektionssaal zurückgekehrt. Gewöhnlich bleibt es so – bis zum nächsten Morgen.
Doch heute ist es anders: Vier Männer betreten den Raum der Stille. Zwei von ihnen hieven ein unförmiges Paket aus weißem Leinen auf einen der Sektionstische. Es sind Hauptmann Weidinger (34) von der Mordkommission Schwerin und ein Sachbearbeiter für Todesermittlungen aus dem VPKA Ludwiglust. Die beiden anderen Männer gehören zum Haus: Oberarzt Dietrich und ein Sektionsgehilfe. Mit fachlicher Neugierde legen die Männer den Inhalt des Paketes aus weißem Leinen frei. Zum Vorschein kommen knapp zwanzig braun-schwarz verschmutzte kleine, größere, flache und röhrenförmige Knochen, an denen feuchtes, schmutziges Erdreich und faulige Gewebereste haften.
Der Oberarzt beäugt das unappetitliche Mitbringsel einen Moment lang und sagt: »Kein Zweifel, menschliche Knochen!«

Weidinger und sein Kollege blicken sich zufrieden an. Ihr längst gehegter Verdacht scheint sich zu bestätigen. Während der Oberarzt die Knochen auf dem Nebentisch der menschlichen Anatomie entsprechend zu einem höchst unvollständigen Puzzle zusammenlegt, mosert er: »Normalerweise hätte ich mir Ihren Fund lieber an Ort und Stelle angesehen. Wenn Sie also die restlichen Knochen finden, wissen Sie Bescheid!«
Weidinger fühlt sich unschuldig und gibt den versteckten Vorwurf in Form eines kurzen Strafblicks an den Ermittler aus Ludwigslust weiter. Der brummelt einsichtsvoll: »Kein Problem!«
Der Doktor wechselt das Thema, zeigt auf die Knochen und sagt: »Erzählen Sie mir etwas dazu!«
Und Weidinger erstattet seinen Kurzbericht: Im waldigen Hügelgelände bei Groß-Schmölen, eine halbe Autostunde südlich von Ludwigslust, fanden Arbeiter unter der dicken Mulchschicht aus verrottetem Laub verweste Knochen. Da eine menschliche Herkunft nicht auszuschließen war, meldeten sie ihren Fund der VP in Ludwiglust, worauf ein Suchtrupp das Gelände durchkämmte und im Umkreis von etwa 50 Metern weitere Knochen entdeckte. Schädel, Unterkiefer und Beckenknochen wurden allerdings nicht gefunden. Weitere Suchaktionen sind in Vorbereitung. Fotoanlagen, topografische Karten und Erdproben von den Fundstellen werden zusammen mit der Anforderung eines Gutachtens in den nächsten Tagen übersandt.
Der Doktor unterbricht den Report mit etlichen Zwischenfragen nach dem Zustand des Waldbodens, der Entfernung der Fundstellen zum nächsten Gewässer, der Grundwassertiefe, dem Wildbestand im dortigen Revier.
Jetzt aber geht es den Kriminalisten erst einmal um die Feststellung von Geschlecht, Alter, Körpergröße und Liegezeit. Diese Daten wären die Voraussetzung für eine Identifizierung der betreffenden Person, deren Gebeine an diesem

ungewöhnlichen Ort gefunden wurden. Erst dann rücken die Fragen nach der Todesursache und der möglichen Differenzierung zwischen natürlichem Tod, Unfall, Suizid oder gar Mord in den Mittelpunkt des kriminalistischen Interesses.
»Alles, was ich Ihnen jetzt sage, ist unverbindlich, lediglich eine grobe Orientierung«, dämpft der Oberarzt die hohen Erwartungen der Kriminalisten. »Präzise Laboruntersuchungen sind notwendig, um zu halbwegs verläßlichen Ergebnissen zu gelangen.«
Mit Knochenmeßbrett und Stechzirkel bestimmt er die Länge eines Oberschenkel- und eines Oberarmknochens, mißt an ihnen verschiedene Punkte, murmelt irgendwelche Formeln, blättert in verschiedenen Tabellen und rechnet. Dann sagt er:
»Das sind wahrscheinlich die Knochen einer Frau, Körpergröße zwischen 160 und 165 cm, Genaues dazu später im Gutachten!«
»Und wie alt könnte sie gewesen sein?« wollen die Polizisten wissen.
»Kein Gebiß, kein Schädel, keine Beckenknochen. Wir müssen erst Längsschnitte der Knochen untersuchen. Besser jetzt kein Kommentar!« brummt der Doktor mürrisch und blickt in die enttäuschten Kriminalistengesichter. Doch dann, als wolle er den Männern doch ein wenig entgegenkommen, untersucht er makroskopisch verschiedene Wirbelkörper und meint: »Ich denke, die Frau war nicht älter als vierzig!«
»Wie lange könnte sie denn im Wald gelegen haben?« wollen die Gesetzeshüter nun wissen.
Der Oberarzt meint resignierend: »Mal sind die Knochen in wenigen Jahren hin, mal bleiben sie Jahrtausende erhalten. Kommt auf das Milieu an, in dem die Leiche lag. In unserem Falle rechnen Sie mal grob mit zwei, drei ...«, er macht eine kurze Kunstpause und beendet den Satz mit einem ironischen Lächeln, »... oder mit zwanzig Jahren!«

Mit dieser ernüchternden Mitteilung verabschieden sich Weidinger und sein Mitstreiter von dem Mann in Weiß, der ihnen mit auf den Weg gibt: »Sie können ja schon mal alte Vermißtensachen raussuchen, bei denen eine Frau unter vierzig verschwunden ist.«

Die Identifikation eines Menschen anhand des Skeletts, von Skeletteilen, einzelnen Knochen oder Knochenfragmenten ist Arbeitsgegenstand einer Spezialdisziplin der gerichtlichen Medizin, der »forensischen Osteologie«. Ihre Beherrschung setzt einen großen Erfahrungs- und Wissensschatz voraus, anderenfalls könnten Fehleinschätzungen, und damit Fehlgutachten die Folge sein. Insbesondere die Frage nach der möglichen Liegezeit kann mitunter große Schwierigkeiten bereiten, weil die Knochenabbauprozesse außerordentlich stark milieuabhängig sind und keinen konstanten Gesetzmäßigkeiten unterliegen. Erleichtert wird die Eingrenzung der Liegezeit allerdings, wenn vorhandene Leder- oder Metallreste (Schuhe, Gürtel, Knöpfe, Schnallen, Dosen, Geldstücke usw.) im Zusammenhang mit den Knochenfunden stehen.
Im allgemeinen fußt die Identifikation bei Skelett- unf Knochenfunden auf bewährten mathematisch-statistischen, chemischen, histologischen, serologischen, stomatologischen Verfahren, rasterelektronenmikroskopischen Untersuchungen und verschiedenen, heutzutage freilich computergestützen Rekonstruktionsmethoden.
Neben der bereits angeführten Liegezeitbestimmung geht es bei der Identifikation zunächst um die Unterscheidung von menschlichen und tierischen Knochen. Sie kann dank empfindlicher Verfahren mit sehr großer Zuverlässigkeit vorgenommen werden. Die Geschlechtsbestimmung erfolgt auch heutzutage zumeist durch die morphologische Untersuchung einzelner Knochen und durch Meßmethoden mit exakt festgelegten Meßpunkten. Je mehr Knochen des Skeletts dafür

zur Verfügung stehen, um so sicherer gelingt die Geschlechtsdifferenzierung. Hauptgrund für die Bevorzugung dieser konventionellen Methode ist die Tatsache, daß die heutzutage üblichen molekularbiologischen Verfahren (DNA-Analyse) der Geschlechtstypisierung versagen können, wenn durch lange Knochenliegezeiten und ungünstige Milieubedingungen die DNA-Substanz zerstört wurde.

Eine weitere forensisch wichtige Aufgabe ist die Lebensaltersbestimmung am Knochen. Die zuverlässigsten Ergebnisse erbringt die Begutachtung der altersspezifischen Merkmale am Schädel (besonders die stomatologischen Eigenheiten wie physiologische Abnutzungserscheinungen der Zähne, Veränderungen des Unterkiefers), am Kehlkopf, an den großen Röhrenknochen und am Becken. Aber auch Halswirbel, Schlüsselbein, Schulterblatt, Brustbein, Rippen und Wirbelkörper weisen soviel alterstypische Kennzeichen auf, daß sie im Zusammenhang mit den anderen Befunden zur Altersbewertung herangezogen werden können. Allerdings gilt die Einschränkung: Je höher das Lebensalter, um so komplizierter wird die Bestimmung. Schließlich ergänzen röntgenologische und histologische Untersuchungen des Knochen- und Knorpelgewebes die Altersbestimmung.

Die letzte Standardaufgabe ist die Bestimmung der Körpergröße, für die sich besonders die langen Röhrenknochen eignen. Unter Berücksichtigung verschiedener Einflußfaktoren wie Rasse, Akzeleration, Alter und Geschlecht kann aus ihnen die Körperlänge mittels mathematischer Verfahren (lineare Regressionsanalyse, spezielle Formeln) mit ziemlicher Genauigkeit (Abweichung maximal nur wenige Zentimeter) rekonstruiert werden.

Ergänzt werden die Untersuchungen zur Identifikation durch die Feststellung bestimmter individueller Knochenmerkmale (z. B. angeborene oder erworbene Anomalien, Verdrahtungen, Nagelungen, Bolzungen, schlecht verheilte Frakturen) und –

bei vorhandenem intakten biogenen Material – durch die Bestimmung der Blutgruppe.
Fazit: Die Ergebnisse osteologischer Untersuchungen können bei bestimmten Knochenfunden mitunter eine Fülle von historisch und archäologisch wichtigen Daten liefern. Für die kriminalistische Praxis jedoch sind sie Grundlage für die identifikatorische Vergleichsarbeit und Ausgangspunkt für tat- und personenbezogene Ermittlungen, vor allem bei Vermißtenfällen.

Montag, der 27. Mai 1963. Die Gegend von Groß-Schmölen, in der die Skeletteile geborgen wurden, ist von eigenartiger Schönheit. Ein dünn besiedeltes, sandiges Hügelland, geschaffen von den Naturgewalten der letzten Eiszeit. Hinter den kargen Äckern erstrecken sich in nordöstlicher Richtung üppige Waldheiden und wechseln sich mit kleinen Mooren ab. Es ist ein artenreiches Biotop, gar nicht so recht in das gewohnte Bild von Mecklenburg passend. Allerdings: Nur wenige Kilometer südlich, wo die Fernverkehrsstraße 195 von Wittstock nach Boizenburg verläuft und die Elbe sich durch das alte Urstromtal in Richtung Nordsee windet, ist streng abgesichertes Grenzgebiet. Dort endet die Deutsche Demokratische Republik.
Ein leichter Nieselregen überzieht die Landschaft. An diesem Morgen ist die übliche paradiesische Ruhe gestört: In der Nähe der Karrenberge parkt ein imposantes Aufgebot an Polizeifahrzeugen, das von einigen Uniformierten bewacht wird, während nach exaktem Schlachtplan Kriminalisten der MUK Schwerin und des VPKA Ludwigslust das Gelände durchstreifen, unterstützt durch das sogenannte Schnellkommando – eine schutzpolizeiliche Reserve für besondere Einsätze. Mit kurzen Suchstangen tasten sie den regennassen Waldboden systematisch ab. Ziel dieser Aktion ist das Aufstöbern weiterer Reste des weiblichen Skeletts. Besonders die Hoffnung

auf den Fund des intakten Schädels hat das Suchfieber angestachelt, weil die stomatologischen Befunde die Identifizierung der Toten schlagartig zum Abschluß bringen könnten. Inzwischen geht man davon aus, daß die verweste Leiche im Laufe der Zeit besonders durch Wildtiere auf eigene Art seziert und in alle Windrichtungen verschleppt wurde.

Seit Stunden sind die Suchkräfte schon in Aktion, orientieren sich anhand militärischer Geländekarten, um kein Areal zu übersehen. Auch Spürhunde kommen zum Einsatz. Doch sie sind bereits zum Ausgangspunkt zurückgeführt worden, brauchen jetzt eine Ruhepause, da sie erste Anzeichen von Aufmerksamkeitsmangel und Erschöpfung zeigen, ein untrügliches Anzeichen dafür, daß sie anderenfalls eine weitere Schnüffelarbeit verweigern. Als der Nieselregen in einen unangenehmen Landregen übergeht, wird die Suchaktion erfolglos abgebrochen, um sie am Folgetag fortzusetzen.

Indes liegt auf Weidingers Schreibtisch ein Riesenstapel Akten ungeklärter Vermißtenfälle aus dem ganzen Bezirk. Mit wenigen Handgriffen sind jene ausgesondert, die sich auf männliche Personen beziehen. Auch der Rest schrumpft noch einmal bis auf wenige Vorgänge zusammen, weil Weidinger folgerichtig auch solche Fälle zur Seite legt, bei denen die Betreffenden sehr jung oder sehr alt sind oder ihr Verschwinden erst kurze Zeit zurückliegt. Schließlich bleibt nur noch ein kleiner Aktenstapel übrig. Sobald nun die gerichtsmedizinischen Gutachten über die Knochen vorliegen, kann die übliche identifikatorische Vergleichsarbeit stattfinden.

Ehe Weidinger die aussortierten Akten zu festen Bündeln verschnürt, um sie gelegentlich wieder der Obhut des Archivs anzuvertrauen, nimmt er sich die Zeit, um in den ältesten Vorgängen zu schmöckern. Es sind Vermißtenfälle unmittelbar nach dem Ende des fürchterlichen Krieges: Ungeklärte Schicksale von Flüchtlingen, Waisen, Abtrünnigen und Kriegsopfern der letzten Tage finden sich in ihnen. Kaum Hoffnung, diese Fälle jemals zu klären. Doch sind es interessante Zeitdokumente, die einen Einblick in die Fallbearbeitung jener Jahre vermitteln, in denen die Polizei zu einem großen Teil aus nur notdürftig ausgebildeten Freiwilligen rekrutiert wurde. Eine extrem hohe Fluktuationsrate (bis über 50%) und eine auf die sowjetische Besatzungsmacht eingeschworene Führung aus KPD-Veteranen, ehemaligen Spanienkämpfern und aus dem Moskauer Exil zurückgekehrten linientreuen Funktionären kennzeichnen die ersten Stunden dieser antifaschistischen Polizei. Politische Zuverlässigkeit stand vor fachlicher Qualifikation und Bildungsniveau. Berufserfahrene Polizisten aus der Nazizeit waren gleich aus dem Dienst entfernt worden. Und die ehemaligen Sozialdemokraten, die bereits aus der Weimarer Zeit über berufliche Erfahrungen in der Polizei verfügten, hatten kaum Chancen auf gehobene Positionen. Aber auch sie wurden im Zuge radikaler Säuberungsaktionen wenig später aus dem Polizeidienst entlassen.

Dennoch gelang es, innerhalb weniger Jahre eine funktionierende Polizeiexekutive aufzubauen. Diese orientierte sich hinsichtlich ihrer Aufgaben und Strukturen zunächst am Polizeiverwaltungsgesetz der Weimarer Republik, später freilich nach dem Selbstverständnis der »Diktatur der Arbeiter und Bauern« an entsprechend neuen Gesetzen. Zunehmend verstand sich die Polizei im System der bewaffneten Organe zugleich auch als integraler Bestandteil der Landesverteidigung, weshalb sie – unabhängig von ihrer steten fachlichen Qualifizierung – systematisch militarisiert wurde. Eine gewisse Außenseiterstellung nahm dabei die Kriminalpolizei ein.

Weidinger findet es ziemlich reizvoll, in die geschichtsträchtigen Nachkriegsakten einzutauchen. Immerhin wurden diese in einer Zeit angelegt, als er selbst noch im Jünglingsalter war. Viel hat sich geändert seitdem. Seine eigene Polizeilaufbahn begann Mitte der 50er Jahre. Nach kurzem Durchlauf in der Schutzpolizei ging es wunschgemäß gleich zur Kripo – Folge der ministeriellen Bemühungen um einen stabilen Personalbestand. Das erforderliche Fachwissen erwarb er an der Mittleren Polizeischule in Aschersleben – seit kurzem als Zentrale Lehranstalt des Ministeriums des Innern bezeichnet –, an der Kriminalpolizei und Schutzpolizei schon immer jeweils separiert ausgebildet werden.

Tage vergehen. Inzwischen liegen die gerichtsmedizinischen Gutachten vor. Sie bestätigen im wesentlichen die Vermutungen des Rostocker Oberarztes. Doch weitere Hinweise zu den Knochenfunden von Groß-Schmölen sind nicht eingegangen. Jetzt knüpft die Polizei alle Hoffnungen an den Erfolg einer neuen Suchaktion. Sie soll ein größeres Territorium erfassen als bisher. Weidinger hat zwei Mitarbeiter damit beauftragt, die Aktion vorzubereiten. Der Rest der Kommission muß sich auf die Bearbeitung der laufenden Verfahren konzentrieren. Terminsachen, über die der Staatsanwalt sorgsam wacht. Anders ist das im Fall der Knochenfunde. Da spielt Zeit eine untergeordnete Rolle, solange noch kein Ermittlungsverfahren läuft. Weidinger überkommen leise Bedenken: Sollte die Suche wieder erfolgslos verlaufen, besteht die Gefahr, bald auf der Stelle zu treten. Andere Verfahren könnten dann Vorrang gewinnen. Kräfte und Mittel der Mordkommission würden schnell anderswo gebunden, und die alten Knochen von Groß-Schmölen könnten langsam in Vergessenheit geraten.
Doch es kommt anders, und der leichte Trübsinn weicht dem Jagdeifer. Hauptmann Weidinger entdeckt nämlich in einer abgegriffenen, nicht sehr umfänglichen Akte aus dem Jahr 1949 mit der Aufschrift »Vermißtensache Ursula Gruhl« etwas, das ihn stutzig macht und Hoffnung aufkeimen läßt. Ergibt sich bald ein Zusammenhang zu den Knochenfunden? Er muß seine Begeisterung bremsen. Sein Gesicht ist ernst geworden und voller Spannung. Argwöhnisch prüft er Seite für Seite der Akte, die folgenden Sachverhalt offenbart:

Am 28. Juni 1949 meldete der Arbeiter Siegfried Gruhl aus der Ortschaft Neu-Kalliß das Verschwinden seiner Ehefrau Ursula bei der Polizei in Ludwigslust. Weidinger hat schnell in Erfahrung gebracht, daß die Entfernung dieser Gemeinde von der Fundstelle der Skeletteile nur wenige Kilometer beträgt. Gruhl legte der Polizei einen Abschiedsbrief vor, dessen Inhalt suizidale Absichten der Ehefrau erkennen ließ: »Lieber Siegfried! Ich nehme Abschied vom Leben, denn ich kann Dich nicht mehr in die Augen sehen. Das Kind, was ich in mir trage, ist nicht von Dir, sondern von einem anderen. Sorge für Ekkehard. Uschi.«

Den Angaben des Ehemanns zufolge hatte Frau Gruhl in der Nacht vom 26. zum 27. Juni die eheliche Wohnung heimlich und mit unbekanntem Ziel verlassen.

Weidinger erkennt anhand der Unterlagen, daß die Polizei in Ludwigslust auch gleich aktiv wurde. In seiner Befragung beschreibt Gruhl seine Ehe als glücklich, wenn man von den üblichen kleinen Reibereien absieht. Seine Frau arbeite in der Kantine des Spanplattenwerks, wo sie naturgemäß arbeitsbedingte Männerkontakte hatte. Daß sie fremdgegangen ist und dabei schwanger wurde, habe er erst durch ihren Abschiedsbrief erfahren. Sie habe ihm am Abend vor dem Verschwinden mitgeteilt, schwanger zu sein, und er habe nicht daran gezweifelt, daß er der Vater sei. Wie gewöhnlich seien die Eheleute gegen 22.00 Uhr zu Bett gegangen. Als er am nächsten Morgen kurz nach 5.00 Uhr erwachte, war seine Frau bereits verschwunden. Lediglich ihr Abschiedsbrief lag auf dem Küchentisch. Gruhl wollte unverzüglich eigene Suchmaßnahmen ergreifen, konnte aber die Wohnung nicht verlassen, weil die Tür von außen abgesperrt war und auch von außen kein Schlüssel im Schloß steckte. Durch heftiges Klopfen an der Wand machte er seinen Nachbarn auf sich aufmerksam, der schließlich eine Leiter heranschaffte, über die Gruhl und sein Sohn die Wohnung verlassen konnten.

In einem aktuellen Leumundsbericht finden sich einige biografische Daten über Siegfried Gruhl: Jahrgang 1916, altangesessener Mecklenburger aus der Griese-Gegend – ein Landschaftsgebiet südlich von Ludwigslust. Er arbeitete eine Zeitlang als Gärtner, bis ihn der Barras zu den Waffen zwang. Als Frontsoldat heiratete er 1942 ein Mädchen aus seinem Dorf, Ursula Wittstock. Während neun Monate später sein Sohn Ekkehard, der inzwischen 7 Jahre alt ist, das Licht der Welt erblickte, geriet er an der Ostfront in russische Kriegsgefangenschaft, aus der er 1947 entlassen wurde. Zunächst schuftete er eine Zeitlang in der Braunkohle unweit von Malliß, um dann wieder als Gärtner zu arbeiten.
Es folgen Berichte über mehrere erfolglose Suchaktionen in der näheren Umgebung von Malliß. Auch Zahnarztunterlagen, eine Personenbeschreibung und eine Reihe von Protokollen über Ermittlungen bei Nachbarn, Arbeitskollegen, Bekannten und Verwandten finden sich in der Akte. Die meisten schätzten die Gruhlsche Ehe wegen der permanenten Seitensprünge des Gatten als ziemlich unterkühlt ein. Dennoch wollten sie nicht glauben, daß die lebensfrohe Frau, die ihren Sohn Ekkehard über alles liebte, sich deshalb etwas antun könnte. Doch wer kennt schon die geheimen Beweggründe, die einen Menschen in die Selbstzerstörung treiben?
Dann stößt Weidinger auf ein wichtiges Dokument: Um ganz sicher zu gehen, daß Frau Gruhl tatsächlich aus selbstmörderischer Absicht ihre Familie verließ, legte die Polizei nämlich den Abschiedsbrief der Mutter der Vermißten vor. Mit absoluter Sicherheit erkannte sie darin die Handschrift ihrer Tochter und bestätigte mit ihrer Unterschrift somit die Echtheit des Schriftstücks. Für die Polizei war damit das suizidale Verschwinden von Frau Gruhl hinreichend nachgewiesen. Vielleicht hatte sie sich in einem der zahlreichen Gewässer ertränkt! Wie dem auch sei, nach dieser höchst zweifelhaften Bestätigung und im Ergebnis der erfolglosen Suchaktionen

setzten die Gesetzeshüter offensichtlich auf den Faktor Zeit, denn sie führten nur noch ein paar spärliche Ermittlungen durch.
Hauptmann Weidinger erkennt auf Anhieb die schwere Unterlassungssünde der Polizei, die Echtheit des Abschiedsbriefes nicht durch eine sachverständige Begutachtung der Schrifturheberschaft geprüft zu haben, unabhängig von der Bestätigung durch die Mutter. Die Polizei ignorierte aber auch den leisen Argwohn des Bruders der Vermißten, der trotz gewisser Ähnlichkeiten mit der Handschrift seiner Schwester Bedenken an der Echtheit des Abschiedsbriefes durchblicken ließ. »Ich habe nie erlebt, daß Uschi mir und mich oder dir und dich verwechselt hat«, gab er zu Protokoll.
In der polizeilichen Vernehmung vom 28. März 1950 erklärte Gruhl dann, daß die Eskapaden seiner Ehefrau ihm doch nicht verborgen geblieben waren. Im Gegensatz zu seinen früheren Aussagen, in denen er seine Ehe ja als durchweg harmonisch beschrieb, sprach er nunmehr von schweren Zerwürfnissen und einvernehmlichen Scheidungsbestrebungen der Eheleute. Er schilderte aber auch einen anderen Ablauf des letzten Abends, bevor seine Frau verschwand, und wich hinsichtlich der Hergänge am folgenden Morgen von frühreren Aussagen ab. Doch für die Gründe der andersartigen Darstellung der Ehesituation und der Widersprüche interessierte sich niemand. Letzten Endes gelang es der Polizei nicht, die Vermißtensache zu klären. Am 30. August 1951 wurde Siegfried Gruhl im Rahmen einer abschließenden polizeilichen Befragung deshalb lapidar mitgeteilt, daß der Vermißtenvorgang nunmehr endgültig eingestellt würde.
Damit verabschiedete sich die Staatsmacht von dem Mann.
Hauptmann Weidinger stößt beim Vergleich der Namenszüge, mit denen Gruhl die inhaltliche und sachliche Richtigkeit seiner verschiedenen Aussagen bestätigte, auf eine weitere

Eigenart: So bediente er sich bei der Unterzeichnung des Anzeigenprotokolls vom 28. Juni 1949 der lateinischen Schrift. Ein Jahr später setzte er unter eine Befragung seinen Namenszug in der seit 1935 gültigen deutschen Sütterlin-Schreibschrift. Wiederum ein Jahr später benutzte er für seine Unterschrift ausschließlich die lateinische Schreibweise. Allerdings wäre das allein noch kein Grund für kriminalistischen Argwohn. Jedoch weisen verschiedene Buchstaben des in deutscher Schreibschrift abgefaßten Abschiedsbriefs der Frau Gruhl verblüffende Ähnlichkeiten mit den in deutscher Schrift abgefaßten Unterschriften des Ehemanns auf.
Natürlich hat Weidinger sofort den Verdacht, daß Gruhl mit dem Verschwinden seiner Ehefrau etwas zu tun haben könnte. Um jedoch ein Verbrechen nachzuweisen und womöglich einen Zusammenhang zu den Knochenfunden bei Groß-Schmölen herstellen zu können, sind noch wichtige Bedingungen zu erfüllen. Vordringlich geht es dabei um eine gutachterliche Echtheitsprüfung des Abschiedsbriefes und Beurteilung der darin enthaltenen Buchstabenähnlichkeit mit der Schrift des Ehemanns. Und das kann nur ein kompetenter Schriftsachverständiger.
Auf schnellem Kurierweg wird die Akte der Kriminaltechnischen Untersuchungsstelle der Bezirksbehörde in Schwerin übersandt. Weidinger ist zuversichtlich, daß er jetzt den richtigen Faden in der Hand hält, der zur Aufklärung eines Verbrechens und eines Knochenfundes führt.
Bald darauf läuft die neue Suchaktion in einem durch die Flüsse Elde-Müritz-Kanal, die Alte Elde und Löcknitz begrenzten Gebiet an. Stundenlang durchstreifen lange Suchketten Schritt für Schritt das Hügelland. Kein Quadratmeter Boden soll ihnen entgehen. Eigens für diese Maßnahme abkommandierte Kadaversuchhunde sind aus der Zentralen Hundeschule der Volkspolizei aus Pretzsch – eine Ortschaft bei Wittenberg – herangeschafft und in die Spur geschickt

worden. Mitarbeiter der MUK, Kriminaltechniker und Gerichtsärzte sind in Bereitschaft und verfolgen das Szenario. Dann: Östlich der Ortschaft Görnitz werden die Suchmannschaften plötzlich fündig. Am Fuße eines mehrere Meter hohen, mit Bäumen bewachsenen, steil abfallenden Hügels werden unter einem reichlich halbmeter hohen kleinen Hügel weitere Skeletteile gefunden. Sie liegen etwa einen halben Meter tief im Erdreich. Es ist offensichtlich: An dieser Stelle ist mit der Zeit mehrmals Erdreich vom Hügelrand abgebrochen und hat das Darunterliegende lawinenartig verschüttet. Mit archäologischer Genauigkeit untersuchen die Fachleute den Ort. Dabei stoßen sie auf weitere Knochen, darunter einen kompletten, relativ gut erhaltenen Schädel, aber auch ein aufgeklapptes, verrostetes Taschenmesser, verrottete, dennoch auswertbare Damenschuhe und Textilreste. Wahrlich, reiche Beute für eine erfolgreiche Identifizierung. Die Maschinerie gutachterlicher Befunderhebung wird unverzüglich auf Hochtouren gebracht, und bald steht fest, daß die Knochenfunde sämtlich einer weiblichen Person zuzuordnen sind. Haarfarbe, Schuhgröße, Alter und andere für die Identifizierung notwendigen Daten bilden bald einen langen Katalog individueller Merkmale. Und das wichtigste: Der komplette Zahnstatus erlaubt eine sichere Zuordnung zu einer vermißten Person. Allerdings nicht, wie Hauptmann Weidinger insgeheim hofft, zu Ursula Gruhl. Der überörtliche Vergleich der individuellen Merkmale aus dem Skelettfund führt in eine völlig andere Richtung: Es sind zweifelsfrei die sterblichen Überreste der einunddreißigjährigen Anneliese Drahms aus Seehausen in der Altmark, eine Ortschaft südlich von Wittenberge, wo sie mit ihren Eltern unter einem Dach lebte. Frau Drahms litt an einer schubweise auftretenden endogenen Psychose mit Selbstverletzung, die mehrmals eine längerfristige stationäre Unterbringung in der Bezirksnervenklinik Uchtspringe notwendig machte. Im Frühjahr 1961 jedoch

war sie plötzlich verschwunden. Die Eltern erstatteten Vermißtenanzeige. In einem Abschiedsbrief, den die junge Frau wenige Tage später aus Wittenberge an ihre Eltern schrieb, teilte sie ihre unumstößliche Absicht mit, durch Pulsaderschnitt aus dem Leben zu scheiden. Seitdem verlor sich trotz polizeilicher Routineermittlungen ihre Spur. Zwei Jahre später wurde der Vermißtenvorgang geschlossen.
Die Sachverständigen verfügen zwar über eine Reihe von objektiven Befunden in dieser Sache, können aber, was den möglichen Verbrechensausschluß und den suizidalen Handlungsablauf betrifft, nur begründet mutmaßen. Danach kann sich Anneliese Drahms durchaus in der Abgeschiedenheit der Griese-Gegend auf die in ihrem Abschiedsbrief beschriebene Weise getötet haben. Am Fuße des steilen Hügels lagernd, hat sie mit dem Taschenmesser ihre Pulsarterien geöffnet und ist in dieser Position verstorben. Unter dem Einfluß der Witterung brachen mit der Zeit vom Hügelrand ziemlich große Mengen sandiges Erdreich ab, die den Leichnam zumindest teilweise unter sich begruben. Später haben Wildtiere die oberflächlich erreichbaren verwesten Körperteile abgetragen und verschleppt. Diesen Umständen zufolge wäre ein Verbrechen ausgeschlossen. Die Fachleute sind sich einig: Kein vernünftiges Argument spricht gegen diese Version.

Nun steht es fest: Es gibt keinen Zusammenhang zwischen dem Knochenfund und dem möglichen Verbrechen an Frau Gruhl. Für Hauptmann Weidinger und seine Männer heißt es nun, umzudenken. Das gelingt schnell, denn kurze Zeit danach liegt der Vermißtenvorgang zusammen mit einem Gutachten wieder auf Weidingers Schreibtisch. Fazit: Mit hoher Wahrscheinlichkeit ist Siegfried Gruhl Schrifturheber des Abschiedsbriefes. Um aber den Wahrscheinlichkeitsgrad der gutachterlichen Aussage zu erhöhen, wird vorgeschlagen, zu

Vergleichszwecken weiteres Schriftmaterial von der vermißten Ehefrau heranzuschaffen und ein Zweitgutachten in Auftrag zu geben.

Weidinger läßt seine Mitarbeiter ausschwärmen, um im Familienumfeld der Vermißten weitere Schriftstücke aufzutreiben. Doch seit dem Verschwinden von Frau Gruhl sind mehr als 15 Jahre vergangen. Der Kohlenbergbau in der Griese-Gegend wurde schon vor einigen Jahren eingestellt, viele Menschen übersiedelten in andere Gegenden oder kehrten der Arbeiter- und Bauerndiktatur gänzlich den Rücken, andere verstarben oder können sich nur noch lückenhaft an die Ereignisse des Jahres 1949 erinnern. Landschaft und Menschen haben sich verändert.

Der Verdacht, daß Gruhl seine Frau getötet haben kann, verstärkt sich von Ermittlungsschritt zu Ermittlungsschritt. Doch nun muß er die Frage, wie und wo er ihren Leichnam verschwinden ließ, selbst beantworten. Jetzt geht es darum, dem Verdacht gegen Siegfried Gruhl die Qualität eines »dringenden Tatverdachts« zu geben und damit die prozeßrechtlichen Voraussetzungen für einen Haftbefehl zu schaffen.

Nach wochenlangen Anstrengungen wird der Bienenfleiß der Ermittler endlich belohnt. Der ältere Bruder der Vermißten wird aufgespürt. Er übergibt den Kriminalisten einige handgeschriebene Schriftstücke seiner Schwester. Außerdem bekräftigt er seine damalige Vermutung, Ursula könne den Abschiedsbrief deshalb nicht geschrieben haben, weil sie »dir« und »dich« nicht verwechselt haben würde. Andere Zeugen aus dem Bekanntenkreis der Familie blieben ebenfalls bei ihren Aussagen, einen Selbstmord auszuschließen. Ursula Gruhl hätte niemals ihr Kind allein gelassen, von ihrem lebensbejahenden Gemüt abgesehen, das keine Anzeichen von Schwermut aufwies. Und schließlich wird gemunkelt, der Ehemann habe im Jahre 1958 seine Angetraute amtlich für tot erklären lassen, was eine Auflösung seiner Ehe zur Folge hatte. Im

gleichen Jahr noch soll er aus Malliß weggezogen sein und seine Geliebte geheiratet haben.
Jetzt hat Weidinger einen guten Grund, das zweite Gutachten über die Schrifturheberschaft des Abschiedsbriefes zu beantragen. Dann heißt es warten. Als das Ergebnis schließlich vorliegt, großes Aufatmen in der Schweriner Mordkommission. Die bisherigen Vermutungen werden nun schwarz auf weiß bestätigt. Auszug aus dem Zweitgutachten: »... Danach ist Ursula Gruhl, geb. Wittstock, als Verfasser auszuschließen. Hingegen wiederholen sich in hohem Maße die besonderen handschriftlichen Merkmale in den Schriftzügen der von Siegfried Gruhl geleisteten Unterschriften in dem umstrittenen Abschiedsbrief. In ihrem Zusammenhang erlangen diese Übereinstimmungen einen solchen Wert, wie er zur Bestimmung der Schrifturheberschaft erforderlich ist. Aus der Gesamteinschätzung der Untersuchungsbefunde ergibt sich die Schlußfolgerung, daß Siegfried Gruhl den umstrittenen Abschiedbrief geschrieben und unterschrieben hat.«
Ende Mai 1965 kann der dringende Tatverdacht gegen den Ehemann der Verschwundenen überzeugend begründet und Haftbefehl beantragt werden. Parallel dazu laufen die Ermittlungen auf Hochtouren. Schnell ist man Gruhl auf die Spur gekommen. Er hatte tatsächlich kurz nach der Eheschließung mit seiner zweiten Frau die Heimatgemeinde Malliß verlassen. Es trieb ihn zum südlichsten Zipfel der DDR in den Landkreis der erzgebirgischen Bergstadt Annaberg-Buchholz. Dort baute er sich eine neue Existenz auf. Am Rande eines Bergbaubetriebes leistet er seit Jahren schon an einer mechanisierten Steinbrecheranlage zur Herstellung von Splitt und Schotter wahre Knochenarbeit und sichert seiner neuen Familie damit einen bescheidenen Wohlstand.
Weidinger bittet die Mordkommission im fernen Karl-Marx-Stadt um Amtshilfe bei der konspirativen Aufklärung der Persönlichkeit des Verdächtigen. Er will dessen Charakter-

eigenschaften, Selbstbild, Freizeitverhalten und Leumund kennenlernen, kurzum, alles wissen, was der Strategie der bevorstehenden ersten, großen Vernehmung dienlich ist. Denn eines ist klar: Noch weiß nur Gruhl allein, wie und wo er Ursula getötet und beseitigt hat. Sechzehn Jahre sind seitdem vergangen. Er hatte also viel Zeit, das mörderische Geheimnis in seiner Seele einzukapseln, seine inneren Widerstandskräfte zu stärken, sich vorsorglich Verteidigungskonzepte zurechtzulegen, alle Eventualitäten abzuwägen. Daß seine Rechnung bisher aufging, hat ihm die Vergangenheit bestätigt. Eine vorschnelle, überhastete und psychologisch schlecht vorbereitete Erstvernehmung würde ihn um so schneller veranlassen, seine Verteidigungsposition auszubauen, zusätzlich gefördert durch die Tatsache, daß ihm die zu erwartende lange Haftstrafe unablässig im Genick sitzt. Es ist aber auch damit zu rechnen, daß seine Bemühungen, das belastende Geheimnis aus dem Gedächtnis zu verbannen, mit der Zeit zu einer zwanghaften, immerwährenden Beschäftigung mit dem mörderischen Erlebnis geführt haben. Und das würde bedeuten, ihn labilisieren und zu einem schnellen Geständnis bringen zu können, freilich nur auf der Basis einer exakten Persönlichkeitsanalyse. Deshalb betreibt Hauptmann Weidinger diesen taktischen und psychologischen Aufwand. Immerhin muß Siegfried Gruhl ihn schließlich dorthin führen, wo er das Opfer verschwinden ließ. Denn die derzeitige Beweislage steht auf wackligen Füßen.
Tagelang wird der Verdächtige beschattet. Auf Schritt und Tritt verfolgen ihn die unsichtbaren Augen der Sicherheitsorgane, registrieren jede seiner Bewegungen. Unterdessen bauen Weidinger und seine Mitarbeiter an ihrem wohldurchdachten Vernehmungsplan. Dann schnappt die Falle zu.
In den frühen Morgenstunden des 5. Juni 1965 wird Siegfried Gruhl auf dem Weg zur Arbeit festgenommen. Ihn zu Hause zu verhaften wollte man vermeiden, um seine ahnungslose

Ehefrau mit dem eindrucksvollen Szenario einer staatlichen Zwangsmaßnahme nicht zu konfrontieren. Den Tatvorwurf, er stehe in dringendem Verdacht, seine frühere Ehefrau Ursula Gruhl, geborene Wittstock, vorsätzlich getötet zu haben, nimmt Gruhl mit verkniffenem Gesicht schweigend zur Kenntnis. Er ist wie gelähmt. Erstmals in seinem Leben spürt der inzwischen 49 Jahre alte, nicht vorbestrafte Siegfried Gruhl den buchstäblich starken Arm des Gesetzes.
Während Weidinger und seine Mitarbeiter über mögliche Verhaltensstrategien für die bevorstehende erste, große Vernehmung sinnieren, tritt Gruhl unter kriminalpolizeilicher Obhut die unvorhergesehene Zwangsreise nach Schwerin an. Dort läßt er das übliche erkennungsdienstliche Programm über sich ergehen, bevor Weidinger ihn noch am späten Abend zur haftrichterlichen Vernehmung vorführt. Der diensthabende Richter vertieft sich eine Zeitlang in die Untersuchungsakte. Dann folgt ein kurzer Monolog, in dem er die Beschuldigung wiederholt, die Anordnungsgründe für die Untersuchungshaft erläutert und Gruhl Gelegenheit gibt, zu den Vorwürfen Stellung zu nehmen, sie zu entkräften und Beweisanträge zu stellen. Doch der verweigert ein Gespräch. Trotzig und uneinsichtig weist er mit den kurzen Worten »Ich hab nichts gemacht, ich sag nichts mehr!« die schweren Vorhaltungen von sich. Nur einen Augenblick lang versucht der Richter, Siegfried Gruhl umzustimmen. Doch dessen Reaktion ist Schweigen. Dann wird der Erlaß des Haftbefehls verkündet. Hauptmann Weidinger läßt die Verstocktheit des Verhafteten kalt. Er ist sich sicher: Leugnen und Schweigen sind stumpfe Waffen eines Beschuldigten, der noch nicht ahnt, daß er am Ende die entscheidenden Beweismittel gegen sich selbst liefern wird.

Montag, 9. Juni 1965, in einem Vernehmungsraum der BdVP Schwerin. Hauptmann Weidinger sitzt am Schreibtisch, startet ziemlich unbeholfen ein Tonbandgerät, korrigiert die Stellung des Tischmikrofons und schiebt störende Kabel beiseite. Dann schlägt er eine Akte auf und blättert darin. Aus einem abgehefteten Briefkuvert entnimmt er ein postkartengroßes Foto mit dem Konterfei von Ursula Gruhl, ein Relikt aus den besseren Tagen ihrer Ehe. Er legt es auffällig neben das Mikrofon. Der Beschuldigte, der mit banger Erwartung einen Meter vor dem Schreibtisch Weidingers auf einem einfachen Holzstuhl Platz nehmen mußte, soll es sehen.

Die Vernehmung wird eingeleitet mit der Wiederholung des Tatvorwurfs und der obligatorischen Belehrung. Weidinger mustert sein Gegenüber einen Moment lang, um den mittelgroßen Mann mit dem schütteren Haar und den schwieligen, von chronischem Zigarettenrauchen vergilbten Händen und Zähnen auf sich wirken zu lassen. Zunächst soll Siegfried Gruhl die im Zusammenhang mit dem Verschwinden seiner ersten Ehefrau Ursula in Erinnerung gebliebenen Ereignisse des Jahres 1949 beschreiben. Weidinger zeigt sich dabei bewußt ziemlich ahnungslos, als würden ihm nur unvollständige Informationen aus der alten Vermißtensache vorliegen. Ohne jeglichen Vorhalt darf Gruhl berichten, der zwischendurch immer wieder beteuert, nichts mit dem Verschwinden seiner Frau zu tun zu haben. Weidinger läßt sein Gegenüber gewähren, freundlich und beinahe väterlich. Nur gelegentlich unterbricht er ihn taktvoll mit einer präzisierenden Zwischenfrage.

Körpersprache und Gesichtsausdruck seines unfreiwilligen Gastes verraten, wie unangenehm es ihm ist, das Porträtfoto mit Ursulas Abbild auf dem Schreibtisch liegen zu sehen. Es ist, als würden innere Kräfte den Mann zwingen, seinen Blick für einen Lidschlag lang immer wieder auf das Bild zu richten. Wortlos und scheu. Weidinger registriert es genau.

Siegfried Gruhl berichtet über seine Ehe mit Ursula, die anfangs gut verlaufen sei, bis sich die Reibereien häuften, weil sie ihn der ehelichen Untreue bezichtigte. In Wirklichkeit hatte nicht er, sondern sie einen heimlichen Liebhaber. Erst als die Ehe nicht mehr zu retten war, hätte er mit einer anderen Frau angebändelt, mit der er übrigens jetzt verheiratet ist. Ursula, so vermutet er, ist dann schließlich über alle Berge, vielleicht sogar in den Westen abgehauen. Sie hat ihn mit dem Kind sitzengelassen, das später von der Oma aufgezogen wurde. Hauptmann Weidinger zieht Zwischenbilanz, still und mit Genugtuung: Gruhl sagt nichts über Ursulas Schwangerschaft, nichts über ihre angekündigte Selbsttötung, nichts von einem auf dem Küchenschrank gefundenen Abschiedsbrief. Und noch etwas fällt ihm auf: Der Beschuldigte redet unablässig, hastig und lebhaft gestikulierend. Mehrmals betont er anbiedernd, der Kriminalpolizei bedingungslos zu vertrauen, die sowieso bald herausfindet, daß er mit Ursulas Verschwinden nichts zu tun hat.

Als Weidinger die Ereignisse jenes Morgens anspricht, an dem Siegfried Gruhl das Verschwinden seiner Frau bemerkt haben will, verfängt dieser sich in einem Widerspruch. Davon, daß er damals die von außen verschlossene Wohnung nur mittels einer von einem Nachbarn herbeigeholten Leiter verlassen hatte, ist nämlich keine Rede mehr. Statt dessen beschreibt er mit blumigen Worten, wie er mit einem selbstgebastelten Sperrhaken die Wohnungstür von innen geöffnet haben will. Das Protokoll der Zeugenaussage dieses Nachbarn, das sich in der Akte befindet, kennt allerdings nur Weidinger.

Und schließlich: Gruhl gibt vor, sich fest daran zu erinnern, daß am Tage der Erstattung seiner Vermißtenanzeige bei der Polizei seine Frau insgeheim noch einmal in der Wohnung gewesen sein muß, um persönliche Sachen zu holen. Bedauerlich: Leider keine Zeugen, keine Beweise, auch später nicht. Weidinger deutet diese Aussage jedoch nur als billiges Indiz für Gruhls Selbstschutz, um indirekt damit anzudeuten, seine Exfrau könne durchaus noch am Leben sein und die Beschuldigung gegen ihn sei ein Irrtum.

Weidinger läßt es damit bewenden. Er mutmaßt überlegen, Gruhl ist ein Nervenbündel, leicht labilisierbar und wird bei der nächsten Attacke unter der Last der Vorhaltungen zusammenbrechen. »Machen wir Schluß für heute«, sagt er und fingert das Tonband aus dem Aufnahmegerät, übergibt es einer Sekretärin, die flugs ein Protokoll schreibt, das Gruhl aufmerksam durchliest und unterschreibt.
Der nächste Tag soll zeigen, ob Weidingers Vernehmungsplan aufgeht.
Gruhl ist irritiert, als er dem Hauptmann am nächsten Morgen wieder gegenübersitzt. Das ist nicht der nette, freundliche Mann mit der sanften, fast väterlichen Stimme von gestern. Der jetzt hinter dem Schreibtisch thront, wirkt ernst, distanziert und übellaunig. Gruhl wittert sofort höchste Gefahr. Er fingert nervös eine Zigarette aus einer Schachtel, die ihm der Wachtmeister in der Untersuchungshaftanstalt gelassen hat, und bittet Weidinger mit einer stummen Geste um Feuer.
»Hier wird erst geraucht, wenn Sie mir das hier erklären!« schnarrt Weidinger ihn an, springt hinter dem Schreibtisch hervor und hält ihm die Kopie des Abschiedsbriefs unter die Augen.
»Ich hab dazu ein wunderschönes Gutachten, das jeden Richter entzückt«, fährt er fort und fixiert den Beschuldigten mit scharfem Blick. Dieser unerwartete Angriff setzt ihn auf der Stelle außer Kraft. Gruhl schluckt trocken, fühlt sich völlig überrumpelt, bringt kein Wort hervor. Fast eine Minute lang sitzt er fassungslos, von heftigen Gemütsaufwallungen geschüttelt, auf seinem harten Stuhl und starrt ins Leere, die feuerlose Zigarette zwischen seinen vergilbten, zitternden Händen.
Weidinger ist auf seinen Platz zurückgekehrt. »Ich hab ihn gleich beim ersten Schlag«, denkt er, »noch ein kleiner Anstoß und die Ziellinie ist erreicht, schneller als erwartet.« Seine Bittermiene hat sich verzogen, auch seine Stimme ist ruhiger

geworden, als er sich wieder an Gruhl wendet: »Schluß jetzt mit der Komödie! – Also, Sie haben den Brief selbst geschrieben, und jetzt sagen Sie mir, warum!«

Der Angesprochene kann immer noch keinen klaren Gedanken fassen, die explosionsartige Erregung hat seinen Kopf ausgehöhlt. Sein bisheriges Verhaltenskonzept ist aus den Fugen geraten.

»Es sollte wie Selbstmord aussehen«, stößt Gruhl wie ferngesteuert heraus. Dieser entscheidende Satz kam aus seinem Unterbewußtsein.

»Na, sehen Sie, es ist immer gut, wenn die Vernunft siegt«, grinst Weidinger überlegen. Er entzündet ein Streichholz und hält es dem Mann mit den vergilbten Fingern entgegen, um ihm Feuer zu geben. Gruhl nimmt einige tiefe Züge aus seiner Zigarette, wischt sich den Erregungsschweiß aus dem Gesicht und wird sichtlich ruhiger.

»Lassen Sie den Dampf aus dem Kessel«, meint Weidinger, »das erleichtert!«

»Es stimmt, ich habe sie allegemacht«, stammelt der Beschuldigte.

»Und wie?« will Weidinger wissen.

»Mit den Händen den Hals zugedrückt«, ist die kurze Antwort.

»Zu Hause oder wo?« fragt der Kriminalist mit ruhiger Stimme.

»Im Conower Wald, dort habe ich sie auch vergraben.«

»Würden Sie die Stelle wiederfinden?«

»Ich glaube ja!«

Weidinger reicht ihm kurzerhand Papier und Kugelschreiber: »Zeichnen Sie auf, wo sie vergraben liegt!«

Gruhl folgt bereitwillig der Aufforderung und fertigt eine brauchbare Skizze, die er am Ende mit seiner Unterschrift bestätigen muß.

Hauptmann Weidinger ist fürs erste zufrieden, heftet das Papier in die Akte und kündigt an: »Wir werden einen Ausflug dorthin machen!«

Doch jetzt will er die ganze mörderische Geschichte erst einmal im Zusammenhang hören. Siegfried Gruhl gibt sich einen Ruck und setzt zu einem langen Geständnis an. Er schildert seine Sicht der Dinge, wie es zur Tötung seiner Frau Ursula kam. Nur Weidingers auf beweisrelevante Aussagen abzielende Detailfragen und der gelegentliche Wechsel der Spule im Tonbandgerät unterbrechen den Monolog:

Die Probleme in seiner Ehe mit Ursula hätten bereits kurz nach seiner Entlassung aus der Kriegsgefangenschaft begonnen. Nie konnte er es ihr recht machen, ständig hatte sie etwas an ihm herumzunörgeln. Und dabei sei er stets fleißig und pünktlich gewesen, habe immer für ein leidliches Auskommen der Familie gesorgt. Daß er sich mit seinen Schwiegereltern nicht besonders verstand, lag wohl daran, weil sie Ursula immer gegen ihn aufgehetzt hätten. Vor allem, wenn er mal einen über den Durst getrunken hatte, wurde er von ihnen gleich zum Saufsack gestempelt. Es stimmt, eheliche Treue wäre ihm schwergefallen. Seine gelegentlichen Seitensprünge habe Ursula zwar krummgenommen, im Grunde aber toleriert. Schließlich wäre er nicht fremdgegangen, wenn sie sich ihm nicht so oft verweigert hätte. Mit seiner Geliebten habe er sich in sexueller Hinsicht prächtig verstanden, sie sei nicht so kleinkariert wie Ursula gewesen. Schließlich wollte er mit ihr eine feste Bindung eingehen und sie sogar heiraten. Daher habe er Ursula eines Tages seine Absicht mitgeteilt, sich scheiden zu lassen. Ursula habe daraufhin herumgetobt und ihn aufs Gröbste beschimpft. Sie wollte auf keinen Fall einer einvernehmlichen Scheidung zustimmen, so oft er dieses Thema auch ansprach. Kaum ein Tag sei vergangen, an dem die Scheidung nicht Gegenstand einer Auseinandersetzung war. Doch Ursula blieb stur. Mit der Zeit sei ihm klar geworden, daß im Falle einer Scheidung ihn die ganze Schuld für die Zerrüttung

seiner Ehe treffen würde. Deshalb erwog er eine Lösung auf seine Art. Ursula sollte ein für allemal verschwinden. Aber das gelänge nur, wenn er sie töte und anschließend beseitige. Dann wollte er die ganze Angelegenheit mit einer Vermißtenanzeige verschleiern und eine falsche Spur in Richtung eines Selbstmords legen. Er rechnete damit, daß die Ehe daraufhin für nichtig erklärt würde.
Für sein Vorhaben suchte er eine geeignete Stelle im Conower Wald aus, an der er auch Ursulas Leiche ungestört vergraben konnte. Dazu versteckte er dort einige Tage vor der Tat einen Spaten im dichten Unterholz.
Am Abend des 26. Juni 1949 überredete Gruhl seine Ehefrau zu einem gemeinsamen Waldspaziergang. Er gab vor, mit ihr ungestört über einen Vorschlag zur friedlichen Überwindung der Eheprobleme reden zu wollen. Sie habe dem zugestimmt. So gelang es ihm, Ursula an die ausgewählte Stelle zu locken. Dort sei der Streit wieder eskaliert. Seine Frau hätte ihn schließlich mit haßerfüllten Beleidigungen in einem solchen Maße provoziert, daß er nur noch rot sah. Daraufhin habe er sie zu Boden gerissen, sich auf sie gekniet und kurzerhand erwürgt. Das Ganze sei ziemlich schnell und lautlos abgelaufen. Nachdem er sich von Ursulas Tod überzeugt hatte, habe er den Spaten aus dem Versteck geholt, eine passende, reichlich einen Meter tiefe Grube geschaufelt und die Leiche darin vergraben. Nach Hause zurückgekehrt, sei der Spaten gründlich gereinigt und zu den anderen Gartengeräten gestellt worden. Die halbe Nacht habe er mit Versuchen zugebracht, Ursulas Handschrift nachzuahmen. Schließlich sei ihm der Abschiedsbrief gelungen, den die Polizei später seiner Schwiegermutter vorlegte, die zweifelsfrei Ursulas Handschrift erkannte. Dann hätte er die Wohnung von innen verschlossen und den Schlüssel versteckt. Als am folgenden Morgen sein Junge erwacht war, habe er demonstrativ nach Ursula gesucht und schließlich mit lautem Klopfen an der

Wand seinen Nachbarn auf sich aufmerksam gemacht. Der hätte schließlich eine Leiter besorgt, über die er und das Kind aus dem Fenster ins Freie gelangt wären. Um nicht aufzufallen, habe er eine Zeitlang mit gespielter Besorgnis nach seiner Frau gesucht. Später sei er mehrmals in den Conower Wald zur Grabestelle zurückgekehrt, um sich zu vergewissern, daß sie von niemandem entdeckt worden sei.
Siegfried Gruhl bemüht sich, den Tatablauf und sein Verhalten nach der Tötung seiner Frau Ursula einigermaßen objektiv zu beschreiben. Doch seine Erklärungen zu Motiven und Absichten für einzelne Handlungsteile sind von starker Subjektivität geleitet. So interpretiert er das Verhalten Ursulas in einer Weise, als habe nur sie den Grundstein für die permanenten Konflikte gelegt, die letzten Endes zum Auseinanderleben der Eheleute geführt hätten. Einsicht in die Fehlerhaftigkeit seines eigenen Verhaltens zeigt er nicht. Die Episoden, die mit der ihm vorgehaltenen ehelichen Untreue zusammenhängen, bagatellisiert er rundweg. Für andere Handlungen wiederum findet er moralische Rechtfertigungen. Insgesamt versucht er, seine eigene Verantwortung am Zustandekommen des Tötungsentschlusses auf Ursula zu verlagern. Sie allein trage Schuld, daß er zum Mörder wurde …
Weidinger beurteilt die subjektiven Verfärbungen in den Schilderungen des Beschuldigten ziemlich gelassen und sieht zunächst darüber hinweg. Es wird Aufgabe der kommenden Gespräche sein, mit vernehmungstaktischen Mitteln Zug um Zug alle objektiven und subjektiven Seiten des kriminellen Geschehens so herauszuarbeiten, daß sie sich zu einem überzeugenden Gesamtbild zusammenfügen. Jetzt aber gilt, den nächsten Schritt zur Erreichung objektiver Beweise zu machen. Und das heißt: Auffinden der sterblichen Überreste des Opfers.

Einige Tage später: Ein Großaufgebot an Polizeifahrzeugen parkt auf der Landstraße zwischen den Ortschaften Conow

und Karenz, wenige Kilometer nördlich von Malliß. Die Straße ist für den öffentlichen Verkehr zeitweilig gesperrt. Dutzende Männer haben sich zu einer kurzen Lagebesprechung um Weidinger versammelt, der anhand einer Geländekarte die Kräfte einteilt. Uniformierte schwärmen aus, um das vorgeschriebene Areal zu sichern. Zwei Gerichtsärzte aus Rostock bleiben in Weidingers Nähe in Bereitschaft, ebenso einige Männer mit Grabegeräten. Ein Kriminaltechniker macht eine 16-mm-Schmalfilmkamera startklar, um das kommende Geschehen minutiös aufzuzeichnen, ein anderer überprüft seinen Einsatzkoffer. Siegfried Gruhl, in Handschellen und flankiert von zwei Bewachern, wartet in einem Fahrzeug der Mordkommission auf seinen Einsatz. Er soll die Stelle zeigen, an der er vor sechzehn Jahren seine Frau Ursula getötet und vergraben hat. Kein leichtes Unterfangen nach der langen Zeit. Das Dorf, der Wald, ja die ganze Gegend haben sich inzwischen stark verändert. Auch vom damaligen Zechengelände sind nur noch Relikte zu erkennen. Wird der Mann den Tatort wiederfinden?
Erwartung liegt in der Luft, als Weidinger schließlich die Wagentür öffnet und zu Gruhl sagt: »Na, dann kommen Sie mal raus und übernehmen die Führung!«
Weidinger und der Staatsanwalt, aber auch der Mann mit der surrenden Kamera, werden die ganze Zeit neben dem Beschuldigten bleiben. Sie sind umgeben von Sicherheitskräften, die sorgsam darauf achten, daß der Gefangene keine falsche Bewegung macht. Dann folgen Kriminaltechniker, Gerichtsärzte und die mit Spaten bewaffneten Männer. Zunächst führt Siegfried Gruhl die ungewöhnliche Delegation über einen schmalen Weg in den Wald, den er nach einer Weile verläßt. Von da an geht es quer durchs Gehölz. Doch es geht nur langsam voran, denn die vor seinem Körper mit einer Schließacht gefesselten Hände sind beim Durchdringen des Dickichts ziemlich hinderlich. Mehrmals hat er Mühe, sich im Gelände

zurechtzufinden, einige Male muß er die Richtung ändern, mitunter sogar zurückgehen, um eine neue Orientierung zu finden. Fast eine halbe Stunde lang. Dann hält er plötzlich inne: »Hier ist es!« Weidinger fragt gespannt: »Sind Sie sicher?« Gruhl weist mit den gefesselten Händen auf zwei unscheinbare, dicht zugewachsene Felsbrocken, die nur wenige Meter auseinanderliegen: »Doch, hier habe ich sie vergraben!«

Gruhl wird zurück zum Fahrzeug geführt. Seine Kooperation ist fürs erste beendet. Nun treten die Männer mit den Spaten in Aktion. Sie heben das Erdreich an der von ihm bezeichneten Stelle vorsichtig aus. Je tiefer sie graben, um so gewissenhafter werden die abgetragenen Erdschichten untersucht. Dann der Triumph: In etwa einem dreiviertel Meter Tiefe die ersten, oberflächlichen Konturen menschlicher Knochen im sandigen Mergel. Jetzt treten die Gerichtsärzte auf den Plan. Erdproben werden für die spätere Analytik genommen. Mit der Akkuratesse einer prähistorischen Ausgrabung werden die Gebeine Stück für Stück freigelegt. Der Mann mit der Schmalfilmkamera erfaßt jede neue Situation.

Die Knochen entpuppen sich schließlich als ein gut erhaltenes, komplettes Skelett mit typisch weiblichen Merkmalen. Infolge der Verwesungsprozesse sind an ihnen keine Weichteile, Knorpel oder Bänder mehr vorhanden. Jedoch kann ein relativ gut erhaltenes Stück textilen Gewebes gesichert werden, das offensichtlich von der Oberbekleidung stammt. In der Nähe des rechten Fußes werden Reste der verwitterten Sohle eines Damenschuhs der Größe 39 gefunden.

Die Lage des Skeletts läßt vermuten, daß die getötete Frau einst mit angewinkelten Beinen auf der rechten Körperseite in der Grube lag und in dieser Position verscharrt wurde. Am gut erhaltenen Schädel ist ein komplettes, offensichtlich zahnärztlich saniertes Gebiß vorhanden. Dieser Fund ist wichtig, denn Gebiß und Unterkiefer sind vorzügliche Identifizierungs-

hilfen, weil sich in ihnen über lange Zeit hinweg natürliche und strukturbedingte individuelle Merkmale konservieren.
Behutsam werden die Gebeine aus der Grube geborgen und eingesargt. Ihre nähere Untersuchung erfolgt später im Rostocker Institut. Weidinger und seine Männer sind zufrieden: Sie haben das wichtigste materielle Beweismittel im Fall Gruhl gesichert, womit ganz nebenbei auch noch ein überzeugendes Täterwissen bestätigt wurde.
Am späten Nachmittag wird die Verkehrssperrung aufgehoben, und die Polizeifahrzeuge fahren davon. Dann herrscht wieder die übliche Ruhe auf der holprigen Landstraße zwischen Conow und Karenz.
Die gutachterlichen Befunde über den staatlichen Ausflug in den Conower Wald liegen einige Zeit später vor. Das Wichtigste: Die stomatologische Bestimmung des Zahnstatus läßt nicht den geringsten Zweifel an der Identität mit Ursula Gruhl.
Die Bodenanalyse und die daraus ermittelten Faktoren, deren Einfluß das Tempo der Verwesung des Leichnams bestimmt, erleichtern die schwierige Liegezeitschätzung. Danach gibt es keinen Widerspruch zu den Einlassungen des Beschuldigten, seine Frau Ursula am 26. Juni 1949 getötet zu haben.
Zur Todesursache können die Experten lediglich Aussagen darüber treffen, daß an den exhumierten Knochen keine mechanischen Verletzungen gefunden wurden. Daraus wird geschlossen: Der Tod der Ursula Gruhl ist vermutlich nicht Folge von stumpfen oder scharfen Gewalteinwirkungen, die gewöhnlich Spuren an den Knochen hinterlassen hätten. Insofern stehen die Angaben des beschuldigten Ehemanns, seine Frau durch Erwürgen getötet zu haben, nicht im Widerspruch zu den gerichtsmedizinischen Befunden.

Im Spätherbst des Jahres 1965 verhandelt das Bezirksgericht Schwerin gegen Siegfried Gruhl. Er ist geständig und ergibt sich widerstandslos seinem weiteren Schicksal. Das Gericht erkennt auf Mord, weil er vorsätzlich und heimtückisch tötete, indem er den Tötungsvorsatz bereits längere Zeit vor der Tat gefaßt hatte, den Tatort bewußt auswählte, den Spaten für die spätere Tatverschleierung bereithielt und die arglose Ehefrau zur ungestörten Tatdurchführung in einen Hinterhalt lockte.

Im Namen des Volkes wird »der Angeklagte Gruhl gemäß § 211 Abs. 2 StGB wegen heimtückischen Mordes zu lebenslangem Zuchthaus verurteilt. Ihm werden die staatsbürgerlichen Rechte für dauernd aberkannt. Er hat auch die durch das Verfahren entstandenen Auslagen zu tragen.«

Unbestätigten Mitteilungen zufolge soll Siegfried Gruhl nach zweiundzwanzigjähriger Gefangenschaft im Jahre 1987 die Freiheit wiedererlangt haben. Der damals Einundsiebzigjährige soll kurz danach seinem schweren Herzleiden erlegen sein.

Gewissenlos

Aktenzeichen BI 21/68 Bezirksgericht Halle/Saale, Tgb.-Nr. 773/68 VPKA Bernburg

Die Eintausend-Seelen-Gemeinde Neugattersleben liegt am südlichen Rand der fruchtbaren Magdeburger Börde, im Mittelpunkt eines aus den Städten Calbe, Staßfurt und Bernburg gebildeten Dreiecks. Hier, wo die drei Arme des Harzflüßchens Bode sich zu einem friedlichen Strom vereinen, der in weitem Bogen wenige Kilometer südlich bei Nienburg in die Saale mündet, und die F 71, die wichtigste Straßenverbindung zwischen den Bezirksmetropolen Halle und Magdeburg, den Ort durchquert, findet im Herbst 1968 ein schier unfaßbares Verbrechen statt, das lange Zeit die Neugatterslebener Gemüter in Atem hält.

Donnerstag, der 17. Oktober 1968, am Vormittag. Draußen ist es feucht-kalt. Noch haben die Schulkinder einige Tage Herbstferien. Aber ungezwungenes Spiel im Freien macht bei diesem Wetter keinen Spaß. Es wird noch Stunden dauern, bis die Sonne die feuchten Herbstnebel vertrieben hat. Deshalb halten sich die Kinder lieber daheim in ihren Stuben auf. So auch die siebenjährige Zweitkläßlerin Andrea Rehfeld, ein stilles, ängstliches Mädchen mit blondem Pferdeschwanz. Sie lebt mit ihren Eltern in der Nähe des Radelsbergs. Auch der Vater, Manfred Rehfeld (29), ein ziemlich grobschlächtiger Typ, der gewöhnlich im VEB Landmaschinenbau arbeitet, ist zu Hause, krankgeschrieben wegen einer Sehnenscheidenentzündung. So kann er sich ausnahmsweise um das Kind zu kümmern. Wenigstens solange, bis Andreas Mutter, Marianne Rehfeld (28), wieder heimgekehrt ist. Die einfache, gutmütige Frau arbeitet in der Konservenfabrik, hat aber heute ihren

arbeitsrechtlich verbrieften Haushaltstag – ein bezahlter Arbeitstag, der vollbeschäftigten Müttern mit Kindern unter 18 Jahren zur Erleichterung ihrer häuslichen Tätigkeit einmal monatlich gewährt wird. Sie ist nach Bernburg gefahren, um Besorgungen zu machen und den Frauenarzt aufzusuchen.
Offensichtlich fühlt sich Manfred Rehfeld in seiner ungewohnten Rolle als Kinderbetreuer nicht wohl. Die Anziehungskraft seiner Stammkneipe in der Friedenstraße, die nur einen Steinwurf weit entfernt liegt, tut ihr übriges. Denn kurz entschlossen teilt er der kleinen Andrea mit, für ein Stündchen wegzugehen, und sie solle inzwischen brav mit ihren Puppen spielen. Kurz nach 13.00 Uhr ist er zurück. Die Zeit reichte für fünf Glas Bier. Er wärmt die Suppe auf, die Marianne zubereitet hatte. Wortlos löffeln Vater und Tochter ihre Teller leer. Dann beschäftigt sich das folgsame Mädchen wieder allein, denn Manfred gönnt sich nach diesen Anstrengungen einen Mittagschlaf auf der Wohnzimmercouch. Kurz vor 16.00 Uhr erwacht er, zufrieden, daß Andrea mit Buntstiften und Zeichenblock sich konzentriert ihren Kritzeleien widmet. Und er ist durstig. Seiner Einschätzung nach müßte Marianne jeden Augenblick aus Bernburg zurückkehren. Grund genug, um dem Kind zu sagen: »Bleib schön im Haus, Mutti kommt gleich zurück!« Womit er zu verstehen gibt, sich derweil im Dorfkrug aufzuhalten.
Kurz nach 19.00 Uhr. Draußen ist es bereits dunkel. Marianne Rehfeld kommt heim, später als geplant. Sie ist verwundert, weder Manfred noch Andrea anzutreffen. Ungeduldig wartend bereitet sie das Abendessen zu, macht sich noch keine ernsthaften Gedanken über den Verbleib der beiden. Doch mehr als eine Stunde vergeht. Und niemand kommt. Unruhe erfaßt sie. Wo ist das Kind, wo der Mann? Teils ärgerlich, teils sorgenvoll macht sie sich schließlich auf den Weg, um sie zu suchen. Unterwegs folgt sie einer Eingebung und steuert zunächst Manfreds Stammkneipe an. Er wird sie doch wohl

nicht dorthin mitgenommen haben, argwöhnt sie. Mit unguten Gefühlen betritt sie das Lokal: Tatsächlich, Manfred hockt am Tresen. Ahnungslos, unschuldig, angetrunken. Seine Augen glänzen. Den leichten Gleichgewichtsstörungen zufolge muß er schon längere Zeit hier sitzen, mutmaßt Marianne. Doch das Kind ist nicht bei ihm. Sie fragt vorwurfsvoll: »Wo ist Andrea?«

»Wo soll sie schon sein«, knurrt Manfred ziemlich genervt, »natürlich zu Hause!«

Zu Mariannes Besorgnis gesellt sich nun auch der Verdruß über seine Gleichgültigkeit, und sie faucht ihn an: »Ich komme gerade von Zuhause. Sie ist weg, während du seelenruhig in der Kneipe sitzt!«

»Wieso weg?« lallt er verwundert, »sie war doch eben noch hier und hat gefragt, wann ich komme, weil du noch nicht zurück bist. Ich habe sie nach Hause geschickt, wollte nur noch mein Bier austrinken!« Marianne gibt keine Ruhe und zerrt ihn unsanft vom Hocker: »Beweg dich, es ist spät, wir müssen sie suchen!«

Widerwillig zahlt Manfred seine Zeche, folgt Mariannes Aufforderung und brummt beim Verlassen des Lokals ärgerlich in seinen Zweitagebart: »Weiß der Teufel, wo sie sich rumtreibt!«

Es scheint, als würde der Alkohol in Manfreds Körper unglaublich schnell verbrennen, denn trotz der frischen, kühlen Oktoberluft zeigt der geübte Trinker bald keine äußeren Anzeichen von Trunkenheit mehr. Mariannes Sorge um das Kind überträgt sich offensichtlich auch auf ihn. Er schlägt vor, zunächst zu Hause gewissenhaft nachzusehen. Doch da ist das Mädchen nicht. Jetzt suchen die Eltern kreuz und quer in den fast menschenleeren Straßen, die glücklicherweise seit einem Jahr eine zentrale Beleuchtung besitzen. Sie fragen zu später Stunde bei Bekannten und Schulfreundinnen nach. Vergeblich. Andrea ist nicht aufzuspüren, und niemand hat sie gese-

hen. Marianne Rehfeld wird von bösen Vorahnungen gepeinigt: Niemals würde das scheue, ängstliche Mädchen so lange Zeit von zu Hause wegbleiben, es muß etwas Furchtbares passiert sein! Als sie ratlos und verzweifelt sich ihrer Tränen nicht mehr erwehren kann, entschließt sich Manfred, die VP zu informieren.
Gegen 22.00 Uhr klingelt er an der Haustür des zuständigen Abschnittsbevollmächtigen, um eine Vermißtenanzeige zu erstatten. Andrea sei weg. Er habe gegen 16.00 das Haus in Richtung Gasthof verlassen, weil er fest damit rechnete, daß Marianne aus Bernburg jeden Augenblick zurück wäre. Natürlich hätte er die Tochter ermahnt, nicht aus der Wohnung zu gehen. Kurz vor 18.00 Uhr sei das Kind unerwartet im Dorfkrug aufgetaucht, um ihm mitzuteilen, daß die Mutter noch nicht zurück sei. »Geh sofort nach Hause«, habe er Andrea gedrängt, »ich trinke nur mein Bier aus, dann komme ich.« Andrea sei daraufhin gegangen. Er sei aber in der Gaststätte geblieben, bis Marianne ihn vom Tresen geholt habe. Acht Glas Bier hätte er in dieser Zeit getrunken. Andrea muß folglich in der Zeit zwischen kurz vor 18.00 Uhr und der Rückkehr der Mutter verschwunden sein. Seitdem ist sie trotz intensiver eigener Suche unauffindbar.
Da bei Kindern dieses Alters und bei den ziemlich kalten Herbstnächten von vornherein ein hoher Gefährdungsgrad angenommen werden muß, reagiert der ABV prompt und meldet das Vorkommnis dem Diensthabenden des VP-Kreisamts in Bernburg, der sogleich eine Funkstreife beordert, die Landstraßen in der Umgebung von Neugattersleben abzufahren. Weil diese Gegend aber den Nachbarbezirk Magdeburg fast berührt, wird die Fahndung nach dem Kind auch auf die dort angrenzenden Orte ausgeweitet. Zeitgleich trommelt der ABV einige Männer der Freiwilligen Feuerwehr zusammen. Sie sollen die nähere Umgebung von Neugattersleben absuchen.

Bald sind die Männer unterwegs. Eine Gruppe durchstreift das ufernahe Gelände am Bodegrund, die Grünanlagen am Mausoleum und an der Kirche, eine andere patroulliert auf den Ausfallstraßen bis weit hinter die Agraringenieurschule und durchstöbert die Gegend am Schachtsee. Ohne Erfolg. Nach Mitternacht stellen die Helfer ihre Suche ein, um sie am nächsten Tag fortzusetzen. Bald herrscht wieder die gewohnte Ruhe im nächtlichen Neugattersleben. Nur Marianne und Manfred Rehfeld können keinen Schlaf finden.
Die nächsten Stunden verstreichen in der stillen Hoffnung, Andrea wohlauf wiederzufinden. Ein fataler Irrtum. Denn: In den frühen Morgenstunden des 18. Oktober 1968 entdecken, fünf Kilometer südwestlich von Neugattersleben, Frühschichtler auf dem Weg zur Arbeit in den Fluten am Bodewehr in Niendorf die Leiche eines Kindes. Kameraden der Freiwilligen Feuerwehr sind sofort zur Stelle, um sie zu bergen. Es ist nicht schwer auszumachen, daß es sich bei dem Leichnam um die vermißte Andrea Rehfeld aus dem benachbarten Neugattersleben handelt. Das tote Kind ist komplett bekleidet und zeigt keine äußeren Verletzungen. Es wird unverzüglich in die Pathologische Abteilung des Kreiskrankenhauses Bernburg überführt. Bereits am Vormittag ist der Oberarzt des Instituts für gerichtliche Medizin und Kriminalistik am Franzosenweg in Halle, Dr. Simon, zur Stelle, um die Autopsie vorzunehmen. Von amtswegen interessierter Beobachter der folgenden unschönen, aber notwendigen Szene: Der Sachbearbeiter für Todesermittlungen des VPKA Bernburg. Selbst die abgeklärten Fachleute macht der Anblick des auf dem Sektionstisch liegenden toten Mädchen mit dem blonden Pferdeschwanz betroffen. Doch allzu große Emotionen lassen die Männer nicht aufkommen, sie könnten womöglich die Objektivität ihres Urteils trüben. Zunächst befreien sie den Leichnam von der feucht-nassen Bekleidung. Dabei entdecken sie eine Auffälligkeit: im Zwickelbereich des

Schlüpfers eine ungewöhnliche Blutverschmierung, die trotz stundenlanger Wassereinwirkung nicht völlig ausgewaschen worden ist. Bei der äußeren Besichtigung erkennt der erfahrene Gerichtsmediziner Hämatome an beiden Schultern und Oberarmen des toten Mädchens, aus denen er schließt, daß sie vermutlich durch rohes Zupacken zu Lebzeiten des Mädchens verursacht wurden. Sie könnten im Zusammenhang mit den Befunden am Unterkörper stehen, die nämlich auf schwere sexuelle Mißhandlungen hindeuten: Frische vaginale Blutungen nach Defloration, grobe Einrisse in der Scheidenschleimhaut, Dammriß. Alles in allem: Untrügliche Zeichen eines brutalen Vergewaltigungsaktes.
Für die Klärung der Todesursache finden sich äußerlich keine überzeugenden Hinweise. Sie werden allerdings bei der inneren Besichtigung der Leiche gefunden: Flüssiges Blut, sogenannte Herzzeichen, Erstickungsblutungen am Lungenfell, schaumiger Mageninhalt, allesamt vital entstandene Merkmale eines klassischen Ertrinkungstodes. Den Umständen nach dürfte der Todeseintritt nicht länger als 24 Stunden zurückliegen.
Die Frage aber, ob das Mädchen unfallbedingt oder durch Täterhand ins Wasser gelangte, ist nicht durch den Gerichtsarzt, sondern nur durch kriminalistische Ermittlungen zu beantworten. Der Bernburger Kreisstaatsanwalt und die Polizei werden unverzüglich aktiv. Schnell durchgeführte Erkundigungen bei den Gästen des Landgasthofs in Neugattersleben ergeben, daß sich die kleine Andrea am gestrigen Abend tatsächlich kurz vor 18.00 Uhr in der Kneipe blicken ließ, um den Vater zu holen, der sie allerdings wieder heimschickte. Ansonsten sagen die Zeugen übereinstimmend aus, Manfred Rehfeld habe die ganze Zeit am Tresen gesessen, bis Marianne Rehfeld ihn schließlich holte. Allerdings: Zwei Gäste, die voneinander getrennt saßen und sich auch nicht absprechen konnten, machen eine andere Aussage. Sie glauben nämlich,

sich zu erinnern, daß Rehfeld, wenige Minuten nachdem die kleine Andrea gegangen war, das Lokal ebenfalls verließ und erst eine knappe Stunde später wieder an seinem angestammten Platz saß. Dieser Umstand macht die ermittelnden Berufsskeptiker hellhörig.
Sofort rückt Manfred Rehfeld in das Blickfeld polizeilichen Interesses. Sollte der Vater seine eigene Tochter vergewaltigt und womöglich getötet haben? Was für ein Mensch ist das, der eine solche Untat begeht?
Jetzt überschlagen sich die Ereignisse: Marianne und Manfred Rehfeld werden von zwei Kriminalisten zu Hause aufgesucht, die ihnen die Nachricht vom schrecklichen Tod ihrer Tochter überbringen. Sie werden getrennt befragt. Ausführlich und lange. Es soll auf diese Weise vermieden werden, daß sie die Wohnung verlassen. Grund: Zivile Fahnder sind gleichzeitig zu Rundumermittlungen ausgeschwärmt. Ihr einziges Ziel: Manfred Rehfelds Persönlichkeit. Und sie haben Erfolg. Etliche Nachbarn und Arbeitskollegen geben bereitwillig Auskunft. Auch seine betriebliche Personalakte ist Gegenstand polizeilicher Neugierde, und die polizeiinternen Registraturen werden abgefragt. Bereits in den Mittagsstunden liegen soviel Informationen über Manfred Rehfeld vor, daß sich Staatsanwalt und Polizei ein halbwegs präzises Persönlichkeitsbild machen können:
Manfred Rehfeld, Jahrgang 1939, wächst mit drei Geschwistern in einer ärmlichen Arbeiterfamilie auf. Eines seiner Geschwister leidet an einer schweren psychiatrischen Erkrankung. Seine Mutter verstirbt an einem Krebsleiden, als er elf Jahre alt ist. Der alleinerziehende Vater ist mit der neuen Situation völlig überfordert. Er steckt den Knaben für mehrere Jahre in ein Kinderheim. Fehlende Zuwendung und Wärme kapseln seine Seele ein und machen ihn frühzeitig zum rastlosen Einzelgänger. Schule interessiert ihn nicht. Kein Wunder, daß seine Leistungen durchweg unter dem Durchschnitt blei-

ben. Mit Abschluß der 7. Klasse verläßt er die Schule, beginnt auf Anraten des Vaters lustlos eine Friseurlehre, die er aber nach einigen Monaten abbricht. Der Sinn steht ihm nach handfester körperlicher Arbeit. So erlernt er den Beruf eines Schiffsbauers, den er auch mehrere Jahre lang ausübt. Dann reizt ihn die unstete Tätigkeit eines Montagebetriebes. Doch auch da hält es ihn nur einige Monate, und er wird Arbeiter im Niederschachtofenwerk Calbe. Auch dort sagt es ihm nicht zu. Wieder wechselt er die Arbeitsstelle, findet eine Anstellung im Gassilikatbetonwerk in der gleichen Stadt, kündigt aber bald wieder. Seit einiger Zeit rackert er nun im VEB Landmaschinenbau in Bernburg. Wenn man von seinem chronischen Bedürfnis, die Arbeitsstellen zu wechseln, absieht, wird er von allen Betrieben als fleißig und einsatzbereit beurteilt. Doch auch anderes wird in Erfahrung gebracht: Von Jugend an gehört Manfreds Freizeit dem Alkohol. Im Laufe der Jahre entwickelt er sich zum Gewohnheitstrinker. Auch seine Sexualkontakte sind unkultiviert, von Brutalität und Eigennutz bestimmt. Sein frühes Lieblingsmotto »Frauen liebt man nicht, man gebraucht sie«, kennzeichnet bereits die extrem patriarchalische Einstellung, die sich später in der Beziehung zu Marianne niederschlägt. Eine solche Lebensführung drängt folgerichtig immer weiter in eine dissoziale Richtung. Hinzu kommen übersteigertes Selbstwertgefühl, Prahlsucht und Egozentrik. Sie paaren sich mit seiner eingeschränkten emotionalen Ansprechbarkeit. Unberechenbarkeit ist eine seiner markantesten Eigenschaften. Besonders wenn er unter Alkohol steht, zeigt sich dies. Dann wechseln oberflächliches Anbiedern und Kumpanei mit Jähzornausbrüchen und Tätlichkeiten in schneller Folge.

Im Jahre 1960 lernt er die neunzehnjährige Marianne kennen, die bereits nach kurzer Zeit schwanger ist. Grund genug, den Bund der Ehe zu schließen. Doch schon bald nach dem Honigmond bestimmen chronischer Zank und Streit das

Eheklima. Marianne Rehfeld leidet unter der Herrschsucht und Unberechenbarkeit ihres Mannes, der täglich seinen rabiaten Sexualverkehr verlangt und den übrigen Frust in Alkohol ertränkt. Sie ist zutiefst enttäuscht, daß Manfred keine echte warmherzige, väterliche Beziehung zu dem Kind entwickeln kann, das ihm eher gleichgültig ist.
Nach einigen Jahren reißen die ehelichen Bande, und die Ehe wird rechtmäßig geschieden. Marianne erhält das Sorgerecht für die kleine, inzwischen sechs Jahre alte Andrea. Manfred müßte eigentlich seine Siebensachen packen und ausziehen. Doch das ist angesichts der prekären Wohnungssituation nicht gleich möglich. Eine Zeitlang kommt er zwar bei einem Kumpel unter, aber es treibt ihn wieder zu Marianne. Sie ist zu schwach, um ihn endgültig von sich zu weisen, und kuscht. Eine Weile geht es gut, bis er sie bei einem Streit mit der Faust niederstreckt. Diesmal faßt sich Marianne ein Herz und erstattet wegen vorsätzlicher Körperverletzung bei der VP Anzeige. Ein Ermittlungsverfahren wird eingeleitet. Das trifft Manfred sehr. Er leistet Abbitte und erweicht Mariannes Herz. Sie zieht die Anzeige zurück, »weil sich Manfreds Verhalten gebessert hat«. Prompt erlischt das polizeiliche Interesse an ihm. So führen seine heiligen Versprechen und Mariannes Unterwürfigkeit die beiden wieder unter einer Bettdecke zusammen. Seither leben sie trauscheinlos in leidlich guter, mehr funktionaler Lebensgemeinschaft, wenn man von Manfreds unmäßigem sexuellen Verlangen absieht, dem sie um des lieben Friedens willen emotionslos und unterwürfig nachkommt.
Rehfelds auffällige, ziemlich trostlose Biografie und die Vermutung der beiden Zeugen, daß er zur fraglichen Zeit den Gasthof für eine knappe Stunde verlassen haben könnte, führen in den nächsten Stunden zu fieberhaften Ermittlungen im Ort. Mit Erfolg. Eine wichtige Zeugin kann aufgespürt werden. Sie hat Rehfeld am vergangenen Abend gegen 19.30 Uhr

beim Betreten des Gasthofs gesehen. Fazit: Rehfeld muß eine Zeitlang außerhalb des Lokals gewesen sein. Für die Ermittler heißt das, dranbleiben. Der Staatsanwalt zögert nicht, gegen Manfred Rehberg ein Ermittlungsverfahren wegen Mordverdachts in Tateinheit mit Vergewaltigung im schweren Fall einzuleiten und Haftbefehl zu beantragen.

In Abgrenzung zum sexuellen Mißbrauch von Kindern gem. § 148 StGB (DDR), der mit einer Höchstrafe von fünf Jahren Freiheitsentzug geahndet werden konnte, erfaßte der Tatbestand der schweren Vergewaltigung nach § 121 Abs. 2 StGB (DDR) auch jene Fälle, in denen u. a. »ein Mädchen unter sechzehn Jahren« mit Gewalt oder durch Drohung mit gegenwärtiger Gefahr für Leben und Gesundheit zum Geschlechtsverkehr gezwungen wurde. Hier lag die Höchststrafe bei zehn Jahren Freiheitsentzug. Mit der Immission des Penis in das weibliche Genitale war die Straftat vollendet. Alle anderen sexuellen Handlungen wurden unter die Tatbestände »Nötigung und Mißbrauch zu sexuellen Handlungen« gem. § 122 StGB (DDR), »Sexueller Mißbrauch von Kindern« gem. § 148 StGB (DDR) und »Sexueller Mißbrauch von Jugendlichen« gem. §§ 149, 150 StGB (DDR) subsumiert.

Eifrig sind die Häscher bei der Sache: Manfred Rehfeld wird vorläufig festgenommen und zum VPKA nach Bernburg gebracht. Ein Beschluß zur Durchsuchung der Rehfeldschen Wohnung mobilisiert die Spurensucher, die unverzüglich in Aktion treten. Ihre Ausbeute erhärtet den Verdacht gegen den Beschuldigten: So können vom Polster der Wohnzimmercouch Blutwischspuren und zwischen der Schmutzwäsche ein blutverschmierter Waschlappen gesichert werden. Die Laboruntersuchung der Spuren am Sofa und am Waschlappen führen zu einem sicheren Ergebnis: Es ist das Blut der siebenjährigen Andrea Rehfeld. Zusätzlich werden am Wasch-

lappen charakteristische Schleimhautepithelien nachgewiesen, die erklären, daß er zum Abwischen einer vaginalen Blutung benutzt worden sein muß.
Da die Polizei von einer Täterschaft Manfred Rehfelds ausgeht, der nach schweren sexuellen Mißhandlungen des eigenen Kindes eine Verdeckungstötung begangen hat, ist die Version zu prüfen, ob er in der Vergangenheit bereits, in freilich milderer Form, seine Tochter sexuell mißbraucht haben könnte. Vielleicht hat mütterlicher Instinkt die Aufmerksamkeit bereits in eine solche Richtung gelenkt. Vielleicht ist Marianne Rehfeld in der Vergangenheit gar Zeuge von Situationen geworden, die im nachhinein als verdächtig erscheinen. Derlei zu klären, ist Hauptinhalt ihrer Zeugenvernehmung und soll, unabhängig von der eigentlichen Tataufklärung einen zusätzlichen Gesprächsstoff für die Vernehmung des Beschuldigten bilden. Marianne Rehfeld macht aber nur vage Angaben. Einen direkten Verdacht kann sie nicht äußern. Dennoch gibt sie einige indirekte Hinweise. So hatte sie, nachdem Manfred nach der Scheidung wieder bei ihnen wohnte, das Gefühl, daß Andrea ihrem Vater möglichst auswich. Das Kind hatte Angst vor ihm wie sie selbst. Hin und wieder wollte Manfred mit sonderbarer, wie sie glaubt, übersteigerter Freundlichkeit Nähe zu Andrea suchen. Doch das Kind ging sofort auf Distanz. Da Manfred in solchen Situationen meist angetrunken war, ließe sich Andreas Reaktion als Ausdruck ihrer Aversion gegen den alkoholisierten Vater deuten. Überhaupt sei ihre frühere Lebhaftigkeit zusehends verschwunden. In sich gekehrt und weinerlich sei sie geworden, manchmal hatte sie sogar wieder eingenäßt.
Die von der Mutter geschilderten Verhaltensauffälligkeiten bei Andrea können sehr wohl ein Hinweis auf längerfristige Mißbrauchshandlungen sein, ein Beweis sind sie nicht.
Am Abend des 19. Oktober wird Manfred Rehfeld zur Vernehmung vorgeführt. Er beschränkt seine Aussagen nur auf

seine Biografie. Zur Sache selbst kommt kein Wort über seine Lippen. Hartnäckig weist er alle Vorwürfe von sich. Erst als ihm nach zehnstündiger Vernehmung die Beweise vorgehalten werden, erkennt er die Aussichtslosigkeit seiner Lage. Jetzt bricht er sein Schweigen und legt ein umfassendes Geständnis ab, das in wesentlichen Punkten mit dem objektiven Tatbefund übereinstimmt.

Am Ende steht die bittere Wahrheit: Die Beschreibung, die Manfred Rehfeld bei der Aufnahme seiner Vermißtenanzeige zum Tagesverlauf machte, stimmt bis auf einen sehr entscheidenden Umstand. Er hockt zwar am Abend des 17. Oktober gegen 18.00 Uhr tatsächlich am Tresen des Gasthofs, als die kleine Andrea auftaucht, um ihm mitzuteilen, daß die Mutter noch nicht heimgekehrt ist. Doch hat er keineswegs die Absicht, länger sitzen zu bleiben. Denn er sagt zu dem Kind: »Geh schon vor, ich komme gleich, ich trinke nur mein Bier aus.« Kaum hat die kleine Andrea das Lokal verlassen, folgt er ihr, ohne daß die anderen Gäste es bemerken. Nach wenigen Schritten ist er bei Andrea. Und einträchtig gehen Vater und Tochter heim. Zu Hause angekommen, mahnt ihn seine prall gefüllte Blase; immerhin waren es acht Gläser Bier in den letzten beiden Stunden. Er verschwindet für eine kurze Zeit auf der Toilette, während Andrea ihr Malzeug vom Wohnzimmertisch räumt. Als der Vater zurück ist, sich auf der Couch niederläßt und seine Tochter erblickt, verspürt er eine unbändige Lust nach sexueller Befriedigung. In der Vernehmung sagt er dazu: »Nach dem Wasserlassen hatte ich einen Steifen. Ich war sexuell sehr erregt. Meine Tochter war im Wohnzimmer, als ich vom Klo zurückkam. Ihr Anblick erregte mich noch mehr. Ich legte mich aufs Sofa und zog Andrea zu mir heran …« Das Kind sträubt sich, will sich aus seiner Umklammerung befreien. Vergeblich. Seine groben Hände verhindern es. Mit einer Hand drückt er das kleine Mädchen auf das Sofapolster, mit der anderen zieht er ihm Strumpfhose und Schlüpfer aus. Dann manipuliert er mit aller Rohheit an und in ihrem Genitale. Er bemerkt erst beim Ausziehen seiner Hose, daß seine Finger blutig sind. Das Kind jammert leise vor Schmerzen, läßt aber alles über sich ergehen. Es ist eine Art Angstlähmung, die seinen Widerstandswillen außer Kraft setzt. Erst als er mit Gewalt in das kindliche Organ penetriert, schreit es aus voller Kehle: »Nicht machen, Papi, es tut so weh!« Doch sein Gewissen regt sich nicht. Im Gegenteil. Jetzt erst recht will er den Akt mit aller Konsequenz vollenden, und er beendet ihn erst, nachdem er sich befriedigt hat.

Andrea weint, der Unterleib schmerzt, an ihren Schenkeln läuft Blut herab. Wenn man den Einlassungen Rehfelds Glauben schenkt, ist er selbst entsetzt, welchen körperlichen Schaden er bei seiner kleinen Tochter angerichtet hat. »Warte, ich mach das sauber«, beruhigt er sie, holt aus dem Bad einen Waschlappen und wischt das Blut von ihrem Körper. Rehfeld bemerkt, daß immer weiteres Blut aus der kindlichen Scheide tritt. Angst packt ihn, aber nicht die Angst um den Zustand seines Kindes. Es ist die Angst um sich selbst. Sie führt ihn zu der Überlegung, es umzubringen. »Zieh dich an, wir gehen zum Arzt«, fordert er Andrea scheinheilig auf. Es ist kurz vor 19.00 Uhr. Draußen ist es bereits dunkel, als Rehfeld, das Kind an der Hand, das Haus verläßt. Ständig auf der Hut, von niemand gesehen zu werden, führt er das Mädchen bis an die Bodebrücke. Arglistig hebt er es auf das Brückengeländer, hält es an einer Hand fest und läßt es balancieren. Andrea will nicht. »Du brauchst keine Angst zu haben, ich halte dich doch fest«, beruhigt er sie mit teuflischen Hintergedanken. Als sie die Brückenmitte erreichen, läßt er Andreas Hand plötzlich los und gibt dem kleinen Körper einen Schubs. Das Kind schreit »Papi, Papi« und stürzt sechs Meter tief in die Fluten der Bode. Manfred Rehfeld macht auf dem Absatz kehrt und läuft, ohne sich noch einmal umzudrehen, eilig zurück zum Gasthof. Wenige Minuten später sitzt er wieder auf seinem angestammten Platz am Tresen, als wäre nichts geschehen. Irgendwann erscheint dann Marianne, um ihn zu holen …

Gleich nach Abschluß der polizeilichen Ermittlungen wird Rehfeld psychiatrisch untersucht. Der Gutachter hält den Beschuldigten für eine minderbegabte, aber nicht schwachsinnige Persönlichkeit, ausgestattet mit den Attributen »ausgeprägte sexuelle Triebdynamik, eingeschränkte gefühlsmäßige Ansprechbarkeit, patriarchalisch-diktatorische Einstellung zu seiner Familie und mangelnde Steuerung der Lebensimpulse«. Weder tatrelevante Bewußtseinsstörungen noch hirnorganische Psychosyndrome werden nachgewiesen. »In allen Phasen der Tat blieb die Entscheidungs- und Steuerungsfähigkeit trotz heftiger Erregung erhalten.« Und das bedeutet volle strafrechtliche Verantwortlichkeit.

Kurz vor Weihnachten 1968 verhandelt der 1. Strafsenat des Bezirksgerichts Halle in der Strafsache gegen Manfred Rehfeld wegen Mordes. Urteil: Lebenslängliche Freiheitsstrafe.

Den Verdacht, Rehfeld könnte bereits in der Vergangenheit seine Tochter sexuell mißbraucht haben, weist der Angeklagte vehement von sich. Auffällig dabei ist seine sich immer wiederholende, absonderlich widersinnige Schutzbehauptung: »Ich bin doch kein Kinderficker!« Ansonsten schweigt er verbissen zu diesem Thema. Letzten Endes konnte trotz umfangreicher kriminalistischer Bemühungen dieser Verdacht nicht erhärtet, aber auch nicht ausgeräumt werden.

Etwa 2000 Sexualdelikte wurden jährlich in der DDR gerichtlich erfaßt. Nahezu die Hälfte davon entfiel auf den sexuellen Mißbrauch von Kindern und entsprach einer Belastungsziffer von etwa 6 Delikten pro 100 000 Einwohner (die Zahlen in der heutigen Bundesrepublik, das sei nur am Rande bemerkt, liegen drei- bis viermal höher). Mehr als 95 Prozent der sexuellen Übergriffe wurden durch Männer begangen, eine Zahl,

die in etwa auch für die Bundesrepublik gilt. Fazit: Sexueller Mißbrauch von Kindern ist ein typisches Männerdelikt. Das Klischee des Mißbrauchstäters ist inzwischen hinlänglich bekannt: Er kommt aus instabilen, verwahrlosten Verhältnissen, war in seiner Kindheit vielleicht selbst von sexueller Gewalt betroffen und gehört zum sozialen Nahbereich des Opfers. Tatsächlich trifft das auch auf etwa 80 Prozent der Fälle zu.
Doch die statistische Angaben sagen zu wenig über die tatsächlichen Verhältnisse aus, sind häufig verzerrt oder gar falsch, insbesondere, wenn die Dunkelfeldschätzungen und die phänomenologischen Schlußfolgerungen allein auf den bekanntgewordenen Fällen fußen. Eine zusätzliche, methodisch exakte Annäherung an das Dunkelfeld durch Stichproben aus der Allgemeinheit (sogenannte Prävalenzstudien) könnte allerdings zu statistischen Angaben führen, die die bisherigen Erkenntnisse über das kriminologische Gefüge womöglich erheblich verändern. Um das Problem am Beispiel zu erläutern, sei angeführt: Im Zeitraum von 1978 bis 1980 kamen in dem Berliner Stadtbezirk Prenzlauer Berg 299 Mißbrauchshandlungen zur Anzeige. Davon wurden 112 Fälle geklärt (37,5 Prozent), vor Gericht gebracht und somit statistisch erfaßt. Aber 187 Fälle blieben unaufgeklärt (62,5 Prozent). Damit wird deutlich, daß die eigentliche Größe für diese Deliktgruppe erheblich höher liegt, diese sich sogar noch potenziert, wenn man die nicht angezeigten, latent gebliebenen Fälle hinzuzählen könnte. Deshalb ist es nicht verwunderlich, daß das Bundesfamilienministerium in seinen Schätzungen inzwischen von einer Dunkelziffer zwischen 50 000 und 300 000 Fällen pro Jahr ausgeht.
Neuere Studien zeigen, daß der Anteil der von Frauen begangenen sexuellen Mißbrauchshandlungen an Kindern größer ist, als die polizeiliche Kriminalstatistik ausweist. So geht die Arbeitsgemeinschaft »Kinder- und Jugendschutz, Landesstelle NRW e.V.« von einem 10 bis 15prozentigen Anteil weiblicher

Täterschaft, die Kölner Kontakt- und Informationsstelle gegen sexuellen Mißbrauch von Mädchen und Jungen sogar von einem noch höheren Anteil aus. Die These, Frauen würden nur einen höchst unbedeutenden Täteranteil beim sexuellen Mißbrauch einnehmen und weniger gewalttätig als Männer sein, scheint, neuesten Erkenntnissen nach, nicht zu stimmen. Es zeigt sich, daß sexuelle Mißbrauchshandlungen durch Frauen die gleichen psycho-physischen und sozialen Folgen für das Opfer nach sich ziehen wie bei männlichen Tätern.
Der folgende, in seiner Tragik kaum zu überbietende Bericht gibt einen Einblick in das delinquente Verhalten einer Mutter und die destruktiven Auswirkungen ihrer sexuellen Übergriffe auf die Persönlichkeit des Opfers.

Aktenzeichen II 17/62 Jugendstrafkammer Karl-Marx-Stadt, Tgb.-Nr. 179/62 MUK Karl-Marx-Stadt

18. August 1962. Vormittags in der Lehrwerkstatt der Betriebsberufsschule des Plauener VEB Plamag. Der Lehrmeister prüft mit kritischem Blick und Meterstab die mit verschiedenen Fittings verbundene vielwinkelige Rohrleitung, vergleicht mit einem Plan, kontrolliert die Maße und die Dichtheit der Verbindungen. Neben ihm in der dunkelblauen Arbeitsjacke der sechzehnjährige Klempnerlehrling Peter Rösel, ein schlaksiger, blaßgesichtiger Knabe mit kurzen rotblonden Haaren, der neugierig auf das Urteil wartet. Eine lange Minute knisternde Spannung. Dann die Erlösung. »Gut, Rösel, weiter so! Beim nächsten Mal vielleicht ein bißchen schneller«, lobt ihn die Autorität im grauen Kittel mit einem kollegialen Schulterschlag. Peter fällt ein Stein vom Herzen. Endlich geschafft. Es war ein beträchtliches Stück Arbeit, die verzinkten Rohre nach dem vorgegeben Plan auf Maß zu

bringen, Gewinde zu schneiden und dichte Verbindungen herzustellen. Er weiß, daß er etwas schwerfällig ist, ein Makel, der ihn seit seiner Kindheit verfolgt. Doch dafür besitzt er Ausdauer, Zähigkeit und geschickte Hände. Er räumt seinen Arbeitsplatz auf. Dann ist Pause.

Die Kantine liegt in einem anderen Gebäude auf dem Werkgelände. Peter wäscht sich die Hände, hält seine Frühstücksmarke bereit und wartet am Ausgang der Werkstatt auf seinen Kumpel Mario Albert, ebenso ein Lehrling wie er. Es dauert noch einen Augenblick, bis der Meister auch dessen handwerkliches Probestück begutachtet hat.

Richtige Freunde sind die beiden Jungen nicht. Ihre Vertrautheit beschränkt sich eigentlich nur auf ihr Zusammensein in der Lehrwerkstatt und Berufsschule. Besonders in den Pausen hängen sie zusammen. So auch heute. Und das aus einfachem Grund. Sie kennen nämlich ein stilles Eckchen, wo sie nach dem Essen heimlich ihre »Karo« rauchen können – die volkseigene Billigzigarette mit dem sprichwörtlich starken Tobak, die der Volksmund »Rachenreißer« nennt.

Eigentlich sollte der heutige Tag einer wie jeder andere sein. Doch Peter Rösel ist trotz des Lobes durch seinen Meister ungewöhnlich nachdenklich. Mario Albert fällt es auf: »Hat der Alte dich angeschissen?« fragt er, um die Ursache für die Verstimmung zu ergründen.

»Nee, nee«, antwortet Peter, »ich hab gerade darüber nachgedacht, was für eine Strafe man für Mord kriegt. Weißt du das?«

Mario Albert ist verwundert, worüber sich sein Kumpel Gedanken macht, und antwortet erstaunt: »Lebenslänglich oder Rübe ab. – Warum willst'n das wissen?«

»Ach, nur so. Interessiert mich einfach!« winkt Peter ab.

Damit ist das Thema erledigt, und die Kantine ist erreicht.

Als die Jungen eine halbe Stunde später paffend in ihrem Eckchen sitzen, kramt Peter Rösel aus seiner Gesäßtasche einen Personalausweis hervor, in dem sich eine Rentenkarte befin-

det, übergibt ihn seinen Kumpel und sagt: »Hier, von meiner Mutter!«
Mario Albert blättert in dem Dokument, betrachtet das Paßbild und die Rentenkarte, versteht das Ganze irgendwie nicht und gibt es Peter zurück: »Wieso hast'n du den Ausweis?«
Peter steckt den Ausweis zurück in die Hosentasche und sagt gleichgültig: »Den braucht'se nicht mehr!«
Sein Kumpel begreift nicht und Peter setzt den Gedanken fort: »Ich habe sie totgemacht, gestern früh!«
Mario grient seinen Kumpel ungläubig an: »So'n Qatsch!«
Der streckt ihm seine rechte Hand entgegen und fragt: »Wetten?«
Mario ist verdutzt, schaut Peter verständnislos an. Doch der wiederholt mit einem süffisanten Lächeln sein seltsames Wettangebot. Jetzt reicht es Mario. Er empört sich: »Du spinnst doch!«
Genervt drückt er seine Zigarette aus und gibt mit einer Bewegung zu verstehen, daß es Zeit ist, die Pause zu beenden. Und auf dem Weg zurück zur Werkstatt wechselt er kein Wort mehr mit seinem Kumpel, denkt nur daran, daß heute Samstag ist und mittags Feierabend. Doch Peter Rösel knurrt: »Wirst'de schon sehen!«

Beim abendlichen Talk mit seiner Mutter erwähnt Mario Albert beiläufig das absonderliche Gespräch mit Peter Rösel. »Der dreht langsam durch«, meint er und gibt Bruchstücke aus dieser Unterhaltung preis. Als er fragt: »Mama, glaubst du, daß er seine Mutter umgebracht hat?« spürt die Mutter den nachhaltigen Eindruck, den Rösels Äußerungen bei ihrem Sohn hinterlassen haben. Frau Albert ist sofort hellhörig, will mehr wissen und unterzieht ihren Sprößling einem intensiven Verhör. Das, was Mario nun ausführlich schildert, macht sie nachdenklich. Könnte dies nicht das aberwitzige Produkt eines Aufschneiders sein, der ihrem Sohn einen gehörigen

Schreck einjagen wollte? Nein. Sie kann sich nicht vorstellen, daß jugendliche Phantasie einen Jux mit einem derartig makabren Inhalt ausbrütet.
Die Angelegenheit jetzt einfach abtun, als wäre nichts gewesen? Nein, das vermag sie nicht. Womöglich wären lebenslange Gewissensqualen die Folge. Und selbst wenn die Polizei hinter ihrem Rücken kichern sollte: Sie entschließt sich zu einer Anzeige.
Doch die Männer in den grünen Uniformen im VP-Kreisamt kichern nicht. Im Gegenteil. Sie teilen ihre Besorgnis und informieren den Kriminaldauerdienst, der in einem der oberen Stockwerke seine Büros hat. Dort findet man anhand der Einwohnermeldeldekartei schnell heraus, daß die Invalidenrentnerin Hildegard Großkopf, geborene Rösel, Jahrgang 1922, Personenstand geschieden, und ihr Sohn, Peter Rösel, im Plauener Stadtgebiet in der Nähe der Pauluskirche polizeilich gemeldet sind. Um Frau Alberts ungewöhnliche Anzeige, wie es in der Amtssprache heißt, in sachlicher und rechtlicher Hinsicht zu überprüfen, macht sich ein Kriminalist auf den Weg.
An der Wohnungstür mit dem Namensschild »H. Großkopf« klopft es gegen 22.00 Uhr. Von drinnen ist laute Radiomusik zu hören. Ein blaßgesichtiger, rotblonder Bursche, bekleidet mit blankgewetzter grauer Hose und einem nicht mehr ganz weißen Turnhemd, öffnet die Tür einen Spalt weit.
»Kriminalpolizei! Bist du Peter Rösel?« fragt der Mann in Zivil ernst und hält ihm die ovale Messingmarke vor die Nase.
Der Junge bejaht die Frage mit einem stummen Kopfnicken.
»Ist deine Mutter da?« will der Polizist wissen.
Peter Rösel nuschelt leise: »Sie ist weg!« Der Mann schiebt den Jungen sanft zur Seite, betritt ungeniert die Wohnung und sieht sich um: Ein schmaler, trister Korridor, von dem vier Türen abgehen. Der Polizist betritt den ersten Raum, verschafft sich einen Überblick: eine einfach eingerichtete Wohnstube: Schrankwand, Tisch, Stehlampe, Sesselgarnitur und Peters

Wandklappbett. Aus dem Radio klingt die Stimme der Schlagersängerin Bärbel Wacholz: »Ich steige dir aufs Dach …« Dann: Neben der guten Stube das Zimmer der Mutter. Es ist ein schmaler Raum mit uraltem Kleiderschrank und Metallbettgestell. Auf der Matratze ein dickes Federbett, auffällig sauber und ordentlich. An der Stirnseite des Korridors, hinter der kleinen Tür das kleine Bad mit Toilette: ein antiquierter Kohlebadeofen, lange nicht benutzt; über der Badewanne Trockenwäsche; neben dem Klobecken hängen Handtücher, unter einem Hocker steht ein Wischeimer, darin ein feuchter Scheuerlappen. Gegenüber dem Wohnzimmer die Küche: Eine Couch und dürftiges Küchenmobiliar, angesammeltes Geschirr, das abgewaschen werden müßte, überquellender Abfalleimer, leere Schnapsflaschen. Und: etliche Aschenbecher mit Kippen, dazu der üble Geruch von kaltem Zigarettenrauch. Peter folgt dem Mann auf Schritt und Tritt durch die Räume. Der fragt plötzlich ziemlich eindringlich: »Und wo ist sie?« Jetzt wird der Junge nervös, wackelt mit dem Oberkörper einige Male hin und her, knabbert verlegen an den Fingernägeln und sagt: »Im Schlafzimmer. Ich hab sie totgemacht. Gestern!« Der Polizist hat Mühe, seine Fassung zu wahren, und will zurück zum Schlafzimmer. Peter eilt beflissen voraus, der Mann bleibt dicht hinter ihm. Der Junge schlägt das obere Deckbett weit zurück. Jetzt fällt der Blick auf ein großes, langförmiges, in bunte Wachstuchtischdecken gehülltes, fest verschnürtes, blutverschmutztes Paket, das nahezu die Konturen eines Menschen abformt. Peter will gefällig sein und beginnt, die Schnüre von dem suspekten Paket zu lösen. Doch der Mann fährt ihn scharf an: »Schluß! Hier wird nichts mehr angefaßt!«
Der Junge gehorcht, fragt Augenblicke später unschuldig: »Kommt jetzt die Mordkommission?« Der Kriminalist ist perplex. Er beantwortet die Frage lieber nicht und fordert statt dessen: »Du kommst jetzt mit mir! Zieh dir was über und pack ein paar Klamotten ein. Vorher gibst du mir die

Wohnungsschlüssel!« Peter folgt der Anweisung wie ein braves Kind. Dann wird ihm mitgeteilt, daß er wegen Tötungsverdachts vorläufig festgenommen ist.
Auf der kurzen Fahrt zum VPKA ist er still und in sich gekehrt. Nur einmal stellt er dem Mann vom Kriminaldauerdienst völlig unvermittelt eine Frage: »Krieg ich die Rübe runter oder lebenslänglich?« Der aber überhört die Frage absichtlich. Statt dessen eröffnet er dem Jungen, daß er vermutlich morgen früh dem Haftrichter vorgeführt wird. Bis zur Ankunft der Spezialisten aus Karl-Marx-Stadt sichern Schutzpolizisten die Wohnung.

Während Peter Rösel das erkennungsdienstliche Prozedere kurz nach Mitternacht überstanden hat und nun in der tristen Arrestzelle des Polizeigewahrsams für die nächsten Stunden Ruhe findet, sind die Männer der Mordkommission und ein Gerichtsmediziner mit der Tatortuntersuchung beschäftigt. Das unheimliche, festverschnürte Paket unter dem Deckbett wird geöffnet. Nach der Entfernung der aus mehreren Bettlaken und Wachstuchtischdecken bestehenden äußeren Hülle wird der Leichnam einer mittelgroßen, schlanken, schwarzhaarigen Frau freigelegt. Amtliche Personaldokumente und in der Wohnung sichergestellte private Fotos erlauben den Schluß, daß es sich bei der Toten um Hildegard Großkopf handelt. Sie ist mit einem großflächig blutdurchtränkten Nachthemd bekleidet, das mehrfach durchstochen wurde. Im Brust- und Rückenbereich, aber auch am Hinterkopf und Hals befinden sich tiefe Wunden, die dem Anschein nach durch ein einschneidiges Messer verursacht wurden. An den Händen sind Abwehrverletzungen erkennbar. Augenscheinlich ist die Frau erstochen worden. Bereits die äußeren Befunde lassen auf einen Tod durch akute Verblutung schließen. Denn der Leichnam ist auffallend blaß, und die gewöhnlich kräftigen Totenflecke sind nur spärlich ausgeprägt.

In den Dielenritzen des Küchenfußbodens werden jede Menge verwässerte Blutspuren gesichert. Eimer und Scheuerlappen im Bad sind stumme Zeugen, daß sie vor kurzer Zeit zum Aufwischen von Blut benutzt wurden. In der Spüle liegt ein oberflächlich gereinigtes Küchenmesser mit 14 cm langer Klinge, an dem sich noch ausreichend Blutspuren befinden – das Tatwerkzeug, wie sich später herausstellt. Und schließlich: Unter einem Sessel im Wohnzimmer, wie eilig darunter gestopft, Kleidung und Schuhe der Toten, aber auch blutiges Bettzeug.
Im Sektionsprotokoll wird später vermerkt sein: Ursächlich für den Tod der Hildegard Großkopf sind die vielfachen Messerstichverletzungen, die nach kurzem Kampf mit dem Angreifer zu einer inneren und äußeren Verblutung geführt haben. Die Todeszeitschätzung steht nicht im Widerspruch zu den Angaben des verdächtigten Sohnes. Zur Zeit der Tat stand die Geschädigte unter geringfügiger alkoholischer Beeinflussung (Restalkohol).
Bei der körperlichen Untersuchung findet man an Peter Rösels Hose und Schuhen diverse Blutspritzer, die mit der Blutgruppe seiner Mutter ebenso identisch sind, wie die durch ihn verursachten blutigen Fingerspuren und die in Blut getretenen Schuhsohlenabdrücke in der Wohnung. Ergebnis: An seiner Täterschaft gibt es keinen Zweifel. Doch eine endgültige Aufklärung des Falles, die auch die subjektiven Seiten der Tat einschließt, ist nur über eine gewissenhafte Vernehmung des Jungen zu erlangen.
Vor Peter Rösel liegen lange Vernehmungstage, die nur von Aussageanalysen, ergänzenden Ermittlungen und Begutachtungen unterbrochen werden. Denn die kriminalistische Erfahrung lehrt, daß die Vernehmungsergebnisse bei Heranwachsenden durch noch nicht ausgereifte objektive Selbstbewertung verfälscht werden können. Auch Suggestibilität und die auf dem Wunsch nach sozialer Anerkennung fußende Neigung zum Renommieren können den Aussagewert

mindern. Deshalb muß nach allen Regeln der psychologischen Kunst in jeder Untersuchungsphase Rösels Glaubwürdigkeit geprüft werden. Später wird ein jugendpsychiatrisches Gutachten Peter Rösel bestätigen, daß er »sowohl hinsichtlich des objektiven Tatgeschehens selbst als auch seiner tataktuellen Gefühls- und Motivlage durchweg um wahrheitsgemäße Aussagen bemüht« ist. Die Kriminalpolizei ist unterdessen emsig bei der Sache, alle möglichen Beurteilungen, Leumundsberichte und Personalakten zusammenzutragen. Zum einen geht es um die Persönlichkeitsaufklärung der Getöteten, von der nur bekannt ist, daß sie einen zweifelhaften Ruf genoß. Es soll die Frage beantwortet werden, ob und in welcher Weise tatfördernde Impulse von ihr ausgegangen sein können. Zum anderen sind alle erreichbaren Fakten über die geistige, körperliche und schulische Entwicklung des Jungen für die spätere Einschätzung der strafrechtlichen Verantwortlichkeit von Interesse.

Derlei polizeiliche Ermittlungsergebnisse bilden eine Grundlage für die psychologisch-psychiatrische Befunderhebung und erleichtern die Erforschung der Entwicklungsbedingungen, des tatrelevanten Motivationsgefüges und des Entscheidungsverhaltens. Schließlich soll das Verhältnis von Täterpersönlichkeit und Tat unter dem Blickwinkel der Zurechnungs- und Schuldfähigkeit geklärt werden.

Der Haß Peter Rösels gegen seine Mutter zieht sich wie ein roter Faden durch alle Vernehmungen. Er tötete sie ohne jegliches Schuldgefühl, wollte sich mit Gewalt aus den Fesseln der Person befreien, die ihn sein Leben lang gequält, tyrannisiert und gedemütigt hat. »Endlich in Frieden leben und Ruhe vor ihr haben«, betont er immer wieder. Wie aber sein Aggressionpotential sich über Jahre hinweg aufbaute und schließlich aktiviert wurde, läßt sich am besten in der Zusammenschau sowohl der kriminalistischen als auch gutachterlichen Ergebnisse schildern:

Die Mutter, Hildegard Rösel, selbst aus ungünstigen Verhältnissen kommend, trug das Ergebnis einer oberflächlichen Liaison in ihrem Leib, als der Schwängerer längst wieder über alle Berge war. Unter diesem ungünstigen Stern wurde sie im November 1945 von ihrem Sohn Peter entbunden. Die damals Dreiundzwanzigjährige konnte von Anfang an zu ihrem Kind keine emotionale Mutterbindung aufbauen, sie lehnte es schlichtweg ab. Offensichtlich verlagerte sich der Groll auf den Erzeuger auch auf das Kind. Außerdem stand es ihrem promiskuitiven Lebenswandel im Wege. Auf diese Weise machte die Mutter schon beizeiten die gestrengen Mitarbeiter des Jugendamts auf sich aufmerksam. Als Peter vier Jahre alt war, zwang eine Lungenkrankheit die Mutter zu einem vielmonatigen Heilstättenaufenthalt. Das Kind kam in die Obhut eines der überfüllten Nachkriegskinderheime. Fehlende familiäre Nestwärme, seelische Repressalien und emotionale Defizite bildeten hier bereits die Wurzeln für seine spätere schwere Milieuschädigung. Im Heim wurde Peter eingeschult. Anfangs war er freundlich und kommunikativ, wurde im Verlaufe der Zeit eigenbrötlerisch, trotzig und jähzornig. Er bastelte gern, blieb viel für sich allein, zeigte Anzeichen von Minderwertigkeitsgefühl, das er mit einem leichten Geltungsdrang zu kompensieren versuchte. Aber er bemühte sich redlich um die Erfüllung der schulischen Anforderungen, wenngleich seine Denkprozesse etwas verlangsamt abliefen. Während Peters siebenjährigen Heimaufenthalts heiratete Hildegard Rösel den achtundvierzigjährigen Walter Großkopf, der sich angeblich mit allerlei dunklen Geschäften und vermutlich auch als Zuhälter über Wasser hielt. Doch diese Ehe wurde bereits geschieden, bevor Hildegard ihren unterdessen elfjährigen, leicht verhaltensgestörten und hospitalisierten Jungen zu sich zurückholte. Fortan besuchte Peter nun eine Plauener Schule. Von Beginn an war er ein kontaktarmer, stiller, mäßig begabter, etwas schwerfälliger Schüler,

der keine Freunde hatte. Die egozentrische, sexuell triebhafte Mutter scheute sich vor regelmäßiger Arbeit, gab sich lieber dem Müßiggang hin und ließ sich von ihren ständig wechselnden Männerbekanntschaften aushalten. Anderserseits kränkelte sie fortlaufend und wurde irgendwann schließlich invalidisiert. Seitdem bezog sie eine kleine Rente und besserte ihre Einkünfte mit den gelegentlichen Zuwendungen ihrer Liebhaber auf. Mit Strenge und körperlichen Züchtigungen wachte sie darüber, daß Peter nach der Schule sofort nach Hause kam und den Rest des Tages unter ihrem Kommando stehen konnte. Außenkontakte wurden dem Kind weitgehend untersagt. Auch das von ihm so beliebte Basteln schränkte die Mutter ein. Freizeit zum Spielen gab es kaum. Hingegen wurde er stundenlang mit irgendwelchen Haushaltsarbeiten beschäftigt. Strenge, Verzicht und Angst bildeten die Rahmenbedingungen für Peters Lebenssituation, in denen er entscheidende Jahre seiner Kindheit verbrachte.
Manchmal, so glaubte er, war die Mutter aber auch nett zu ihm. Dann durfte er mit in ihrem Bett liegen. Sie küßte ihn auf den Mund, drückte ihren nackten Körper dicht an den seinen, führte seine Hand über ihre Brüste und forderte ihn auf, sie dort zu streicheln. Wenn sie besonders gut gelaunt war, durfte er sie sogar waschen. Später fanden solcherlei Spiele zwei- bis dreimal wöchentlich statt und steigerten sich dahin, daß sie das Kind unverblümt aufforderte, ihren entblößten Unterleib zu massieren. Anschließend folgten die mütterlichen Ermahnungen, strenges Stillschweigen zu wahren, anderenfalls er wieder ins Heim käme. Und mit der Zeit empfand Peter, daß ein Leben mit diesen unappetitlichen Episoden allemal besser war als ein Leben im Heim. Und mit sklavischer Ergebenheit kam der Knabe den Forderungen seiner verantwortungs- und gewissenlosen Mutter nach. Mit dreizehn Jahren, als ihn seine erste Pollution überraschte, »klärte« ihn die Mutter restlos auf. Von nun an verleitete sie ihr Kind zu mutueller Masturbation.

Kaum ein Jahr später unterwies sie ihn im Gebrauch von Kondomen. Von da an blieb die wechselseitige manuelle Betätigung nur noch das Vorspiel für einen regelmäßigen, mehrmals wöchentlich ausgeübten Geschlechtsverkehr. Hildegard verstand es, mit verschlagenen Verführungstechniken das Lustgefühl bei Peter zu wecken. Im Grunde aber ekelte sich der Junge vor diesen widernatürlichen Praktiken. Doch nach der Devise »du bist derjenige, der mich scharf macht« erreichte die Mutter, die Knabenseele von sich abhängig zu machen und so einem explosiven Durchbruch der Aversionen vorzubeugen. Schließlich hatte er ja schon einige Jahre mitgemacht und oft sogar Wohlgefallen dabei empfunden. So sehr Peter es auch wünschte, ein Ausbrechen aus dieser verhängnisvollen Bindung zur Mutter wollte, trotz wiederholter Versuche, nicht gelingen. Seine Mittel blieben untauglich. Die Mutter hatte ihn fest in der Hand.

Als Peter die 8. Klasse erfolgreich abschloß und in die 9. Klasse versetzt wurde, verbot die Mutter den weiteren Schulbesuch. Er solle etwas Ordentliches lernen, hätte sie gemeint – sie, die bis auf Müßiggang zu nichts anderem taugte. Peter war unsagbar enttäuscht, fügte sich aber und begann eine Klempnerlehre.

Monate später mußte Hildegard Großkopf für einige Tage ins Krankenhaus. Eine Unterleibsoperation war notwendig geworden. Peter hatte zu jeder Besuchszeit pünktlich an ihrem Krankenbett zu erscheinen und die üblichen Aufträge entgegenzunehmen. Nach ihrer Entlassung verkündete sie ihm: »Liebling, jetzt brauchst du dich nicht mehr vorzusehen, ich kriege kein Kind mehr!« Nicht nur, daß er jedesmals, wenn sie ihn »Liebling« nannte, innerlich kochte. Bei der Bemerkung, er könne nun ohne Kondom mit ihr verkehren, wäre er ihr »am liebsten an die Kehle gesprungen«. Doch er hielt sich zurück.

In der Berufschule hatte er eine kurzzeitige, freilich platonische Beziehung zu einem gleichaltrigen Mädchen, das ihm

irgendwann ein Porträtfoto von sich schenkte. Er versteckte es in seiner Geldbörse. Aber die Mutter fand es beim Durchstöbern seiner Sachen, beschimpfte ihn als Hurenbock und machte ihm eine furchtbare Eifersuchtsszene. In der Seele des Jungen explodierte der Haß. Er erhob die Fäuste gegen sie. Es kam zu einem mittelschweren Handgemenge. Doch bald darauf zeigte er sich so devot wie zuvor. Die Beziehung zwischen Mutter und Sohn wurde immer eisiger. Wiederum beschäftigte er sich in Gedanken mit einer Möglichkeit, sich von den Fesseln dieser tyrannischen, perversen Mutter zu befreien. Und langsam reifte die Idee, sie zu töten, »um endlich in Frieden leben« zu können.
In der Zeit vom 7. bis 16. August 1962 hatte Peter Rösel Urlaub. Deshalb ließ er sich von seinem Betrieb einen Vorschuß geben. Eigentlich wollte er verreisen. Vielleicht. Doch vorher sollte das tödliche Vorhaben realisiert werden. Allein, wie die Mutter ihn lüstern ansah, wie sie mit ihm sprach, wie sie ihren Körper präsentierte, wie sie roch – alles das konnte er nur noch hassen. »Weg muß sie«, war der Gedanke, der ihn leitete. Doch von Tag zu Tag rückte er immer mehr von seinem Entschluß ab, verschob das Tötungsvorhaben und gab das Geld für andere, im Grunde unwichtige Dinge aus.
Am Freitag, den 17. August – der erste Arbeitstag nach seinem Urlaub – stand er kurz vor 5.00 Uhr auf. Er wusch sich, kleidete sich an und frühstückte. Die Mutter lag immer noch auf der Küchencouch und schlief. Eigentlich wäre er kurze Zeit später zur Arbeit gegangen. An die Tötung dachte er nicht mehr. Doch plötzlich fiel ihm ein, daß die Mutter einen Riesenkrach machen würde, wenn sie von dem heimlich verpraßten Vorschuß erführe. Nein, nur das nicht! Blitzartig war der Tötungsentschluß wieder präsent. Peter trat an die Mutter heran und beobachtete sie einen Moment lang mit eiskaltem Blick. Sie lag, mit dem Gesicht zur Wand, in ihre Decke eingehüllt und schlief fest. Da waren sie wieder, die schreckli-

chen Bilder der Vergangenheit. Auch die Wut, der Haß und der Gedanke, daß alles ein Ende haben muß. Seine Seele war ausgehöhlt. Kein Gefühl, kein Mitleid. Nur Kälte. Eilig ergriff er ein Küchenmesser und stach in den Hinterkopf der Schlafenden. Das Messer rutschte vom Schädelknochen ab und traf in die Halsweichteile. Blut strömte aus der Wunde. Hildegard Großkopf schrie kurz auf, wollte sich aufrichten. Doch der Junge hielt seine Hand auf ihren Mund und drückte ihren sich aufbäumenden Körper zurück in die Kissen. Während er mit der anderen Hand wieder und wieder zustieß, mal in den Rücken, mal in die Brust, mal in den Hals, versuchte sie, mit den Händen die Angriffe abzuwehren. Vergeblich. Peter stach weiter auf sie ein. Und trotz der vielen Stiche und des vielen Blutes dauerte es noch eine Zeitlang, bis ihr Atem erlosch. Er ließ die Hände erst von ihr, als er sich sicher war, daß sie nicht mehr lebte.
Plötzlich war Stille in der Küche. Peter Rösel bekam heftiges Herzklopfen. Diese ungewohnte Stille beängstigte ihn, nicht der Mord. Er ging zum Radio, stellte laute Musik ein und begann mit der Reinigung des blutigen Fußbodens. Die blutige Bettwäsche stopfte er zusammen mit der Bekleidung seiner Mutter unter einen der Sessel im Wohnzimmer. Dann wickelte er den Leichnam in frische Bettlaken ein. Da immer noch Blut durchsickerte, umhüllte er das Paket mit Wachstuchtischdecken und verschnürte es. Sodann zerrte er die tote Mutter ins Schlafzimmer, hievte sie ins Bett und bedeckte sie mit einem dicken Deckbett. Peter Rösel überprüfte seine Bekleidung nach Blutspuren und war zufrieden, daß er sie nicht beschmutzt hatte. Dann verließ er das Haus, gelassen, ohne Gewissensbisse.
In der Lehrwerkstatt wartete eine Aufgabe, die seine volle Aufmerksamkeit erforderte: Bis zur morgigen Frühstückspause war eine Sanitäranlage mit komplizierter Rohrleitung zu installieren, und der Meister war ein strenger Prüfer. Deshalb

arbeitete er den ganzen Tag still vor sich hin, zeigte nicht die geringste Wesensveränderung. Erst nach Feierabend besann er sich, daß in der Wohnung die Leiche seiner Mutter lag.
Zu Hause war alles unauffällig. Dem Anschein nach erinnerte nichts mehr an den blutigen Morgen. Unverändert und akkurat lag das weiße Deckbett auf der mütterlichen Matratze. Peter dachte darüber nach, wie er die Leiche verschwinden lassen könnte. Sie im Wald hinter der Zellstoffabrik zu vergraben, erschien ihm als gute Lösung. Anschließend wollte er zur Polizei gehen und die Mutter als vermißt melden. Doch über den Zeitpunkt dieser Aktion wollte er später nachdenken. Er besaß ja nun alle Zeit der Welt.
Wie von unsichtbaren Kräften gesteuert, steckte Peter Rösel am nächsten Morgen den Personalausweis und die Rentenkarte seiner Mutter ein und nahm sie mit in den Betrieb. War es der Triumph des endgültigen Sieges über seine ungeliebte Mutter, der ihn dazu bewog? Hatte ihn der Drang, das blutige Geheimnis doch nicht für sich behalten zu können, zu dieser Sorglosigkeit getrieben? Er konnte es nicht erklären. Fest steht allerdings: Nach der Abnahme seines klempnerischen Probestücks am nächsten Tag war er so euphorisch, daß er seinem Lehrlingskumpel Mario Albert die verdächtigen Dokumente zeigte und die Bilanz der blutigen Ereignisse des gestrigen Morgens auf die geschilderte, paradoxe Weise ausplauderte.
Dem Mitteilungsbedürfnis Mario Alberts und der Wachsamkeit seiner Mutter ist es zu verdanken, daß das Verbrechen bereits am Abend aufgedeckt werden konnte.

Zu Beginn des Jahres 1963 wird der Fall des sechzehnjährigen Peter Rösel vor der Jugendstrafkammer verhandelt. Die gerichtliche Beweisaufnahme bereitet keine Schwierigkeiten. Peter Rösel ist geständig und verfolgt den Prozeß, als wäre er für ihn ein großes Abenteuer. Bei der Beurteilung der Persön-

lichkeit des mitten in der Pubertät stehenden jugendlichen Angeklagten heben die Sachverständigen seine durch extrem falsche Erziehung und Entwicklung hervorgerufene schwere Milieuschädigung hervor. Rösels intellektuelle Ausstattung läge im unteren Normbereich. Er sei unreif, unausgeglichen und zwiespältig. Seine Stimmungslage pendele zwischen leichter Selbstwertbeeinträchtigung und Geltungsstreben. Ansonsten gefühlsmäßig und in seiner sexuellen Entwicklung verwahrlost und kalt, könne er übliche moralisch-ethische Wertnormen nicht verbindlich erleben. Die starke sexuelle und autoritäre Gebundenheit an seine Mutter habe Verstandes- und Willensreife nicht entwickeln können. »Zur Zeit der Tat war der Jugendliche nach seiner sittlichen und geistigen Entwicklung nicht reif genug, die Gesellschaftsgefährlichkeit seiner Tat einzusehen und nach dieser Einsicht zu handeln.«
Deshalb werden gemäß § 23 JGG (das seinerzeit gültige Jugendgerichtsgesetz) »Maßregeln medizinischer Art« empfohlen.
Die Jugendstrafkammer folgt den Begründungen der psychologischen und psychiatrischen Sachverständigen und ordnet gem. § 42 b Abs. 1 StGB Peter Rösels unbefristete »Unterbringung in eine Heil- und Pflegeanstalt« an.
Sein weiteres Leben verbringt er zunächst in einem psychiatrisch-neurologischen Fachkrankenhauses im vogtländischen Rodewisch, um später in eine Klinik nach Bad Reiboldsgrün verlegt zu werden. Von da an verliert sich seine Spur.

Heiße Spur

Aktenzeichen IB 6/66 Bezirksstaatsanwalt Halle /Saale, Tgb.-Nr. 54/66 VPKA Artern

Das Wissen über die individualisierenden Eigenschaften von Fingerabdrücken reicht bis ins 2. Jahrtausend vor unserer Zeitrechnung zurück. Bereits die Babylonier und Assyrer siegelten damit ihre Tontafeldokumente. Auch Japaner und Chinesen benutzten den Fingerabdruck schon frühzeitig für die Rechtsverbindlichkeit eines Schriftstücks. Doch der Weg, bis die Fingerabdruckkunde (Daktyloskopie) Einzug in die Kriminalistik fand, war lang und verschlungen. Anfang des 19. Jahrhundert nahm der an die Breslauer Universität berufene Pathologe und Physiologe Purkinje ernsthafte Untersuchungen an menschlichen Pappillarlinien der Fingerbeeren vor und klassifizierte die ersten Hauptmuster. Ende des 19. Jahrhunderts folgten William Herschel, englischer Gouverneur in Kalkutta, und der schottische Arzt Henry Faulds. Sie forschten, unabhängig voneinander, an Tausenden von Fingerabdrücken und begründeten die These, daß die individuellen Merkmale der Papillarlinienmuster eine Indentifizierung von Personen ermöglichen. Doch ihre Bemühungen, die Erkenntnisse für kriminalistische Identifizierungszwecke zu nutzen, fanden bei den Kriminalbehörden kein ernsthaftes Interesse. Ähnlich erging es dem Professor der Tierärztlichen Hochschule Berlin, Wilhelm Eber, der intensive Studien an Fingerabdrücken unternahm und ihren individualisierenden Wert erkannte. Seinen Vorschlag, Verbrecher durch Papillarlinienabdrücke zu identifizieren, lehnte das Preußische Ministerium des Innern kurzerhand ab. Das hängt damit zusammen, daß der polizeiliche Erkennungsdienst in Deutschland zu dieser Zeit nach dem anthropometrischen System des fran-

zösischen Kriminalisten Alphonse Bertillon arbeitete – ein letztlich unzuverlässiges Verfahren, das auf dem Verhältnis bestimmter, relativ stabiler Körpermaße beruht. Zeitgleich aber kam der Engländer Francis Galton, ein Vetter Charles Darwins, nach intensiven daktyloskopischen Forschungen zu dem Ergebnis, daß die Fingerabdruckkunde eine neue und bessere Identifizierungmethode sei. Er wies nicht nur nach, daß menschliche Fingerabdruckmuster vom 6. Monat vor der Geburt bis zur Gewebeauflösung nach dem Tode unveränderlich bleiben, wenn man von der altersbedingten Größenveränderung absieht. Galton berechnete auch, daß es bei einem Verhältnis von 1:64 Milliarden weltweit praktisch keine zwei identischen Fingerabdrücke geben könne. Sein eifriger Schüler, der spätere Polizeidirektor Edward Richard Henry, erarbeitete ein brauchbares Registriersystem für Fingerabdrücke, das unter dem Begriff des im Grunde auch heutzutage noch gültigen »Henry-Galton-Systems« im Jahre 1901 von der Londoner Polizei übernommen wurde und die sogenannte Bertillonage endgültig ablöste. Allmählich setzte sich nun die Daktyloskopie auch in den anderen Ländern durch. Sie zählt – freilich durch computergestützte Erfassungs- und Auswertungsverfahren qualifiziert – neben dem sog. DNA-Fingerprinting auch heute noch zum Standard kriminalistischer Identifizierung.

Der Informationsgehalt einer Fingerabdruckspur beschränkt sich nicht nur auf die Individualisierung des Verursachers. Er erfaßt auch die Fragen nach dem Ort, an dem die Spur entstand, nach ihrem Alter, nach der Händigkeit des Verursachers, nach möglichen Handhabungen und Bewegungsabläufen. Denn: Auch aus den lokalen, temporalen und modalen Informationen können wichtige kriminalistische Schlüsse gezogen werden, wie nachfolgender Bericht illustriert.

Artern, Kreisstadt an der Unstrut, im Südosten der Goldenen Aue. Mitte Januar 1966 bricht plötzlich starker Frost herein, und die Temperaturen stürzen weit unter den Nullpunkt. Doch wie bitterkalt es am Nachmittag des 21. Januar auch sein mag, es berührt Helmut Dölling (47) nicht besonders. Er ist zufrieden, daß die Frühschicht in der Maschinenfabrik hinter ihm liegt. Jetzt sitzt er im Kreise der Familie am Kaffeetisch in der warmen Wohnstube. Inge, seine Angetraute und Verkäuferin in einem Lebensmittel-Konsum, hat eine exquisite Torte gebacken. Denn heute ist sein Geburtstag. Kein runder zwar, doch für Tochter Carla (23), Arbeiterin in der Zuckerfabrik, und ihren gleichaltrigen Verlobten, Günter Pohlitz, gerade von einer Grippe genesen, aber noch bis 2. Februar krankgeschrieben, ansonsten Rangierer am Bahnhof Artern, Anlaß genug, auch dabei zu sein. Nur ein Platz bleibt unbesetzt.

»Kommt Oma noch?« fragt Carla neugierig in die Runde und weist auf den leeren Stuhl. Achselzucken und Schweigen am Tisch. Keiner kann darauf antworten. Großmutter Olga Grauer, eine quicklebendige, aktive Zweiundsiebzigjährige mit beneidenswerter physischer und psychischer Kondition, führt ein eigenständiges Leben. Sie wohnt eigentlich im Norden Arterns, besitzt dort ein Haus mit Scheune und großem Garten. Kürzlich hat Oma Olga die Diele ihres Hauses durch eine Trennmauer teilen und eine massive Tür einbauen lassen. Auf diese Weise entstand neben ihrer eigenen separaten Wohnung eine zusätzliche kleine Zweiraumwohnung, denn das Wohnungsamt hatte die Auflage erteilt, zwei Räume ihres Hauses unterzuvermieten. Und da es allemal besser ist, Angehörige und keine Fremden im Hause zu haben, hat sie Carla und ihrem Verlobten die Untermieterwohnung überlassen und so die Bürokraten im Rathaus zufrieden gestimmt. Als die kalten Tage begannen, war Oma Olga um ihren betagten, in Eisleben wohnenden Bruder sehr besorgt. Kurzerhand hat sie am 19. Januar Fenster und Türen ihres Heims verriegelt und ist mit dem Linienbus für einige Tage nach Eisleben gefahren, um sich um ihn zu kümmern.

»Eigentlich wollte sie gestern zurück sein«, bemerkt Helmut Dölling und mutmaßt, »vielleicht geht's Opa Paul nicht so gut. Bei seinem Alter! Und versorgen muß er sich auch allein. Oma wird noch einige Tage bei ihm bleiben.«

»Mir hat sie gesagt, sie kommt erst zurück, wenn die große Kälte vorbei ist«, wirft Günter Pohlitz ein. In der Tat ist auch das eine plausible Erklärung. Dennoch ist ihr Fernbleiben an diesem besonderen Nachmittag ungewöhnlich.

Inge Dölling präsentiert unterdessen eine Flasche Apfelkorn. Carla holt die Schnapsgläser aus dem Schrank, und der gemütliche Teil des kleinen Familienfestes nimmt seinen Lauf. Das Thema der nicht anwesenden Oma Olga, die vermutlich bei ihrem Bruder in Eisleben für eine warme Stube sorgt, ist somit bald vergessen. Jedoch: Eine Person in der Geburtstagsrunde kennt die wahren Gründe, warum die alte Frau entgegen ihrer sonstigen Gewohnheit dem Familientreffen ferngeblieben ist.

Die Tage vergehen. Die eisige Kälte aber hält an. Inge Dölling ist beunruhigt, weil die Mutter immer noch nicht heimgekehrt ist.

»Ich werde nach Eisleben fahren und nachschauen«, schlägt sie eines Tages dem Gatten vor. Der aber wiegelt gelassen ab: »Sie wird immer noch bei Opa Paul sein, denk mal an die Kälte. Warten wir also noch einige Tage!«

Auch Carla und ihr Verlobter Günter unterstützen die Ansicht des Vaters. Sie sehen allemal keinen Grund zur Besorgnis.

Anfang Februar jedoch setzen sich auf Betreiben der Mutter die Familienmitglieder zusammen und beraten ihr weiteres Verhalten, denn sie haben von Oma Olga immer noch keine Nachricht. Günter Pohlitz unterbreitet einen Plan, der vorsieht, sämtliche Bekannte der Oma in Artern aufzusuchen, ob

sie vielleicht etwas über ihren Verbleib wissen. Und außerhalb Arterns? Bis auf eine langjährige Freundin in Leipzig und ihren Bruder in Eisleben kennt Oma Grauer niemanden, den sie spontan besuchen würde. Die Familie vermutet aber folgerichtig, daß sie sich an ihre Ankündigungen gehalten und ihren Bruder besucht hat. Inge Dölling will deshalb zunächst nach Eisleben fahren. Sie bedrängt ihren Gatten, unterdessen in Leipzig Erkundigungen einzuziehen. Doch der will nichts übereilen. Auch Günter Pohlitz bremst ihren Eifer, hält indes eine briefliche Anfrage bei Oma Grauers Freundin für völlig ausreichend.
»Können wir nicht mal in ihrer Wohnung nachsehen?« fragt er in die Runde.
Vater Dölling wehrt kategorisch ab. »Wir haben keine Schlüssel, und einbrechen tun wir nicht!«

4. Februar 1962. Am Morgen. Inge Dölling macht sich auf den Weg nach Eisleben. Mit einer verwirrenden Nachricht ist sie am späten Nachmittag zurück: Oma Grauer ist zwar vereinbarungsgemäß am 19. Januar pünktlich bei ihrem Bruder eingetroffen, jedoch am Vormittag des nächsten Tages wieder zurück nach Artern abgereist. Sie wollte, wie sie den Bruder wissen ließ, einen Geburtstagskuchen für den Schwiegersohn backen.
Inzwischen sind aber mehr als zwei Wochen ohne ein Lebenszeichen von Oma Grauer vergangen. Frau Dölling beschwört ihren Gatten, endlich bei der VP eine Vermißtenanzeige zu erstatten. »Die können uns auch nicht helfen«, murrt er zwar, macht sich dennoch auf den Weg zum VPKA.

18.00 Uhr. Er sitzt Leutnant Roloff vom Kriminaldienst gegenüber, der sich im Interesse einer gewissenhaften Anzeigenaufnahme erstaunlich viel Zeit nimmt. Helmut Dölling schildert, daß Oma Grauer vom 19. bis 20. Januar ihren Bru-

der in Eisleben besucht hat und seitdem verschwunden ist. Diese Tatsache erhält angesichts der eisigen Winterkälte und des fortgeschrittenen Lebensalters der Frau eine besondere Bedeutung. Deshalb wird Helmut Dölling nicht, wie allenthalben bei Vermißtenanzeigen üblich, mit einem weiteren Abwarten vertröstet. »Wir können den Umständen nach eine unmittelbare Gefahr für Leben und Gesundheit ihrer Schwiegermutter nicht ausschließen«, gibt der Gesetzeshüter zu bedenken und erfragt für die spätere polizeitaktische Einschätzung der Sachlage möglichst viele Details über ihre Lebensverhältnisse, gesundheitliche Konstitution, Gewohnheiten, Eigenschaften und Eigenarten. Alles in allem: Die soziale Kommunikation zwischen Helmut Dölling, seiner Familie und Oma Grauer ist lebendig, freundlich, ehrlich und in keiner Weise belastet. An die Marotte, die Hausschlüssel auch während ihrer Abwesenheit nicht aus der Hand zu geben, hätte sich die Familie längst gewöhnt.
»Ist sie depressiv, hat sie schon einmal Lebensüberdruß geäußert?« will Leutnant Roloff wissen. Ausgeschlossen! Helmut Dölling hält derlei Überlegungen für absurd. Oma Grauers beneidenswerte körperliche Fitneß und geistige Frische sprächen gegen jeden Verdacht, sich das Leben nehmen zu wollen. Keine Anzeichen von Schwermut oder Todesüberlegungen.
Roloff wechselt das Thema und interessiert sich für die dreiundzwanzigjährige Enkelin und ihr Verhältnis zur Großmutter. Darüber weiß Vater Dölling nur Gutes zu berichten: Oma Grauer und Carla stehen in einer sehr innigen Beziehung. Dafür spräche schon, daß die eigentlich etwas knauserige, mißtrauische alte Dame im November letzten Jahres bereitwillig Wohnraum abgab, als Carla mit ihrem aus Jüterbog zugezogenen Verlobten Günter Pohlitz zusammenziehen wollte. Ihm habe sie allerdings von Anfang an mißtraut, obwohl er bisher keinen Anlaß dazu gegeben hätte. Die Familie deute

diesen Argwohn als psychologisch verständliche Reaktion eines älteren Menschen auf eine plötzliche Veränderung.
Während Helmut Dölling über sich, seine Familie und Oma Grauer berichtet, strapaziert Leutnant Roloff die Tasten seiner Schreibmaschine.
Nach der Anzeigenaufnahme füllt er noch das Formblatt mit der Personenbeschreibung der Vermißten aus und fertigt ein abschließendes Protokoll:
»... Im gesamten Gebiet der DDR besitzt die Vermißte keine weiteren Verwandten. Lediglich in Leipzig wohnt eine Freundin, mit der sie in brieflicher Verbindung steht. Der Anzeigeerstatter hält es nicht für möglich, daß die Grauer nach Leipzig gefahren ist, weil es nicht ihrer Gewohnheit entspricht, wegzufahren, ohne ihre Verwandten über das Ziel ihrer Reise zu informieren. Der Anzeigende erklärt, daß es unwahrscheinlich ist, daß die Grauer evt. tot in ihrer Wohnung liegt, weil sie während ihrer Anwesenheit im Haus niemals ihre Zimmer verschließt.«
»Ob sie vielleicht einen Unfall hatte und im Krankenhaus liegt, hilflos oder bewußtlos?« fragt Dölling besorgt.
Doch Roloff beruhigt ihn: »Natürlich müssen wir das noch genauer prüfen. Sie können aber gewiß sein, ein Krankenhaus hätte längst mit den Angehörigen Verbindung aufgenommen. Und selbst, wenn die Identität unbekannt wäre, wüßten wir das. Immerhin ist ihre Schwiegermutter schon seit 17 Tagen verschwunden.«
Der Kriminalist erläutert Dölling das weitere polizeiliche Vorgehen: So müssen der Bruder in Eisleben ebenso zeugenschaftlich vernommen werden wie die Linienbusfahrer auf der Strecke zwischen Artern und Eisleben. Doch angesichts der vorgerückten Stunde ist das eine Aufgabe für den morgigen Tag. Jetzt aber muß mit Einverständnis der Familie die Wohnung der vermißten Olga Grauer besichtigt werden.

20.00 Uhr. Helmut Dölling führt Leutnant Roloff und einen weiteren Mitarbeiter des Kriminaldienstes zum Wohnhaus seiner Schwiegermutter: Ein eingeschossiges Haus mit Terrasse, großem Garten und Scheune. Schon von außen erkennt man, daß in der Wohnung der Rentnerin Dunkelheit herrscht. Nur durch das Fenster, hinter dem Carlas und Günters kleine Wohnung liegt, scheint ein schwaches Licht. Die Männer klopfen an die Tür. Mißgelaunt öffnet Carla. Sie ist allein.

»Ist Günter nicht da?« fragt Dölling verwundert.

»Keine Ahnung, wo er ist. Als ich von der Arbeit kam, mußte er weg, wollte irgend etwas besorgen«, antwortet Carla leicht verstört.

»Und Sie haben wirklich keine Schlüssel zur Wohnung Ihrer Großmutter?« vergewissert sich Roloff. Carla verneint. Roloff gibt seinem Mitarbeiter zu verstehen, vorerst bei ihr zu bleiben, während er mit Dölling eine Kontrollrunde um das Haus macht.

»Brechen wir die Tür auf«, schlägt Helmut Dölling vor. Doch Roloff wehrt ab und versucht zunächst eines der Fenster der im Parterre liegenden Wohnung von außen aufzudrücken. Vergeblich. Er hält seine Taschenlampe dicht an eine Scheibe und leuchtet hinein. »Das ist die Wohnstube«, kommentiert Dölling die Aktion und versucht ebenfalls, in den Raum zu blicken. Der Strahl der Taschenlampe tastet über einen an der Wand hängenden Abreißkalender. Das Datum »19. Januar 1966« ist gut zu erkennen. Der Lichtstrahl wandert über das Mobiliar, hält an einer Kommode inne, dessen Schubladen weit herausgezogen sind. Irgendwelche Papiere liegen auf dem Fußboden. Auch die Türen der Schrankwand sind halb geöffnet. Die Häkeldecke auf dem Couchtisch ist verschoben.

»Schauen Sie mal die Unordnung!« wendet sich Roloff verwundert an Dölling. Der verfolgt mit starrem Blick den Lichtschein: »Niemals würde Oma die Wohnung so verlassen«, klagt er, »da war bestimmt jemand drin!«

»Gut, machen wir die Wohnungstür auf«, entschließt sich Leutnant Roloff und kramt aus seiner Jackentasche ein Bund mit Sperrhaken und Dietrichen – ehemalige Einbruchswerkzeuge, die nach ihrer Einziehung jetzt polizeiliche Verwendung finden. Ohne Probleme findet er einen passenden Nachschlüssel, öffnet die Tür und knipst das Licht an. Sofort wird den Männern klar, daß hier ein Unbefugter eingedrungen war: Überall Spuren des zerstörerischen Werks eines Einbrechers. Auch Carla wirft einen scheuen Blick in die Zimmer und schlußfolgert, daß ihre Oma niemals eine solche Unordnung hinterlassen hätte. Vermutungen, wie der Unbekannte wohl in die Wohnung gelangt sein könnte, werden laut. Leutnant Roloff untersagt das weitere Betreten der Wohnung und verschließt sie wieder. Er vermutet folgerichtig, daß die vorgefundene Situation in einem engen Zusammenhang mit Oma Grauers Verschwinden steht und auf ein Verbrechen hinweisen könnte.

Plötzlich fällt Dölling etwas ein, was wichtig sein könnte: »An dem Tag, an dem meine Schwiegermutter nach Eisleben gefahren ist, hatte ich Frühschicht. Zwischen 14.00 und 14.30 Uhr bin ich zu ihrem Grundstück. Ich wollte in der Scheune was vermessen, weil ich einen Pferdestellplatz einrichten wollte. Das war mit meiner Schwiegermutter schon seit langem abgesprochen. Als ich zur Scheune kam, war Günter Pohlitz auch dort. Er hatte einen Spaten in der Hand, kratzte damit das auf dem Boden liegende Stroh zusammen und begann, Erde auszuheben. Ich fragte: ›Was machst du da?‹ und er antwortete, daß er einen Verschlag bauen wolle, um Hühner zu halten. ›Laß das, hier kommt ein Pferd rein‹, sagte ich zu ihm. Daraufhin schaufelte er die Erde wieder zurück, stellte den Spaten beiseite und ging mit mir hinaus mit der Bemerkung, ›dann muß ich eben hinten im Garten einen Hühnerstall bauen‹.«

Dieses nebensächliche Ereignis ist unter den gegebenen Umständen ein Grund für eine kritische Prüfung.

»Lassen Sie uns gleich nachsehen«, drängt Roloff deshalb. Und die Männer gehen zur Scheune. Es dauert auch nicht lange und sie entdecken eine ziemlich lockere Stelle im ansonsten festgestampften Erdboden, über dem eine dünne Strohschicht liegt. Dölling holt von irgendwoher einen Spaten, den Roloff gleich ergreift, um damit das Stroh von der auffälligen Stelle wegzukratzen. Ein etwa Quatratmeter großes Areal wird sichtbar, in dem der Erdboden frisch und verhältnismäßig locker erscheint. Von dunkler Vorahnung erfaßt sticht Roloff das Spatenblatt vorsichtig hinein und hebt die Erde aus. In der Tiefe des Loches ist das Stück eines von Erdreich bedeckten textilen Gegenstandes mit Karomuster sichtbar. »Olgas Mantel!« stößt Dölling entsetzt aus.
Roloff unterbricht die Aktion abrupt: »Hier muß die MUK ran!« Er schiebt Dölling, der am liebsten weitergemacht hätte, mit sanfter Gewalt aus der Scheune und verlangt: »Gehen Sie ins Haus, bleiben Sie bei Ihrer Tochter. Hier wird bald der Teufel los sein!«
Während Roloff postwendend in sein Büro zurückkehrt, sichert sein Mitarbeiter das Grundstück.

21.00 Uhr. Inge Dölling hält sich unterdessen auch bei ihrer Tochter auf. Die Ungewißheit über das Schicksal ihrer Mutter hat sie zu Tochter und Gatten getrieben. Helmut Dölling ist froh, daß die drei in dieser angespannten Situation zusammen sein können.
Leutnant Roloff ist wieder in seiner Dienststelle. Er unterrichtet den Operativen Diensthabenden des VP-Kreisamts über das Ergebnis der Besichtigung in der Vermißtensache Grauer. Ein Funkwagen wird zum Grundstück beordert. Lange Telefonate mit dem Operativstab der BdVP Halle und dem Bereitschaftsdienst der MUK folgen, ein Sachstandsbericht wird per Fernschreiben nach dort übermittelt. Anweisungen werden angekündigt. Ein halbe Stunde später der

ersehnte Rückruf aus Halle: Die Mordkommission übernimmt den Fall, befindet sich bereits auf dem Weg nach Artern. Leutnant Roloff ist erleichtert.

22.30 Uhr beginnt die Arbeit der Spezialisten in der Wohnung der Rentnerin. Hauptmann Schön (54), erster Offizier der MUK, leitet den Einsatz. In seiner Begleitung zwei seiner Ermittler und Oberleutnant Hausmann (47), der Kriminaltechniker der MUK, der zugleich ein versierter Daktyloskop ist. Die Männer verschaffen sich zunächst einen Überblick über das Grundstück, die Scheune und die Wohnräume. Fotos werden geschossen. Weitere uniformierte Einsatzkräfte erscheinen. Sodann wird das taktische Vorgehen festgelegt: Hauptmann Schön und seine beiden Mitstreiter übernehmen die Scheune, Hausmann geht in der Wohnung auf Spurensuche. Die beiden haben vorsorglich vereinbart, bedeutsame Tatortspuren gleich vor Ort operativ auszuwerten, um die Ergebnisse ohne Zeitverzug in der folgenden Vernehmung der Familienangehörigen berücksichtigen zu können.
Bereits bei der bloßen Inaugenscheinnahme stößt Hausmanns geschulter Blick auf winzige eingetrocknete, blutverdächtige Spritzer an der Wand neben der Wohnungstür. Da die bewährte Benzidinvorprobe diesen Verdacht bestätigt, werden die Spuren für die Blutgruppenbestimmung gesichert. Auch an der Wohnungstür entdeckt Hausmann etwas Wichtiges: Hinter dem Schließblech mechanische Beschädigungen am Schloß. Es sind die stummen Zeugen eines gewaltsamen Öffnens der Tür.
Weiter: In den Räumen herrscht Unordnung. Kommoden und Schränke sind geöffnet und durchwühlt, Schubladen herausgezogen, der Inhalt auf dem Boden verstreut. Hausmann hält eine Batterie kleiner Blechdosen mit feinkörnigen, hellen und dunklen Pulverchen und jede Menge schwarze und transparente Gelatinefolien bereit, um für die unterschiedlichen

Spurenträger jeweils geeignete Einstäubemittel und Sicherungsmaterialien zur Verfügung zu haben. Auch spezielle Chemikalien für die Sichtbarmachung von Fingerabdrükken zählen zum Arsenal des Spurensuchers. Schließlich: Ein wuscheliger Fehhaarpinsel, Zentimetermaßstab, Fotoapparat, Handlupe und Speziallampe vervollständigen seine Arbeitsmittel.

Doch Hausmann findet trotz peniblen Vorgehens an den meisten vermeintlichen Spurenträgern nur unbrauchbare Abwischungen. Logischer Schluß: Obwohl dem Anschein nach der unbekannte Übeltäter in Eile gehandelt haben muß, hat er sich die Zeit genommen, seine daktyloskopische Hinterlassenschaft sorgfältig zu beseitigen.

Aber Spurensuche bedeutet nicht nur Genauigkeit, sondern vor allem Ausdauer. Deshalb pinselt Hausmann auch solche Behältnisse, Schränke und Türen ab, die vermutlich nicht geöffnet wurden. Und dort finden sich jede Menge verwertbare Fingerabdrücke. Sie werden fotografiert, gesichert und stehen nun für die Vergleichsarbeit zur Verfügung, denn es gilt, über den Ausschluß der Tatortberechtigten die Täterspuren zu selektieren.

Vor einem Schrank aus massivem Eichenholz mit geschnitzten Ornamenten steht eine Stahlkassette auf dem Teppichboden. Offenbar wurde sie mit brachialer Gewalt geöffnet. Spuren eines Stemmeisens sind erkennbar. Der Kasselteninhalt fehlt. Hausmann schließt aus der Auffindungssituation, daß das Behältnis ursprünglich im Schrank aufbewahrt wurde. Der aber ist ordnungsgemäß verschlossen, die Schlüssel fehlen. Auch Hinweise auf ein gewaltsames Öffnen sind nicht zu entdecken. Da Oberleutnant Hausmann an den Türen aber wieder eine Vielzahl von Abdrücken, aber keine Verwischungen findet, schlußfolgert er, daß der Täter keine Veranlassung sah, an dieser Stelle Spuren zu vernichten.

Trotzdem muß der Schrank geöffnet worden sein. Aber auf

welche Weise? Hausmanns analytische Überlegungen lenken seinen Blick auf die Schrankseiten, und er bemerkt, daß das Möbelstück nicht ganz parallel zur Wand steht und die Eindrücke der Schrankfüße im Teppichboden nicht mehr paßgerecht sind. Die linke Schrankseite steht fast fünf Zentimeter weiter von der Wand ab als die rechte. Messerscharf schließt Hausmann daraus, daß der Schrank von der Wand weg- und wieder zurückgeschoben worden sein kann. Nun beginnt er mit der Spurensuche. Und er wird fündig: An der vorderen linken Außenkante des eichenen Möbels der Abdruck von vier parallel zueinander stehenden kompletten Fingergliedern einer rechten Hand. In gleicher Höhe an der hinteren linken Kante der Ballenabdruck vermutlich einer linken Hand. Es sind die Relikte eines klassischen Greifvorgangs beim Wegschieben eines Schrankes. Der Täter muß diese Spuren bei der Verschleierung übersehen haben. Hausmann sichert den Fund und rückt den Schrank nach vorn. Die schlampig befestigte Rückwand bestätigt seine Vermutung: Der Schrank ist von hinten geöffnet worden. Und er glaubt auch, die Stelle gefunden zu haben, an der die Kassette ursprünglich im Schrank gestanden hat. Oberleutnant Hausmann ist zufrieden.

5. Februar 1966, 1.30 Uhr. Die Spurensuche in der Wohnung ist erfolgreich abgeschlossen. Hausmann nimmt eine Lupe und die schwarze Folie mit den eindrucksvollen silbergrauen Spurenabzügen vom Greifvorgang am Eichenschrank, geht hinüber zur Scheune. Dort haben die Männer inzwischen einen gräßlichen Fund gemacht: Im Areal mit der aufgelockerten Erde in einer Tiefe von 70 cm der vollständig bekleidete Leichnam der Rentnerin. Glücklicherweise hat der scharfe Frost draußen den Boden unter der Strohabdeckung in der Scheune noch nicht erreicht, wo gottlob erträgliche Kühlhaustemperaturen herrschen. Deshalb bereitet die Bergung des Leichnams, der noch keine fortgeschrittenen Lei-

chenerscheinungen aufweist, kaum Schwierigkeiten. Der Schädel der alten Frau ist zertrümmert. Die grauen Haare sind mit Blut und Erde zu einer unförmigen schwarzen Masse verklebt. So verrät schon das äußere Bild, daß Oma Grauer erschlagen worden sein muß.
Hauptmann Schön läßt die Arbeiten am Leichenfundort abbrechen: »Jetzt ist die Gerichtsmedizin dran!«
»Ich habe Täterspuren«, mischt sich Hausmann ein und päsentiert Schön die konservierten Abdrücke, »prima Ulnarschlingen am Zeige- und Mittelfinger der rechten Hand«. Der mustert die Folien, lobt das Werk des Kriminaltechnikers und sagt: »Nimm dir jetzt die Leute im Haus mal vor. Bring ihnen vorher aber schonend bei, daß wir die Oma gefunden haben.«
Hausmann übernimmt den unangenehmen Part nur widerwillig und trabt lustlos davon.
Taktvoll setzt er Carla und ihre Eltern von dem grausigen Fund in der Scheune in Kenntnis und läßt ihnen geraume Zeit, die Erschütterung und den Schmerz herauszulassen. Als sie sich einigermaßen gefaßt haben, bittet er sie, ihm die Innenflächen ihrer rechten Hand zu zeigen. Gewissenhaft betrachtet er diese unter der Lupe. Doch die Fingerbeeren der Eltern besitzen nicht das gesuchte Papillarlinienmuster. Auch Carla kann durch diese Inaugenscheinnahme ausgeschlossen werden. Keiner von diesen dreien hat Oma Grauers Eichenschrank weggerückt. Aller Verdacht richtet sich nun gegen Günter Pohlitz. Doch der scheint auf und davon zu sein. Leutnant Roloff wird informiert. Der läßt über den Fahndungsoffizier Günter Pohlitz zur Eilfahndung ausschreiben. Doch ehe das Netz der Fahndung über das Kreisgebiet ausgebreitet wurde, erreicht den Kriminaldienst eine gute Nachricht von der Transportpolizeiwache des Bahnhofs Artern: »Gegen 01.15 Uhr wurde der Pohlitz, der sich in einem abgestellten Personenzug versteckt hatte, aufgegriffen und festgenommen. Er leistete keinen Widerstand.« Auf der Stelle wird

er zum VPKA gebracht, wo Hauptmann Schön und Oberleutnant Hausmann bereits auf ihn warten.
Günter Pohlitz protestiert lauthals gegen seine Festnahme, kann aber keine plausible Begründung dafür abgeben, warum er nicht zu Hause ist und sich statt dessen in einem kalten, abgestellten Personenzug versteckt. Doch Schön und Hausmann halten sich mit Vorhalten zurück. Sie sammeln weiter Indizien und Beweise.
»Zeigen Sie mir mal Ihre rechte Hand!« fordert Hausmann ihn auf, untersucht mit aller ihm möglichen Aufmerksamkeit die Fingerbeeren des jungen Mannes und blinzelt ihn schlitzohrig an: »Sie waren in der Wohnung nebenan!«
»Nee, ehrlich, da war ich noch nie drin«, entrüstet sich Günter Pohlitz.
Hausmann wirft dem Einsatzleiter einen dezenten Blick zu, der ausdrücken soll, »ich bin mir ganz sicher, das hier ist unser Kunde.«
Der Hauptmann versteht. Sein Gesicht verfinstert sich, und er starrt Pohlitz bedrohlich in die Augen: »Na, dann ziehen Sie sich mal warm an!« Und er meint nicht nur die eisige Kälte draußen.
»Ich sage jetzt gar nichts mehr!« wehrt sich Pohlitz und läßt alle seine inneren Jalousien herunter.
Schöns plötzlicher Groll ist leicht zu erklären. Aus der inzwischen erfolgten Vernehmung des Ehepaars Dölling wurden nämlich Umstände bekannt, die schon vor der personellen Zuordnung der Fingerabdrücke den Verdacht auf den Beinaheschwiegersohn lenkten. So hatte ihn der Betriebsarzt vom 15. Januar bis 2. Februar wegen eines grippalen Infekts offiziell krankgeschrieben. Inoffiziell aber war er nach drei Tagen wieder putzmunter. Und während Carla tagsüber in der Zuckerfabrik schuftete, faulenzte ihr Verlobter zu Hause und ließ den lieben Gott einen guten Mann sein. Er hatte also Zeit und Gelegenheit, nach der Abreise der Rentnerin am 19. Ja-

nuar tagsüber ungestört in deren Wohnung einzubrechen. Außerdem waren die Döllings darüber verwundert, daß Pohlitz am 20. Januar ein Transistorradio und Bekleidung gekauft hatte und erklärte, sein Bruder hätte ihm überraschend Geld geschenkt. Allein diese Fakten machen ihn verdächtig. Und der sprichwörtliche Fingerzeig für das ungewöhnliche Schrankschieben in Oma Grauers Wohnung läßt obendrein keinen Zweifel an seiner Täterschaft.

Jedoch: Die Herkunft der Blutspuren und der Leichenfund in der Scheune sollen aus taktischen Gründen jetzt noch nicht angesprochen werden. Denn Hauptmann Schön geht von der Überlegung aus, Pohlitz den Eindruck zu vermitteln, daß die Polizei nur von dem Einbruch in die Wohnung der Oma Grauer und nichts von der Toten in der Scheune wisse. Folgerichtig will er zunächst nur den Einbruch zum Gegenstand der Vernehmung machen. Erfahrungsgemäß wird sich der Verdächtige nämlich zu dem Delikt mit der geringeren Gesellschaftsgefährlichkeit viel schneller bekennen als zu einem Mord. Das bietet Hauptmann Schön ausreichende Möglichkeiten zur Diagnose des Aussage- und Verteidigungsverhaltens des Beschuldigten und erleichtert die nachfolgende Vernehmung zu den schwerwiegenden Sachverhalten.

5. Februar, kurz nach 2.00 Uhr. Die Vernehmung des Rangierers Günter Pohlitz ist in vollem Gange. Anfangs verhält er sich trotzig und feindselig, beharrt darauf, Olga Grauers Wohnung noch nie betreten zu haben. Was er wohl am 19. und 20. so getrieben habe, will Hauptmann Schön wissen und läßt ihn frei berichten, ohne Unterbrechung. Eigentlich sei er an diesen beiden Tagen meist außer Haus gewesen, habe von dem Geld, das ihm sein Bruder schenkte, Einkäufe gemacht. Schön verzieht keine Miene, nur gelegentlich spult er das Tonband etwas zurück, dreht den Lautsprecher auf und lauscht demonstrativ den letzten Passagen der

Konfabulationen seines Gegenüber. So läßt er Pohlitz einige Minuten lang gewähren.
Dann legt er ihm verschiedene Spurenabzüge aus Olga Grauers Wohnung vor.
»Wissen Sie, was das ist?« fragt er listig.
Pohlitz starrt auf die schwarzen Folien mit den silbrigen Fingerspuren. Offenbar schwant ihm nichts Gutes, denn er schweigt.
»Tja, mein Lieber, das sind Ihre!« frohlockt Schön.
Pohlitz schaut den Vernehmer ziemlich verdattert an. Dann grient er hilflos, fühlt sich offensichtlich in der Falle und schlägt sich einige Male mit der Faust an die Stirn und stöhnt: »Ich Idiot! – Und ich dachte, sie wären alle abgewischt!«
Das hat gesessen, denkt Schön, jetzt nicht mehr locker lassen! Ein Vorhalt nach dem anderen prasselt nun auf Pohlitz nieder. Mit Erfolg. Zermürbt gesteht er kurze Zeit später, am Nachmittag des 19. Januar in die Wohnung der alten Frau gewaltsam eingedrungen zu sein und insgesamt 720 Mark und ein Sparbuch mit 3600 Mark Guthaben entwendet zu haben.
Hauptmann Schön hat das erwartete Etappenziel erreicht. Jetzt kann er getrost das Thema wechseln, denn er weiß, daß der Feinschliff an diesem noch groben Geständnis bei künftigen Vernehmungen erfolgen wird.
Es ist fast 3.30 Uhr. Schön wechselt die Kassette im Tonbandgerät. Als er den Startknopf betätigt, sagt er wie beiläufig: »Wir haben auch Blut gefunden!«
Pohlitz scheint zu ahnen, was jetzt auf ihn zukommt. Er wird unruhig, rutscht auf dem Stuhl nervös hin und her und flüchtet sich in die schwache Ausrede: »Vielleicht hab ich mich verletzt!«
»Ach ja, verletzt!« parodiert Schön die Stimme des Beschuldigten und schiebt die entscheidende Frage nach: »Und was haben wir wohl in der Scheune gefunden?«
Jetzt gerät Pohlitz vollends aus der Fassung. Er spürt, wie die

Schlinge sich zuzieht. Noch ein Mal bäumt sich sein Widerstandswillen auf, und er erfindet die wundersame Mär von »Wilhelm«, einem flüchtigen Bekannten, dessen Nachnamen er nicht kennt. Mit ihm gemeinsam will er den Einbruch begangen haben. Als Oma Grauer unerwartet erschienen sei, habe Wilhelm sie mit einem Beil kurzerhand erschlagen. Gemeinsam hätten sie dann die Leiche in der Scheune beseitigt. Hauptmann Schön grienst bei Pohlitz' blumigen Einlassungen still in sich hinein. Die Erfahrung hat ihn längst gelehrt, daß bei derartig diffizilen Sachverhalten der Weg zur Wahrheit zumeist über den wackligen Steg des Teilgeständnisses führt. So auch in diesem Falle. Er weiß aber auch: Dies ist der zweite Etappensieg auf dem Weg zur Wahrheit.

5. Februar 1966, 4.00 Uhr. Pohlitz Vernehmung neigt sich vorerst dem Ende zu. Er hat seinen inneren Widerstand aufgegeben. Schöns variable Taktik des ständigen Wechsels von Distanz und Zuwendung, die Unsicherheit, über welche konkreten Beweismittel die Polizei noch verfügen könnte, aber auch zunehmende Erschöpfung haben ihn zermürbt. Er sieht ein, daß Leugnen und Herumreden nicht mehr weiterhelfen. So bekennt er schließlich – zehn Stunden nach Bekanntwerden des Vermißtenfalls –, daß seine bisherige Aussage über den Tod Oma Grauers eine Lüge sei. »Ich war es allein. Ich habe sie erschlagen und in der Scheune vergraben ...«
Schön resümiert: Es war gut, die daktyloskopische Spur am Eichenschrank – ohne ein schriftliches Gutachten abzuwarten – gleich im ersten Angriff zur taktischen Konfrontation mit Pohlitz zu verwenden. Immerhin gab der Beschuldigte dadurch seine situativ angepaßte, im Grunde aber konzeptionslose Verteidigungsstrategie schnell auf. Der Kriminalist ist mit dem Ergebnis dieser langen Nacht zufrieden. Jetzt befindet er sich auf der Zielgeraden zur Wahrheit.

Drei Tage später erscheint auf der für Artern zuständigen Lokalseite der SED-Bezirkspresse »Freiheit« eine kurze Notiz über die ungewöhnlich schnelle Aufklärung des Mordes.
In den folgenden Wochen ist die Mordkommission mit umfangreichen Ermittlungen im Fall Pohlitz beschäftigt. Das Ermittlungsverfahren soll bald, freilich nach allen Regeln objektiver Beweisführung, abgeschlossen werden. So gilt vor allem, die Aussageninhalte der weiteren, nunmehr präzisierenden Beschuldigtenvernehmungen gewissenhaft zu objektivieren. Dazu sind Zeugen zu vernehmen, Gutachten hinzuzuziehen, neue in Auftrag zu geben, polizeiinterne Datenspeicher auszuwerten, Leumundsberichte anzufordern und die Täterbiografie freizulegen.
Mitte des Jahres 1966 erhebt der Staatsanwalt Anklage gegen den dreiundzwanzigjährigen Günter Pohlitz. Nach einer mehrtägigen Verhandlung vor dem 1. Strafsenat des Bezirksgerichts Halle wird für Recht erkannt, den Angeklagten wegen Mordes zu einer lebenslänglichen Zuchthausstrafe zu verurteilen und ihm die staatsbürgerlichen Rechte zeitlebens abzuerkennen.
Für die nächsten Jahrzehnte wird damit die kriminelle Karriere eines jungen Mannes aufgehalten, dessen sinnlose Bluttat kriminologisch erst begreifbar wird, wenn man seinen jämmerlichen Lebensweg kennt. Ein Lebensweg, der bei vielen Mördern ähnlich verlaufen könnte.

Der Einblick in Pohlitz' Biografie und Tatentwicklung zeigt den fatalen Schlußpunkt einer unzureichenden Sozialisation, die zu mangelnder Selbstkontrolle und zur Unfähigkeit, Folgen einzuschätzen und vernünftiges Verhalten danach auszurichten, führt. Sein Fall macht deutlich, wie charakterliche, emotionale und soziale Fehlentwicklung den Nährboden für ein Kapitalverbrechen bereitet hat. Er zeigt, wie ein Mensch mit psychosozialen Defiziten bestimmte, meist selbstver-

schuldete Situationen nicht beherrscht und wie im Ergebnis einer übermächtigen Psychodynamik der Durchbruch seines Gewaltpotentials erfolgt:
Ende 1943 wird Günter Pohlitz im Berliner Arbeiterviertel Prenzlauer Berg geboren. Er und seine sechs Geschwister wachsen in tristen, ärmlichen Verhältnissen auf. Der alkoholabhängige, affektinkontinente Vater, ein stumpfer, einfach strukturierter Typ, schuftet als Arbeiter im Kabelwerk Oberspree. Er tyrannisiert seine Familie mit unberechenbaren Wutanfällen, Demütigungen und Gewalttätigkeiten. Die Mutter, durch die fortlaufenden Geburten ohnehin gesundheitlich stark beeinträchtigt, ist eine gutmütige, aber schwache und überforderte Frau, die unter dem Despotismus des Gatten ebenso leidet wie die Kinder. Günters emotionale und soziale Entwicklung verläuft im inkonstanten Milieu zwischen zwei Extremen: Auf der einen Seite der lieblose, strenge, züchtigende Vater, der die Kinder in ständiger Angsthaltung hält, auf der anderen Seite die weichherzige, verwöhnlerische Mutter, die nur hinter dem Rücken des Angetrauten verbal gegen ihn aufbegehrt, ansonsten in der gleichen Angsthaltung verharrt. Vor dem Hintergrund dieser in höchstem Maße ungünstigen Familienverhältnisse zeigt der kleine Günter bereits in der Vorschule ernsthafte Symptome einer Fehlerziehung. Er ist unangepaßt, egozentrisch, bockig, boshaft, zeigt keine Bindungsfähigkeit zu den Spielkameraden, treibt sich herum und wird zum Alptraum der Erzieher. Deshalb erfolgt seine Einschulung in einer pädagogischen Sondereinrichtung, obwohl er intellektuell normgerecht ausgestattet ist. Die schulischen Leistungen sind durchweg durchschnittlich, ansonsten ist er interessenlos und faul. Der egozentrische, sture und sozial unangepaßte Knabe fällt immer wieder dadurch auf, daß er sich mitunter tagelang herumtreibt, bis ihn der Hunger, die Kälte oder die Polizei nach Hause zurückführen. Da Korrekturen seines gestörten Sozialverhaltens

nicht erkennbar werden, kommt er in ein geschlossenes Kinderheim, in dem er auch die Schule bis zum Abschluß der 8. Klasse besucht. Der nun Dreizehnjährige findet als Gärtnergehilfe eine kurzzeitige Anstellung, macht sich aber durch sein aggressiv-provokatives, wenig kollegiales Verhalten ziemlich unbeliebt. Er verläßt den Gartenbaubetrieb und wird Brenner in einer Ziegelei. Auch hier zeigt sich das gleiche Verhaltensbild. Als er im Kollegenkreis Schlägereien anzettelt und verschiedene kleinere Garderobendiebstähle begeht, weisen ihn die Behörden in einen Jugendwerkhof ein, aus dem er erst mit 19 Jahren wieder entlassen wird. Er verdingt sich eine Zeitlang in einem Gleisbautrupp der Deutschen Reichsbahn, übernimmt eine Stelle als Heizer, kann aber nirgends seßhaft werden. Hin und wieder bestiehlt er die Kollegen, und wenn er spürt, daß man ihn verdächtigt, wechselt er kurzerhand die Arbeitsstelle. Sein Weg führt ihn dann ins Niederlausitzer Braunkohlengebiet. Im Kombinat »Schwarze Pumpe« läßt er sich zum Rangierer ausbilden und arbeitet einige Monate lang bei der Betriebsbahn. Er beginnt, exzessiv zu trinken, bestiehlt Arbeitskollegen und muß sich dehalb vor der Konfliktkommission verantworten, den Schaden wiedergutmachen und sich bei den betreffenden Kollegen öffentlich entschuldigen.

Konfliktkommissionen waren gesellschaftliche, aus Betriebsangehörigen gebildete Gerichte in den Betrieben, die von der Belegschaft für die Dauer von zwei Jahren gewählt wurden. Sie berieten und entschieden zumeist in Arbeitsrechtssachen und einfachen zivilrechtlichen Streitigkeiten, konnten aber auch erstmalig begangene, geringfügige Straftaten verhandeln, wenn der entstandene Schaden und die Schuld gering waren, der Täter sich zur Tat bekannt hat und die Sache einfach und vollständig aufgeklärt war. In diesen Fällen wurden die Konfliktkommissionen auf Grund einer Übergabeverfü-

gung des Staatsanwalts, der Ermittlungsbehörden oder eines Übergabebeschlusses des zuständigen Gerichts tätig.

Doch, wie das Sprichwort sagt, läßt die Katze das Mausen nicht, und so kommt Günter kurze Zeit später wegen weiterer Diebstähle vor die Schranken des Gerichts. Diesmal geht es nicht so glimpflich aus. Für mehrere Monate muß er hinter Gitter. Ab jetzt gilt er amtlich als vorbestraft. Als er aus der Haft entlassen wird, ist er völlig mittellos. Anstatt arbeiten zu gehen, begeht er in einer Gartenkolonie Einbrüche bei verschiedenen Laubenpiepern. Er wird erwischt und inhaftiert. Wieder spricht der Richter ein Machtwort und bestraft ihn wegen Diebstahls im Rückfall zu einer unbedingten Freiheitsstrafe. Erst am 28.9.1965 öffnen sich für ihn die Gefängnistore wieder. Günter wird in zwei Monaten 23 Jahre alt. Er ist völlig abgebrannt, muß also irgendwo Arbeit finden. Eine Woche hat er Zeit dazu, sonst sitzen ihm die Behörden wieder im Genick und winken mit dem Strafrechtstatbestand der Asozialität. Jemand rät ihm, es im Bunawerk bei Halle zu versuchen, dort würden jede Menge Kräfte für den harten Job am Karbidofen gebraucht. Günter telefoniert mit einer Dame aus der Kaderabteilung des VEB Chemische Werke Buna. Ein persönliches Gespräch wird ihm angeboten. Einer seiner Brüder gibt ihm etwas Geld für die Reise. In den frühen Morgenstunden des 30.9. sitzt er mit seinen Habseligkeiten, die allesamt in eine Reisetasche passen, im D-Zug nach Halle. Bei dem Personalgespräch muß er sich ziemlich dämlich und sperrig angestellt und die Dame in der Kaderabteilung so verärgert haben, daß sie schließlich sagt: »Bedauere, wir haben nichts für Sie!« Unverrichteterdinge muß er von dannen ziehen.

Am frühen Abend hockt er plan- und perspektivlos beim Bier im Mitropa-Selbstbedienungsrestaurant des Hauptbahnhofs

Halle und wartet fast drei Stunden auf den nächsten Zug nach Berlin. Dieses Etablissement hat das gleiche Gesicht wie anderenorts viele Bahnhofslokale auch. Tagsüber Auffangbecken für die Reisenden, die bei Imbiß und dünnem Kaffee die Zeit bis zur nächsten Zugabfahrt überbrücken, abends ungastlicher Tummelplatz für allerlei zwielichtige Gestalten, Trinker, Herumtreiber und Gestrauchelte. Hier führt ihn ein Zufall mit der gleichaltrigen Carla Dölling zusammen. Sie nimmt an seinem Tisch Platz. Die beiden kommen ins Plaudern. Günter erfährt, daß Carla geradewegs aus Artern kommt und nun wie er auf den D-Zug Richtung Berlin wartet. Doch sie fährt bloß bis Jüterbog. Dort teilt sie sich die kleine Wohnung mit einer Freundin, mit der sie tagsüber in der dortigen Konservenfabrik am Band steht.
Günter Pohlitz läßt seinen ganzen Frust über das mißlungene Personalgespräch in Buna heraus und gesteht Carla, eigentlich jetzt keine Bleibe zu haben. Als sie Stunden später im Zug gen Berlin sitzen, nutzen sie das leere Abteil für ungehemmte Zärtlichkeiten. Noch ehe sie Jüterbog erreicht haben, beschließen sie, für immer zusammenzubleiben, und Carla besiegelt die neue Freundschaft, indem sie ihm leichtsinnigerweise einen einstweiligen Unterschlupf in ihrer engen Wohnung anbietet. Ohne tiefgründiger darüber nachzudenken, läßt sich Pohlitz darauf ein. Carlas Freundin behagt der ungebetene Gast nicht, doch muß sie sich wohl oder übel mit der neuen Situation abfinden.
Günter findet auf dem Güterbahnhof gleich Arbeit als Rangierer. Carla teilt ihre Matratze mit ihm, und die Freundin grollt über die aufgezwungene Einengung. Schon nach kurzer Zeit kommt es zu schweren Zerwürfnissen zwischen Günter und Carlas Freundin, die seinen kulturlosen Zornesausbrüchen kaum gewachsen ist. Als er die Faust in ihr Gesicht drückt, zieht Carla die Notbremse: Sie überredet Günter, mit ihr nach Artern zu ziehen. Carla lockt ihn damit, daß die Oma

in ihrem Hause eine kleine, separate Wohnung besitzt, die sie auf Anweisung des Wohnungsamts vermieten soll. Dort hätten sie doch eine Bleibe. »Ich kriege Oma schon rum«, meint Carla zuversichtlich, feiert mit Günter den Jahreswechsel und obendrein Verlobung.

Am 2. Januar 1966 fährt Carla mit Günter Pohlitz nach Artern und stellt Eltern und Großmutter vor vollendete Tatsachen. Tatsächlich läßt sich Oma Grauer überzeugen. Ihr ist allemal lieber, Verwandte als Untermieter im Hause zu haben als Wildfremde. Günter Pohlitz, der sich schnell, hemmungslos und förmlich in die neue soziale Umgebung von Carlas Familie einpaßt, weckt allerdings gleich intuitives Mißtrauen bei der alten Frau. »Der hat falsche Augen«, beklagt sie sich irgendwann bei ihrem Schwiegersohn. Und sie hat recht. Denn Pohlitz wiederum hat aus den Gesprächen in der Familie schnell herausgefunden, daß Oma Grauer ihre Ersparnisse gewissenhaft unter Verschluß hält. Weil »die Olle geizig ist und auf ihrer Kohle sitzt«, hat ihn längst die Idee erfaßt, gelegentlich »bei ihr einzusteigen«.
Carla arbeitet von nun an in der Zuckerfabrik. Günter erhält prompt eine Anstellung bei der Reichsbahn. Wieder rangiert er Güterzüge am Bahnhof. Allerdings nur wenige Tage. Ein leichter grippaler Infekt ist willkommener Anlaß, sich vom Arzt vierzehn Tage krankschreiben zu lassen. Nach zwei Tagen ist er genesen, erfreut sich des zusätzlichen Urlaubs auf Krankenschein.
Am Vormittag des 19. Januar kommt er hinzu, als Oma Grauer im Begriff ist, ihre Wohnung zu verlassen. Da sie nicht ihre Alltagskleidung, sondern ihren guten, graukarierten Wintermantel trägt, vermutet er, daß sie sobald nicht zurückkehren wird und sich ihm so eine günstige Gelegenheit bietet, sein unlauteres Vorhaben wahrzumachen. Doch er will sicher sein.

»Wo solls denn hingehen bei der Kälte?« fragt er scheinheilig.
»Nach Eisleben«, antwortet sie kurz.
Günter weiß von Carla, daß Oma Grauers Bruder dort wohnt und sie sich in der Vergangenheit auch schon mal längere Zeit bei ihm aufgehalten hat.
»Bleibst du lange?« fragt er weiter. Aus Frau Grauers argwöhnischem Blick schließt er, daß ihn die Dauer ihrer Abwesenheit eigentlich nichts angeht. Doch ohne Verlegenheit begründet er seine Neugierde, allerdings mit dem Hintergedanken, sie könne ihm vielleicht ihre Wohnungsschlüssel hinterlassen: »Ich frage nur wegen der Heizerei, ich würd's ja bei dir machen.«
Doch Oma Grauer läßt sich darauf nicht ein und winkt ab: »Ich hab vorhin noch mal richtig eingeheizt, das reicht. Morgen Mittag bin ich wieder zurück, muß für Helmut Kuchen backen«, sagt sie und macht sich auf den Weg.

Nun ist Pohlitz allein im Haus. Er überlegt: Die Alte ist weg, Carla wird vor 17.00 Uhr nicht zurück sein, er hat also genügend Zeit, sich in der fremden Wohnung einmal umzusehen. Ohne weiteres kritisches Nachdenken über die Konsequenzen steht sein Entschluß fest. Er beschafft sich Schraubendreher, Brecheisen, einen zurechtgebogenen stabilen Draht und einen feuchten Lappen zum Abwischen möglicher Fingerspuren. Dann macht er sich ans Werk. Nachdem er das Schließblech von der Wohnungstür abgeschraubt hat, fummelt er zunächst systemlos mit dem Schraubendreher im Schloß herum. Doch auf diese Weise läßt sich die Tür nicht öffnen. Jetzt versucht er es mit dem Draht. Das durch mehrere Zuhaltungen gesicherte Türschloß strapaziert seine Geduld, doch schließlich gelingt es ihm, die Tür zu öffnen. Eilig durchwühlt er die Schränke und Behältnisse auf der Suche nach Bargeld. Was sich nicht aufschließen läßt oder anderweitig nicht leicht zugänglich ist, wird mit brachialer Gewalt geöffnet. Pohlitz achtet sehr genau darauf, mit dem feuchten Lappen seine Fingerabdruckspuren gründlich abzuwischen. In einer Blechdose findet er 620,– Mark Bargeld, an anderer Stelle nochmals 100,– Mark. Die Türen des großen Eichenschranks will er nicht gewaltsam aufbrechen. Eine absonderliche Ehrfurcht hält ihn zurück. »... ein alter Schrank mit Schnitzereien, den wollte ich nicht kaputtmachen«, gesteht er später. Deshalb rückt er ihn von der Wand ab und öffnet ihn von hinten. Die Beute: Eine verlockende, jedoch verschlossene Stahlkassette. Mit Stemmeisen und körperlichem Einsatz öffnet er sie. Inhalt: Das Sparbuch der Rentnerin mit einem Guthaben von 3600,– Mark. Danach verläßt er die fremde Wohnung, bringt seine Beute in Sicherheit, geht zurück, verschließt mit dem selbstgefertigten Dietrich die Wohnungstür und befestigt das Schließblech.

Späterhin kommen Pohlitz Bedenken, daß die Unordnung, die er in der Wohnung hinterlassen hat, ihn verraten könnte. »Die Alte wird sofort merken, daß jemand in ihrer Bude war, und hat mich gleich in Verdacht«, resümiert er folgerichtig. Doch sein verwahrlostes Gemüt läßt nur einen Gedanken zu, nämlich Oma Grauer bei ihrer Rückkehr abzupassen, zu töten und ihre Leiche zu vergraben. Dazu will er alles vorbereiten.

Gegen 14.00 Uhr schafft er aus dem Keller ein Handbeil herbei und versteckt es zwischen den Sachen, die an der Flurgarderobe hängen. Mit einem Spaten bewaffnet geht er sodann in den Garten, um eine geeignete Stelle für das Grab auszusuchen, das er vorsorglich ausheben will. Doch der Erdboden ist so hart gefroren, daß er den Grabeversuchen widersteht. Da es in der Scheune nicht so kalt ist, versucht er es dort. Tatsächlich, er findet eine unauffällige Stelle und beginnt sein schändliches Werk. Er hat gerade das herumliegende Stroh zur Seite geschoben und die ersten Spatenstiche getan, da öffnet sich plötzlich das Scheunentor und Carlas Vater erscheint, Papier und Zollstock in der Hand.

»Was soll das denn hier?« fragt er erstaunt.
Pohlitz erschreckt, faßt sich aber gleich und beschwichtigt ihn: »Du weißt doch, wir wollen Hühner anschaffen, hier könnte ich den Stall bauen!«
Das paßt Helmut Dölling aber ganz und gar nicht, und er poltert: »Nix Hühner, mach das Loch wieder zu, das ist mein Pferdestellplatz!«
Pohlitz folgt der energischen Aufforderung, hat sich wieder voll im Griff und ist Dölling beim Vermessen der künftigen Pferdeboxen behilflich. Anschließend verlassen beide Männer die Scheune. Dölling geht nach Hause, und Pohlitz verschwindet in seiner Wohnung. Aber nur für kurze Zeit. Kaum ist die Luft wieder rein, eilt er zurück zur Scheune und gräbt seelenruhig eine so große und tiefe Grube, daß darin ein menschlicher Körper mühelos entsorgt werden kann. Als Carla nach Hause kommt, hat er die Vorbereitungen der Leichenbeseitigung längst abgeschlossen. Er trinkt sein übliches Quantum Bier, sieht fern und verhält sich unauffällig wie sonst auch.
Am nächsten Morgen. Carla muß frühzeitig aus den Federn, ihre Schicht beginnt um 7.00 Uhr. Pohlitz schläft genüßlich bis kurz vor zehn. Von da an wartet er auf die Rückkehr der alten Frau. Innerlich ruhig und abgebrüht, hat er alle Sinne beieinander. Gegen Mittag bezieht er Posten hinter der Gardine am Fenster, von wo aus er die Straße im Blick hat, und wartet. Bald sieht er Frau Grauer die Straße heraufkommen. Als sie die Haustür öffnet, lehnt Pohlitz gelassen wie Eckensteher Nante an der Tür zu seiner Wohnung. Die rechte Hand verbirgt er hinterm Rücken, damit die alte Frau das Beil nicht sehen kann.
»Tach, wie war's denn?« begrüßt er sie mit falscher Freundlichkeit.
»Nächste Woche fahre ich wieder hin, meinem Bruder geht's nicht so gut«, antwortet sie ehrlich, stellt ihre Tasche vor der

Wohnungstür ab und will ihre Wohnung aufschließen. Pohlitz ist blitzschnell hinter ihr und und schlägt mit voller Wucht die stumpfe Seite des Beils auf ihren Kopf. Mit einem kurzen Stöhnen sinkt sie sofort zu Boden, ist offenbar gleich bewußtlos. Blut sickert in ihr Haar und in den Mantelkragen. Eilig zieht er die besinnungslose Frau über den Dielenfußboden bis in seine Wohnung, umwickelt ihren Kopf mit einer Wolldecke, um das Blut aufzufangen. Pohlitz will aber ganz sicher gehen und versetzt ihr noch neun heftige, stumpfe Schläge gegen den Kopf, bis ihr Leben ausgehaucht ist. Im späteren Obduktionsbericht wird es dazu heißen, daß die schweren Beilhiebe neben einer multiplen, offenen Schädelzertrümmerung und mehreren Schädelbasisbrüchen eine ausgedehnte Hirnquetschung verursacht haben, die unmittelbar zum Tode führte. Knapp zwei Minuten dauert der schreckliche Vorgang. Dann durchsucht Günter Pohlitz die Tasche der Toten, die noch in der Diele steht. 25,– Mark kann er erbeuten, der andere Inhalt interessiert ihn nicht. Die Leiche schleppt er zur Scheune, versenkt sie in der vorbereiteten Grube und schaufelt diese eilig zu. Er stampft den Boden so gut es eben geht fest, verteilt lockeres Stroh über der Grabestelle, um sie der übrigen Umgebung in der Scheune anzupassen. Ziemlich gelassen kehrt er in seine Wohnung zurück, reinigt den Fußboden der Diele und des Zimmers und bemerkt dabei, daß er vergessen hatte, die Tasche zu vergraben. Rasch läßt er sie unter seinem Bett verschwinden, um sie später nach Brauchbarem zu durchsuchen. Er wäscht sich, wechselt die Kleidung und wird nur noch von der Begierde gesteuert, ein Transistorradio sein eigen zu nennen. Die Erinnerung, vor kurzem einen Menschen umgebracht zu haben, beeindruckt ihn nicht sonderlich, bleibt oberflächlich und wird sofort verdrängt. Er denkt und lebt im Augenblick, da ist für Vergangenheit und Zukunft kein Raum.

Tatsächlich bummelt er nach der Tat durch Artern, kauft von

dem erbeuteten Geld das begehrte Kleinradio, dazu Schuhe und einen warmen Anorak und kehrt heim, als Carla längst zu Hause ist. Dort ist alles wie sonst auch. Nichts deutet daraufhin, daß vor wenigen Stunden an diesem Ort ein grausames Verbrechen verübt wurde, und niemand vermißt Oma Grauer. Carla ist zwar über Günters großzügige Einkäufe verwundert, doch nimmt sie ihm das Märchen vom spendablen Bruder und seinem Geldgeschenk arglos ab.

Am nächsten Nachmittag hat Helmut Dölling zum Geburtstagskaffee eingeladen. Pohlitz, sein künftiger Schwiegersohn, ist auch dabei. Nur Oma Grauer fehlt. Ihr Fernbleiben ist für kurze Zeit Gesprächsthema am Kaffeetisch. Ungerührt und mit eiskalter innerer Gefaßtheit beteiligt er sich an der Unterhaltung über die möglichen Gründe ihrer Abwesenheit. Und nur er allein kennt die wahren Umstände, warum ihr Platz leer bleibt.

Von Tag zu Tag wächst in Döllings Familie die Besorgnis über das unerklärliche Ausbleiben der Oma. Mit gespielter Anteilnahme teilt Pohlitz ihren Kummer. Doch er bleibt nicht passiv, sondern ergreift die Initiative. Nach der Devise »warum jetzt schon alles an die große Glocke hängen, wo die VP nach so kurzer Zeit sowieso noch nichts macht« will er Zeit gewinnen und unterbreitet zum Schein Vorschläge für die Fortsetzung der familieninternen Suche nach Oma Grauer. Dadurch gelingt es ihm eine Zeitlang, Döllings Drang zur Erstattung einer Vermißtenanzeige zu bremsen.

Seit Donnerstag, dem 3. Februar, ist Pohlitz gesundgeschrieben. Nun arbeitet er wieder auf dem Gleisgelände des Bahnhofs, kuppelt die Waggons, legt Hemmschuhe und Weichen und hilft beim Zusammenstellen der Güterzüge. Es ist eine schwere und gefährliche Arbeit, die keine Unaufmerksamkeit duldet. Nur manchmal denkt er daran, daß es nur noch eine Frage der Zeit ist, bis der Arm des Gesetzes nach ihm greifen wird. Bis dahin aber will er das freie Leben auf seine Weise genießen, in seiner Freizeit viel schlafen, fernsehen, rauchen, sein Bierchen trinken und heimlich das gestohlene Geld ausgeben. Erst wenn ihm die Gefahr im Nacken sitzt, will er über sein künftiges Verhalten nachdenken.

Doch zu tiefgründigen perspektivischen Überlegungen kommt Günter Pohlitz nicht mehr. In den Abendstunden des 4. Februar entschließt sich Helmut Dölling, eine Vermißtenanzeige nicht länger hinauszuzögern. Kurz darauf macht er sich auf den Weg zum VPKA.

Als Carla nach Hause kommt, sitzt Günter Pohlitz gelangweilt vor dem Fernseher, raucht und trinkt Bier. Als sie sagt »Papa ist gerade zur Polizei«, drückt er bedächtig die Zigarette aus, erhebt sich, zieht Anorak und Pudelmütze über und sagt beiläufig: »Ich muß noch mal weg!«

»Warum das?« fragt Carla überrascht.

»Muß noch was besorgen«, knurrt er und verschwindet.

Draußen auf der Straße erfaßt ihn plötzlich Panik. Sie erreicht seinen Leib, engt sein Denken ein und macht ihn völlig ratlos, setzt verstandeslos seine Motorik in Gang. Nur ein einziger Gedanke tobt jetzt unter seiner Schädeldecke: Weg hier! Doch wohin? Ein archaischer Trieb leitet ihn, und er läuft davon. Instinktiv zieht es ihn zum Bahnhof. Dort kennt er sich aus. Er entdeckt einen abgestellten Personenzug, verschwindet in einem Abteil, streckt sich erschöpft auf einer Sitzbank aus und schläft ein. Ein wachsamer Eisenbahner, der zufällig eine dunkle Gestalt beobachtet, die sich heimlich an einem abgestellten Zug zu schaffen macht, informiert die Bahnhofswache der Trapo.

Minuten später: Pohlitz hört die festen Stiefelschritte der Gesetzeshüter, die sich unaufhaltsam seinem Abteil nähern. Doch er fühlt sich nicht mehr in der Lage zu fliehen. Zusammengekrümmt, kraftlos und unbeweglich verharrt er auf der

Sitzbank. Es scheint, als würde ein phylogenetisch alter Reflex von ihm Besitz ergreifen, gleichsam wie bei einem Käfer, der im Zustand höchster Gefahr erstarrt, sich totstellt.
So liegt er, bis ihn starke Männerarme aufrütteln. Widerstandslos läßt er sich festnehmen und zum VPKA überführen, wo ihn Hauptmann Schön und Oberleutnant Hausmann in Obhut nehmen. Damit kann die Eilfahndung nach Pohlitz gelöscht werden.
Allmählich gewinnt der Festgenommene seine Fassung zurück, die innere Erstarrung weicht. Offenbar will er nicht wahrhaben, in welch aussichtsloser Lage er sich befindet, denn er versucht kurzzeitig, gegen seine Festnahme aufzubegehren. Doch Schön und Hausmann bleiben unbeeindruckt, konfrontieren ihn statt dessen erfolgreich mit den verräterischen Fingerabdrücken, wodurch letzten Endes seine Gesprächsbereitschaft gefördert wird. Nach dem ersten, freilich noch sehr allgemein gehaltenen Geständnis erreichen die Ermittlungen eine solche Qualität, daß sie nunmehr streng täterbezogen erfolgen können.

Im Verlaufe des Strafverfahrens erhebt sich die Frage, ob Pohlitz' soziale Fehlentwicklung seine strafrechtliche Verantwortlichkeit gemindert haben könnte. Deshalb wird er gerichtspsychiatrisch begutachtet. Ergebnis: Der Sachverständige bescheinigt ihm zwar eine »schwere gefühls- und gemütsmäßige Verwahrlosung und kaum wahrnehmbare soziale Bindungsfähigkeit, jedoch besaß die abnorme Persönlichkeitsentwicklung tatbezogen keinen solchen Einfluß auf die Entscheidungsfähigkeit, daß sie als erheblich vermindert oder gar ausgeschlossen und folglich krankheitswertig beurteilt werden könnte«. Pohlitz plante den Mord mit genauer Überlegung. Die Art und Weise der Vorbereitung, Durchführung und Verschleierung der Tat spricht für sein methodisches Vorgehen, das in jeder einzelnen Tatphase durch eine ausrei-

chende Außenkontrolle gekennzeichnet war. Eine Affekthandlung kann daher ebenfalls ausgeschlossen werden. Alles in allem: Günter Pohlitz ist strafrechtlich voll verantwortlich.
Einige Wochen später wird er wegen Mordes angeklagt und zu lebenslangem Zuchthaus verurteilt.

Angst

Aktenzeichen BI 12/69 Bezirksstaatsanwalt Magdeburg,
Tgb.-Nr. 555/68 VPKA Burg

Südwestlich der Kreisstadt Burg, zwischen Neugripp und Hohenwarthe, schlendern an einem Samstagnachmittag Ende November 1967 zwei junge Burschen ziellos am Elbe-Havel-Kanal entlang. Der eine, Günter Bastow, 16, von kräftiger Gestalt, mit strähnigen, blonden Haaren, die bis über die Schulter reichen. Der andere, Hans-Ulrich Stolle, 15, ein spindeldürrer, rotblonder Typ mit pickligem, pubertären Kindergesicht. Eigentlich stammen beide aus der Ortschaft Hohenwarthe, wo Hans-Ulrich immer noch zu Hause ist. Aber Günter ist vor kurzem mit seinen Eltern von dort weggezogen. Jetzt wohnt er einige Kilometer westwärts in Barleben. Doch die Trennung beeinträchtigt die lockere Freundschaft der beiden Jungen nicht, auch wenn sie sich nicht mehr so häufig sehen. Eine sonderbare Affinität hält die beiden zusammen. Für Hans-Ulrich nämlich, der eher ein sozial-passiver Mitläufer ist und sich widerspruchslos unterordnen kann, ist Günter das große Vorbild an Körperkraft und Mut. In seiner Nähe fühlt sich der schmächtige Junge sicher und akzeptiert. Günter hingegen genießt seine sozial bestimmende Rolle in dieser Freundschaft. Er, der Erfahrenere und Entschlossene, sagt, wo es langgeht, beherrscht den Schwächeren und findet sich auf diese Weise bestätigt.

Während die Burschen vom Ufer aus Kiesel über die Wasseroberfläche hüpfen lassen, fragt Günter beiläufig: »Was würde denn passieren, wenn man eine Katze in eine Wäscheschleuder steckt?«

Hans-Ulrich, darüber erstaunt, wie sein Kumpel plötzlich auf solch absurde Frage kommt, meint abwehrend: »Die würde glatt krepieren!«

»Würdest du dich trauen, so was zu machen?« fragt Günter neugierig.
Doch sein Kumpel verzieht angewidert das Gesicht, als würde ihm allein die Vorstellung dieses Vorgangs schon höchstes Unbehagen bereiten, schüttelt den Kopf und reagiert mit einer Gegenfrage: »Könntest du so was machen?«
»Klar, gib'ste mir zehn Mark, dann mach ich's!« antwortet Günter kaltschnäuzig und ergänzt, »hab schon mal weiße Mäuse hingerichtet.«
»Wie, hingerichtet?«
»Na, so drei Meter weg hingesetzt und dann'n Stein geworfen. Wenn er getroffen hat, war's das. Und wenn nicht, hab ich sie begnadigt!« kommentiert Günter diesen unappetitlichen Sachverhalt. Offenbar bemerkt er, daß dieses Thema seinem Freund nicht behagt, greift in die Anoraktasche, fischt eine Schachtel »HB« heraus, schnipst gegen deren Unterseite, so daß eine Zigarette ein Stück hervorrutscht, und reicht sie seinem Freund: »Willste eine?«
Hans-Ulrich starrt neugierig auf das exotische Zigarettenfabrikat, nimmt sich eine Zigarette heraus und fragt erstaunt: »Eh, wo hast'n die her? Habt ihr'n Westpaket gekriegt?«
Günter grient überheblich, steckt sich selbst einen Glimmstengel an, gibt mit großer Geste seinem Kumpel Feuer und meint, daß er immer welche haben könnte, wenn er nur wolle.
Hans-Ulrichs Interesse ist angestachelt, und während sie paffend weiterziehen, bedrängt er Günter, ihm doch die Quelle dieses Rauchvergnügens zu nennen.
»Geheimnis!« wehrt Günter süffisant ab, zeigt sich aber nach einigen Augenblicken großzügig und meint huldvoll: »Mal sehen, vielleicht nehm ich dich das nächste Mal mit!«
Nochmals versucht Hans-Ulrich in Erfahrung zu bringen, auf welche Weise Günter an Westzigaretten gelangt, doch der bleibt stur und läßt seinen Freund weiterhin im unklaren. Wenigstens vertröstet er ihn: »Ich sag dir dann Bescheid!«

Inzwischen sind die beiden weiter kanalabwärts gegangen und haben eine Kleingartenanlage erreicht. Die Parzellen liegen bereits im Winterschlaf, denn die Gartensaison ging mit den letzten Laubfeuern schon vor einigen Wochen zu Ende. Die meisten Lauben sind verriegelt und verrammelt. Keine Menschenseele stört den Frieden in der vorwinterlichen Gartenlandschaft. Aber nur bis jetzt. Denn: Günter klinkt am Eisentor des Haupteingangs, über dem das große Schild mit der Aufschrift prangt »VKSK-Kleingartenanlage ›Freie Scholle‹«. Vergeblich. Das Tor ist verschlossen. Hans-Ulrich bleibt vor dem Tor stehen, während er am mannshohen Bretterzaun entlangläuft, bis er eine geeignete Stelle findet, an der er mehrere Bretter abreißen kann, um durch die entstandene Lücke mühelos hindurchzuschlüpfen. Er ruft seinen Kumpel heran, und beide verschwinden hinter dem Bretterzaun. Es ist die pure Langeweile, die sie auf das fremde Grundstück treibt. Die Gartenzwerge am Wegesrand, die stumm und hilflos ihrem Schicksal ausgeliefert sind, wecken plötzlich Günters Zerstörungsdrang. Hinter einem Schuppen findet er eine handliche Eisenstange, mit der er kurzerhand die irdenen Gesellen liquidiert. Hans-Ulrich amüsiert sich köstlich, empfindet nun auch Lust, seiner Aggression freien Lauf zu lassen. Er zerrt mit Leibeskräften solange an einem den Eingang zur Terrasse überspannenden hölzernen Bogen, an dem üblicherweise Kletterrosen wachsen, bis dieser in sich zusammenfällt. Dann bricht er wahllos Äste von den Obstbäumen ab, reißt Pflanzen aus, wirft akkurat Aufgestapeltes um. Günter hat unterdessen die Fenster zum Objekt seiner zerstörerischen Gelüste gemacht, hebelt mit der Eisenstange die Fensterläden auf und stößt eine Scheibe nach der anderen kaputt. Das wiederum animiert auch Hans-Ulrich. Er findet ein kurzes Eisenrohr und beteiligt sich am sinnlosen Zerstörungswerk. Selbst die gläserne Abdeckung eines Frühbeetkastens entgeht seinen Attacken nicht. Am Ende steht Verwüstung. Als sich,

von dem Lärm aufmerksam geworden, von irgendwoher doch wütende Leute nähern, machen sich beide durch die Zaunlücke flugs aus dem Staub.
Im nachhinein sind sich die beiden bewußt, daß ihre beträchtliche Zerstörung eine polizeiliche Anzeige zur Folge haben wird. Doch da sie unerkannt entkommen konnten, versprechen sie sich gegenseitig strengstes Stillschweigen, komme, was da wolle. So schweißt diese unschöne Episode, die mehr ist als ein einfacher Jungenstreich, die beiden Freunde noch enger zusammen.
Und zum Beweis seines gewachsenen Vertrauens verspricht Günter Bastow seinem Kumpel bei ihrer Verabschiedung, ihn bald in das Geheimnis der »Westlullen« einzuweihen, weshalb dieser am nächsten Sonntag um 14.00 Uhr am Ortseingang von Hohenwarthe auf ihn warten möge. Er selbst käme mit dem Moped dorthin. Dann würden sie gemeinsam den angeblich nicht versiegenden Born des westlichen Rauchergenusses aufsuchen. Hans-Ulrich findet die Ankündigung seines Freundes äußerst spannend, der aber sagt nur noch: »Warte ab!«

Morgen ist erster Advent, noch gut drei Wochen bis Weihnachten. Wie die Partei- und Staatsführung verlauten ließ, heißt die Währung seit gestern nicht mehr »Mark der Deutschen Notenbank«, sondern »Mark der DDR«. Den meisten Untertanen ist es egal, wie ihre Währung heißt, Hauptsache, man hat genug davon im Geldbeutel. Auch eine neue Verfassung wird es geben, eine sozialistische versteht sich.
Über Nacht fiel etwas Schnee. Aber bereits in den Mittagsstunden hat die Sonne über ihn gesiegt. Pünktlich zur verabredeten Zeit steht Hans-Ulrich Stolle am Ortseingangsschild von Hohenwarthe. Seinen Eltern sagte er, sich mit einem Kumpel verabredet zu haben, jedoch würde er pünktlich zum Abendessen zurück sein. Es dauert auch nicht lange und Bastow knattert mit seinem Moped Typ »Schwalbe« heran.

»Steig auf«, sagt er kurz, »wir müssen ein Stück fahren!«
Hans-Ulrich schwingt sich auf den Rücksitz, und Günter fährt los. Er muß einen Umweg nehmen, um die Autobahnauffahrt Magdeburg-Industriegebiet zu erreichen. Von dort geht es mit Tempo sechzig in Richtung Burg. Kurz vor der nächsten Abfahrt, unmittelbar hinter der Straßenüberführung zum Forsthaus Külzau, das nahe der Nordbahn liegt, steuert Günter Bastow zielsicher einen Autobahnparkplatz an. Mit einem »Wir sind da!« hält er an, und die Freunde steigen ab. Der Parkplatz ist leer. Hans-Ulrich ist irritiert und fragt: »Und jetzt?«
»Du paßt auf, ob ein Bullenfahrzeug kommt, alles andere mache ich, klar?« weist Günter seinen Kumpel an. Doch der versteht immer noch nicht. Und während Günter erklärt, daß die vielen VP-Fahrzeuge, die auf dieser Transistrecke patroullieren, ihre Absicht womöglich vereiteln könnten und er deshalb aufpassen und Zeichen geben soll, falls sich eines dieser grün-gelben Fahrzeuge nähert, kommt ein schwarzer Mercedes mit westdeutschem Kennzeichen auf den Parkplatz gefahren und hält. Offenbar will der Fahrer eine »Pinkelpause« machen, denn er steigt aus und verschwindet hinter den Gebüschen. Als er zu seinem Wagen zurückkehrt, ist Günter bei ihm und fragt höflich: »Hätten Sie vielleicht für uns 'ne Zigarette?«
Der Mercedes-Mann grinst, faßt in die Jackentasche und holt tatsächlich eine angebrochene Schachtel »Peter Stuyvesant« hervor, die er bereitwillig entbehrt. Günter bedankt sich, und der Mercedes rauscht davon. Hans-Ulrich ist überrascht, wie rasch sein Kumpel erfolgreich gebettelt hat, und spart nicht mit übermäßigem Lob. Günter wiederum teilt mit stolzgeschwellter Brust die Ausbeute zwischen ihnen auf und sagt: »Beim nächsten bist du dran!«
Als ein Volkswagen mit einem Ehepaar auf dem Parkplatz hält, versucht Hans-Ulrich sein Glück. Zaghaft spricht er die

Leute an: »Schenken Sie uns 'ne Zigarette?« Freundlich reicht die Frau ihm die Schachtel, und er darf sich zwei Zigaretten herausfischen. Dieser Erfolg motzt Hans-Ulrichs Selbstwert so auf, daß er seine Skrupel schnell überwindet und bald genauso routiniert zu Werke geht wie sein Kumpel Günter. Natürlich begegnen die Freunde unter den parkenden Westlern auch chronischen Nichtrauchern, die achselzuckend bedauern. Dennoch sind sie durchweg so erfolgreich, daß an einem Nachmittag der Bedarf einer ganzen Woche zusammenkommt.

Mittlerweile treffen sie sich nur noch einmal wöchentlich, um auf dem Autobahnparkplatz die begehrten Glimmstengel zu schnorren. Ansonsten haben die beiden keine weiteren gemeinsamen Freizeitaktivitäten, weil Dieter tagsüber in einer Magdeburger Zweigstelle des VEB Spezialbau Potsdam als Hilfstischler arbeitet und in Barleben wohnt, während Hans-Ulrich immer noch die Schulbank drückt, weil er den Zehnklassenabschluß erreichen will.
Um zu ihrer Nikotinquelle zu gelangen, benutzen sie hin und wieder auch die Landstraße zum Forsthaus Külzau. Von dort aus führt ein Waldweg in Richtung Autobahn. Dort können sie das Moped getrost auf einem Seitenweg abstellen und über einen Schleichweg durch das Unterholz den Parkplatz zu Fuß erreichen, schneller als auf dem Umweg über die Autobahn.
So ist es auch am Samstag, den 3. Februar 1968, dem schneelosen, trockenen Wintertag mit Temperaturen leicht über dem Gefrierpunkt. Bereits nach dem Mittagessen haben sich die Freunde verabredet und fahren zum Parkplatz. Anders als erwartet rasten an diesem Nachmittag nur wenige Wessis dort, und so bleibt die Zigarettenausbeute so gering, daß ihre Lust am weiteren Ausharren bald vergeht. Gegen 15.30 Uhr beschließen sie, ihr Vorhaben abzubrechen und die Zeit bis zur Dämmerung irgendwie totzuschlagen.

»Wollen wir mit ’m Moped ein bißchen rumfahren?« fragt Günter deshalb.
»Aber nicht auf der Straße, das ist langweilig, fahrn wir lieber im Wald rum«, schlägt Hans-Ulrich vor. Die Jungen zwängen sich durchs Unterholz bis zum Trampelpfad, laufen weiter bis zum Weg, wo Günters Moped steht, schwingen sich auf die Sitzbank der »Schwalbe« und los geht’s. Günter fährt aber nicht behutsam, wie es sich geziemt, wenn man einen schmalen, wurzelreichen und laubfeuchten Waldweg entlangfährt. Im Gegenteil. Der Übermut stachelt ihn an, enge Schlangenlinien mit hohem Tempo zu fahren. Hans-Ulrich hat offenbar Spaß an den artistischen Fahrkünsten seines Freundes und feuert ihn an, noch mehr Gas zu geben. Günter bringt die kleine Maschine auf Hochtouren, überfährt mit Karacho absichtlich dicke Zweige und Wurzeln, daß sich die Burschen nur mit Mühe auf der Sitzbank halten können. Sie johlen lustvoll bei jedem Hopser, als wären sie auf einem Rummelplatz. Plötzlich kann Günter den Lenker nicht mehr halten, denn das Vorderrad schlingert im feuchten Laub. Gleichzeitig rutscht das Hinterrad seitwärts weg, das Moped kippt um und schlittert eine kurze Strecke durch den Sand. Beide Jungen stürzen auf den Weg. Günter ist schnell wieder auf den Beinen, nur Anorak und Hose sind schmutzig. Sonst ist nichts. Hans-Ulrich jedoch liegt einige Meter weiter hinten regungslos im Sand. Günter ist sofort zur Stelle und beugt sich über ihn. Doch er kann keine äußere Verletzung feststellen, kein Kratzer, kein Blut. Er spricht ihn an: »Eh, is was?« Doch sein Kumpel rührt sich nicht von der Stelle, stöhnt nur leise, und sein Atem ist kurz und schnell. Günter ist besorgt, tastet seinen Körper ab und fragt ängstlich: »Tut dir was weh?«
Günter kann nicht verstehen, was sein Freund antwortet, vernimmt nur ein undeutliches, leises, jammerndes Stöhnen. Es könnte vielleicht heißen »Mein Rücken«, er weiß es nicht ge-

nau, vermutet aber, daß Hans-Peter sich verletzt haben muß. Er hebt den Oberkörper seines Kumpels an und schüttelt ihn: »Mach kein Quatsch! Komm hoch, ich fahr zum Arzt!«
Doch Hans-Ulrich sagt nichts mehr. Sein Körper fällt kraftlos und ohnmächtig zurück in den Sand. Nur das kurze, schnelle Atmen ist zu vernehmen. Instinktiv fühlt Günter den Puls seines Freundes und spürt ein schnelles, schwaches Schlagen. »Scheiße, Scheiße, Scheiße«, schluchzt er verzweifelt. Er befürchtet zu Recht, daß Hans-Ulrich sich bei dem Sturz innerlich ernsthaft verletzt haben muß.
Plötzlich überkommt ihn eine diffuse Angst vor dem, was passiert ist. Da ist zunächst die lähmende Angst vor den Konsequenzen seines unredlichen Tuns. Es wirkt aber auch eine, aus seinem Sicherungsinstinkt resultierende, zunehmend an Stärke gewinnende, treibende Angst vor dem Mißlingen eines wirksamen Selbstschutzes. Sein Herz klopft bis unter die Kinnspitze, er zittert. Mit einem Mal muß er nämlich über Probleme nachdenken, die ihn völlig überfordern könnten. Zum einen liegt hier sein Kumpel, der dringend zu einem Arzt muß. Zum anderen, und das empfindet er als viel schlimmer, könnte die VP seine tollkühne, höchst verkehrswidrige Fahrweise mit der Entziehung der Mopedberechtigung ahnden. Und selbst, wenn die »Bullen« Milde zeigen würden, wäre dann noch der strenge Vater, der das liebgewonnene Gefährt auf der Stelle einzieht, wenn er von dieser Leichtsinnsfahrt erfährt.
Irgendwie muß er jetzt handeln, und zwar so, daß der Schaden für ihn gering gehalten werden kann. Der Junge versucht, seinen bewußtlosen Kumpel auf die Sitzbank zu hieven, was immer wieder mißlingt, weil der kraftlose Körper in sich zusammensackt. Ihm wird immer klarer, daß er allein Schuld an der offenbar schweren Verletzung seines Freundes trägt. Doch die ihn treibende Angst macht ihn keineswegs kopflos. Im Gegenteil: Destruktive Gedanken ergreifen von ihm

Besitz, machen ihn innerlich ruhig und kalt. Mit einem Mal ist sein ganzes Bewußtsein nur noch darauf gerichtet, sich aus dieser vermaledeiten Situation zu befreien, und er sieht einen – freilich verhängnisvollen – gefährlichen und irrationalen Ausweg: »Wenn Hans-Ulrich verschwindet, kann ich den Unfall vertuschen!«

Endlich gelingt es ihm, seinen besinnungslosen Freund mehr schlecht als recht vor sich auf die Sitzbank zu setzen, wobei der sich nach vorn neigende Oberkörper von Lenker und Scheinwerfer abgestützt wird. Auf diese Weise kann Günter den Lenker fassen und gleichzeitig mit beiden Armen den kraftlosen Körper fixieren. Mit einiger Mühe gelingt es ihm, das Moped in Gang zu setzen. Doch er schlägt nicht den Weg zur Ortschaft Möser ein, wo er mit medizinischer Hilfe rechnen und so das Leben seines Freundes retten kann, sondern fährt zurück in die Tiefe des Waldes. An einer Schneise entdeckt er einen Sandhügel. Dort stoppt er. Die Stelle hält er für geeignet. Er schleift seinen Freund zu dem Hügel, hört nochmals dessen leisen, kurzen Atem, läuft zurück zum Moped, entnimmt aus der Werkzeugtasche ein Messer mit 15 cm Klingenlänge, kehrt zurück zu seinem Kumpel und sticht mehrmals tief in dessen linke Brust. Sodann dreht er den Körper auf den Bauch, um in das Genick und den Rücken abermals tief einzustechen. »Weil Hans-Ulrich sich vielleicht das Genick gebrochen hat, wollte ich mit diesen Stichen verhindern, daß man das erkennt«, sagt er später vor der Kriminalpolizei. Die Messerstiche haben zu schweren Verletzungen der Lunge und des Herzens geführt und Hans-Ulrichs schnellen Tod verursacht. Günter vergewissert sich noch einmal, daß sein Kumpel tatsächlich nicht mehr atmet, und zieht ihm den Anorak aus.

Er korrigiert die Lage der Leiche in der Weise, daß sie unterhalb des Sandhügels ausgestreckt liegt. Eilig und mit bloßen Händen schiebt und schaufelt Günter nun den Sand vom Hügel über den toten Freund. Schon nach wenigen Minuten ist es ihm gelungen, die Leiche mit einer dreißig Zentimeter dicken Sandschicht komplett zu überdecken. Mit einem aus dem Unterholz herbeigeschafften Kiefernzweig verwischt er die Spuren, indem er die Stelle der Umgebung angleicht. Wenige Meter vom Grab seines Freundes entfernt verbuddelt er dessen Anorak und die Mütze im Sand, steckt das blutige Messer senkrecht in den Erdboden und tritt es so tief hinein, bis es verschwunden ist. Als die Dämmerung hereinbricht, ist sein schauerliches Werk beendet. Er überprüft noch einmal die Vollständigkeit der Kaschierung seines Verbrechens, geht zurück zum Moped und fährt davon. Über Umwege gelangt er nach Barleben zur elterlichen Wohnung. Niemand in der Familie bemerkt irgendeine Verhaltensänderung an Günter. Er ist heiter, aufgeschlossen und ohne Schuldbewußtsein.

Am späten Abend des 3. Februar 1968 meldet sich der Vater von Hans-Ulrich Stolle im VPKA Burg, um seinen Sohn als vermißt zu melden. Die Anzeige wird auch aufgenommen, ansonsten sehen die Gesetzeshüter noch längst keinen Grund zur Eile. Immerhin verschwinden täglich frustrierte Jugendliche, weil sie Ärger mit den Eltern oder Erziehern haben. Wenn sie nicht zufällig einer Polizeistreife in die Hände fallen, kehren sie nach wenigen Tagen mehr oder minder reuevoll zurück. Also heißt es zunächst, abwarten. Später stoßen die Ermittler zufällig auf einen jugendlichen Zeugen aus Hans-Ulrichs Umfeld, der keinen Zweifel hat, den Vermißten am Sonntag, dem 4. Februar 1968, vor einem Kino in Burg gesehen zu haben. Dieser scheinbare Beweis für die Harmlosigkeit des plötzlichen Verschwindens von Hans-Ulrich Stolle bestärkt die VP zusätzlich, den Fall nicht ernsthaft zu verfolgen. Nur Hans-Ulrichs Eltern bezweifeln die Version der Polizei und ermitteln auf eigene Faust. Allerdings erfolglos. Eine Woche später weist Hans-Ulrichs Vater im Rahmen

einer Zeugenvernehmung durch die Kripo von Burg darauf hin, daß sein Sohn in der Vergangenheit öfters mit einem gewissen Günter aus Barleben zusammen war, der ein Moped besitzt. Die Polizei nimmt den Hinweis auf, setzt den üblichen Ermittlungsmechanismus in Gang, stößt am 13. Februar 1968 auch auf Günter Bastow und befragt ihn zu seinem Alibi vom 3. und 4. Februar. Gelassen gibt er an, am Samstagnachmittag für etwa eine Stunde mit seinem Kumpel zusammengewesen zu sein, dann habe man sich wieder getrennt. Denn Bastow weiß vom Hörensagen längst, daß sein vermißter Freund angeblich am Sonntag in Burg gesehen wurde. So kann er die Volkspolizisten mit seiner falsche Darstellung hereinlegen. Die uniformierte Staatsgewalt unterläßt jede weitere Überprüfung, weil sie immer noch von der Version ausgeht, Hans-Ulrich sei am Sonntag, dem 4. Februar, in Burg letztmalig gesehen worden – und an diesem Tag war Günter Bastow den ganzen Tag mit seiner Familie zusammen.
Die auf die bloße Fahndungsausschreibung reduzierten Ermittlungen nach dem vermißten Hans-Ulrich schleppen sich einen Monat lang ergebnislos dahin. Dann erst nimmt die Volkspolizei den Fall ernst, leitet ein Ermittlungsverfahren gegen Unbekannt ein. Doch auch die nun eingeleiteten Recherchen führen folgerichtig ins Leere.
Die Wende tritt erst ein halbes Jahr später ein. Es ist Samstag, der 6. Juli 1968, als Pilzesucher im Wald bei Möser eine schreckliche Entdeckung machen. Am Rande einer Feuerschutzschneise stoßen sie auf die im Sand verscharrten sterblichen Überreste eines Menschen und informieren die Polizei. Kurz darauf ist die MUK aus Magdeburg vor Ort, in ihrer Begleitung die Oberärztin des Gerichtsmedizinischen Instituts. Den Experten bietet sich das übliche Bild eines in hochgradiger Verwesung befindlichen, vollständig bekleideten Leichnams. Während Schuhe, Hose und Pullover, durch eingetrocknete Fäulnisflüssigkeit zusätzlich stark ver-

schmutzt, verhältnismäßig gut erhalten sind und sich für eine Sachidentifizierung eignen, ist der Körper der Leiche durch Fäulnis- und Verwesungsvorgänge, aber auch durch Tierfraß zur Unkenntlichkeit entstellt. Die Haut des Kopfes ist an verschiedenen Stellen soweit aufgeplatzt, daß die Knochen freiliegen. Augen sind nicht mehr zu erkennen. Ein Teil der rotblond behaarten Kopfhaut liegt meterweit von der Fundstelle entfernt im Dickicht, wurde offenbar durch Wild verschleppt. Andere Regionen der Körperoberfläche sind mit einem grauvioletten Schimmelrasen überzogen. Deshalb ist die Gerichtsärztin mit ihren Aussagen zur Todes- und Liegezeit sehr zurückhaltend. Lediglich aus der Art der Bekleidung kann geschlossen werden, daß es sich um einen schmächtigen, männlichen Jugendlichen handelt. Personaldokumente oder andere für eine Identifizierung geeignete Gegenstände finden sich in den Taschen der Bekleidung nicht. Schließlich stoßen die Spurensucher in einiger Entfernung von der Leiche auf den im Erdreich verscharrten Anorak, Mütze und das Messer.
Der offene Vermißtenfall Hans-Ulrich Stolle führt die Mordkommission schnell zu den Eltern des Jungen, denen die inzwischen gereinigten Textilien zum Zwecke der Identifizierung vorgelegt werden. Sie erkennen zweifelsfrei die Sachen ihres Sohnes. Trotz der Verwesungserscheinungen und der beginnenden Autolyse der inneren Organe kann die gerichtsmedizinische Obduktion wertvolle Befunde erheben: Zum einen belegen die todesursächlichen Perforationsverletzungen am Herzmuskel und Durchstiche am Brustbein sowie am Schulterblatt die Benutzung des sichergestellten Messers als Tatwerkzeug, zum anderen weist ein nicht tödlicher, längsverlaufender Schädelbasisbruch auf die Einwirkung einer stumpfen Gewalt auf das Hinterhaupt hin.
Mit diesen Informationen ergibt sich für die Ermittler ein erfolgversprechender Ermittlungsansatz. Da die Recherchen im

Vermißtenvorgang anfangs ziemlich lückenhaft und oberflächlich geführt wurden, weil ein überzeugender Verbrechensverdacht noch nicht vorlag, nimmt die MUK den Faden noch einmal ganz von vorn auf. Dabei überprüft sie alle bisher gemachten Aussagen und stößt auch auf Günter Bastow. Bereits am 18. Juli 1968 wird er als Zeuge vernommen und soll über seine Beziehung zu seinem Kumpel Hans-Ulrich aussagen. Dabei kommt man auch auf den Samstag zu sprechen, an dem die beiden letztmalig zusammen waren. Er bleibt bei seiner früheren Darstellung, den Autobahnparkplatz nach etwa einer Stunde Aufenthalt gemeinsam mit seinem Freund verlassen zu haben. Beide wären dann mit seinem Moped nach Hohenwarthe gefahren, wo sie sich getrennt hätten. Die Angaben erscheinen glaubwürdig angesichts der Tatsache, daß Hans-Ulrich tags darauf in Burg noch gesehen wurde. Und für diesen Tag hat Günter Bastow ein lupenreines Alibi. So bleibt er zunächst unbehelligt. Daß der Zeuge in Burg sich geirrt hatte, wird erst viele Wochen später festgestellt.

Der zufällige Leichenfund im Wald bei Möser versetzt Günter Bastow anfangs in Angst und Schrecken, und in banger Erwartung sieht er seiner Verhaftung entgegen. Doch die Wochen vergehen, ohne von der Polizei nochmals behelligt zu werden. So dauert es nicht lange und die Beunruhigung ist verflogen. Er fühlt sich bald so sicher, daß er einen Monat nach seiner Zeugenvernehmung ein fünfjähriges Mädchen vom Spielplatz lockt und im Kellereingang eines Wohnhauses sexuell mißbraucht. Obwohl der Fall angezeigt wird, bleibt er unentdeckt. Dieses Erlebnis ermuntert ihn, kurze Zeit später in einem Magdeburger Vorort erneut ein kleines Mädchen zur Duldung unzüchtiger Handlungen zu verleiten. Auch dieser Vorfall wird der Polizei gemeldet, und wiederum kommt sie ihm nicht auf die Spur.

Natürlich laufen im Hintergrund die unermüdlichen Ermittlungen der MUK in der Mordsache Hans-Ulrich Stolle. Doch es ist sehr schwierig, die einzelnen Aufenthaltsorte und den Bewegungsablauf des Opfers am Wochenende vom 3. und 4. Februar 1968 zu rekonstruieren und lückenlos zu erfassen. Eine eigens für diesen Zweck gebildete Arbeitsgruppe ist wochenlang damit ausgelastet. Fast einhundert Befragungen zur Personen- und Fahrzeugbewegung, Bestuhlungspläne in Gaststätten, Lichtbildvorlagen und Gegenüberstellungen füllen bald dicke Aktenordner. Die Daten, mathematisch-grafisch in einem Weg-Zeit-Diagramm aufbereitet und ausgewertet, führen schließlich zu dem Ergebnis, daß Hans-Ulrichs Anwesenheit am Kino in Burg keinesfalls sicher ist. Es werden nämlich Mitschüler ermittelt, die sich in der fraglichen Zeit ebenfalls dort aufhielten, ohne Hans-Ulrich wahrgenommen zu haben. Ferner relativiert der bis jetzt wichtigste Zeuge bei seiner erneuten Befragung die Behauptung, Hans-Ulrich gesehen zu haben, und räumt eine mögliche Personenverwechslung ein. Damit steht fest: Wenn dieser Zeuge sich geirrt hat, lagen der bisherigen kriminalistischen Ausgangslage falschen Fakten zu Grunde; sie müssen also neu bestimmt werden.

Von nun an erhält der 3. Februar 1968 einen neuen, herausragenden untersuchungsmethodischen Stellenwert.

Der uralten taktischen Spielregel folgend, nach der Personen, die ein Opfer vor dessen Tod oder spurlosem Verschwinden als Letzte gesehen haben, mit besonderer Hingabe zu überprüfen sind, gerät Günter Bastow wieder in den Fokus kriminalistischer Aufmerksamkeit. Diesmal allerdings mit gebotenem Argwohn. Eine gründliche Personenaufklärung ist die Folge. Und bei der Durchsicht der den 3. Februar betreffenden Befragungsprotokolle stoßen die Fahnder zusätzlich auf einen bislang harmlos erscheinenden Widerspruch zwischen Günter Bastows Aussagen und denen seiner Familienangehörigen: Günter gab nämlich bei der Kripo an, an dem fraglichen Samstag zwischen 15.00 bis 15.30 Uhr heimgekehrt zu sein, sein Vater und sein Bruder hingegen glauben, sich erinnern zu können, daß er gegen 17.30 Uhr nach Hause kam. Intuitiv wird er zum Hauptverdächtigen. Angesichts dieser Umstände entbrennt das Jagdfieber der Ermittler. Doch ihr stürmischer Eifer muß zugunsten eines behutsamen Vorgehens gebremst werden, denn die Argumente für eine Täterschaft Günter Bastows sind vage und leichtgewichtig. Ein knallharter Verdacht, der womöglich einen Haftbefehl rechtfertigen könnte, läßt sich mit ihnen nicht begründen, obwohl die Männer der MUK nicht mehr an die Unschuld des Jugendlichen glauben. Doch Glauben und Intuition müssen in logisch und tatsächlich begründetes Wissen umgewandelt werden. Nur so lassen sich Voraussetzungen für die Erlangung von Beweisen schaffen. Doch es ist ein besonderes taktisches Geschick vonnöten. Denn die Untersuchungserfahrung lehrt, daß viele kriminelle Jugendliche ihre Verunsicherung in der angespannten Situation einer Vernehmung dadurch kompensieren, daß sie anscheinend unüberwindbare Barrieren der Sturheit, Schlacksigkeit und eines hartnäckigen Widerstands aufbauen können, vor denen unerfahrene Vernehmer kapitulieren müssen.

Die Männer der MUK sehen nach Lage der Dinge in einer erneuten, diesmal tiefergehenden, psychologisch und taktisch gut vorbereiteten Vernehmung des insgeheim verdächtigten Günter Bastows eine Chance für eine baldige Lösung des Falls. Diese Aufgabe übernimmt Oberleutnant Schneider (51), ein eher behäbiger, gemütlich wirkender, dennoch smarter Typ mit langjähriger Erfahrung im Umgang mit schweren Jungens aller Gattungen.

Schneider wertet alle tatbezogenen Fakten und die inzwischen vorliegende Persönlichkeitsanalyse über Günter Bastow aus, ehe er die zu klärenden Fragen erfaßt und die Reihenfolge ihres Abarbeitens in der Vernehmung bestimmt. Besonderen Wert legt er auf eine exakte Vorbereitung des ersten Zusammentreffens mit dem Jugendlichen, den er vorher noch nie zu Gesicht bekam. Diese Begegnungsphase will er so gestalten, daß die zu erwartende konflikthafte, konträre Vernehmungssituation von Anfang an entkrampft ist. Schneider vertraut seinem Instinkt, auf diese Weise Bastows möglichen Aussagewiderstand schnell auflösen zu können. Denn er weiß sehr wohl, daß die meisten Mörder unter einem ungeheuren, paradoxen Zwang stehen. Sie müssen sich nämlich fortwährend gedanklich mit der Tat befassen, obwohl sie sie eigentlich ganz aus dem Gedächtnis verdrängen wollen. Hinzu kommt ihre Angst vor den strafrechtlichen, moralischen und sozialen Konsequenzen, die sie treibt, das belastende Wissen geheimzuhalten, obwohl sie am liebsten darüber reden würden.

Am Mittwoch, dem 16. April 1969 ist es soweit. Auf Oberleutnant Schneiders Geheiß erscheint am Vormittag in der Tischlerei des VEB Spezialbau in Magdeburg ein freundlicher junger Mann, zeigt seine Dienstmarke und bittet Günter Bastow zu einem Gespräch auf die Dienststelle: »Mein Chef muß mit dir noch mal sprechen, du weißt ja, worum es geht!«

Günter erschrickt bis ins Mark, denn neun lange Monate haben die Bullen ihn in Ruhe gelassen, und plötzlich behelligen sie ihn wieder. Warum nur? Haben sie am Ende etwas gegen mich in der Hand? Nein, unmöglich, das kann nicht sein, dann würden sie mich doch gleich verhaften, denkt er und gewinnt seine Fassung zurück.

»Gleich?« fragt er schüchtern.

Der freundliche Mann nickt und kommentiert das Sprichwort über das, was man heute besorgen kann und nicht auf morgen verschieben soll: »Ich hab das Auto mit, und dein Meister weiß Bescheid!«

Folgsam trabt Günter mit ihm davon. Die Fahrt zur BdVP

dauert eine Weile, führt durch das verkehrsdichte Stadtzentrum bis in die Halberstädter Straße. Unterwegs lenkt der junge Mann seinen Fahrgast mit unzähligen, harmlosen Witzen ab. Günter fühlt sich zusehends sicherer. Dennoch lauert ganz tief in seiner Seele ein dumpfes Unbehagen.
Eine halbe Stunde später wird er durch das große Polizeigebäude bis vor Oberleutnant Schneiders Büro geführt. Dort muß er zunächst warten. Sein freundlicher Begleiter rückt keinen Schritt von seiner Seite: »Kannst noch eine rauchen, es dauert noch'n Augenblick!« Günter Bastow nutzt die Gelegenheit. Daß er längst unter konsequenter, wenn auch freundlicher, Bewachung steht, bemerkt er gar nicht. Während er neben einem kugeligen Standaschenbecher steht und raucht, beobachtet er mit verstohlener Neugierde das Treiben auf dem langen Gang. Hemdsärmelige Männer laufen geschäftig vorbei, verschwinden hinter den Türen. Undeutliche Stimmen dringen durch die Wände. Man hört das Klappern der Schreibmaschinen. Irgendwo klingelt ein Telefon. So vergehen die Minuten.
Plötzlich öffnet sich die gegenüberliegende Tür. Oberleutnant Schneider tritt heraus, steuert geradewegs auf den Jungen zu, grinst ihn freundlich an, streckt ihm zur Begrüßung die Hand entgegen: »Du bist also der Kumpel von Hans-Ulrich Stolle. Na, dann komm mal rein, wir müssen noch ein paar Fragen klären!«
Während er das sagt, wirft er Bastows freundlichem Aufpasser einen kurzen Blick zu. Der versteht und verläßt die Szene. Schneider hängt ein kleines Pappschild mit der Aufschrift »Nicht stören – Vernehmung« von außen an die Bürotür und plaziert den unfreiwilligen Gesprächspartner vor seinem Schreibtisch. Dann erklärt er ihm, sich seit vielen Monaten mit dem Fall seines Kumpels zu beschäftigen und inzwischen Dinge zu kennen, von denen andere keine Ahnung haben. Während er gleichzeitig mit ernster, vielsagender Miene in der

Akte blättert, beobachtet er aus den Augenwinkeln jede Reaktion seines jugendlichen Gegenübers. Aus einem Kuvert fischt er ein paar Polizeifotos, betrachtet sie einen Moment lang und fragt hinterlistig, ohne Bastow direkt anzusehen: »Willst du mal sehen, wie dein Kumpel aussah, als wir ihn gefunden haben?«

Günter schüttelt heftig den Kopf und wehrt das makabre Angebot angewidert ab: »Nein, möcht ich nicht sehen!«

»Du hast recht, das ist kein schöner Anblick!« beruhigt Schneider ihn und läßt die Bilder wieder im Briefumschlag verschwinden. Dann fragt er eindringlich: »Können wir uns einigen, daß du hier die Wahrheit sagst und mich nicht anspinnst?«

Der Junge nickt stumm. Es ist wie ein schwaches Einverständnis, doch Schneider reicht dies nicht und drängt: »Sag's laut. Ich will es hören!«

Günter Bastow fällt es sichtlich schwer, ehrlich zu antworten. Er druckst herum, lächelt verlegen. Oberleutnant Schneider deutet das Ausdrucksverhalten des Jungen richtigerweise als äußere Begleiterscheinung des Ringens um eine Entscheidung. Er läßt dem Jungen einen Augenblick lang Zeit. Denn so ist es allemal besser als eine spontane Antwort, von der er nicht weiß, ob sie ehrlich ist. Günter Bastow sagt schließlich: »Ja, ich will die Wahrheit sagen!«

»Das ist in Ordnung«, meint der Kriminalist zufrieden und schneidet plötzlich ein Thema an, mit dem Bastow niemals gerechnet hätte: »Na, dann wollen wir das mal testen. Was war denn mit der Katze, du weißt schon, die am Birkenwäldchen?«

Günter Bastow ist perplex, fühlt sich ertappt. Woher weiß der Bulle davon? Es stimmt, es gibt nämlich eine Episode aus dem vergangenen Sommer, die er eigentlich längst vergessen hatte. Ein Dummerjungenstreich war es, der mit seiner Lust am Tiere quälen zu tun hat. Weil Schneider den Jungen fortwährend durchdringend anstarrt und auf eine Antwort wartet, entschließt sich der Junge, die Geschichte zu erzählen: Er wäre am Birkenwäldchen in der Nähe des Mittellandkanals mit einem namentlich nicht bekannten Jugendlichen, den er aber von früher aus der Schule kennt, zufällig zusammengetroffen. Aus lauter Übermut hätte er ihn angestiftet, mit ihm eine Katze aus der Nachbarschaft heimlich einzufangen. Die Schwanzspitze des Tieres habe er in Farbverdünner getaucht, angezündet und sich köstlich amüsiert, wie das geschundene Tier panisch durch die Landschaft tobte …

»Gut, ich kenne das alles …«, unterbricht Schneider gelassen die Schilderung des Jungen. Längst war er beim Aktenstudium auf das Befragungsprotokoll des an diesem unschönen Akt beteiligten anderen Jugendlichen gestoßen. Jetzt ist er zufrieden und vollendet den Gedanken mit einer beruhigenden Erklärung: »… die Katze hat die Tortur überlebt, wenn auch der Schwanz an Länge eingebüßt hat. Trotzdem: Die Besitzer haben wegen Tierquälerei Anzeige gegen Unbekannt erstattet. Wir beide wissen, daß du es warst …«

Das längst vergessene Geschehen verfehlt als Waffe der Labilisierung seine Wirkung nicht. Denn Günter Bastow rutscht unruhig auf seinem Stuhl hin und her, kann seine Aufregung kaum verbergen. Unsicher und beschämt grinst er vor sich hin. Schneider spürt instinktiv, wie sich die Gedanken des Jungen überschlagen, als dieser völlig betroffen fragt: »Wie haben Sie das denn rausgekriegt?«

Schneider ignoriert die Frage, spielt statt dessen den Trumpf seiner Überlegenheit aus. So, als spräche er über eine unfehlbare, selbstverständliche Angelegenheit, meint er nur: »Wenn wir wollen, kriegen wir alles raus, dafür werden wir ja bezahlt.«

Während dieses Satzes hat sich der Oberleutnant erhoben, kommt gemächlich hinter seinem Schreibtisch hervor, ergreift einen irgendwo stehenden Stuhl und setzt sich Angesicht zu

Angesicht vor den Jungen. Mit beiden Händen erfaßt er Bastows Schultern, blickt ihm tief in die Augen und spricht mit ruhiger, gedämpfter Stimme: »Siehst du, und deshalb sind wir beiden die einzigen, die wissen, was mit deinem Kumpel Hans-Ulrich passiert ist, stimmt's?«

Bastow kann sich dem Blick des Vernehmers nicht entziehen. Als würde für den Bruchteil eines Augenblicks sein Verstand aussetzen und nur noch der Körper reagieren, bejaht er die Frage mit einem Kopfnicken. Dann schießen ihm die Tränen in die Augen. Schneider, der die Schultern des Jungen immer noch festhält und den Blick nicht von ihm wendet, wiederholt: »Stimmt's?«

Jetzt kann Bastow nicht mehr. Er hält dem inneren und äußeren Druck nicht mehr stand. Zu rationaler Überlegung unfähig, wird er augenblicklich unbedacht und schon entschlüpft ihm der alles entscheidende kleine Satz. »Ja, das glaub ich!«

Jetzt bricht es aus dem Jungen heraus. Eine Tränenflut ergießt sich über seine Wangen. Schneider erkennt, daß der Junge offenbar keine Kraft mehr hat, das Geschehen, das er fast ein Jahr lang in sich hineingefressen hat, weiterhin zu verheimlichen. Er weiß, daß sich nunmehr der innere Spannungszustand lösen und trotz der einschneidenden rechtlichen Konsequenzen eine Erleichterung einstellen wird, endlich über alles sprechen zu können. Immer noch hat er seine Hände auf Günter Bastows Schultern. Dann fragt er: »Wirst du mir alles erzählen?«

Und der Junge nickt heftig mit dem Kopf und schluchzt ein verzweifeltes »Ja!«

Damit ist der Weg für ein umfassendes Geständnis frei. Schneider nutzt die Gunst dieser Stunde.

Bis weit nach Mitternacht dauert die erste Beschuldigtenvernehmung, eine psychische Belastungsprobe für beide Seiten. Freimütig schildert Günter Bastow, wie er mit Hans-Ulrich zusammentraf, wie sie gemeinsam am Autobahnparkplatz

Westzigaretten schnorrten, wie es zu dem Mopedunfall kam, wie er aus Angst vor den Konsequenzen seinen verletzten Freund ermordete und seine Leiche verscharrte. In diesen Stunden wirft Günter Bastow tatsächlich die ganze bedrückende Last der letzten Monate von sich und verspürt eine ständig größer werdende innere Erleichterung.
Im Verlaufe des Untersuchungsverfahrens zeigt er sich durchweg kooperativ, so daß nach wenigen Wochen der Sachverhalt umfassend aufgeklärt ist. Anfangs hegte die Kripo zwar den Verdacht, Bastow habe womöglich neben den tödlichen Messerstichen seinen Freund mit einem stumpfen Gegenstand auf den Hinterkopf geschlagen, was die nicht todesursächliche Schädelbasisfraktur erklären könnte. Doch im Verlaufe weiterer Untersuchungen rückt die Polizei von dieser Version ab, weil sich dafür weder ein Handlungsmotiv findet noch die von ihm beschriebene, daraufhin kriminalistisch untersuchte, stein- und wurzelreiche Unfallstelle seinen detaillierten Aussagen zum Unfallhergang widerspricht. Zusätzlich erklärt ein gerichtsmedizinisches Gutachten das wahrscheinliche Zustandekommen der Schädelbasisverletzung durch den unfallbedingten Sturz.
Kurz vor der Hauptverhandlung wird der Beschuldigte psychiatrisch untersucht, um seine Schuldfähigkeit und strafrechtliche Verantwortlichkeit zu prüfen. »Es fanden sich keine Hinweise auf psychotische Geschehen und trotz intellektueller Minderausstattung keine Einschränkungen hinsichtlich der Schuldfähigkeit«, urteilt der Sachverständige. Überdies bescheinigt er Günter Bastow eine »mangelnde Gefühlsdifferenziertheit, aber keine gesteigerte Affektlabilität« und gelangt mit Blick auf die kurze Zeit nach der Tötung begangenen sexuellen Mißbrauchshandlungen zu dem Schluß, daß das »Taterlebnis nicht so beeindruckend war, als daß es ihn vor dem sexuellen Mißbrauch bewahrt hätte«. Fazit: Bastow ist strafrechtlich voll verantwortlich.

Am Ende des Verfahrens steht damit fest, daß Bastow seinen Freund vorsätzlich getötet hat, um einen Unfall zu vertuschen.
In Anwendung des Jugendstrafrechts, das gemäß §§ 76 und 78 StGB (DDR) für Jugendliche eine Höchststrafe von 15 Jahren Freiheitsentzug vorsah und die Todesstrafe ausschloß, wird Günter Bastow vom Bezirksgericht Magdeburg gemäß § 112 Abs. 1 StGB (DDR) wegen Mordes zu einer Freiheitsstrafe von 12 Jahren verurteilt.
Diese Sanktion soll »den Jugendlichen zu bewußter gesellschaftlicher Disziplin, Verantwortung und Arbeit führen und ihm durch Bildung und Erziehung, berufliche Qualifizierung sowie kulturell-erzieherische Einwirkung einen seinen Leistungen und Fähigkeiten gemäßen Platz in der sozialistischen Gesellschaft sichern« (§ 77 Abs. 2 StGB der DDR).
Der Vollzug erfolgt zunächst unter den überaus harten Bedingungen der Jugendstrafanstalt »Frohe Zukunft« in Halle, in der Bastow nach dreijähriger Ausbildung den Beruf eines Tischlers erlernt. Späteren Auskünften der am Strafverfahren Beteiligten zufolge soll der inzwischen fast Zwangzigjährige anschließend in das berüchtigte Männergefängnis Brandenburg-Görden verlegt worden sein. Vier Jahre später hätten sich für ihn die Tore zur, freilich streng reglementierten, Freiheit geöffnet. Wie Günter Bastow allerdings sein weiteres Leben gestaltete, ist unbekannt.

In nahezu der Hälfte aller unnatürlichen Todesfälle sind die kriminalistischen Erkenntnisprozesse durch mehr oder weniger raffinierte Verschleierungshandlungen des Täters erschwert. So werden echte Spuren vernichtet, irrelevante hinzugefügt, Zeugen beeinflußt oder sonstige Vertuschungen inszeniert, um die Polizei auf eine falsche Fährte zu lenken. Das beunruhigend hohe Dunkelfeld bei vorsätzlichen Tötungsdelikten erklärt sich in den meisten Fällen aus den unerkannten

Kaschierungen, wobei vielfach oberflächliche Leichenschau und stümperhaftes polizeiliches Vorgehen ihr übriges dazu beitragen. Bevorzugte Begehungsweise der Täter ist die Vortäuschung von Unfällen und Suiziden. Aber auch das Fingieren oder Verfälschen nur einzelner Tatumstände bei ansonsten offenkundigen Verbrechen ist eine häufig angewandte Methode, von sich abzulenken. Daß derartige Sachverhalte den kriminalistischen Spürsinn in besonderem Maße herausfordern, liegt auf der Hand.

Eine nahezu perfekte Verschleierung gelingt allerdings bei der Vortäuschung eines natürlichen Todes, der vor allem bei Erdbestattungen eine sachgerechte gerichtsmedizinische Leichenschau ebenso ausschließt wie eine kritische kriminalistische Untersuchung.

Aber auch andere unnatürliche Todesfälle werden immer wieder verschleiert. So können die an sich strafrechtlich irrelevanten Suizide aus moralischen, religiösen oder versicherungsrechtlichen Gründen als Unfall oder natürlicher Tod maskiert werden. Mitunter scheuen die Täter sogar das Risiko nicht, sich der strafrechtlich bedeutsamen Vortäuschung einer Straftat schuldig zu machen, wenn sie derartige Fälle sogar als Mord darstellen.

Gleiches gilt auch für tödliche Unfälle. Sie entstehen in der Regel aus bewußten oder unbewußten Pflichtverletzungen und stehen in Kausalität zu dem die fahrlässig herbeigeführte Tötung verursachenden plötzlichen Ereignis. Um sich der strafrechtlichen Verantwortung zu entziehen, entschließen sich manche Täter zur Verschleierung für die am wenigsten aufwendige Methode, der sogenannten Unfallflucht. Sie ist eine typische Erscheinungsform bei Verkehrsunfällen. Andere tödliche Unfälle wiederum werden aus gleichen motivationalen Gründen als Suizid kaschiert (insbesondere bei vielen Unfällen im privaten Bereich, aber auch bei manchem Arbeitsunfall).

Eine Besonderheit allerdings bilden jene tödlichen Unfälle, die, wie der Bericht über den Jugendlichen Günter Bastow zeigt, auf paradoxe Weise verschleiert werden. Die übliche Begehungsweise dabei ist, ein verhältnismäßig geringfügiges Vergehen, wie die schuldhafte Verursachung eines Verkehrsunfalls mit gesundheitlicher Schädigung, die bei rechtzeitigem ärztlichen Eingreifen keinesfalls den Tod verursacht, durch ein Kapitalverbrechen zu kaschieren.
Derlei Fälle sind das tragische Ergebnis einer verstandesmäßig kaum nachvollziehbaren, egozentrisch auf Selbstschutz orientierten und auf angstbesetzten, chaotischen Gefühlsregungen fußenden Handlungsmotivation des Täters.

Daß solche Fälle keine Ausnahme sind, zeigt auch nachfolgendes Beispiel.

In einem Dorf nahe der Kreisststadt Haldensleben erhielt an einem Vormittag im Juli 1968 die achtjährige Manuela den mütterlichen Auftrag, dem Vater, der unweit des Ortes Feldarbeiten verrichtete, das Frühstück zu bringen. Um dorthin zu gelangen, durfte sie ihr Fahrrad benutzen. Zwei Stunden später wurde die Polizei alarmiert, weil Einheimische mehrere hundert Meter hinter der Ortschaft im Straßengraben einer Fernverkehrsstraße die durch stumpfe und scharfe Gewalteinwirkungen erheblich zugerichtete Leiche des Kindes entdeckt hatten. Als die Polizei erschien, war der Leichnam von einem örtlichen Krankenfahrzeug bereits abtransportiert worden. Wegen der erheblichen Personenansammlung zum Zeitpunkt des Leichenfundes konnten am Tatort und am Fahrrad keine tatrelevanten Spuren gesichert werden, jedoch wurde in der weiteren Umgebung das Tatwerkzeug, ein Taschenmesser, gefunden. An dessen Griffschalen ließen sich zwar geringe Blutspuren nachweisen, doch reichten diese nicht für weitergehende Untersuchungen.

Die sogleich durchgeführte Autopsie durch den Leiter der Abteilung Gerichtsmedizin an der Medizinischen Akademie Magdeburg, Oberarzt Dr. Wolff, ergab bei der äußeren Besichtigung folgende, zusammengefaßte Befunde: An der Stirn und am Kinn mehrere etwa 2 cm lange, schräge und spitzwinkelige Gewebedurchtrennungen und geschürfte Quetschungen. Im Halsbereich eine zirkuläre, mehrfach unterbrochene Strangmarke mit zahlreichen webmusterartigen Unterblutungen, die sich über den Schlüsselbeinbereich erstrecken. Am Rücken in Höhe des linken Schulterblatts zwei tiefe, scharfrandige Stichverletzungen. Die innere Besichtigung offenbarte insbesondere deren schwere Folgen. So waren Herz, Lunge und Speiseröhre durchbohrt. Dies führte zu massivem Bluterguß in die Brusthöhle. Todesursache: Innere und äußere Verblutung nach Stichverletzung. Bei der gedanklichen Rekonstruktion des Tathergangs gingen die Ermittler zunächst davon aus, daß das Kind durch ein sehr kräftiges Zusammendrehen der Strickjacke an der Körpervorderseite gedrosselt und durch die rücklings erfolgten Stiche getötet wurde. Der Verdacht einer vorsätzlichen Tötung war nach dieser Spurenlage hinreichend begründet und rechtfertigte die Einleitung eines Ermittlungsverfahren gegen Unbekannt. Hinsichtlich eines möglichen Tatmotivs wurden bei diesem Erkenntnisstand sexuelle Beweggründe für wahrscheinlich gehalten.
Während die sofort in Gang gesetzten Ermittlungen der MUK diese Verdachtsrichtung verfolgten, wurden die Bekleidungsstücke des Mädchens im Kriminalistischen Institut begutachtet. Die Experten kamen zu einem überraschenden Ergebnis: Manuelas Strickjacke wies nämlich massiv gedehnte und gerissene Gewebedurchtrennungen mit Schmutz- und Erdreicheinlagerungen auf. Derartige Beschädigungen setzten einen solch enormen Kraftaufwand voraus, daß ein bloßes manuelles Einwirken auszuschließen war. Statt dessen kam eine Maschine oder ein Fahrzeug in Betracht. Diese gutach-

terliche Festellung führte dazu, die Version einer sexuell motivierten Täterhandlung aufzugeben. Das änderte nichts am dringenden Tatverdacht der vorsätzlichen Tötung durch Messerstiche. Unter den gegebenen Bedingungen gingen die Ermittler schließlich davon aus, daß die erheblichen Beschädigungen an der Strickjacke der Getöteten durch ein landwirtschaftliches Gerät verursacht wurden. Im Zusammenwirken mit Ingenieuren für Landtechnik wurden die in der Region verwendeten landwirtschaftlichen Geräte überprüft, ob sie für die Entstehung des an der Leiche und deren Bekleidung festgestellten Verletzungsmusters in Frage kamen. Mit Erfolg. Es kamen nämlich zwei Gerätetypen in Betracht: Eine Rübenvollerntemaschine und ein Mähdrescher. Erstere konnte wegen der erst Monate später einsetzenden Erntezeit ausgeschlossen werden. Mähdrescher aber waren zur Zeit in Aktion. Es gelang auch ziemlich schnell, eine zweiköpfige Mähdrescherbesatzung zu beschuldigen, die zur Tatzeit in der Nähe der Fundstelle des Opfers mit ihrer Maschine auf einem Getreidefeld tätig war. Die Vernehmung der beiden Männer, die sich nach langem Zögern dazu bekannten, das Mädchen aus Angst und Mitleid getötet zu haben, führte zur Klärung des Geschehnisablaufs. Danach befuhren sie in den Vormittagstunden des Tattages mit ihrem Mähdrescher einen parallel zur Fernverkehrsstraße verlaufenden Feldweg, um zu einem anderen Feld zu wechseln. Entgegen den Betriebsvorschriften ließen sie während der Fahrt das Dreschwerk weiterlaufen. Die auf dem Fahrrad entgegenkommende achtjährige Manuela bemerkten sie erst, als die Kollision nicht mehr zu verhindern war. Die beiden Beschuldigten stoppten zwar das Dreschwerk sofort, doch die auslaufende Förderschnecke besaß noch soviel kinetische Energie, daß das Kind auf den Schneidwerktisch des Mähdreschers gezogen wurde und die beschriebenen Verletzungen erlitt. Nachdem die Männer das verletzte, bewußtlose, schwer atmende Kind aus der Maschi-

ne befreit und in einem Straßengraben abgelegt hatten, wurden sie sich ihres schuldhaften Verhaltens bewußt. Von panischer Angst gepackt berieten sie das weitere Vorgehen. Da sich während des Unfalls keine weiteren Menschen in der Nähe befanden, wollten sie unbehelligt und unerkannt entkommen. Sie kamen außerdem überein, dem verletzten Kind einen »Gnadenstoß« zu versetzen, da ihm »sowieso keiner mehr helfen kann«. Der Fahrer drehte das bewußtlose Mädchen auf den Rücken, nahm sein Taschenmesser und brachte dem Opfer in Tötungsabsicht zwei gezielte Herzstiche bei. Das Tatwerkzeug warf er irgendwo ins Gelände. Danach vergewisserten sich die Männer nochmals, daß sie niemand beobachtet hatte, und setzten sodann ihre Fahrt fort. Später, als eine Menschenansammlung am Tatort das Auffinden des getöteten Mädchens signalisierte, kehrten sie mit dem Mähdrescher auf der gleichen Fahrspur zum Tatort zurück, um sowohl ihre Spuren zu verwischen als auch durch gespielte Bestürzung keinen Verdacht gegen sich aufkommen zu lassen.
Die beiden Mähdrescherfahrer hatten sich wegen vorsätzlicher Tötung vor Gericht zu verantworten.

Im Namen des Volkes

Aktenzeichen 1a BS 1/72 Bezirksgericht Karl-Marx-Stadt, 131-23/71 Bezirksstaatsanwalt Karl-Marx-Stadt

Sommer 1970. Wenn die »Gloria-Combo« samstags im »Ratskeller« zum Tanz aufspielt, wird der 4600-Seelen-Ort Fraureuth im Landkreis Werdau zum Wallfahrtsort der Jugend aus der Umgebung. Kennern allerdings ist der idyllische Flecken im vogtländischen Hügelland dank der dort ansässigen, sportfördernden Wälzlagerindustrie als Hochburg des Spitzenhandballs längst bekannt.

Es ist der 5. September, ein Samstag. Der bedrückende Dauerregen der letzten Tage, der die brütende Augusthitze ablöste, ist ostwärts abgezogen und mit ihm der allgemeine Trübsinn. Jetzt zeigt sich der Spätsommer von seiner besten Seite, und das Wohlbehagen kehrt zurück. Das Waldbad füllt sich wieder mit Gästen, die passionierten Wanderer, Kleingärtner und Landleute hält es nicht mehr in ihren Stuben. Unbeschirmt kann nun die Fraureuther Jugend, aber auch die der Nachbarorte, dem Lockruf folgen, der von den Plakaten am »Ratskeller« ausgeht: »Heute von 19.00 bis 24.00 Jugendtanz«. Die Anziehungskraft ist so groß, daß bereits eine Stunde vor dem ersten Takt der Tanzschuppen rappelvoll ist. Unter den tanzlustigen jungen Leuten befindet sich die siebzehnjährige Mechthild Lohse aus der Nachbargemeinde Gottesgrün, wohlproportioniert, sportlich, blond – eine Freude für Herz und Sinne. Sie ist Schülerin der Klasse 12 a in der »Theodor-Neubauer-Oberschule« im nahen Greiz, eifrig, zuverlässig, ausdauernd und begabt. Beste Noten und ein positives »politisch-moralisches« Image zeichnen sie aus, weil sie, wie es in einer Beurteilung durch die Schule heißt, »als Leitungsmitglied der FDJ-Grundorganisation es vorbildlich versteht, gesellschaftliche und persönliche Interessen in Übereinstimmung zu bringen«. Ehrgeizig setzt Mechthild alles daran, nach dem Abitur ab September nächsten Jahres an der »Karl-Marx-Universtität« in Leipzig Chemie studieren zu können. Trotzdem ist sie keine Lernfanatikerin, die sich nur in ihre Bücher versenkt. Sie ist gleichermaßen dem fröhlichen Leben zugewandt, und ganz nebenbei eine begeisterte und allseits respektierte Sportlerin, deren Liebe besonders dem Handball gilt. Jetzt aber sitzt sie mit ihren Freundinnen im »Ratskeller«, um der Musik zu lauschen und zu tanzen.

An diesem Abend lernt sie den fünfundzwanzigjährigen Eberhard Damrau kennen. Er wohnt in Reuth, wenige Kilometer von Fraureuth entfernt, und arbeitet im Werdauer Zweigbetrieb des VEB Leipziger Kugellagerfabrik als Spitzendreher. Auf Anhieb hat der kräftige Bursche mit dem lichtbraunen Haar Mechthild betört. Er sieht gut aus und plaudert amüsant. Seine taktvolle, zurückhaltende, fast schüchterne Art, mit der er sich wohltuend von den üblichen ungehobelten Anbaggereien der anderen Jungen unterscheidet, gefällt ihr. Irgendwann schließlich nimmt er für den Rest des Abends an ihrem Tisch Platz und spendiert eine Flasche sowjetischen Sekt. Bei seinem Lohn kein Problem. Diese Großzügigkeit beeindruckt die Schülerin, die mit kargem Tachengeld gewissenhaft haushalten muß. Jetzt bietet sich viel Gelegenheit zum Tanzen, Plaudern und Schmusen. Allerdings: Gegen 23.00 Uhr muß Mechthild aufbrechen. Sie hat den Eltern versprochen, nicht zu spät heimzukehren. Eberhard bedrängt sie nicht, länger zu bleiben, bietet ihr aber auf der Stelle seine Begleitung an. »Ohne Hintergedanken«, betont er. Freudig stimmt Mechthild zu. So endet der erste Abend in übereinstimmender Zärtlichkeit und mit dem Wunsch nach einem baldigen Wiedersehen am nächsten Wochenende.

Mechthild Lohse kann in den folgenden Nächten keinen ruhigen Schlaf finden. Grund: Sie hat sich in Eberhard Damrau verknallt. Er, reifer und männlicher als ihr Exfreund Holger aus der Parallelklasse, mit dem sie seit der 10. Klasse bis vor einem halben Jahr zusammen war, läßt jetzt tausend Schmetterlinge in ihrem Bauch schwirren. Aber auch Eberhard hat Feuer gefangen und gesteht wenige Tage später einem Freund, daß er »sich schwer verliebt« habe. Auch er kann das nächste Rendezvouz kaum erwarten.

Fortan verbringen die beiden viele Stunden ihrer Freizeit in trauter Gemeinsamkeit. Nach dem leistungsfordernden Schulalltag und den disziplinierten Trainungsstunden im Handballverein genießt Mechthild an den Wochenenden das abwechslungsreiche Zusammensein mit Eberhard. Sie bewundert ihren neuen Freund, weil er stolzer Besitzer einer schnittigen »Sport-AWO« ist, ein Motorrad des VEB Fahrzeug- und Gerätewerk Simson-Suhl. Motorisiert vergrößert sich der Aktionsradius für ihre Unternehmungen beträchtlich. Die Verliebten besuchen Tanzveranstaltungen in Plauen, Zwickau oder anderen nahen Städten, gehen ins Kino, vergnügen sich im Greizer Hallenbad oder geben sich ausgedehnten Spaziergängen hin. Zeit und Gelegenheit für Liebkosungen bleiben allemal.

Die Wochen vergehen und das Pflänzchen der Liebe gedeiht. An den Werktagen heißt es für Eberhard, die Arbeitsnormen an der Drehbank zu erfüllen und abends in der Volkshochschule für den Abschluß der 10. Klasse zu pauken. Und wenn alles gut geht, will er vielleicht später das Abitur erwerben und an der Technischen Hochschule in Dresden studieren. Damals, als er 1959 die Grundschule mit befriedigendem Ergebnis abschloß, war er froh, endlich von der Schulbank wegzukommen, den gutbezahlten Dreherberuf zu erlernen und alsbald auf eigenen Füßen zu stehen. Er wollte seinen älteren Brüdern nacheifern, die auch schon lange nicht mehr an Mutters Rockzipfel hängen. Freilich, die alleinstehende, gesittete,

fleißige und treusorgende Mutter hatte es nicht einfach mit ihren vier Jungs. Immerhin war der Vater 1946 nach seiner Entlassung aus englischer Kriegsgefangenschaft nicht wieder an den heimischen Herd zurückgekehrt, sondern klammheimlich irgendwo im Westen untergetaucht und hatte die junge Frau mit vier Kindern sitzenlassen. Trotz dieser schwierigen Bedingungen entfaltete sich ein harmonisches Familienleben ohne nennenswerte Erziehungsprobleme. Die beiden ältesten Brüder übernahmen in pädagogischer Hinsicht ersatzweise die Vaterrolle für das Nesthäkchen Eberhard. Das entsprach ihren Neigungen, und so lag es nahe, daß sie später Lehrer wurden. Der dritte Bruder hatte kurz vor dem Mauerbau bei Nacht und Nebel den Arbeiter-und-Bauern-Staat verlassen und lebt jetzt irgendwo im Rheinland, wo er im Auftrag einer großen Spedition als Trucker durch ganz Westeuropa kutschiert.
Vor einem Jahr hatte Eberhard Damrau seine erste Freundin, ein mehr platonisches Verhältnis, und das auch nur für kurze Zeit. Denn die freundschaftliche Eintracht wurde immer wieder gestört, die Eltern des Mädchens waren sehr streng, ließen ihrer Tochter nur wenig Raum für eigene Entscheidungen und steuerten vor allem ihre Freizeit in einer Weise, daß er sich ständig von ihnen kontrolliert fühlte. Klar, das reichlich verklemmte Mädchen war erst 16 Jahre alt und Schülerin der 10. Klasse. Es mußte, selbst wenn es mal zum Tanzen gehen durfte, bereits um 22.00 Uhr wieder zu Hause sein. Das übertriebene, mißtrauische Getue der Eltern belastete ihn sehr. Kein Wunder, daß diese Beziehung in einer herben Enttäuschung endete. So jedenfalls beurteilt er aus heutiger Sicht diese kurze Romanze. Wie wohltuend anders ist es jetzt: Mechthilds unverkrampftes, geradliniges Wesen imponiert ihm. Ihre Eltern sind überhaupt nicht autoritär, sie haben Vertrauen zu ihrer Tochter, wachen nicht eifersüchtig über jeden ihrer Schritte, so daß sie ihre Freizeit nach eigenem Er-

messen gestalten kann. Ja, diese Bedingungen sind ein guter Nährboden für die junge Liebe.
Unweit der nach Zwickau führenden Fernverkehrsstraße 173, gleich hinter der Ortschaft Neumark, hat das Liebespaar im dichten Unterholz eines Birkenwäldchens, das den dortigen Steinbruch umsäumt, eine kleine, dicht umwachsene Lichtung entdeckt, die fortan zum Refugium für ungestörte Zweisamkeit wird. In den letzten warmen Tagen des Altweibersommers wird dieser Ort stummer Zeuge eines intensiven erotischen Spiels. Als Mechthild ihrem Freund ins Ohr haucht, »keine Sorge, ich nehme die Pille«, lassen die beiden ihren Lustgefühlen erstmals freien Lauf.
Mechthild Lohse, die seit ihrem 17. Geburtstag im letzten Mai auf elterliches Anraten von der offiziellen, kostenlosen Abgabe von Ovulationshemmern profitiert, ist von dem prickelnden Ereignis am Steinbruch so überwältigt, daß sie es nicht für sich behalten kann und wenige Tage später ihrer Mutter anvertraut. Die Eltern wissen längst, daß ihre Tochter seit einigen Wochen einen Freund hat, da er sie schon etliche Male mit dem Motorrad abgeholt hat. Deshalb erlauben sie Mechthild, ihn irgendwann einmal zum Essen einzuladen. Kurzum, sie wollen ihn näher kennenlernen.
Auch Eberhard ist von dem Liebeserlebnis tief beeindruckt, fühlt sich dadurch noch stärker an Mechthild Lohse gebunden und trägt sich heimlich bereits mit Ehegedanken. Als er bei einem Spaziergang wie zufällig auf eine eheliche Gemeinsamkeit zu sprechen kommt, würgt sie das Thema mit der Bemerkung freundlich ab: »Ich heirate, wenn ich irgendwann einmal mit meinem Studium fertig bin.« Eberhard schlußfolgert, daß er geduldig weiter »um sie kämpfen« muß. In der Folgezeit überhäuft er sie deshalb mit kleinen Geschenken und unendlichen Liebeserklärungen. Er begleitet sie regelmäßig zur Sporthalle, wo sie ihre Trainingsstunden absolviert, holt sie von dort wieder ab, wünscht aber auch, daß

sie ihn so oft wie möglich vom Betrieb oder von der Volkshochschule abholt. Auf diese Weise weicht er keinen Schritt von ihr.
Anfangs schmeichelt ihr seine Aufmerksamkeit, Ritterlichkeit und Nähe, obwohl sie ihm immer wieder behutsam klarzumachen versucht, daß ihre jetzige Freundschaft zu ihm nicht der Garantieschein für eine künftige eheliche Bindung sein kann. Später fühlt sie sich durch seine übermäßigen Avancen und unablässige Nähe regelrecht bedrängt und in ihrer Freiheit so eingeengt, daß sie einige Male höchst schnippisch auf sein Verhalten reagiert. »Ständig will er mich bei sich haben, zehnmal am Tag muß ich ihm sagen, daß ich ihn liebe, ich bin doch nicht sein Eigentum«, beklagt sie sich einmal bei einer Freundin.
Ihr mitunter distanziertes Verhalten stachelt ihn erst recht an. Mehrmals versucht er, Mechthild zu bewegen, auf ihre Trainingsabende ihm zuliebe zu verzichten und statt dessen die Zeit mit ihm zu verbringen. »Wenn du ab nächsten Sommer studierst, hast du sowieso keine Zeit mehr für den Sport«, ist sein schwaches Argument. Doch sein absurder Wunsch bleibt unerfüllt. Beharrlich nimmt sie ihre Termine wahr. Verärgert hält er sich schließlich zurück.
Mechthilds Eltern haben Eberhard zum Feiertagsessen am ersten Weihnachtstag eingeladen. Traditionell gibt es Gänsebraten, Rotkohl und Thüringer Klöße. Eberhard zeigt sich von seiner besten Seite, versteht sich vor allem mit Mechthilds Vater recht gut, bemerkt allerdings nicht, daß dieser ihn geschickt über seine Familie und berufliche Perspektive, aber auch über seine Beziehung zu Mechthild ausfragt. Als Lohses mit Mechthild wieder allein sind, zeigen sie sich verwundert, daß »sich der junge Mann wie ein Bräutigam verhalten habe, der bereits zur Familie gehöre«.
»Der hat schon ein paar Mal vom Heiraten geredet, so'n Quatsch. Dabei kennen wir uns erst seit drei Monaten. Ich

bin doch nicht blöd, mich mit siebzehn schon zu binden!« dämpft Mechthild die Besorgnis ihrer Eltern.
»Nichts gegen deinen Freund, aber halte ein wenig Abstand, so dicke Tinte schadet nur«, lautet der elterliche Rat.

Von nun an reduziert Mechthild ihre Zusammenkünfte mit Eberhard. Nur die Wochenenden hält sie für ihn frei. Ihr Argument: »Ich muß fürs Abitur lernen!« Eberhard Damrau fügt sich wider Willen. Mechthild konzentriert sich auf die Prüfungen, ohne dabei ihre sportlichen Ambitionen zu vernachlässigen, und Eberhard steht tagsüber an der Drehbank, um abends für die mittlere Reife zu büffeln oder gelegentlich fernzusehen, am liebsten Westen.
Das getrennte Leben an den Werktagen macht nun wieder Appetit auf die gemeinsamen Wochenenden. Und die Beziehung der beiden erfährt eine erfrischende Renaissance, so daß die kommenden Monate in Harmonie und Liebesglück verlaufen. Doch Anfang Mai 1971, wenige Tage vor Mechthilds achtzehntem Geburtstag, kommt es zu einer ernsthaften Auseinandersetzung. Eberhard drängt darauf, den Geburtstag zum Anlaß zu nehmen, sich endlich mit ihr zu verloben. Als unerschütterliches Zeichen seiner Zuneigung und lauteren Absichten habe er bereits Ringe gekauft. Mechthild fühlt sich überrumpelt und genötigt.
»Du mußt doch spinnen«, erhitzt sie sich, »immer entscheidest du über meinen Kopf hinweg. Vergiß nicht, daß ich Schülerin bin und gerade das Abitur mache. Ich werde mich doch jetzt nicht binden. Außerdem werde ich ab September studieren, da wird sowieso alles anders zwischen uns!«
»Das sind doch nur Ausreden. Ich denke, du liebst mich. Haben wir uns nicht versprochen, zusammenzubleiben? Oder willst du mich nur ausnutzen?« entgegnet er.
»Können wir nicht Freunde sein und uns lieben, ohne gleich an Verlobung zu denken?« kontert sie.

Enttäuscht schweigt er und ist die nächste Stunde trotzig wie ein kleines Kind. Offenbar bedauert Mechthild, daß er sich ihretwegen so enttäuscht fühlt, und bemüht sich redlich und erfolgreich, seine Gunst zurückzugewinnen. Denn dem kurzen, verbalen Scharmützel folgt eine innige Versöhnung auf der Lichtung am Neumarker Steinbruch. Und sie beschließen, als krönenden Abschluß ihrer Schulzeit im August auf dem Zeltplatz in Seehof am Schweriner See Urlaub zu machen, ehe sie ab September die Hörsaalbank in der Leipziger Universität drücken wird.

Trotzdem: Das bestimmende, drängende Gebaren ihres Freundes kühlt Mechthilds Liebesgefühle allmählich immer weiter ab. Zunehmend erkennt sie, daß Eberhards Beziehung zu ihr weitgehend durch seinen Egoismus bestimmt wird, der sie immer weiter einengt. Offenbar bedrücken sie ihre und seine widersprüchlichen seelischen Befindlichkeiten und Lebenseinstellungen so sehr, daß sie sich eines Tages ihren Eltern anvertraut. Diese geben ihr kurzerhand den Rat, die Verbindung zu Eberhard nicht zu ernst zu nehmen, sie sei noch zu jung und unerfahren, um jetzt schon ein Eheversprechen abzugeben.

»Verbau dir dein Leben in Leipzig nicht, dort steht dir die Welt offen, nicht hier. Jetzt konzentriere dich auf deine letzten Abi-Prüfungen. Es reicht doch, wenn du dich gelegentlich mit Eberhard triffst. Ihr müßt doch nicht ständig zusammenglucken wie ein altes Ehepaar. Also halte dich etwas fern von ihm!« rät der Vater, und die Mutter fügt hinzu: »Laß uns drei im August in den Urlaub fahren, dann kannst du in Ruhe eure Beziehung überdenken.« Mechthild ist einverstanden.

Bei nächster Gelegenheit führt sie mit Eberhard ein langes Gespräch. Sie teilt ihm mit, das Vorhaben eines gemeinsamen Zelturlaubs aufzugeben, weil sie mit ihren Eltern verreise. Auch sonst bitte sie um seine Nachsicht, daß sie sich in nächster Zeit nicht mehr so häufig mit ihm treffen kann, weil sie

für die Prüfungen büffeln müsse. Zu ihrer Überraschung zeigt sich Eberhard tolerant und verständnisvoll. Jedoch erweckt er nur den Anschein. Tatsächlich empfindet er ihre Entscheidung als Affront gegen seine Liebe. So brodelt in seinem Innern die schwere Enttäuschung, zumal er längst ahnt, daß die Beziehung zu Mechthild seit einiger Zeit gefährliche Wunden aufweist. Am liebsten würde er auf diese Kränkung heftig reagieren, ihr laut sagen, daß er sich vor den Kopf gestoßen fühlt. Nein, Verständnis für ihre Situation kann er nicht aufbringen. Dennoch: Er frißt die Verärgerung still in sich hinein, weil er trotzdem auch weiterhin alles dafür tun will, den totalen Bruch zu verhindern. Die Hoffnung, die Wunden werden mit der Zeit verheilen, will er nicht aufgeben. Der Sommer ist noch lang.
Kurz darauf bietet er einem befreundeten Arbeitskollegen den nun frei gewordenen Platz auf der Sitzbank seines Motorrads für eine Urlaubsfahrt zum Zeltplatz am Schweriner See an. Beiläufig bemerkt er mit kühler Gelassenheit, seine Freundin hätte ihm plötzlich den Laufpaß gegeben, doch wolle er sich deshalb den Urlaub nicht vermiesen lassen. Sein Kumpel nimmt das Angebot freudestrahlend an. Hat Eberhard sich mittlerweile damit abgefunden, daß mit Mechthild nichts mehr so sein wird, wie es einmal war?
Landauf, landab beginnen Anfang Juli die Schulferien. Auch für Mechthild Lohse. Doch es werden ihre letzten sein. Sie beenden eine zwölfjährige Schulzeit und bilden den Anfang eines neuen Lebens. Vorher gibt es noch einen Höhepunkt. Aufregend und spannend ist es, als der Direktor in der vollbesetzten Aula ihr das Abitur-Zeugnis überreicht und verkündet: »Mit Auszeichnung bestanden«. Als leistungsbeste Schülerin des Jahrgangs erhält Mechthild die »Ehrenurkunde für vorbildliches Lernen«. Auch die »Lessing-Medaille in Gold« – eine vom Ministerium für Volksbildung verliehene hohe Auszeichnung für Schulabsolventen mit hervorragenden

Leistungen – soll sie erhalten. Mit dem Abitur-Zeugnis in der Tasche warten in Leipzig ab jetzt viele neue Herausforderungen. Welche Freude, welcher Stolz, welche Neugierde!
Das alles nimmt Mechthild innerlich sehr in Anspruch. Gedanken an Eberhard haben kaum noch Platz. Vor dem Urlaub mit den Eltern trifft sie sich aber noch einige Male mit ihm zu gemeinsamen Unternehmungen. Äußerlich scheint die Atmosphäre zwischen den beiden entspannt zu sein. Lustvoll erwidert sie seine Schmuseeinheiten, denn im Grunde mag sie ihn ja immer noch. Wenn aber Eberhards erotische Annäherungen ein bestimmtes Maß überschreiten, reagiert sie unterkühlt, rettet sich in Ausflüchte und hält ihn freundlich auf Distanz. Eberhard indes läßt nicht locker, überhäuft sie weiterhin mit Nettigkeiten und Liebeserklärungen. »Ich kann ohne dich nicht leben!« läßt er sie wiederholt wissen.
»Gib mir Zeit, ich will mich jetzt nicht binden, aber laß uns Freunde sein«, bittet sie ihn. Und da er befürchtet, sie womöglich zu sehr zu bedrängen und die Freundschaft vollends aufs Spiel zu setzen, hält er sich zurück. In seiner Seele jedoch tobt das Verlangen.
Der gemeinsame Urlaub mit den Eltern ist für Mechthils zerrissenen Gemütszustand erholsam wie eine Badekur, bietet ausreichende Gelegenheit, über ihre Beziehung zu Eberhard nachzudenken. Freilich, sie mag ihren Freund. Er trinkt und raucht nicht, ist freundlich, zärtlich und bietet keinen Anlaß, an seiner Treue zu zweifeln. Kurzum, er verhält sich wohltuend anders als die meisten Burschen seines Alters. Jedoch ist er sehr egoistisch, zeigt wenig Verständnis für ihre Situation, läßt ihr zu wenig Raum für eigene Entscheidungen und eigenes Handeln, vereinnahmt sie letzten Endes in einer Weise, als wäre sie sein Eigentum. Keineswegs zweifelt sie an seiner Liebe, doch manchmal drückt sie wie eine schwere Last auf ihrer Seele, die sie zu ersticken droht. Kurzum, Mechthilds Überlegungen konzentrieren sich schließlich auf einen Punkt: Sie

braucht weiteren Abstand zu ihm, um prüfen zu können, was von den einstmals stürmischen Gefühlen des Verliebtseins in den ersten Monaten ihrer Beziehung noch übrig geblieben ist für die Zukunft. Und mit jedem weiteren Urlaubstag stärkt sich ihre Gewißheit, den richtigen Weg zu beschreiten, so daß sie am Ende ihren Eltern gesteht: »Das war eine gute Entscheidung, mit euch zu verreisen. Jetzt weiß ich, wie es weitergeht!«

Auf dem Zeltplatz in Seehof am Schweriner See. Eberhards Innenleben zeigt ein sehr verworrenes Bild. Er grämt sich über Mechthilds Verhaltensänderung und den offenkundigen Liebesverlust, befürchtet, sie könne ihn in Leipzig schnell vergessen. Unendliche Grübeleien bereiten ihm schlaflose Nächte. Einerseits quält ihn echter Liebeskummer, macht ihn immun für die Sinnesfreuden mit anderen Mädchen. Andererseits ist er blind für eine objektive Beurteilung der Situation, weil er nicht erkennt, wie latenter Egoismus, unterdrückte Eifersucht und verletzte Eitelkeit alle seine Überlegungen darauf lenken, stets nur die eigene Befindlichkeit zu sehen. Was Mechthild denkt und fühlt, ist für ihn nebensächlich. Unbeirrt bleibt er dabei, die angeknackste Beziehung zu Mechthild zu kitten, und die ganze Zeit auf dem Zeltplatz denkt er über einen Weg nach, wie er dies erreichen könnte. Dann fällt ihm ein, eben auch nach Leipzig zu ziehen. Dann könnte er immer in ihrer Nähe sein. Er malt sich aus, im Stammwerk der Leipziger Kugellagerfabrik zu arbeiten und in einer billigen Untermieterbude zu wohnen. Als er Mitte August nach Hause zurückgekehrt ist, macht er sich gleich auf, den Plan zu verwirklichen.
Aber in Leipzig erwartet ihn die Enttäuschung. »Hier haben wir keine Arbeit für Sie, Kollege Damrau. Ihr Platz ist im Zweigbetrieb Werdau, dort brauchen wir Sie!« wimmelt ihn der Kaderleiter der Kugellagerfabrik ab. Auch die schnelle

Suche nach einem Zimmer erweist sich als ein nahezu hoffnungsloses Unterfangen. Doch Eberhard gibt nicht auf. Zurück in Reuth, bittet er seinen älteren Bruder um Unterstützung in dieser Angelegenheit. Immerhin ist er Lehrer und in der Partei. Vergeblich. Anders als erwartet rät der Bruder ihm ab: »Häng dich nicht wie eine Klette an deine Freundin, das vergiftet eure Beziehung erst recht. Laß ihr den Freiraum für freie Entscheidungen. In Leipzig erwartet sie ein vierjähriges, anstrengendes Studium, das hat Vorrang. Es ist wahr, die Trennung wird eure Beziehung auf eine harte Probe stellen. Auch du mußt dich ihr stellen!«
Die moralische Belehrung durch den älteren Bruder hilft ihm nicht weiter, verändert seine Einstellung nicht. Im Gegenteil. Noch verbissener als zuvor verfolgt er das Ziel, sobald als möglich in die Nähe der Angebeteten zu ziehen. Im Ergebnis neuer Überlegungen entschließt er sich aber, sobald Mechthild aus dem Urlaub zurückgekehrt ist, offen und ehrlich mit ihr über seine Absichten zu reden.

Mechthild ist am Samstag, dem 21. August 1971, wieder daheim. Eberhard ist prompt zur Stelle und kann sie zu einem Treffen am Montagabend überreden. Gleich nach der Arbeit würde er sie abholen. So geschieht es auch. Mit dem Motorrad fahren sie nach Zwickau. In der Kuschelecke eines Eiscafés analysieren sie ihre gegenwärtigen Befindlichkeiten. Da Eberhard schnell bemerkt, daß Mechthild nicht einen Schritt von ihrer Auffassung zurückweicht, Distanz zu ihm zu wollen, hält er sich mit anbiedernden Sentimentalitäten zurück. Innerlich aber ist ihm zum Heulen zumute, weil er folgerichtig erkennt, wie seine große Liebe bei ihr abprallt. Deshalb schweigt er auch über seine ursprüngliche Absicht, eigentlich in ihre Nähe zu ziehen. Absurd, jetzt darüber sprechen zu wollen. Mechthild hat ein Gespür für seine gedrückte Stimmung und muntert ihn auf: »Guck nicht so traurig. Laß uns

am Sonntag noch einmal tanzen gehen, da feiern wir Abschied. Denk an heute und nicht an morgen, aber auch dann bin ich ja nicht aus der Welt!«
Eberhard ist sofort einverstanden und verabredet sich für Sonntag, 13.00 Uhr vor dem Gasthof in Reuth. Dort will er sie abholen.
So geschieht es auch. Mit seinem Motorrad fahren sie nach Zwickau und suchen zunächst eine Konditorei auf. Bei Kaffee und Kuchen plaudern sie gelöst und voller Heiterkeit über Gott und die Welt. Auch Mechthilds morgige Immatrikulation kommt zur Sprache, ebenso ihr künftiges Leben im Studentenheim und ihre Absicht, die meisten Wochenenden sowieso zu Hause zu verbringen. Eberhard hingegen berichtet von seiner Arbeit und davon, weiterhin in der Tagschicht zu bleiben, solange er die Volkshochschule besucht, träumt laut vom Abitur, das er irgendwann ablegen will, und vom fernen Studium. Alles in allem scheint es, als wäre das Verhältnis der beiden ungetrübt wie am ersten Tag. Mechthild erwidert sogar seine Zärtlichkeiten, und es ist gut, daß keiner von beiden das heikle Thema ihrer Beziehung anspricht.
Nach zwei Stunden verlassen sie das Lokal und fahren zum Tanzschuppen »Neue Welt«. Eberhard bestellt eine Flasche sowjetischen Sekt und eine Knabberei. Sie tanzen unbeschwert und schmusen miteinander. »Das ist ein schöner Abend«, resümiert er später. Gegen 23.15 Uhr brechen sie auf. Mechthild ist leicht beschwipst und müde. Fast vier Glas Sekt hat sie getrunken. Eberhard fühlt sich stocknüchtern, er hat nur einige Male an seinem Glas genippt. Immerhin ist er motorisiert.
Der Heimweg führt über die Fernverkehrsstraße 173 am Steinbruch von Neumark vorbei. Die Nacht ist sehr mild und sternenklar. Keine Menschenseele weit und breit. In der Nähe jenes lauschigen Plätzchens am Birkenwald, das einst ihr beider Liebesnest war, hält Eberhard an. Ihm ist längst der

Gedanke gekommen, sich von Mechthild mit einem letzten Liebesakt an diesem vertrauten Ort zu verabschieden.
»Warum hältst du?« fragt sie verwundert.
»Willst du mich auf den Arm nehmen. Wir halten doch hier nicht zum ersten Mal. Laß uns noch einmal zu unserem Platz gehen«, fordert er von ihr, erfaßt ihre Hand und zieht sie mit sanfter Gewalt hinter sich her. Ziemlich zögerlich, doch ohne Widerstand folgt sie ihm. An der Lichtung angekommen, küssen sie sich. Dabei wird Eberhard immer intensiver und zudringlicher. Mechthild erkennt seine Absicht und schiebt ihn energisch von sich: »Ich will nicht, mach doch nicht alles kaputt!«
»Willst du mich zum Abschied nur mit ein paar Küssen abspeisen, ich liebe dich doch?« Er umfaßt ihren Körper und will sie zu Boden drücken. Wieder befreit sie sich von ihm: »Ich kann deine große Liebe nicht erwidern, begreifst du das endlich«, entgegnet sie verärgert, »laß uns nach Hause fahren, ich muß früh raus!«
Eberhard ist sehr erregt, sexuell und überhaupt. Wieder umfaßt er sie, diesmal heftig und wild. Er lacht bissig: »Ich denke nicht daran! Lauf doch, wenn du kannst!«
Mechthild versucht, sich aus seiner Umklammerung zu befreien. Vergeblich. Erneut will er sie küssen, doch sie dreht ihren Kopf zur Seite und fordert böse: »Laß mich los, du tust mir weh!«
Eberhard denkt nicht daran. Mit einem Mal ist jegliches Liebesgefühl, jegliche Lust nach Zärtlichkeit verschwunden. Jetzt strebt er egoistisch nur seine eigene Befriedigung an. Eigenliebe, Eifersucht und angestaute Verlustangst brauen sich in seiner Seele zu einem explosiven Gemisch zusammen. Vergeblich versucht er, Mechthild in eine liegende Position zu bringen. Er grapscht zwischen ihre Beine. Jetzt will er sie haben, jetzt, ein letztes Mal! Unmißverständlich zeigt sie ihren Unwillen, setzt sich zur Wehr. Weil sie offenbar vermutet,

daß Eberhard nicht einhält und sich womöglich mit Gewalt durchsetzen will, schlägt sie um sich, trommelt mit beiden Fäusten auf seinen Brustkorb und zischt böse: »Ich will nicht, hör endlich auf, du Schwein!«

Doch ihre Forderung verhallt. Eberhard gerät vollends aus der Fassung. Blitzartig ist seine bisherige, nahezu triebhafte Zuneigung in Feindseligkeit umgeschlagen. Sein Kopf scheint blutleer zu sein. Nur ein einziger Gedanke treibt ihn: Laß den Haß heraus, befreie dich von ihr! Er läßt kurz von ihr, tritt einen Schritt zurück und versetzt ihr einen kräftigen Handkantenschlag gegen den Hals. Mechthild stürzt, erhebt sich wieder, tritt mit voller Wucht gegen sein Schienbein, spuckt ihm ins Gesicht und schreit ihn an: »Verbrecher!«

Ein zweiter, weitaus kräftigerer Schlag trifft ihren Hals. Sofort geht sie zu Boden. Eberhard stürzt sich in irrsinniger Wut auf sie. Wie von fremden Mächten gesteuert, die jede vernünftige Überlegung lahmgelegt haben, jagt ihn nur noch der Gedanke, Mechthild zu vernichten. Blitzschnell kniet er sich über sie, fixiert ihren Körper auf dem Boden, würgt ihren Hals, erfaßt dann mit beiden Händen den Kragen ihres Sommermantels und verdrillt ihn vor ihrem Kehlkopf derart, daß ihr Hals gedrosselt wird. Mechthild ist zu keiner Gegenwehr mehr fähig. Er verharrt solange in dieser Stellung, bis sie sich nicht mehr bewegt.

Es ist inzwischen weit nach Mitternacht. Als er seine Hände von ihr löst, wird sein Kopf wieder klar. Jetzt wird ihm erst bewußt, daß er etwas Entsetzliches getan hat. Das Grauen schüttelt ihn. Angst, jetzt kopflos zu werden, gesellt sich hinzu. »Was soll nun werden, was mach ich jetzt?« denkt er laut. Er weiß es nicht, doch lenkt erst einmal der Selbsterhaltungtrieb sein weiteres Tun. Er schleift die Freundin mehrere Meter weit bis zum Steilhang des Steinbruchs, der zwanzig Meter fast senkrecht in die Tiefe führt. Dort stürzt er sie hinunter. Nur schemenhaft erkennt er, wie der Körper

mehrmals mit den Felsvorsprüngen kollidiert, ehe er auf der Sohle des Steinbruchs aufschlägt. Eilig verläßt er den Ort des schrecklichen Geschehens, freilich erst, nachdem er sich vergewissert hat, keine Spuren zu hinterlassen. Er schwingt sich auf sein Motorrad und knattert los. Zunächst sucht er den Eingang des Steinbruchs. Von dort fährt er bis zu der Stelle, wo Mechthilds Leiche liegt. Noch zwei Stunden bleibt er gedankenversunken bei ihr, ohne den schwer lädierten Körper nochmals zu berühren, und plant sein weiteres Verhalten.
Nachdem er seine Fassung zurückgewonnen hat, fährt er zunächst nach Hause und weckt seine Mutter.
»Mechthild war auf dem Nachhauseweg mal austreten und ist plötzlich verschwunden. Zwei Stunden lang habe ich schon nach ihr gesucht«, lügt er und macht sich mit den Worten »jetzt fahre ich nach Gottesgrün und sage ihren Eltern Bescheid« wieder davon.
Kurze Zeit später klingelt er Mechthilds Vater aus dem Bett. Sichtlich aufgeregt lügt er erneut, auf dem Heimweg vor Neumark in der Nähe des Steinbruchs wegen einer Motorradpanne eine Zwangspause gemacht zu haben. Während er den Schaden behob, hätte Mechthild mit ihm gestritten. Dann sei sie weggelaufen und nicht mehr zurückgekehrt. Zwei Stunden habe er vergeblich nach ihr gesucht.
Etwa gegen 4.30 Uhr. Die beiden Männer fahren in Richtung Neumark. Am Steinbruch stoppt Eberhard sein Motorrad: »Hier war's!«
»Das ist ja die gefährlichste Stelle in der Gegend!« stößt Vater Lohse von dunkler Ahnung erfaßt hervor, »hoffentlich ist das Mädchen nicht abgestürzt!« Er zwängt sich durch das Buschwerk, überquert die kleine Lichtung und läuft bis zur Steilwand des Steinbruchs, legt sich auf den Bauch und starrt fassungslos in die Tiefe: »Mein Gott, da liegt sie!«
Auch Eberhard riskiert einen scheuen Blick nach unten, spielt

den vor Entsetzen Sprachlosen und schlägt vor: »Fahren wir zu ihr, vielleicht ist sie nicht tot!«
Wenig später sind die Männer bei ihr. Lohse kann vor Entsetzen keinen klaren Gedanken fassen. Erschüttert und hilflos berührt er den leblosen Körper seiner Tochter. Die untrüglichen Zeichen des Todes entgehen ihm nicht. Eberhard findet irgendwo im Sand Mechthilds Schuhe, und stellt sie an der Leiche ab.
»Ich bleibe hier«, stammelt Vater Lohse verzeifelt, »schnell, fahr los und hol Hilfe!«
Und Eberhard fährt davon …

Zwei Stunden später. Die Ereignisse überschlagen sich: Krankenwagen, uniformierte Polizei aus Zwickau, erste Befragungen. Man geht zunächst von einem Unfall aus. Doch Widersprüche in Eberhards Aussagen erwecken den Argwohn der Gesetzeshüter. Die Mordkommission aus Karl-Marx-Stadt übernimmt den Fall. Gerichtsmediziner kommen zum Einsatz. Während der üblichen spurenkundlichen Tatbefundaufnahme wird Eberhard Damrau vernommen. Bereits in den Abendstunden gesteht er, aus Wut über die bevorstehende Trennung seiner Freundin zwei Handkantenschläge gegen den Kopf versetzt, sie mit dem Mantelkragen erdrosselt und in den Neumarker Steinbruch gestürzt zu haben. Im Morgengrauen des 31. August 1971 wird Haftbefehl gegen ihn erlassen.
In der Abgeschiedenheit seiner Haftzelle schreibt er ein mehrseitiges Geständnis, das er mit ziemlich emotionaler Gelassenheit zu verfassen scheint. Die mitunter etwas rüden Formulierungen wird das Gericht später als Indizien für seine gemütskalte psychische Grundstruktur werten.
Auszug aus Eberhard Damraus Niederschrift bei der Polizei:
»Sie stieß mich weg und spuckte mir ins Gesicht. Das war für mich die größte Erniedrigung … Es erregt mich so und

knallte ihr eine mit der Rückhand gegen den Kopf. Sie fiel nach hinten weg. Mechthild kam mit Zorn hoch und wollte auf mich einschlagen, ich verpaßte ihr einen gleichen zweiten Schlag. Sie fiel mit größerer Wucht ebenfalls nach hinten weg. Mechthild blieb liegen. Ich nahm an, sie verstellt sich oder will mir Angst machen. Nach dem zweiten Schlag war Ruhe und finster ... In meiner Aufregung stürzte ich mich auf sie und schüttelte sie am Oberkörper und am Hals .... In meiner Angst, daß jemand hinzukommen könnte und um die Tat von der Oberfläche verschwinden zu lassen, schmiß ich sie in den danebenliegenden Steinbruch ...«

Die Untersuchungen der Mordkommission im Ermittlungsverfahren gegen Eberhard Damrau dauern nur wenige Monate. Der Beschuldigte ist durchweg aussagebereit, wenngleich seine Einlassungen immer wieder zwischen zwei Polen schwanken: Zum einen beschreibt er die Tötung Mechthilds als Folge einer durch plötzliche Wut zwar rasant abgelaufenen, dennoch klaren, rationalen Überlegung, die in keiner Weise seine Sinne eingeschränkt hätte. Zum anderen beteuert er wiederholt, Mechthilds Tod nicht beabsichtigt zu haben. Er könne nicht begreifen, wie es plötzlich über ihn gekommen sei und wie die Wut »sein Gehirn total ausgeschaltet« habe. Welche der beiden Varianten zutrifft und ob womöglich bei der Tat Umstände mitgewirkt haben, die seine strafrechtliche Verantwortlichkeit mindern, soll später durch ein psychiatrisches Gutachten geklärt werden.
Einen überraschenden Befund erbringt die gerichtsmedizinische Leichenöffnung: Die Handkantenschläge und die Würge- und Drosselattacke haben nämlich lediglich Mechthilds Bewußtlosigkeit herbeigeführt. Ihr Tod wurde letztlich durch den mit mehreren Zwischenkollisionen verbundenen Sturz vom Steilhang des Steinbruchs verursacht. »Für einen Absturz zu Lebzeiten und für ein Überleben um eine gewisse

Zeit sprechen die massiven, frischen, entlang der gesamten Brustwirbelsäule sich ausdehnenden Fettgewebs- und Muskelunterblutungen, die übrigens in den Rückenweichteilen vorgefundenen Unterblutungen mit teilweisen Taschenbildungen sowie die infolge des beim Aufschlagen des Gesichts entstandenen Schädelbasisbruchs erfolgte massive Bluteinatmung bis in die Lungenbläschen«, heißt es im Gutachten der Obduzenten, in dem weiter steht, daß »diese Bluteinatmung im Zusammenhang mit dem sich entwickelnden Hirndruck für den Todeseintritt verantwortlich war. Dieser Vorgang kann bis zu Minuten gedauert haben. Beschleunigend für denselben kommen einmal die großflächigen Weichteilunterblutungen am Rücken und zum anderen Blutungen aus den Kopfschwartenplatzwunden in Frage …«
Als Damrau den wahren Grund für Mechthilds Tod erfährt, ist er tief erschüttert. Mehrmals beschwört er die Vernehmer, seine bewußtlose Freundin nur aus Angst in den Abgrund gestürzt zu haben, weil er glaubte, sie sei durch seine Attacke unabsichtlich getötet worden, anderenfalls hätte er sich nicht zu dieser Verzweiflungstat hinreißen lassen. Nein, niemals wollte er Mechthild töten!

Die bei Eberhard Damraus Verwandten, Bekannten und Arbeitskollegen erfolgten kriminalpolizeilichen Recherchen zur Persönlichkeitsaufklärung faßt eine Passage in der späteren Urteilsbegründung des Gerichts zusammen, die zugleich auch eine tendenziöse politisch-kriminologische Wertung erkennen läßt:
»Die Arbeitsleistungen des Angeklagten lagen über der festgelegten Norm und auch seine Arbeitsdisziplin war gut. Es bestand auch ein ordentliches Verhältnis zu seinen Arbeitskollegen. Er hat allerdings nicht das Kollektiv gesucht. In dieser Beziehung war er etwas zurückhaltend. Charakterlich wird er vom Kollektiv als offen, ehrlich und hilfsbereit eingeschätzt,

allerdings auch als kritikempfindlich. Gesellschaftliche Arbeit leistete der Angeklagte weder im Betrieb noch im Wohnbereich. Obwohl er dem FDGB, der FDJ und der DSF angehörte, empfing er zu Hause Sendungen des Westfernsehens, ein Umstand, der sicher sein Gemüt negativ beeinflußte, wie das aus seiner kaltblütigen und rohen Ausdrucksweise in seiner eigenhändigen Niederschrift zum Tatgeschehen ersichtlich ist …«

Kurz vor Ermittlungsabschluß wird Eberhard Damrau von dem renommierten Dresdener Psychiater Prof. Dr. Lange hinsichtlich seiner strafrechtlichen Verantwortlichkeit begutachtet. Der Experte kommt zusammenfassend zu dem Ergebnis, daß »der Angeklagte nicht krankhaft geistesgestört, nicht schwachsinnig ist. Er weist weder Zeichen gestörter Hirntätigkeit auf, noch Zeichen einer Erkrankung, die mit episodischen Störungen des Bewußtseins einhergehen. In seiner charakterlichen Struktur weist er akzentuierte Züge von Eigenwilligkeit, mangelndes Anpassungsvermögen und erschwerter Kontaktbereitschaft auf, sowie eine egozentrische Grundhaltung und eine gewisse Schwerfälligkeit in seinen Denkabläufen bei normalem intellektuellen Vermögen. Diese besonderen Wesenszüge gewinnen für die Aufschlüsselung seines Verhaltens im Tatvorfeld und für die Dynamik seines Tathandelns Bedeutung. Sie sind aber weder krankhaft begründet noch, von Qualität und Intensität her, krankheitswertig. Zur Annahme einer schwerwiegend abnormen Entwicklung der Persönlichkeit mit Krankheitswert ergibt sich kein überzeugender Anhalt. Das zur Tötung führende Handeln ist gekennzeichnet durch mangelnde Beherrschung von Verstimmung, subjektivem und möglicherweise auch objektivem Beleidigtsein und davon abhängiger Erregung. Diese negativ geladene Affekterregung ist als normal-psychologischer Affekt zu beurteilen. Für pathologische Affektentgleisung findet sich kein Anhalt, zumal weder Störungen des

Bewußtseins noch situationsverfälschende Wahrnehmungen, noch Störungen im Ablauf der kriminellen Handlungseinheit aufzuweisen sind. Damit ist abschließend festzustellen, daß sich bei dem vom habituellen Gesundheitsgefüge her nicht relevant beeinträchtigten D. auch tatbezogen keine Anhaltspunkte ergeben, von denen her eine ausreichende Begründung zur Annahme einer der Bedingungen zur Anwendung der §§ 15, 16 StGB abzuleiten wäre ...«
Mit anderen Worten: Eberhard Damrau ist strafrechtlich voll verantwortlich.
Damit ist für die Untersuchungsbehörde der Weg frei zur Anklageerhebung.

Am 11. Februar 1972 beginnt vor dem 1. Strafsenat des Bezirksgerichts Karl-Marx-Stadt der dreitätige Prozeß gegen den achtundzwanzigjährigen Spitzendreher Eberhard Damrau, angeklagt des Mordes. Er findet in einem verhältnismäßig kleinen Sitzungssaal statt, dessen Besucherbänke bis auf den letzten Platz besetzt sind: Mechthilds Angehörige, Freunde, Sport- und Schulkameraden, aber auch Einwohner aus den Ortschaften zwischen Reuth und Gottesgrün.
Oberrichter Winter und zwei Schöffen bilden das Gericht. Er leitet die Hauptverhandlung mit der Abwicklung der erforderlichen Formalitäten ein. Der Angeklagte wird aufgerufen, das Gericht und die anderen Verfahrensbeteiligten wie der Staatsanwalt Heider, die gesellschaftliche Anklägerin und Damraus Verteidiger werden vorgestellt, Ladungsfristen geprüft, die Personalien des Angeklagten festgestellt. Die geladenen Zeugen werden belehrt und aufgefordert, den Verhandlungssaal bis zu ihrem Aufruf zu verlassen. Danach trägt als Vertreter des Bezirksstaatsanwalts Staatsanwalt Heider die wichtigsten Passagen der Anklageschrift vor. Mit dem Verlesen des Eröffnungsbeschlusses durch Oberrichter Winter endet dieser formale Akt.

Die Beweisaufnahme beginnt. Damrau wird über sein Recht auf Verteidigung, jedoch nicht über das Recht zu schweigen, belehrt, hingegen aufgefordert, aktiv am Verfahren mitzuwirken. Da das Gericht den Karl-Marx-Städter Rechtsanwalt Trautmann als Offizialverteidiger bestellt hat, der seit Abschluß der polizeilichen Ermittlungen in Kontakt mit ihm steht, hofft Eberhard Damrau auf einen kompetenten rechtlichen Beistand.

Sodann erfolgt die Vernehmung des Angeklagten zu seinem im Grunde makellosen Lebenslauf, den das Gericht zunächst emotionslos zur Kenntnis nimmt. Als Damrau aber gefragt wird, wie er seine Freizeit verbringt und arglos bekennt, gern Filme westlicher Fernsehprogramme zu sehen, blicken sich Richter und Staatsanwalt verdrossen an und bekunden ihren Mißmut mit einem belehrenden Kurzreferat über die Rolle des Westfernsehens als Werkzeug der politisch-ideologischen Diversion gegen die DDR. Das bedeutet: Damrau ist zwar ein bisher unbescholtener Bürger, aber politisch unzuverlässig ist er allemal.

Nun folgt eine mehrere Stunden andauernde Vernehmung zur Sache. Tatvorgeschichte, Tatentwicklung, Handlungsablauf und Nachtatverhalten stehen im Mittelpunkt einer zähen Auseinandersetzung. Eberhard Damrau hatte nämlich bei den verschiedenen Vernehmungen durch den Staatsanwalt und die Kripo bestimmte Ereignisse, Handlungsdetails und -motive unterschiedlich nuanciert dargestellt und das Geständnis, Mechthild Lohse mit kühler Überlegung getötet zu haben, widerrufen. So soll er zum Beispiel exakt angeben, wie häufig und an welchen Orten er mit Mechthild intim verkehrte, weil er in den Vernehmungen auch dazu unterschiedliche Angaben machte. Auch ähnliche, verhältnismäßig banale Widersprüche stehen zur Diskussion. Ob bei ihrem Zustandekommen Erinnerungslücken eine Rolle spielten, ob Damrau durch den Vernehmer bestimmte Formulierungen in den Mund gelegt worden waren, ob er untergeschobene Formulierungen leichtfertig unterschriftlich als sachlich richtig bestätigt hat, läßt sich letztlich vor Gericht auch nicht klären. Fest steht aber, daß derlei Widersprüche flugs als Nachweis für die Unglaubwürdigkeit oder das Sicherungsverhalten des Angeklagten gelten, was Richter und Staatsanwalt auch mehrmals anmerken.

Doch es geht vor allem um die für die rechtliche Beurteilung wichtige Frage, ob die Tötung kühl überlegt erfolgte oder durch eine in sekundenschnellem Aufeinandertreffen von Entschlußfassung und Tötung entstandene Affektsituation ausgelöst wurde. Letzteres behauptet jedenfalls der Angeklagte, und sein Verteidiger vertritt vehement dieselbe Position.

Nach der zeitlich rasant hintereinander erfolgten Handkanten-, Würge- und Drosselattacke war Eberhard Damrau davon überzeugt, daß Mechthild tot ist. Sie anschließend in die Tiefe zu stürzen, so meint er, geschah aus blinder Verzweiflung und Angst, die Tat irgendwie ungeschehen zu machen. Das war auch der Erkenntnisstand der Kriminalisten zu Beginn der Ermittlungen, wie er sich in den ersten Vernehmungen widerspiegelt. Später aber, als das Obduktionsergebnis bekannt war, und auch Damrau erfuhr, daß Mechthild erst durch den Sturz zu Tode kam, mußte objektiv ein längerer Zeitraum zwischen Tötungsentschluß, Angriff und Tötung zu Grunde gelegt werden. Die Aussageninhalte in den folgenden Vernehmungen mußten diesem Umstand Rechnung tragen, so daß sie möglicherweise darauf hingelenkt wurden, den in der Erregung mehr oder weniger irrational gefaßten schnellen Tatentschluß zu Gunsten einer wohlüberlegten Tötungsabsicht zu qualifizieren.

Mehrmals betont Damrau, er sei kein Mörder, nichts war geplant, alles sei plötzlich geschehen.

»Eigentlich wollte ich sie nicht töten!« beklagt er. Doch nach dem Angriff auf Mechthild habe er geglaubt, sie sei tot.

»Aus Angst habe ich sie in den Steinbruch gestürzt. Das ist doch höchstens Totschlag, aber kein Mord!« Und der Verteidiger pflichtet ihm bei.

Am zweiten Verhandlungstag werden nacheinander die Zeugen gehört: Damraus Bruder, Leute aus dem Wohnort, der Zeltkumpel, Mechthilds Vater und eine Klassenkameradin treten auf und stellen sich den Fragen der Prozeßbeteiligten.
Ein sogenannter Kollektivvertreter aus Eberhard Damraus Betrieb kommt zu Wort, gibt einen arbeitsbezogenen, im Grunde positiven Leumundsbericht über seinen angeklagten Kollegen ab. Anschließend tragen der gerichtsmedizinische und der psychiatrische Sachverständige ihre Gutachten vor und erläutern auf Anfragen bestimmte Details.
Den Abschluß dieser Verfahrensetappe bildet die Frage des Gerichts an Damrau, ob er sich zu den Beweiserhebungen äußern oder entsprechende Erklärungen abgeben möchte. Blaß und schüchtern erhebt er sich und sagt: »Nein, ich habe nichts zu sagen, nur, daß mir alles sehr leid tut, was ich gemacht habe. Aber ich bin doch kein Mörder!«

Der dritte Verhandlungstag ist den Plädoyers vorbehalten, die nach vorgeschriebener Reihenfolge gehalten werden. Zunächst spricht die »gesellschaftliche Anklägerin«. Ihr folgt der Staatsanwalt. Beide Schlußvorträge lassen erkennen, daß sich Staatsanwalt und gesellschaftliche Anklägerin inhaltlich abgestimmt haben, um nicht nur eine einheitliche juristische, sondern auch politische Linie zu vertreten. Ganze Passagen, wie die folgenden, werden später in den Text der Urteilsbegründung übernommen:
»Vorsätzliche Tötungsdelikte gehören mit zu den schwersten Verbrechen in unserem Arbeiter-und-Bauern-Staat. Sie richten sich gegen den Menschen, der im Mittelpunkt unserer gesamten Arbeit steht. Derartige Straftaten wirken sich störend

auf die menschlichen Beziehungen und Verhaltensweisen aus, die die Grundlagen unseres sozialistischen Zusammenlebens bilden ... Mit Empörung und Abscheu haben die Frauen und Mütter in den Ortschaften Fraureuth, Reuth und Gottesgrün die Tat des Angeklagten zur Kenntnis genommen, ein Verbrechen, welches einen jungen, hoffnungsvollen Menschen rücksichtslos aus dem Leben gerissen und den Eltern großes Leid zugefügt hat. Durch die außerordentlich guten Leistungen der Mechthild L. in der Schule haben dieser alle Wege in unserem sozialistischen Staat offengestanden ... Verletzte Eitelkeit und unbegründete Eifersucht waren die Beweggründe des Angeklagten für sein Handeln. Und auch nach der Tat hat er auf heuchlerische Art und Weise den Versuch unternommen, den Verdacht von sich abzulenken. Der Angeklagte hat sich durch sein gewissensloses Verhalten außerhalb der sozialistischen Gesellschaft gestellt ... Tatsächlich erfolgte das Verbrechen aus egoistischen Beweggründen, wobei die primitive Form und kaltblütige Ausdrucksweise des Angeklagten in seinen schriftlichen Aufzeichnungen auffällt. Das läßt die Vermutung zu, daß der schädliche Einfluß westlicher Fernsehsendungen, die durchaus den geistig-kulturellen Verfall des imperialistischen Systems widerspiegeln, auch auf das Denken des Angeklagten gewirkt haben ...«
Die Anklagevertretung beantragt, Damrau wegen Mordes gem. § 112 StGB mit lebenslangem Freiheitsentzug zu bestrafen und ihm die staatsbürgerlichen Rechte auf Lebenszeit abzuerkennen.

Zur Erläuterung: Die sogenannte »unmittelbare Mitwirkung der Bürger im Strafverfahren« bildete einen Bestandteil der Strafrechtspraxis in der DDR, deren verschiedene Formen durch eine Reihe von spezifizierenden Gesetzen geregelt wurde.
Die Grundsätze ergaben sich aus § 4 StPO:

1. Die Bürger nehmen in Verwirklichung ihres grundlegenden Rechts auf Mitgestaltung aller staatlichen und gesellschaftlichen Angelegenheiten aktiv und unmittelbar an der Durchführung des Strafverfahrens teil. Die Mitwirkung der Bürger dient der allseitigen und unvoreingenommenen Aufklärung der Straftaten, ihrer Ursachen und Bedingungen und zur Feststellung der Persönlichkeit des Beschuldigten und des Angeklagten zur Feststellung der strafrechtlichen Verantwortlichkeit und seiner weiteren Erziehung, der Mobilisierung der Bevölkerung zur Verhütung weiterer Straftaten und trägt dazu bei, das sozialistische Staats- und Rechtsbewußtsein zu entwickeln.
2. Die Bürger wirken insbesondere als Schöffen, Vertreter der Kollektive, gesellschaftliche Ankläger und gesellschaftliche Verteidiger und durch Übernahme von Bürgschaften unmittelbar am Strafverfahren mit.
3. Das Gericht, der Staatsanwalt und die Untersuchungsorgane haben die unmittelbare Mitwirkung der Bürger am Strafverfahren zu gewährleisten. Es versteht sich von selbst, daß an die Schöffen, Kollektivvertreter, gesellschaftlichen Ankläger und Verteidiger hohe Anforderungen an ihre politische Zuverlässigkeit gestellt wurden. Die sog. differenzierte Mitwirkung der gesellschaftlichen Kräfte (§ 102 StPO) erfolgte bereits im Ermittlungsverfahren und reichte über die gerichtliche Hauptverhandlung bis hin zur »Verwirklichung der Maßnahmen der strafrechtlichen Verantwortlichkeit« und späteren Wiedereingliederung. Polizei und Staatsanwalt hatten für eine »Beratung in einem Kollektiv« aus dem Lebensbereich des Beschuldigten und für die Beauftragung eines Vertreters des Kollektivs zur Mitwirkung an der gerichtlichen Hauptverhandlung zu sorgen, sowie die Möglichkeiten der Übernahme einer Bürgschaft bzw. der Beauftragung eines gesellschaftlichen Anklägers oder Verteidigers zu erläutern (Ausgeschlossen waren diese Maßnahmen z. B. »aus Gründen der

Sicherheit des Staates« oder wenn »ein Bekanntwerden der Straftat nicht im gesellschaftlichen Interesse« lag. Die Entscheidung darüber oblag dem Untersuchungsorgan.).

Der Angeklagte Damrau hat die Ausführungen der Anklagevertreter mit blutleerem Gesicht verfolgt. Seine Augen fixieren die ganze Zeit einen imaginären Punkt irgendwo im Raum. Offenbar will er jeden Blickkontakt mit anderen Personen vermeiden. So erweckt er den Eindruck, an dem ihn umgebenden Geschehen völlig unbeteiligt zu sein. Nur ab und zu richtet er einen hilfesuchenden Blick zu dem hinter ihm sitzenden Verteidiger, der die ganze Zeit an seinem Redekonzept bastelt. Der Rechtanwalt hatte dem Prozeßverlauf entsprechend bereits vorausgesehen, daß die Anklage eine Bestrafung wegen Mordes fordert, was üblicherweise »lebenslänglich« bedeutet. Er dagegen will eine Affekthandlung begründen und auf Totschlag plädieren, der immerhin nur mit einer Freiheitsstrafe bis zu zehn Jahren bestraft werden kann.

Jetzt knüpft Damrau seine ganze Hoffnung daran, daß dessen Plädoyer das Gericht überzeugen wird.

Leidenschaftlich legt sich der Rechtsanwalt ins Zeug. Er hebt Damraus bisheriges unbescholtenes Leben und seine guten Arbeitsleistungen im Betrieb hervor. Dann beschreibt er den aus zwischenmenschlichen Problemen mit seiner Freundin resultierenden, sich über längere Zeit hinweg entwickelnden psychischen Konfliktstau seines Mandanten. Er hat schließlich dazu geführt, daß er in der tataktuellen Situation – als Mechthild ihn nämlich durch Anspucken und die Bezeichnung »Schwein« bzw. »Verbrecher« schwer gekränkt habe – in eine hochgradige Erregung versetzt und dadurch zur Tötung hingerissen wurde.

Diese besonderen Tatumstände, so die Auffassung des Verteidigers, mindern die strafrechtliche Verantwortlichkeit seines

Mandaten, weshalb eine Freiheitsstrafe von zehn Jahren wegen Totschlags gerechtfertigt wäre.
Nach dem Plädoyer des Verteidigers wendet sich der Richter an Damrau: »Angeklagter, Sie können jetzt zu allen Fragen Ihrer Strafsache Stellung nehmen. Gemäß § 239 StPO gebührt Ihnen das letzte Wort!«
Damrau erhebt sich unsicher und spricht mit monotoner Stimme: »Ich schließe mich den Worten meines Verteidigers an. Es stimmt, ich habe Mechthild getötet. Das tut mir sehr leid. Totschlag war es. Ich bin kein Mörder, ich habe nichts durchdacht, nichts geplant und keine Werkzeuge benutzt!«

Drei Tage später wird das Urteil verkündet. Es lautet:
»Urteil im Namen des Volkes! In der Strafsache gegen den am 4. Januar 1945 in Glatz geborenen Dreher Eberhard Damrau, wohnhaft in Reuth, Krs. Reichenbach, seit dem 31.8.1971 in Untersuchunghaft in der UHA Karl-Marx-Stadt wegen Mordes, hat der 1. Strafsenat des Bezirksgerichts Karl-Marx-Stadt in seinen Sitzungen vom 11.,14. und 17.2.1972 für Recht erkannt:
Der Angeklagte wird wegen Mordes (Verbrechen nach § 112 Abs. 1 StGB) zu lebenslanger Freiheitsstrafe verurteilt. Ihm werden die staatsbürgerlichen Rechte für dauernd aberkannt. Er hat auch die durch das Verfahren entstandenen Auslagen zu tragen.«

In der zweiundzwanzigseitigen Urteilsbegründung zeigt sich, daß der Verteidiger mit seiner Strategie keine Aussicht auf Erfolg haben konnte. Seinem Plädoyer mangelt es offenbar an erforderlicher Sachkenntnis über die rechtlich schwierige Materie der Entstehung und Beurteilung von Affekthandlungen beim Totschlag bzw. über die hohen Anforderungen an die besonderen Tatumstände, die eine Tötung von geringerer Tatschwere kennzeichnen. So bot er schließlich dem Gericht die volle Breitseite für ein Abschmettern des Antrags, seinen Mandanten wegen Totschlags gem. § 113 Abs. 1 oder 3 StGB mit zehn Jahren Freiheitsentzug zu bestrafen. In der Urteilsbegründung heißt es:

»Der Auffassung des Herrn Verteidigers, daß es sich in diesem Falle um eine Affekthandlung handle und deshalb nach § 113 Abs. 1 Ziffer 1 oder 3 bestraft werden müsse, konnte sich der Senat nicht anschließen. Für eine Affekthandlung ist charakteristisch, daß zwischen der Vorsatzbildung und der Tatdurchführung meist nur ein kurzer Zeitraum liegt. Im konkreten Fall trifft das zweifellos für den Angeklagten zu. Er war erregt und aus dieser Erregung heraus hat er gemordet. Jeder Mensch ist aber auch in einem solchen Zustand in der Lage und fähig, sein Verhalten zu steuern, soweit eben seine Zurechnungsfähigkeit nicht aufgehoben oder gemindert ist.

Die Anwendung des § 113 Abs. 1 StGB, der alle Fälle der vorsätzlichen Tötung von geringerer Tatschwere umfaßt, ist aber auch deshalb nicht möglich, weil der Angeklagte von der Mechthild L. weder mißhandelt, bedroht oder schwer gekränkt worden ist. Die Mechthild L. hat den Angeklagten angespuckt, das ist richtig, wenn man dem Angeklagten Glauben schenkt. Das geschah aber im Laufe der vom Angeklagten angestrebten und von dem Mädchen abgelehnten Liebkosungen. Der Angeklagte war also selbst schuld an diesem Verhalten und den Ausdruck ›Verbrecher‹ oder ›Schwein‹ gebrauchte die Mechthild L., nachdem sie vom Angeklagten mit einem Handkantenschlag zu Boden geworfen worden war. Der Verteidiger verlegt zwar diesen oben angeführten Ausdruck vor das Schlagen, aber er ist hier einem offensichtlichen Irrtum zum Opfer gefallen.

Der Angeklagte hat also unter allen Umständen seinen Erregungszustand selbst verschuldet. Es liegt kein falsches Verhalten der Mechthild L. vor. Sie war nicht wankelmütig in ihrer

Einstellung zum Angeklagten. Er mußte von Anbeginn ihre Auffassung respektieren, nach der eine Verlobung von der Mechthild L. als zu verfrüht angesehen wurde, und zwar auch im Hinblick auf ihr bevorstehendes Studium in Leipzig. Das trifft auch für den Fall zu, daß sie das Verhältnis zu ihm völlig lösen wollte …

Die Anwendung des §113 Abs. 3 StGB ist ebenfalls nicht möglich. Besondere Tatumstände, die die strafrechtliche Verantwortlichkeit des Angeklagten mindern, liegen nicht vor. Es ist bekannt, daß in dieser Hinsicht sehr hohe Anforderungen gestellt werden. Weder auf der objektiven noch auf der subjektiven Seite der Tat liegen solche Umstände vor, die die Gesellschaftsgefährlichkeit des Tötungsverbrechens erheblich mindern …«

In der Urteilsbegründung setzt sich das Gericht auch mit Damraus Erklärung auseinander, er sei kein Mörder und könne deshalb nur wegen Totschlags bestraft werden. Dazu meint das Gericht:

»Möglicherweise ist die Behauptung des Angeklagten, er sei kein Mörder, psychologisch zu verstehen bzw. auf seine eigenartige im Schlußwort zum Ausdruck gebrachte Auffassung, daß er unter dem Begriff ›Mord‹ versteht, daß ein Täter solchen Verbrechen vorher planen, durchdenken und bestimmte Mordwerkzeuge zur Tötung eines Menschen benutzen muß.

Der Tötungsvorsatz des Angeklagten ergibt sich aber in der Hauptsache aus dem objektiven Tatgeschehen. Der Senat hat es als erwiesen angesehen, daß die vom Angeklagten gegebene Darstellung des Geschehnisablaufs richtig ist. Der gesamte Ablauf bis zum Tod der Mechthild L. kann nur im Zusammenhang gesehen werden. Das Schlagen, Würgen und Drosseln und schließlich das Hinschleifen seines Opfers zum Steilhang und das Hinabstürzenlassen sind ein Tatvorgang. Der Angeklagte wollte die Mechthild L. töten. Er wollte sie ›vernichten‹ …

Bei der Prüfung der strafrechtlichen Verantwortlichkeit und somit für die Findung einer gerechten Strafe mußten alle diese Fakten mit berücksichtigt werden. Dazu kommt die Art und Weise der Tatbegehung und die verantwortungslose Gleichgültigkeit des Angeklagten gegenüber dem menschlichen Leben.
Unter diesen Umständen sah der Senat keine Möglichkeit, dem Antrag des Verteidigers nachzukommen, eine zeitliche Freiheitsstrafe etwa in Höhe von zehn Jahren auszuwerfen. Der Angeklagte hat das Recht verwirkt, in unserer sozialistischen Gesellschaft zu leben. Es gab für den Senat keine andere Möglichkeit als ihn für dauernd zu isolieren ...«

Eberhard Damrau fügt sich in sein hartes Urteil. Als sich der Verteidiger von ihm verabschiedet und fragt: »Kann ich noch etwas für Sie tun, soll ich Berufung einlegen?« winkt er ab. Er sieht keinen Sinn mehr, den aussichtslosen Kampf weiterzuführen. Ob Mord oder Totschlag, das hat jetzt keine Bedeutung mehr für ihn. Gelassen wendet er sich dem Wachtmeister zu, der mit den Handschellen bereits auf ihn wartet. Jetzt leitet ihn nur noch der Selbsterhaltungstrieb. Von nun an wird der Strafgefangene Eberhard Damrau alles nebensächlich Erscheinende verdrängen, was mit dem »Draußen« zu tun haben könnte. Er muß seine inneren Kräfte sammeln, um sich mit dem unabwendbaren, langen Leben hinter Gefängnismauern arrangieren zu können.

Eine kommentierende Nachbemerkung:
Zum besseren Verständnis der in der Begründung des Urteils im Fall Damrau aufgeworfenen rechtlichen Problematik sei zunächst auf das geltende Strafrecht der Bundesrepublik hingewiesen: In Fortsetzung langer Rechtstradition wird darin bekanntlich zwischen Mord (§ 211 StGB) und Totschlag (§ 212 StGB) unterschieden.

Danach ist ein Mörder, wer aus besonders verwerflichem Beweggrund (aus Mordlust, zur Befriedigung des Geschlechtstriebes, Habgier, sonstigen niederen Beweggründen), auf besonders verwerfliche Art und Weise (heimtückisch, grausam, mit gemeingefährlichen Mitteln) oder zu einem besonders verwerflichen Zweck (um eine andere Straftat zu ermöglichen oder zu verdecken) vorsätzlich einen Menschen tötet. Wer einen Mord begeht, wird mit lebenslangem Freiheitsentzug bestraft.

Ein Totschläger hingegen ist, wer ohne die genannten Merkmale des besonders verwerflichen Beweggrunds, der besonders verwerflichen Art und Weise oder eines besonders verwerflichen Zwecks vorsätzlich einen Menschen tötet. Der Totschläger wird mit Freiheitsentzug nicht unter fünf Jahren, in besonders schweren Fällen mit lebenslangem Freiheitentzug bestraft.

Minder schwere Fälle des Totschlags regelt § 213 StGB. Sie liegen dann vor, wenn der Täter »ohne eigene Schuld durch eine ihm oder einem Angehörigen zugefügte Mißhandlung oder schwere Beleidigung von dem getöteten Menschen zum Zorn gereizt und hierdurch auf der Stelle zur Tat hingerissen« worden ist (Affekttat) oder wenn »sonst ein minder schwerer Fall« vorliegt (z.B. die bisher von § 217 StGB erfaßte Kindestötung).

Im DDR-Strafrecht wurde ebenfalls zwischen Mord (§ 112 StGB) und Totschlag (§ 113 StGB) unterschieden, allerdings mit einigen wesentlichen Unterschieden: So erfüllte grundsätzlich jede vorsätzliche Tötung bereits den Tatbestand des Mordes. Der Strafrahmen reichte von mindestens zehn Jahren bis zu lebenslangem Freiheitsentzug. Beim Tatbestand des Mordes war unter bestimmten Bedingungen auch schärfster Strafzwang durch Ausspruch der Todesstrafe möglich (bis 1987 Bestandteil des StGB). Die Bedingungen dafür waren erfüllt, »wenn die vorsätzliche Tötung

1. ein Verbrechen gegen die Souveränität der Deutschen Demokratischen Republik, den Frieden, die Menschlichkeit und die Menschenrechte oder ein Kriegsverbrechen ist oder aus Feindschaft gegen die Deutsche Demokratische Republik begangen wird;
2. mit gemeingefährlichen Mitteln oder Methoden begangen wird oder Furcht und Schrecken unter der Bevölkerung auslösen soll;
3. heimtückisch oder in besonders brutaler Weise begangen wird;
4. mehrfach begangen wird oder der Täter bereits wegen vorsätzlicher Tötung bestraft ist;
5. nach mehrfacher Bestrafung wegen Gewaltverbrechen … begangen wird.«

Der Totschlag gem. § 113 StGB hingegen umfaßte alle Fälle der vorsätzlichen Tötung von geringerer Tatschwere und konnte mit Freiheitsstrafe bis zu zehn Jahren bestraft werden. Folgende Tatbestandsmerkmale wurden vom Totschlag erfaßt:
1. Der Täter mußte ohne eigene Schuld durch eine ihm oder seinen Angehörigen von dem Getöteten zugefügte Mißhandlung, schwere Bedrohung oder schwere Kränkung in einen Zustand hochgradiger Erregung (Affekt) versetzt und dadurch zur Tötungs hingerissen oder bestimmt worden sein;
2. wenn eine Frau ihr Kind in oder gleich nach der Geburt tötet (Kindestötung);
3. wenn besondere Tatumstände vorliegen (z. B. Tötung auf Verlangen – in der Bundesrepublik gem. § 216 StGB ein eigenständiger Tatbestand –, Tötung aus Mitleid, mißlungener erweiterter Suizid), die die strafrechtliche Verantwortlichkeit mindern.

Die genannten Gesetzesinhalte lassen deutlich erkennen, daß Damraus Verteidiger mit dem Antrag, seinen Mandanten wegen Totschlags zu bestrafen, keinen Erfolg haben konnte. Weder die geforderten Kriterien für eine Affekttat noch die für besondere Tatumstände lagen bei der Tötung der Mechthild Lohse vor. Insofern muß der Urteilsbegründung des Bezirksgerichts gefolgt werden. Nach der Rechtslage konnte es also nur wegen Mordes bestrafen.

Allerdings hat das Bezirksgericht sowohl im Verfahren als auch bei der Strafzumessung und Urteilsbegründung völlig außer acht gelassen, daß Damrau bislang nicht mit dem Gesetz in Konflikt kam, keine der für Mörder sonst üblichen kriminogenen Merkmale (belastete soziale, vielfach auch kriminelle Vorgeschichte, Alkoholmißbrauch, Affektlabilität, Aggressivität, Asozialität usw.) aufwies und insofern hinsichtlich seiner späteren Resozialisierung von Anfang an eine positive Sozialprognose bot. Dies hätte der Verteidiger erkennen und vorbringen müssen. Ein auf dieser Grundlage formulierter Antrag, Damrau wegen Mordes zu einer zeitlichen Freiheitsstrafe unterhalb des Regelstrafmaßes »lebenslänglich« zu verurteilen, hätte das untaugliche Heranziehen des Totschlagstatbestandes von vornherein vermieden. Ob das Bezirksgericht dem gefolgt wäre, bleibt allerdings offen. Überhaupt fällt bei der DDR-Rechtsprechung in Strafprozessen wegen vollendeter vorsätzlicher Tötung auf, daß im Regelfall lebenslängliche Freiheitsstrafen ausgeworfen wurden, obwohl das Gesetz auch bei Mord eine Strafendifferenzierung vorsah (Freiheitsstrafe nicht unter zehn Jahren oder lebenslängliche Freiheitsstrafe).

Nach bundesdeutschem Recht wäre Eberhard Damrau wegen des Fehlens der Mordmerkmale vermutlich wegen Totschlags verurteilt und mit einer Strafe belegt worden, die weit unter der Strafobergrenze gelegen hätte.

Außer Kontrolle

In diesem Kapitel wird über solche Tötungsdelikte berichtet, die gemeinhin als Affekttaten bezeichnet werden. Sie wurden, sofern die Affekte überhaupt aufgeklärt wurden, von den DDR-Bezirksgerichten sehr unterschiedlich sanktioniert. Mitunter lösten die zuweilen milden Urteile, vor allem bei den Hinterbliebenen der Tötungsopfer, lebhaftes Unverständnis aus. Dies ist eine vertrackte Situation, mit der sich auch die heutige Rechtsprechung – wegen der vielfach uneinigen Auffassung psychiatrischer Sachverständiger in der Bewertung von Affektstraftaten noch zusätzlich erschwert – abfinden muß. Nach Meinung der Allgemeinheit lassen die Gerichte in der Strafzumessung bei Affekttaten oft allzu große Milde walten. In der Tat versuchen viele Gewalttäter mehr oder weniger erfolgreich, dem Sachverständigen ihre tatbedingten Erregungszustände als strafmindernde Affekthandlung unterzujubeln. Insofern hat das Nachtgebet eines unbekannten Knastologen aus dem vorigen Jahrhundert seine Bedeutung nicht verloren: »Lieber, guter Himmelsvater, erhalt uns die Gerichtspsychiater!«

Zum besseren Verständnis der auch in der DDR herrschenden unterschiedlichen Auffassungen über die rechtsrelevanten Affekte sei deshalb zunächst eine kurze Erläuterung vorangestellt:

Psychologisch-psychiatrisch gesehen sind Affekte »normale« Gemütsbewegungen. Auch bei heftigem Verlauf werden sie vom körperlich und psychisch Gesunden beherrscht, ohne die Grenzen zum strafbaren Handeln zu überschreiten. In bestimmten Situationen jedoch können diese Grenzen (verschuldet oder unverschuldet) überschritten werden.

Affekte entwickeln sich und streben nach Entladung. Dieser Vorgang vollzieht sich abhängig vom akut oder chronisch einwirkenden Umweltreiz, vom psychophysischen Zustand des Betreffenden (Affektdisposition) und von den zeitlichen Faktoren des Aufeinandertreffens dieser Bedingungen. Eine Affektentladung kann unmittelbar nach dem auslösenden Reiz (Affektexplosion) erfolgen, manchmal auch nach stetig längerem »Anstauen« des Affektpotentials, das mitunter Wochen oder sogar Jahre andauern kann (protrahierter Affekt), oder durch stufenweise immer intensiveres Aufschaukeln des Erregungszustandes (potenzierter Affekt). Eine Sonderform stellen die sogenannten asthenischen Affekte dar, die paradoxerweise nicht zu einer Aktivitätsentladung, sondern zu Passivität führen, weil die Fähigkeiten zum Handeln herabgesetzt oder gar ausgeschaltet sind (»stumme Verzweiflung«).

Der Fachmann unterscheidet mehrere Affektgrade:

Affekte ersten Grades liegen vor, wenn die hochgradige Erregung eine Bewußtseinseinengung, aber keine pathologischen Elemente aufweist (also keine zeitweilige oder dauernde krankhafte Störung der Geistestätigkeit oder Bewußtseinsstörung gem. § 15 Abs. 1 StGB DDR bzw. gem. § 16 Abs. 1 StGB DDR schwerwiegende abnorme Entwicklung der Persönlichkeit mit Krankheitswert). Das Gericht bewertete solcherart Affekte ohne die Beiziehung eines Sachverständigengutachtens. Jedoch führten eine vorherrschende uneinheitliche Terminologie und mangelnde Methodik der Aufklärung von strafrechtlich relevanten Affekten sowie Abgrenzungs- und Einordnungsschwierigkeiten gerade bei Affekttötungen zu einer unterschiedlichen Bewertung und Strafzumessung. Erst anfangs der 70er Jahre formulierten führende Juristen und Psychiater auf der »Konsultativratstagung des 5. Strafsenats des Obersten Gerichts« verbindliche Richtlinien für eine weitestgehend einheitliche Bewertung und Differenzierung der Affektproblematik.

Affekte zweiten Grades bezeichnen erheblich abnorme Erregungszustände von deutlich psychopathologischer Qualität mit Störungen des Bewußtseins (gem. § 16 Abbs. 1 StGB DDR verminderte Zurechnungsfähigkeit). Ihre rechtliche Bewertung erfolgt auf der Grundlage eines gerichtspsychiatrischen Gutachtens.
Affekte dritten Grades (extreme Erregungszustände mit höchstgradigen Bewußtseinsstörungen) sind solche, die auf Grund krankhafter Prozesse eine Steuerungs- und Entscheidungsfähigkeit aufheben und mitunter Unzurechnungsfähigkeit begründen (gem. § 15 Abs. 1 StGB DDR). Die Beziehung eines psychiatrischen Gutachtens ist unerläßlich.

Ungeachtet bestimmter definitorischer Unterschiede und uneinheitlicher Auffassung der Sachverständigen hat die deutsche Gerichtspraxis in der BRD wie in der DDR den »ungewöhnlich intensiven Gefühlsaufwallungen und Erregungszuständen der Täter« immer schon besondere Aufmerksamkeit gewidmet. Schon bei Affekten ersten Grades bestand bzw. besteht der Rechtssinn der »Affekttatbestände« (z. B. bei Notstand, Notwehr, unverschuldetem Affekt, Totschlag) gleichermaßen darin, bei der Bemessung der Strafhöhe die besonderen Umstände zu berücksichtigen, weil sie die Schuld bzw. die Zurechnungsfähigkeit des Täters mindern können. Liegen nämlich solche Umstände vor, hat das zwingend eine Strafe unterhalb der im Gesetz vorgesehen Strafobergrenze zur Folge.
Dies trifft aber nicht für jede tatrelevante Gefühlsaufwallung und Erregung zu. Auch in der DDR hatte das Strafrecht zunächst grundsätzlich davon auszugehen, daß normalerweise auch die heftigsten Gefühle im Sinne eines sozial normgerechten Verhaltens beherrscht und gesteuert werden können. Erst wenn durch »hochgradige Erregung mit Bewußtseineinengung« die Grenzen überschritten waren (Affekte ersten

Grades), wurden die tatbezogenen Gefühls- und Erregungsausbrüche zum Gegenstand einer juristischen Beurteilung. Wie bereits angeführt, lag diese Beurteilung allein im Ermessen des Gerichts, d. h., die Beiziehung eines psychiatrischen Sachverständigengutachtens (z. B. bei Totschlag im Affekt) unterblieb. Insbesondere in der Anfangsphase der Rechtsgültigkeit des sozialistischen StGB vom 12. Januar 1968 vermieden die Gerichte in etlichen Fällen die Mühen einer genauen Affektbewertung (Affekte ersten Grades), weil der Nachweis eines Mordes (§ 112) wesentlich leichter war als die mitunter schwierige Feststellung einer Affekttat (§ 113 Abs. 1). Es ist deshalb nicht verwunderlich, daß über viele Jahre hinweg der statistische Anteil dieser Delikte gegenüber den Morden auffallend gering blieb.

Im folgenden werden aus der Kategorie der Delikte gegen das menschliche Leben drei Fälle strafrechtlich relevanter Affekthandlungen unter dem Blickwinkel ihrer kriminogenen Entwicklung und strafrechtlichen Konsequenzen vorgestellt. Sie belegen den engen Zusammenhang zwischen der jeweiligen Affektentäußerung und der allgemeinen und tatbezogenen Persönlichkeitssituation des Täters.

Sie zeigen aber auch, wie unerläßlich für eine rechtliche Würdigung die genaue Kenntnis des Affektverlaufs im Kontext mit der spezifischen Vorgeschichte ist und wie unterschiedlich die jeweilige Strafzumessung erfolgte, weil nicht jeder Affekt die Zurechnungsfähigkeit sofort mindert oder aufhebt.

Fall 1: Aktenzeichen BI 12/67 Bezirksstaatsanwalt Frankfurt/O., Tgb.-Nr. 216/67 VPKA Bad Freienwalde

Etwa fünfzig Kilometer nordöstlich von Berlin, am Rande des Oderbruchs, liegt, westwärts von weitläufigen Kiefern-

wäldern umgeben, das Kreisstädtchen Bad Freienwalde, ein altehrwürdiger Kur- und Badeort.
Am Vormittag des 19. April 1967 erscheint auf dem dortigen VPKA eine junge Frau, Anfang dreißig, nervös, fahrig, mit sorgenvollem Gesicht. Unsicher steigt sie die Stufen zum Erdgeschoß empor. Ein Schild mit der Aufschrift »Anmeldung« weist ihr den Weg zur Hauswache. Dort öffnet sich eine Fensterluke.
»Ja bitte?« fragt der Wachtmeister hinter der Scheibe, wie es seine Pflicht ist.
»Meine Schwester ist seit einigen Tagen unauffindbar, auch ihr Mann ist weg, ich brauche Ihre Hilfe«, beschwört sie den Uniformierten.
»Warten Sie, ich versuche, jemanden zu kriegen, die meisten von uns sind nämlich nach Berlin abkommandiert!« entschuldigt sich der Mann hinter der Luke. Er greift zum Telefon, wählt und preßt den Hörer ans Ohr. Mit den Worten »Einen Augenblick, bitte!« verschließt er die Luke. Die Frau wartet. Sie weiß, in der Werner-Seelenbinder-Halle im nahen Berlin läutet gerade die SED-Elite auf ihrem VII. Parteitag das entwickelte gesellschaftliche System des Sozialismus ein und begründet mit üblichem Optimismus das »Neue Ökonomische System«. Zur Sicherung dieses Politrummels sind Hunderte von uniformierten und zivilen Volkspolizisten aus Berlin und seinen Randgebieten im Einsatz.
Die Frau sieht, wie der Wachtmeister telefoniert. Danach öffnet er das Fensterchen wieder, weist auf die Sitzbank gegenüber und sagt: »Nehm'se solange Platz, es kommt gleich ein Genosse!«
Es dauert auch gar nicht lange, und ein großer, sommersprossiger Mittdreißiger im adretten Anzug schreitet gravitätisch die Treppe herab und geht auf sie zu.
»Leutnant Bickel«, stellt er sich vor und fragt freundlich, »wie kann ich Ihnen helfen?«

»Ich weiß nicht, wie ich anfangen soll«, stammelt die junge Frau hilflos und aufgeregt, faßt sich aber und sagt: »Also, meine jüngere Schwester, die Brigitte, verheiratete Feigler, ist vor einiger Zeit zu mir gezogen. Ständiger Ehestreit, verstehen Sie! Eigentlich wohnt sie im Ortsteil Altranft mit ihrem Mann Horst. Doch sie will nicht mehr mit ihm zusammenleben, hat sich deshalb von ihm getrennt. Ich weiß, daß die beiden sich für letzten Samstag zu einer Aussprache verabredet haben. Brigitte sagte mir, sie gehe zwar hin, aber mit Horst sei ein für allemal Schluß. Seitdem ist sie weg. Gestern kam mein Schwager zu mir und sagte, sie hätten sich wieder vertragen, nur wäre Brigitte jetzt zu Tante Friedel nach Eberswalde gefahren, die dort ein kleines Geschäft hat. Warum sie plötzlich dorthin fuhr, das wisse er allerdings nicht. Mir kommt das sehr merkwürdig vor, denn das hätte sie mir erzählt.
Vorhin war ich im Kurhaus, wo Brigitte als Küchenhilfe arbeitet, aber sie fehlt schon seit Tagen unentschuldigt. Bei Tante Friedel habe ich auch angerufen. Nichts, Brigitte war überhaupt nicht da. Und Horst? Der ist plötzlich auch weg, ist nicht auf Arbeit in der Ziegel- und Schamottefabrik erschienen. Na, da bin ich nach Altranft zur Wohnung. Doch da ist alles verriegelt und verrammelt, also keiner da. Ich bin auf den Hof zum Stall, wo die Hühner und Kaninchen sind, wollte sehen, ob sie Futter gekriegt haben. Was soll ich Ihnen sagen, Herr Kriminal, kein Vieh mehr da, alles weg. Ist doch komisch, nicht? Überhaupt benahm der Horst sich gestern wie einer, der nicht mehr ganz richtig im Kopf ist. Er war ungewaschen und unrasiert, sprach ganz langsam, abgehackt und durcheinander, seine Augen blickten ganz leer. Ich dachte, vielleicht hat er gesoffen. Aber betrunken schien er nicht zu sein. Na ja, ich finde das alles sehr mysteriös, da muß man doch 'ne Vermißtenmeldung machen, oder? ...«
Die sommersprossige Staatsmacht, die zunächst aufmerksam zugehört hat, unterbricht plötzlich den Monolog: »Wissen

Sie was, ehe wir den ganzen bürokratischen Papierkram mit einer Vermißtenanzeige machen, gucken wir doch erst mal in der Wohnung Ihrer Schwester nach!«
»Ich hab aber keine Schlüssel«, gibt die junge Frau zu bedenken.
»Macht nichts!« entgegnet der Kriminalist zuversichtlich, »kommen Sie, wir fahren mit dem Trabi!«

Zwanzig Minuten später in Altranft. Die junge Frau verfolgt mit Spannung, wie der sommersprossige Leutnant Bickel mit wenigen Handgriffen die Tür der schwesterlichen Behausung öffnet. Es ist eine kleine Zwei-Raum-Wohnung mit Außentoilette und bescheidener Gemütlichkeit. In der Küche jede Menge Abwasch, auf dem Kühlschrank ein kleines Radio. Der Kriminalist schaltet das Gerät ein: Er will feststellen, welcher Sender eingestellt wurde – ein fragwürdiger Polizisten-Trick. Wer nämlich Westen hört, unterliegt dem Einfluß »der Hetzparolen der Bonner Revanchisten und Kriegstreiber« und macht sich der politischen Unzuverlässigkeit verdächtig. Aus dem Radio tönt eine Nachrichtenstimme des RIAS, die gerade mitteilt, daß der Altbundespräsident Konrad Adenauer im 91. Lebensjahr an den Folgen einer Grippe verstorben ist. Bickel schaltet das Radio wieder aus. Er geht weiter, die junge Frau folgt ihm wortlos. Im Wohnzimmer rauchvergilbte Gardinen an den Fenstern, durchgesessene Couchgarnitur, niedriger Eßtisch, darauf zwei leere Bierflaschen und ein übervoller Aschenbecher. Ein Fernseher. Das gleiche Spiel, ein Knopfdruck, der Bildschirm leuchtet: ARD-Vormittagsprogramm. Bickel weiß jetzt, was er wissen wollte, grinst in sich hinein. Weiter geht's. Stickige Raucherluft füllt den Raum aus. Sonst nichts Auffälliges. Er betritt das Schlafzimmer. Es ist ausgestattet mit Ehebett und großem Kleiderschrank. Ein merkwürdiger, unangenehm süßlicher, an Schweiß erinnernder Geruch liegt in der Luft. Der Leutnant blickt sich um.

Eigentlich scheint alles normal. Nur der Geruch stört. Woher kommt er? Das Bett weckt seine Neugierde. Mehrere federngefüllte Deckbetten und Kissen liegen aufgeschichtet auf einer Bettseite, aber keinesfalls nach Hausfrauenart akkurat geglättet, sondern knittrig, wie eilig übereinandergeworfen. Er schlägt sie zurück – und erbleicht, während die junge Frau entsetzt zurückweicht: Dort liegt auf dem Rücken die tote Brigitte, den Kopf leicht seitwärts geneigt. Sie ist vollständig bekleidet, sogar die Füße stecken noch in ihren Schuhen. Deutliche Leichenerscheinungen fallen auf. Die Augen sind ohne Glanz. Das blasse, aufgedunsene Gesicht der Toten ist an verschiedenen Stellen bläulich verfärbt. An einem Mundwinkel die rostbraune Eintrockung von Körperflüssigkeit. Zirkulär um den Hals eine dünne, tief in die Haut eingedrungene Drosselspur.

Angewidert ziehen sich die beiden zurück. »Hier muß die Mordkommission ran!« meint der Leutnant zu Brigittes Schwester und bricht die Besichtigung ab, »ich nehm Sie jetzt wieder mit zur Dienststelle. Wir müssen die Anzeige aufnehmen!«

Wenig später wird die Wohnung polizeilich gesichert. Gegen 13.00 Uhr übernimmt die Frankfurter MUK den Tatort.

Bis in die späten Abendstunden dauert die Spurensuche an und erbringt überzeugende Beweise für die Täterschaft Horst Feiglers. Den Befunden nach muß er seine Gattin erwürgt und mit einer Paketschnur zusätzlich gedrosselt haben, ehe er sie im Ehebett ablegte und unter Kissen und Decken verbarg. Doch offenbar ist er flüchtig. Wegen des dringenden Verdachts der vorsätzlichen Tötung erfolgt deshalb noch am gleichen Abend die Einleitung eines Ermittlungsverfahren gegen ihn und seine Ausschreibung zur Eilfahndung Stufe II »Verhaftung«.

Zwei Tage lang läuft die Maschinerie der Ermittlungen auf Hochtouren, als sich bereits der Fahndungserfolg einstellt:

Der völlig erschöpfte und ziemlich verwahrloste Horst Feigler fällt auf dem S-Bahnhof Strausberg einer Streife der Transportpolizei in die Hände. Widerstandslos läßt er sich festnehmen. Als er abgeführt wird, resümiert er lakonisch: »Endlich ist der Spuk vorbei!«
Unverzüglich erfolgt seine Überführung in die Zuständigkeit der Mordkommission. Ohne Umschweife bekennt er sich zur Tötung seiner Frau und bleibt auch im weiteren Ermittlungsprozeß durchweg kooperativ und ohne nennenswerte Widerstandsenergie. Den Vernehmern fällt aber auf, daß Feigler mit der Seele eines unreifen, auffällig unterwürfigen und weinerlichen Kindes ausgestattet ist, obwohl seine altersgerechte, kräftige körperliche Konstitution einen ganz anderen Eindruck vermittelt. Dies allein ist Anlaß genug, ihn kurz vor Verfahrensabschluß psychiatrisch begutachten zu lassen. Immerhin besteht der vage Verdacht einer solchen Persönlichkeitsstörung, die womöglich eine verminderte strafrechtliche Verantwortlichkeit begründen könnte. Welche individuellen Ursachen und Bedingungen führten also zu dem Verbrechen? Wie war es möglich, daß sich Horst Feigler zu einem Menschen entwickeln konnte, der – offenbar zu einer vernünftigen Konfliktlösung unfähig – das Leben seiner Frau Brigitte rücksichtslos auslöschte? Seine Lebensgeschichte und Persönlichkeitsanalyse bieten eine Erklärung:

Als sechstes Kind von insgesamt acht Geschwistern wird Horst Feigler im Kriegsjahr 1940 in einer Kleinstadt nördlich Berlins geboren. Der Vater, ein durchsetzungsschwacher, gefühlsbetonter Trunkenbold mit starkem Geschlechtstrieb, arbeitet als Schuhmacher in einem kriegswichtigen Betrieb an der Herstellung von Wehrmachtsstiefeln. Die Mutter, autoritär, verschlagen, ebenso sexuell triebhaft wie der Gatte, wegen der reichen Kinderschar beizeiten Trägerin des goldenen Mutterkreuzes, ist schon deshalb mit der Erziehung der Kinder völlig überfordert, weil sie die Abwesenheit des Gatten ungehemmt für außereheliche Liebesdienste nutzt. Kurz nach Kriegsende entziehen die Behörden dem Ehepaar das Erziehungsrecht für einen Teil der Kinder. 1947 wird der Junge trotz allgemeiner Retardation eingeschult. Lustlos, mit schwachen Leistungen von Beginn an, quält er sich durch die Schuljahre, muß eine Klassenstufe wiederholen. Als sich der Vater 1951 auf und davon in den Westen macht, kommt der inzwischen elfjährige Horst auf Betreiben der Mutter in ein Kinderheim, in dem er auch in die Schule geht. Als er 13 Jahre alt ist, werden die Mutter und die drei ältesten Schwestern wegen Prostitution für reichlich zwei Jahre inhaftiert. Horst, inzwischen in der 6. Klasse, entweicht aus dem Kinderheim. Nach abenteuerlichem Vagabundieren gelangt er schließlich zum Vater, der in der Nähe von Braunschweig wohnt. Bei ihm kommt er eine Zeitlang unter. Der Vater verhält sich seinem Sohn gegenüber sehr distanziert, fühlt sich von dessen übermäßigem Anlehnungsbedürfnis belästigt. Er verschafft ihm aber eine Lehrstelle als Bäcker, die Horst allerdings nach vier Wochen zugunsten einer besser bezahlten Tätigkeit als ungelernte Hilfskraft abbricht. Nach der Haftentlassung der Mutter im Jahr 1957 verläßt er den Vater und kehrt zu ihr in die DDR zurück, hofft, von ihr die ersehnte Zuwendung zu erhalten. Doch auch bei ihr wird er nicht heimisch. Sie gibt ihm nicht die erwünschte Wärme. Auch daß sie nach wie vor ihren illegalen Liebesdiensten nachgeht, stößt ihn ab. Monate später zieht es ihn wieder zum Vater, er überwirft sich aber bald mit ihm und bezieht in seiner Nähe ein eigenes Zimmer zur Untermiete. Dort wohnt er bis 1959, innerlich rastlos und unzufrieden. Insgeheim sehnt er sich nach einem starken Partner und Freund, dem er sich bedingungslos unterordnen würde. Doch alle Bemühungen, Freundschaften einzugehen, scheitern an seiner klebrigen Art der Anbiederung und offenkundigen Autoritätsgebundenheit. Immer mehr zieht er sich deshalb ins Einzelgängertum zurück. Horst folgt der brieflichen Bitte seiner Mutter, doch wieder zu ihr zurückzukehren, weil er hofft, sie habe ihre Einstellung zu ihm geändert. Weit gefehlt. Nur Gleichgültigkeit erwartet ihn. Er schwängert ein Mädchen, das er tags zuvor kennengelernt hat. Aus Angst vor den Vater- und Unterhaltspflichten zieht es ihn wieder gen Westen, er führt dort aber ein einsames, unstetes Vagabundenleben. Ein halbes Jahr nach dem Mauerbau kehrt er in die DDR zurück, will aber keinen engeren Kontakt zur Mutter mehr. Als »Rückkehrer« von den Behörden willkommen geheißen und mit bescheidenen Privilegien bedacht, werden ihm eine Stelle als Arbeiter in der Ziegel- und Schamottefabrik Freienwalde und im Ortsteil Altranft eine kleine Wohnung vermittelt. Fortan rackert er fleißig und ohne nennenswerte Fehlzeiten im Ziegelwerk, ist wegen seiner Hilfsbereitsschaft bei den Kollegen beliebt, bleibt aber nach wie vor ein zurückgezogener Sonderling. Er zahlt nun seinen monatlichen Unterhalt für sein Kind, das er noch nie gesehen hat, und führt ein tristes und gleichförmiges Junggesellenleben, ohne echte Kumpels, ohne Freundin, nur unterbrochen von gelegentlichen Trinkexzessen.

Im Laufe der Zeit entwickelt sich zwischen dem scheuen Horst und einer alleinstehenden Nachbarin, der einundzwanzigjährigen Küchenhilfe Brigitte, ein intimes Verhältnis, das offenbar von ihr initiiert wird. Horst gefällt das Mädchen, das mitten im Leben steht, weiß, was es will, und die alltäglichen Dinge souverän meistert.

Im Jahre 1964, er ist jetzt 24 Jahre alt, heiraten die beiden und beziehen eine gemeinsame Wohnung im gleichen Haus. Die ersten Ehemonate verlaufen harmonisch. Horst erschließt sich das Hobby der Hühner- und Kaninchenhaltung, für dessen Ausübung er das Stallgebäude auf dem Hof nutzen kann. Das erste Mal in seinem Leben ist er rundweg zufrieden.

Doch die eheliche Eintracht bekommt allmählich Risse. Zum

einen stört sich Brigitte an seiner Selbstunsicherheitheit und Unfähigkeit, Entscheidungen für das tägliche Miteinander zu treffen, aber auch daran, daß er sich sachlichen Diskussionen chronisch entzieht und stattdessen in weinerlicher Gleichgültigkeit verharrt.
Zum anderen sind es seine Trinkeskapaden, die deshalb ehelichen Streit heraufbeschwören, weil er im alkoholisierten Zustand aggressiv wird und sie mit Schimpftiraden belegt, die sie still über sich ergehen läßt. Eine Zeitlang hält Brigitte dieses Wechselbad der Gefühle zwar aus, doch ihre Geduld nähert sich unaufhörlich dem Ende. Als an einem Abend im Jahr 1966 kurz nach Weihnachten Horst betrunken auf sie einschlägt, packt sie flugs ein paar Dinge des täglichen Bedarfs ein, verläßt mit der Bemerkung »Jetzt reicht's, ich laß mich scheiden!« die eheliche Wohnung und nimmt Zuflucht bei ihrer Schwester.
Nüchtern und alleingelassen ergeht sich Horst Feigler in einen allgemeinen Weltschmerz, beklagt vor sich hinheulend seine eigene Unzulänglichkeit und den drohenden Partnerverlust. Er bittet Brigitte um eine versöhnende Aussprache. Vergeblich. »Du änderst dich nie!« hält sie ihm entgegen und bleibt dabei: »Ich will die Scheidung!« Tiefgetroffen zieht er sich zurück.
Einige Monate vergehen. Obwohl Brigitte offenbar noch keine Scheidung eingereicht hat, will sie nicht mehr zu Horst zurück. Das grämt ihn. Lebensüberdruß frißt sich in seine Seele, langsam und stetig. Tagelang beherrschen ihn Selbstmordgedanken. Irgendwo im Wald will er sich erhängen. Bald. Horst verkauft die meisten Hühner und Kaninchen, den Rest verschenkt er. Auch seine Arbeitsleistungen im Ziegelwerk lassen rapide nach, er beginnt zu bummeln. Der Brigadier verpaßt ihm einen gehörigen Rüffel. Das berührt ihn nicht mehr. Sein Vorhaben steht fest. Mehrmals zieht es ihn in den Wald, um sich zu töten. Doch er kehrt zurück, weil ihm der Mut fehlt, Hand an sich zu legen.

In der zweiten Aprilwoche 1967 versucht Horst ein letztes Mal, Brigitte zu einer Aussprache zu bewegen. Vielleicht kann er sie doch zurückgewinnen. Und zu seiner Überraschung sagt sie zu: »Samstag um 15.00 Uhr in unserer Wohnung, du kannst ja Kaffee kochen!«

15. April 1967. Pünktlich zur verabredeten Zeit erscheint Brigitte in der ehelichen Wohnung. Kaffeeduft liegt bereits in der Luft. Der Wohnzimmertisch ist gedeckt. Horst hat sogar Kuchen besorgt. Im Fernseher läuft ein Kinderfilm. Horst ist sichtlich nervös, in sich gekehrt und voller Spannung. Brigitte indes wirkt heiter und gelöst. Die beiden setzen sich auf ihre angestammten Sesselplätze, trinken Kaffee und verfolgen nebenbei die Akteure auf den Bildschirm des Fernsehers.
»Ich will nicht, daß du dich scheiden läßt«, beginnt Horst das Gespräch zaghaft.
Doch Brigitte zeigt sich unnachgiebig und sagt kurz: »Es hat keinen Zweck, ich will nicht mehr!«
»Laß es uns doch noch mal versuchen«, fleht er mit weinerlicher Stimme. Doch sie schüttelt wortlos den Kopf.
»Ich brauche dich, ohne dich kann ich nicht leben«, jammert er larmoyant.
»Daran mußt du dich gewöhnen. Es ist Schluß. Aus!« erwidert sie kühl. Horst ist niedergeschmettert, ihn überkommen die Tränen, er schluchzt wie ein kleines Kind.
Brigitte kämmt sich ungerührt die Haare und meint: »Hör auf zu flennen, du machst dich ja lächerlich!«
Mit einem Mal hört Horst auf zu heulen, wischt sich die Tränen aus dem Gesicht und steckt sich eine Zigarette an. Er sagt kein Wort, starrt auf den Fernseher. Doch in seinem Hirn explodiert ein furchtbarer Gedanke: Ich mach sie alle, dann häng ich mich auf! Horst erhebt sich, geht hinter ihren Sessel, packt, ohne etwas zu sagen, mit beiden Händen ihren Hals und umschließt ihn unbarmherzig mit aller Kraft, wobei er gleichzeitig

ihren Körper in den Sessel drückt. Bis auf ein kurzes Röcheln gibt sie keinen Laut von sich. Mit Armen und Beinen wehrt sie sich zwar einen Augenblick lang sehr heftig. Der Sessel kippt mit ihr nach hinten, Horst stürzt mit, doch er löst seine Umklammerung erst, als sie keine Regung mehr zeigt. Dann steht er auf, geht zur Küche und holt eine Paketschnur, die er der Leblosen fest um den Hals schnürt und im Nacken verknotet. Zunächst läßt er die Tote auf dem Fußboden liegen. Er räumt den Tisch ab, bringt das Kaffeegeschirr in die Küche, stellt den umgestürzten Sessel wieder aufrecht und löst die Schnur vom Hals seiner toten Frau. Die Leiche trägt er ins Schlafzimmer, legt sie ins Bett und umhüllt sie mit Kissen und Decken. Er ergreift die Paketschnur, die als Drosselwerkzeug verwendet wurde, steckt sie in seine Hosentasche und verläßt die Wohnung. Von nun an wagt er es nicht mehr, sie zu betreten. Eine Zeitlang läuft er kopf- und ziellos in der Gegend umher, besucht kurzzeitig eine Gaststätte, trinkt einige Biere, geht in den Wald und will sich mit der Paketschnur erhängen. Doch sie reißt. Wieder läuft er ruhelos durch die Landschaft. Völlig ermattet verkriecht er sich schließlich irgendwo im Gelände unter einem Reisighaufen. Doch er findet keinen ruhigen Schlaf, verharrt aber bis zum Morgengrauen in seinem Versteck. Auch am nächsten Tag treibt ihn der Gedanke an Selbstmord. Und wieder findet er nicht den Mut, ihn zu vollenden. Von Angst geschüttelt treibt er sich herum, verbringt die kalten Aprilnächte in Heuschobern oder gar im Freien und erscheint am Morgen des 19. bei seiner Schwägerin, um ihr zu sagen, seine Ehe sei wieder in Ordnung und Brigitte wäre zu ihrer Tante nach Eberswalde gefahren. Kein Wunder, daß er einen verwahrlosten Eindruck macht. Zwei Tage später wird er am Bahnhof Strausberg verhaftet.

Die Diagnose des psychiatrischen Sachverständigen: Horst Feigler ist eine selbstunsichere, schwer verhaltensgestörte, ge-

hemmte und anlehnungsbedürftige Persönlichkeit. Er strebt nicht nur nach Zuwendung, sondern auch nach einer ihn beherrschenden Autorität. Seine Einsichtsfähigkeit in das Strafbare seiner Handlung war zwar tatbezogen nicht beeinträchtigt, weshalb er strafrechtlich voll verantwortlich ist. Dennoch sollte nicht unberücksichtigt bleiben, daß seine psychische und soziale Struktur, die extrem verwahrlosten häuslichen Bedingungen, unter denen er aufwuchs, wie auch seine weitere Lebensgestaltung zu Dispositionen führten, die tatbezogenen einen heftigen asthenischen Affekt erklären.
Das Bezirksgericht verurteilt Horst Feigler unter Berücksichtigung der besonderen Merkmale seiner Persönlichkeit und der besonderen Tatumstände wegen Totschlags gemäß § 112, jedoch nicht, wie grundsätzlich vorgesehen, zu lebenslangem, sondern zu 14 Jahren Zuchthaus.

Fall 2: Aktenzeichen BI 4/70 Bezirksstaatsanwalt Frankfurt/ O., Tgb.-Nr. 427/70 VPKA Eberswalde

Manfred Fanghänel, Jahrgang 1934, erfüllt alle Voraussetzungen, ein vorbildlicher Staatsbürger zu werden. Als er nämlich im Jahr 1954 seine rheinland-westfälische Heimat verläßt, um im Arbeiter-und-Bauern-Staat sein Glück zu machen, hat er, trotz seines zarten Alters von zwanzig Jahren, bereits die Biografie eines erfahrenen Klassenkämpfers im Gepäck. Die DDR-Behörden sind entzückt.
In einer kommunistischen Arbeiterfamilie, die den Repressalien des Naziregimes mit Leib und Leben ausgesetzt war, in Duisburg aufgewachsen, erlernt er nach seinem Schulabschluß den ehrsamen Beruf eines Elektrikers. Der Jüngling findet im Wirkungskreis des charismatischen KPD-Funktionärs und Berufsrevolutionärs Jupp Angenfort seine politische Bleibe.

Angenforts handfestes Aufbegehren gegen die »imperialistische Restaurations- und Spaltungspolitik« der Adenauer-Regierung führt im Jahr 1953 wegen »Gefährdung des demokratischen Rechtsstaats« zu dessen Inhaftierung. Sie löst im »antifaschistisch-demokratischen« Teil Deutschlands einen Sturm der Empörung aus. Eine riesige Solidaritätskampagne wird in Gang gesetzt, in deren Folge die Adenauer-Regierung mit Tausenden Protestschreiben unter der Losung »Jagt die braunen Richter fort – Freiheit für Jupp Angenfort« bombardiert wird. Gleichzeitig zimmert das Bundesverfassungsgericht bereits daran, die KPD für verfassungswidrig zu erklären. Folgerichtig ist ihr Verbot nur noch eine Frage der Zeit. Manfred Fanghänel fühlt sich von den westdeutschen Behörden belästigt und verfolgt. Deshalb verläßt er den Ruhrpott und wechselt ostwärts auf die andere Seite der Front.
An seiner politischen Zuverlässigkeit zweifeln die Funktionäre in der DDR nicht. Die Genossen empfangen ihn mit offenen Armen. Er erhält Wohnung und Arbeit in Eberswalde, wird engagiertes SED-Mitglied, besucht Parteischulen, übernimmt bereitwillig eine Kommandeursfunktion in den Kampfgruppen, erwirbt an der Abendschule die mittlere Reife, qualifiziert sich mit großem Ehrgeiz zum Meister für Elektrotechnik und erklimmt in wenigen Jahren den Sessel eines Abteilungsleiters für Grundmittelökonomie in einem großen volkseigenen Betrieb.
Manfred Fanghänel fühlt sich rundum wohl im Land der Arbeiter und Bauern. Um das Glück vollständig zu machen, gibt er im Jahre 1960 einer Kollegin seines Betriebes das Jawort. Die Ehe bleibt kinderlos. Als er dahinterkommt, daß die Gattin ihm untreu ist, läßt er sich im Jahr 1963 scheiden. Die Wunden der ehelichen Untreue verheilen äußerlich zwar schnell, doch die schmerzhaften Narben tiefgekränkter Eitelkeit und nahezu krankhaften Argwohns bleiben. Auch in Zukunft wird ihn eine fast paranoide Eifersucht begleiten.

Monate später lernt er die knapp zehn Jahre jüngere Gitta kennen. Die beiden verlieben sich ineinander. Gitta ist eine hübsche, lebhafte, lebensbejahende junge Frau, die in der Buchhaltung des Papiergroßhandels arbeitet, in der Freizeit in einem Sportverein Tischtennis spielt und Männerherzen höher schlagen läßt. Bald steht fest: Diese Frau will er für sich haben. Manfred Fanghänel muß sichergehen, daß sie für alle Zeit ihm gehört, und wagt erfolgreich einen zweiten Anlauf zu ehelicher Bindung. Und sie ist bereit.

Als Gitta wenig später schwanger ist, erhält das Ehepaar eine kleine Wohnung am Stadtrand von Eberswalde. Die werdende Mutter wird gemäß den gesetzlichen Bestimmungen über den Mutter- und Kinderschutz alsbald von der Arbeit freigestellt. 1965 wird das Mädchen Daniela, zwei Jahre später der Knabe Torsten geboren. Manfred, der betrieblich, parteilich und in der Betriebskampfgruppe zwar stark ausgelastet ist, übernimmt dennoch bereitwillig Hausarbeiten, die er souverän meistert. Gitta kann sich auf ihre Mutterpflichten konzentrieren. Das Familienglück scheint komplett zu sein. Und tatsächlich verlaufen die ersten Ehejahre in Eintracht und Behaglichkeit.

Später besuchen die Kinder tagsüber Krippe und Kindergarten, weil Gitta inzwischen wieder arbeiten geht. Doch zweimal wöchentlich gehören die Abende dem Tischtennisverein. Obwohl Manfred sie wiederholt davon abzuhalten versucht, hält sie unerbittlich daran fest. Es ärgert ihn, nicht zu wissen, was Gitta in dieser Zeit treibt. Es ärgert ihn aber auch, daß er sich in dieser Zeit um die Kinder kümmern und die häuslichen Aufgaben erledigen muß. Wenn die Kinder endlich im Bett sind, hängt er gelangweilt vor dem Fernseher und wartet. Manchmal bis gegen Mitternacht, denn zuweilen kehrt Gitta an ihren Sportabenden erst ziemlich spät heim.

Sind die Tischtennisabende wirklich so harmlos, wie sie vorgibt? Könnte sie womöglich fremdgehen? Heimlich schnüffelt er in Gittas Sachen nach verräterischen Indizien. Vergeblich. Dennoch: Der Gedanke an eine mögliche Untreue martert ihn, zwingt zu stundenlangen Grübeleien. Noch unterdrückt er seinen Gram, läßt ihn nicht nach außen dringen. Die Monate vergehen. Doch die Eifersucht hat seine Seele längst in festem Griff.

Eines Abends macht er seinem Ärger Luft, bekundet lautstark sein Mißfallen an Gittas abendlichen Unternehmungen und unterstellt ihr, einen Geliebten zu haben.

»Du nervst mich mit deiner Eifersucht. Der Tischtennisverein ist mir wichtig, ich sage doch auch nichts, wenn du mit deinen Kampfgruppenleuten Krieg spielst«, kontert sie gelassen und macht ihm ein Angebot, »weißt du was, komm doch einfach mit, Sport könnte dir auch nicht schaden.« Doch der Vorschlag interessiert ihn nicht.

Diese Kollision der Eheleute ist der traurige Beginn weiterer Auseinandersetzungen, die in immer kürzeren Abständen stattfinden und an Heftigkeit zunehmen. Einziger Streitpunkt: Manfred verdächtigt Gitta der ehelichen Untreue, die sie ihrerseits vehement zurückweist.

Seine mißtrauische Grundhaltung nimmt mit der Zeit bizarre Formen an. Er legt sich insgeheim ein Tagebuch zu, in dem er Gittas An- und Abwesenheit ebenso akribisch dokumentiert wie die Ergebnisse seiner hinterrücks durchgeführten Observationen, bei denen er Gitta bei jeder sich bietenden Gelegenheit auf Schritt und Tritt verfolgt. Es sind kräftezehrende Aktionen, die zu unruhigem Schlaf, Konzentrationsschwäche und Arbeitsunlust führen. Manfred fühlt sich im Betrieb bald ziemlich überfordert.

Im Ergebnis einer neuerlichen Auseinandersetzung redet Manfred tagelang kein Wort mit Gitta. Auch sie würdigt ihn keines Blicks. Die beiden zwingen sich aber, die Spannungen nicht auf die Kinder zu übertragen. Wenigstens glauben sie es.

Eine für beide Seiten sehr belastende, nahezu neurotisierende Situation ist entstanden.
Samstag, der 17. April 1970. Die Kinder sind übers Wochenende bei der Oma in Bernau. Manfred und Gitta schweigen sich wieder einmal an, jeder geht seiner Wege. Als sie das Haus verläßt, verfolgt er sie unbemerkt wie ein Geheimdienstler. Diesmal hat er keinen Zweifel, endlich einen schlagenden Beweis für ihre Untreue gefunden zu haben, denn Gitta hat sich mit einem ihrer Sportfreunde in einem Café getroffen. Aus sicherer Deckung heraus beobachtet er die beiden. Ihn dünkt: »Sie tut mit dem anderen ziemlich intim.« Tatsächlich aber, so jedenfalls behauptet der Sportfreund später bei der Polizei, habe sie in ihm lediglich einen vertrauenswürdigen Gesprächspartner gefunden, mit dem sie sich wegen ihrer verpfuschten Ehe beraten habe. Gitta sei nämlich innerlich sehr zerrissen, weil sie sich eigentlich scheiden lassen wolle, den Kindern zuliebe es aber nicht wage. Welche tatsächliche Rolle der seelentröstende Sportfreund auch spielt, Manfred nimmt seine Beobachtung zum Anlaß, einen erneuten Streit mit Gitta vom Zaun zu brechen, der diesmal sogar mit wechselseitigen Handgreiflichkeiten endet. Fazit: Tagelang herrscht wieder Funkstille zwischen den beiden.
In seiner Zerknirschung vertraut sich Manfred seinem großen Chef an, schildert ihm in groben Zügen das eheliche Dilemma und erbittet als ehekittende Maßnahme eine zeitweilige Milderung seiner betrieblichen, parteilichen und gesellschaftlichen Belastungen. Doch so einfach geht das nicht. »Das muß die Parteileitung entscheiden, und die tagt erst wieder am Monatsende. Also, Genosse Abteilungsleiter und Kampfgruppenkommandeur Manfred Fanghänel, du mußt dich in Geduld üben!«

Freitag, der 24. April 1970, am Nachmittag. Wieder einmal ist die Kommunikation in der Familie Fanghänel auf Themen beschränkt, die die Kinder betreffen. Ansonsten bestimmen nur eiskalte Sachlichkeiten das Klima zwischen den Eheleuten. Hin und wieder versucht Manfred zwar eine behutsame verbale Annäherung, doch Gitta bleibt ungerührt. Wie ausgemacht, holt sie nach der Arbeit die kleine Daniela, und Manfred den Jungen vom Kindergarten ab. Dann treffen sie sich auf dem Spielplatz, wo die Kleinen noch eine Zeitlang unbekümmert toben dürfen, während die Eltern, äußerlich eheliche Eintracht wahrend, auf einer Sitzbank ausharren. Wie in der Vergangenheit auch beginnt so ein weiteres, zwar arbeitsfreies, aber in konfliktgeladener Monotonie erstarrtes, wenig erquickliches Wochenende.

»Ich geh heut noch zum Tischtennis«, bemerkt Gitta beiläufig.

»Soll ich dich um neun abholen?« fragt Manfred unsicher, aber versöhnlich.

»Muß nicht sein!« anwortet sie kurz.

Manfred schließt aus ihrer Bemerkung, daß sie ihm die Entscheidung darüber überlassen will.

Gegen 18.00 Uhr findet wie gewöhnlich das gemeinsame Abendessen statt. Die Atmosphäre am Tisch wirkt gelöst und heiter. Die Kinder scheinen die knisternde Gereiztheit der Eltern nicht wahrzunehmen. So sitzt die Familie eine Zeitlang beieinander, bis sich Gitta plötzlich erhebt, ihre Sporttasche ergreift und wortlos gehen will. Manfred hält sie mit der Ankündigung »Also, bis um neun!« einen Moment lang zurück. Doch sie zuckt nur mit den Schultern, als wolle sie ausdrücken »mach doch, was du willst«, und verläßt die Wohnung. Manfred will ihr etwas nachrufen, doch der kleine Torsten fragt den Vater ängstlich verwundert: »Wo geht Mutti denn hin?« Und darauf muß er sofort eine beruhigende Antwort geben.

Sodann folgen die Kinder dem altbekannten abendlichen Ritual »Ausziehen, Waschen, Zähneputzen«, ehe der Fernse-

her eingeschaltet werden darf. Nach dem obligatorischen »Abendgruß des Sandmännchens« kurz vor 19.00 Uhr bringt Manfred die Kinder ins Bett. Sie dürfen noch ein Weilchen in der neuen Ausgabe des »Bummi«, einer beliebten Kinderzeitschrift, blättern. Dann heißt es »Licht aus!« Eine halbe Stunde später schlafen sie.
Manfred bindet sich die Schürze, ein fades Präsent der Schwiegermutter mit der Aufschrift »Heute kocht der Chef«, um und erledigt den Abwasch. Kurz nach 20.30 Uhr zieht er sich den Anorak über. Bevor er die Wohnung verläßt, sieht er nochmals nach den Kindern, die längst in tiefem Schlaf liegen, dann zieht er behutsam die Wohnungstür hinter sich zu.
Gittaş Tischtennisabende finden gewöhnlich in einer Sporthalle in Finow, einem östlichen Stadtteil von Eberswalde, statt. Ein strammer Fußmarsch von zehn Minuten bis dorthin. Pünktlich um 21.00 Uhr ist Manfred zur Stelle. In der Halle ist reger Betrieb. Das Klicken der Zelluloidbälle dringt bis nach draußen. Doch von Gitta keine Spur. Er fragt, wartet, sucht. Vergeblich. Schließlich zieht er unverrichteterdinge wieder von dannen, eine maßlose Wut im Bauch. Sein Weg führt zurück nach Haus.
Dann: Als Manfred die Wohnungstür öffnen will, bemerkt er, daß er die falschen Schlüssel bei sich hat. Er fährt zusammen. Jetzt fällt es ihm wie Schuppen von den Augen: Statt der Büroschlüssel hatte er versehentlich seine Wohnungsschlüssel beim Betriebspförtner abgegeben. Dort hängen sie unschuldig am Schlüsselbrett, und er brauchte sie jetzt hier so dringend. Ärgerlich! Was tun? Manfred überlegt. Er könnte stürmisch klingeln und die Kinder wecken. Doch das will er nicht, sie würden zu sehr erschrecken. Dehalb entscheidet er sich, zu warten. Immerhin müßte Gitta ja bald zurück sein.
Aber seine Hoffnung wird auf eine harte Probe gestellt, denn Gitta kommt erst kurz vor Mitternacht heim. Manfred kocht vor Wut. Als sie ihre Wohnungsschlüssel aus der Tasche

kramt, reißt er sie ihr aus der Hand und brüllt: »Gib her, ich habe die Schnauze voll, hänge hier stundenlang wie ein dummer Junge herum und warte auf dich!«
Während Manfred die Tür öffnet, ergreift Gitta wiederum das Schlüsselbund. Es kommt zu einem kurzen, heftigen Handgemenge, das mit einem kleinen, blutigen Kratzer in Manfreds Gesicht endet. Er hält sich die Wange, Gitta faucht: »Das sind meine Schlüssel, paß auf dein Zeug besser auf. Woher soll ich wissen, daß du hier draußen stehst?«
Beide betreten in aggressiver Hochstimmung die Wohnung. Gitta stellt ihre Sporttasche ab und geht ins Bad. Manfred folgt ihr. Sie ist außer sich und will ihn mit einem Stoß zurückdrängen: »Geh raus, ich muß aufs Klo. Nicht mal hier hab ich Ruhe!«
Manfred schiebt Gitta mit beiden Armen zurück in das enge Bad, stößt sie mit dem Rücken an die Waschmaschine. Er redet auf sie ein, mit ihr sprechen zu wollen, doch sie will nicht. Aufs äußerste gereizt poltert sie: »Laß mich los! Ständig spionierst du mir nach. Andere machen sich schon lustig über dich. Was bist du nur für ein Waschlappen!«
Aber Manfred läßt nicht von ihr, hält sie unsanft an den Schultern fest und zischt: »Du betrügst mich!«
Gitta lacht maliziös: »Und wenn schon, mein Körper geht dich nichts an!« Sie erfaßt mit beiden Händen den Kragen seines Anoraks, schüttelt Manfred aus Leibeskräften, versetzt ihm einen Schlag gegen die Brust und faucht: »Laß mich los, du Waschlappen, ich muß aufs Klo!«
Manfred fühlt sich aufs Äußerste gereizt. Kochend vor blinder Wut umfaßt er mit beiden Händen Gittas Hals und drückt zu, so fest er kann. Kraftlos fällt sie nach hinten. Manfred fällt mit ihr. Beide stürzen über die Badewanne, dabei schlägt Gittas Hinterkopf gegen die Waschmachine. Schaumiges Blut tritt aus ihrem Mund, und noch immer umklammern Manfreds Hände Gittas Hals. Doch sie ist längst tot. Minuten spä-

ter kommt Manfred zur Besinnung und löst seine Hände von ihr. Jetzt erkennt er das schreckliche Ausmaß seines todbringenden Angriffs. Mit einem Mal empfindet er eine unsägliche Reue. Um das Geschehene irgendwie ungeschehen zu machen, führt er verzweifelte Wiederbelebungversuche an der Toten durch, bis er die Aussichtslosigkeit seines Tuns erkennt. Manfred trägt den Leichnam ins Schlafzimmer und legt ihn im Bett ab. Er verläßt den Raum, verriegelt die Tür, geht ins Wohnzimmer, um in vermeintlicher Ruhe zu überlegen, was er nun tun könne. Selbstmord ist sein erster Gedanke, doch er findet keine sichere, schmerzlose Methode. Dann denkt er daran, sich der Polizei zu stellen. Aber was wird dann aus den Kindern? Er kann sie doch nicht allein lassen. So wirbeln rationale und irrationale Gedanken durch sein Hirn. Dann faßt er den Plan, seine Untat zu vertuschen. Dabei fällt ihm ein, am nächsten Tag auf dem Friedhof nach einem frisch ausgehobenen Grab Ausschau zu halten. Wenn er eines finden sollte, würde er, indem er nachts unbemerkt das Grab noch etwas tiefer aushebt, die Leiche seiner Frau darin verschwinden lassen, um dann die Grabsohle wieder so herzurichten, wie er sie vorgefunden hat. Ja, das wäre eine perfekte Verschleierung, wenn da nicht die verschiedenen Bedingungen wären. Doch der Gedanke beschäftigt ihn die ganze Nacht. So sitzt er schlaflos bis zum nächsten Morgen. Dann fordern die Kinder ihr Recht.

»Mutti ist erst sehr spät nach Hause gekommen. Sie schläft noch«, lügt er die Kinder beim Frühstück an. Danach bringt er sie unter einem Vorwand zu seiner Schwiegermutter und verspricht, sie am Dienstagabend wieder zu holen. Halb erfreut, halb notgedrungen willigt die Oma ein.

Ohne den Plan aufzugeben, die tote Gitta auf dem Friedhof auf seine Art illegal zu bestatten, entschließt sich Manfred Fanghänel zunächst zu einer Zwischenlösung. Die Tatsache, daß der Leichnam seiner Frau immer noch im Ehebett liegt,

läßt ihn auch in der kommenden Nacht nicht zur Ruhe kommen. Doch untätiges Grübeln ist nutzlos vertane Zeit. Deshalb wird er kurz vor Mitternacht aktiv. Er umhüllt die Leiche mit Decken, bugsiert sie aus der Wohnung, legt sie über den Tank seines Motorrads und fährt unbemerkt zu einem nahegelegenen Acker. Dort vergräbt er sie. Den dafür notwendigen Spaten hatte er bereits Stunden vorher dort versteckt.
Wieder zu Hause, findet er trotzdem keine Ruhe. Die beklemmende Angst, die Polizei könne plötzlich an der Wohnungstür klingeln, hält ihn wach.

Montagmorgen, der 27. April. Manfred Fanghänel ist nach weiterer schlafloser Nacht so erschöpft, daß er im Betrieb anruft und vorgibt, wegen eines plötzlichen grippalen Infekts nicht ins Büro kommen zu können. In Wirklichkeit lähmt ihn das Grauen vor der unvermeidlich heranrückenden düsteren Zukunft. Er wagt sich nicht mehr aus dem Haus. Mit jedem Geräusch auf der Straße oder auf der Treppe fühlt er, wie der Arm des Gesetzes nach ihm greift.
Während er in der Abgeschiedenheit seiner Wohnung tagsüber in paranoider Spannung verharrt, um am Abend vor körperlicher Erschöpfung für mehrere Stunden in einen fast komatösen Schlaf zu fallen, haben Landleute längst das auffällige Grab auf dem nahen Acker entdeckt und die Polizei mobilisiert. Die professionellen Spurensucher finden reiche Beute. Wenig später steht der Verbrechensverdacht fest.
Am nächsten Morgen fühlt sich Manfred Fanghänel einigermaßen in der körperlichen und seelischen Verfassung, um zum Werk gehen zu können – immerhin benötigt er vom Betriebsarzt einen Krankenschein für den gestrigen Fehltag. Doch auf dem Weg stößt er auf eines der Fahndungsplakate über den gestrigen Fund einer unbekannten Toten, die von den bienenfleißigen Gesetzeshütern im Morgengrauen in

der Stadt verteilt wurden. Fanghänel starrt fassungslos auf das Schriftstück, erfaßt in heftigster Erregung zwar nur Bruchstücke des Textes, erkennt aber sofort, daß die Polizei bereits nach ihm fahndet. Seine Nerven liegen nun vollends blank. Jetzt kann er nicht mehr und gibt auf. Einen Moment lang denkt er an seine Kinder, weiß sie bei der Oma in guten Händen. Dann ändert er seinen Weg und stellt sich der Polizei …

»Durch verbale und handgreifliche Provokation der Ehefrau in einen unverschuldeten Affekt geraten«, diagnostiziert der im Rahmen der Ermittlungen beauftragte Psychiater und zielt mit dieser Festellung vermutlich auf eine Alternative des Totschlags gem. § 113 StGB ab. Demnach müßte im vorliegenden Fall zutreffen: Fanghänel wurde ohne eigene Schuld durch eine ihm von seiner Ehefrau zugefügte Mißhandlung oder schwere Kränkung in einen Zustand hochgradiger Erregung (Affekt) versetzt und dadurch zur Tötung hingerissen. Wenn dem so wäre, hätte er eine Freiheitsstrafe bis zu zehn Jahren zu erwarten.

Doch das Bezirksgericht geht von der Feststellung aus, daß Fanghänel mit der Würgeattacke gar nicht töten wollte. Obwohl diese objektiv ursächlich für den Tod der Ehefrau war, wertet das Gericht seine Handlung lediglich als eine vorsätzliche Körperverletzung, in deren Folge der Tod der Ehefrau nur fahrlässig herbeigeführt wurde. Er hat folgedessen kein Tötungsdelikt begangen. Seine Aktivitäten der Tatverschleierung sind zwar moralisch verwerflich, strafrechtlich jedoch ohne Relevanz.

Deshalb wird Manfred Fanghänel gem. § 117 StGB lediglich wegen Körperverletzung mit Todesfolge mit einer Freiheitsstrafe von fünf Jahren bestraft.

Fall 3: Aktenzeichen BI 14/70 Bezirksstaatsanwalt Frankfurt /O., Tgb.-Nr. 797/70 VPKA Angermünde

Frank Romanowski (Jahrgang 1946) ist das Nesthäkchen der Familie. Bedingt durch eine längere Infektionskrankheit verläuft seine frühkindliche Entwicklung leicht verzögert, stabilisiert sich jedoch im Verlauf der folgenden Jahre, obgleich er immer etwas schwerfällig bleibt. Er wird rechtzeitig eingeschult und durchläuft die Schule bis zum Abschluß der zehnten Klasse mit nur mäßigen Leistungen. So bleibt er das Sorgenkind der Familie, weil er nicht die schulischen Hochleistungen seiner ehrgeizigen Brüder erbringt.

Schon von Kindesbeinen an zieht es den gebürtigen Rostokker aufs Meer. Seemann will er werden und irgendwann auf große Fahrt gehen. Gleich nach der Schulentlassung heuert er als Lehrling beim Rostocker Fischkombinat an, arbeitet eine Zeitlang als Taucher bei einem Instandsetzungstrupp für Unterwasserarbeit und wird Matrose auf einem Fischkutter. Ja, eines Tages wird er ein großes Schiff führen. Dann werden seine beiden älteren Brüder aber staunen und keinen Grund mehr haben, ihn zu hänseln und von oben herab zu behandeln. Daß sie in der Schule besser waren als er, studiert haben und jetzt damit prahlen, Akademiker zu sein, wurmt ihn sehr. Seit seiner Kindheit leidet er unter Minderwertigkeitskomplexen, an denen, so glaubt er, die arroganten Brüder Schuld seien. Jetzt aber will er sich vor ihnen behaupten. Und weil er fleißig arbeitet, bei den Kollegen und Vorgesetzten beliebt ist, könnte sein Traum vom Besuch der Seefahrtsschule und Erwerb des Kapitänspatents in absehbarer Zeit in Erfüllung gehen.

Dennoch gibt es ein schwerwiegendes Problem, ein Problem, das einen Namen hat: Seine hübsche Frau Marlies (23). Sie nämlich, die eigentlich aus einem öden Nest in der Uckermark stammt und nur seinetwegen nach Rostock umgezogen war, ist eine eingefleischte Landratte, ohne Sinn für die Sehnsüchte, die einen Seemann hinaus aufs Meer treiben. Seitdem Frank ihr vor drei Jahren das Jawort gab, beackert sie ihn hartnäckig, seine maritimen Pläne aufzugeben. Grund: Um nichts auf der Welt will sie das Schicksal mit den vielen unglücklichen Seemannsfrauen teilen, die unter der sich ständig wiederholenden, wochenlangen Trennung von ihren Männern leiden.

»Mir reicht es jetzt schon, wenn du tagelang weg bist!« klagt sie wiederholt und droht mit naiver Ehrlichkeit, ihm nicht dauerhaft treu sein zu können.

Frank Romanowski frißt den Kummer still in sich hinein. Trotzdem kommt es immer wieder vor, daß seine seemännische Laufbahn thematischer Ausgangspunkt für lautstarke eheliche Streitigkeiten ist. Marlies versteht sein Beharren nicht; er könnte schließlich auch an Land arbeiten. Sie droht mit Scheidung, was ihn wiederum sehr verletzt, weil er sich in keiner Weise schuldig fühlt. Kurzum, das Eheleben der beiden wird auf diese Weise von einem permanenten Konflikt bestimmt.

Als wegen einer verschusselten Ratenzahlung ein Mahnschreiben ins Haus flattert, kommt es sogar zu körperlichen Auseinandersetzungen zwischen den Eheleuten. Jetzt unternimmt Marlies sogar einen ernsthaften Suizidversuch, den sie glücklicherweise schadlos übersteht. Danach beruhigt sich die Ehesituation etwas. Aber nach wie vor fühlt sich Frank in Fragen seiner beruflichen Entwicklung unverstanden; er findet einfach keinen Rückhalt bei seiner Frau. Und dabei ist Seefahrt sein Leben.

Der chronische Zweifel an Marlies' ehelicher Treue martert ihn bis zur Unerträglichkeit. Vor allem auf See, wenn er tagelang von zu Hause fern ist, plagt er sich mit Eifersuchtsgedanken und findet zunächst keine rechte Antwort auf die Frage,

wie er verhindern kann, daß sich seine Zweifel eines Tages bestätigen. Die Grübeleien enden schließlich in der Überlegung, im Interesse seiner Ehe die beruflichen Pläne vielleicht aufzugeben und sich irgendwo eine Arbeit auf dem Festland zu suchen. Dann könnte er Marlies kontrollieren.
Fast ein Jahr lang zimmert er an seiner endgültigen Entscheidung. Dann: Mitte September 1970 macht er Marlies schweren Herzens eine überraschende Mitteilung:
»Ich habe mich in Schwedt beworben, die suchen Leute, Anfang Oktober habe ich meine Einstellungsuntersuchung. Eine Woche später kann ich anfangen. Wenn alles klappt, ziehen wir dahin!«
Marlies ist zunächst perplex, versteht aber und ist zufrieden. Denn: Jetzt könnte die vermurkste Ehe doch wieder belebt werden.
Schwedt, im Nordosten der DDR an der Oder-Neiße-Grenze zu Polen gelegen, ist durch die dort ansässige petrolchemische Industrie eine aufstrebende Industriestadt, in der jede Menge Arbeitskräfte gesucht werden. Von nun an will Frank im dortigen Kombinat malochen, in Schichten zwar, aber dazwischen wird er immer zu Hause sein. Da ihm das Einstellungsbüro eine Genossenschaftswohnung in Aussicht gestellt hat, könnte sogar ein baldiger Umzug von Rostock nach Schwedt bevorstehen.
Frank Romanowski soll sich am Montag, dem 4. Oktober 1970, bereits um 6.30 Uhr im Einstellungsbüro des petrolchemischen Kombinats einfinden, um seinen Laufzettel entgegenzunehmen. Solange ihm noch keine Wohnung zugewiesen werden kann, steht ihm in einem Arbeiterwohnheim nahe der Leninallee ein Zimmer zur Verfügung.

Eine beschwerliche, schlaflose Eisenbahnfahrt mit dem Nachtzug liegt hinter ihm, als Frank müde und abgespannt am Sonntag, dem 3. Oktober, beim ersten Hahnenschrei in

Schwedt eintrifft. So früh angereist zu sein, hält er für einen schlauen Entschluß, denn morgen will er frisch und munter auf der neuen Arbeitsstelle erscheinen. Jetzt aber sehnt er sich erst einmal nach Schlaf. Er deponiert seinen Koffer in einem Schließfach des Bahnhofs, um ihn später zu holen, und macht sich schnurstracks auf den Weg zum Arbeiterwohnheim. In dem mehrgeschossigen Wohnblock in der üblichen faden Plattenbauästhetik herrscht wohltuende Ruhe. Die Bewohner sind entweder zur Schicht oder verleben das Wochenende anderswo. In seinem Zimmer erwartet ihn ein frischbezogenes Bett. Sogleich entledigt er sich seiner Bekleidung, schlüpft unter die Decke und schläft ein paar Stunden.
Kurz nach 11.00 Uhr weckt ihn sein leerer Magen. Leidlich ausgeruht, macht er sich wieder auf den Weg zum Bahnhof. In der »Mitropa«-Gaststätte verschlingt er mit großem Appetit einen Gulasch, trinkt zwei Glas Bier, holt seinen Koffer aus dem Gepäckfach und kehrt zum Wohnheim zurück. Dann treibt die Unrast ihn nach draußen. Denn: Bevor morgen um 6.30 Uhr der Ernst eines neuen Lebens beginnt, liegt erst einmal ein freier Sonntagnachmittag vor ihm, den er auf seine Weise genießen will …

Es dämmert bereits, als in der Polizeiwache Bahnhofstaße eine Frau Kühnel aus der Werner-Seelenbinder-Straße erscheint und mit zittriger, tränenerstickter Stimme den Diensthabenden anfleht: »Bitte helfen Sie mir, meine Kleine ist weg!« Was war passiert? Frau Kühnels Töchterchen, die sechsjährige Annegret, eine pfiffige und freundliche Erstkläßlerin, hat nach dem Mittagessen die Wohnung verlassen, um der nur einen Steinwurf entfernt wohnenden Tante Bescheid zu sagen, daß sie zum Nachmittagskaffee erwartet würde. Aus unerklärlichen Gründen ist Annegret jedoch nicht bei ihr angekommen. Familienmitglieder und Nachbarn hätten sofort mit

der Suche nach ihr begonnen. Doch ohne Erfolg. Und nun ist das Kind wie vom Erdboden verschwunden.
Die Volkspolizei wird auch prompt aktiv und konzentriert im Rahmen des ersten Angriffs alle verfügbaren Kräfte auf die sogenannte Sofortsuche nach dem kleinen Mädchen. Bis in den Vormittag des 5. Oktober dauern ihre Aktionen. Vergebens. Kein Hinweis, keine Spur über den Verbleib des Kindes. Fieberhaft überprüft die Kriminalpolizei die internen Datenspeicher, in denen die üblichen Verdächtigen aus dem Stadtgebiet erfaßt sind. Annegret wird zur Eilfahndung ausgeschrieben. Stunden später werden mehrere tausend Handzettel gedruckt, um die Schwedter Bevölkerung zur Mithilfe bei der Suche aufzurufen, überörtliche Dienststellen werden einbezogen. Bald ist die ganze Stadt mobilisiert.
In der Nacht vom 6. zum 7. Oktober ruft der Nachtwächter der Arbeiterunterkunft, Alfred Sottmeier, bei der Polizei an: Bei einem Kontrollgang in den Kellerräumen des Blocks 101 habe er zwischen abgestelltem Gerümpel eine hilflose Person entdeckt. Eine Funkstreife wird dorthin beordert. »Sternhagelvoll ist der!« vermutet der rüstige, doch offenbar sehschwache Rentner und weist den Gesetzeshütern den Weg. Der vermeintlich Volltrunkene unter dem ramponierten Inventar der Arbeiterunterkunft entpuppt sich nämlich als ein vollständig bekleidetes, totes Mädchen, das der Beschreibung aus dem Fahndungsblatt des gestrigen Tages entspricht. Schnell steht die Identität des Leichnams mit der vermißten Annegret Kühnel fest. Ein herbeigerufener Arzt entdeckt an ihrem Hals massive Würgemale, untrügliche Beweise für ein Verbrechen. Die zuständige Mordkommission in der reichlich neunzig Kilometer entfernten Bezirkshauptstadt Frankfurt/Oder wird alarmiert und bezieht vorübergehend Quartier in der Polizeiwache. Sodann läuft die kriminalpolizeiliche Ermittlungsmaschinerie in Schwedt auf Hochtouren. Wie ein Lauffeuer verbreitet sich in der kleinen Stadt, daß das vermiß-

te Mädchen aus der Werner-Seelenbinder-Straße von einem Unbekannten ermordet wurde.
Noch am gleichen Tag meldet sich die in der Leninallee wohnende vierunddreißigjährige Kerstin Meißner unaufgefordert bei der MUK. Im Zusammenhang mit dem Verbrechen an Annegret Kühnel will sie eine vermutlich sachdienliche Mitteilung machen: Am vergangenen Sonntag wäre sie um die Mittagszeit auf dem Weg von ihrer Mutter nach Hause an dem Wohnblock 101 vorübergegangen, in dem sich die Arbeiterunterkünfte des petrolchemischen Kombinats befinden. Bereits aus einiger Entfernung habe sie einen seltsamen Vorgang beobachtet, als ein etwa dreißigjähriger, mit einem beigefarbenen Anorak bekleideter Mann dort aus der Haustür trat, auf zwei kleine, etwa sieben oder acht Jahre alte Mädchen zuging, heftig gestikulierend auf sie einredete und sie ins Haus drängen wollte, worauf sie fluchtartig das Weite suchten. Der Mann sei dann zwar ins Haus zurückgekehrt, in dem Augenblick aber, als sie den Wohnblock passierte, plötzlich wieder erschienen. »Würden Sie mir den Kinderwagen runtertragen helfen?« habe er sie gefragt, und als sie wissen wollte, aus welcher Etage, sei seine Antwort gewesen: »Aus der dritten!« Frau Meißner habe daraufhin sein Ansinnen mit der Bemerkung »Ich geh' doch nicht mit fremden Männern in fremde Häuser« brüskiert abgeschmettert. Mißmutig vor sich hin brabbelnd sei der Typ daraufhin wieder hinter der Haustür verschwunden.
Und weil dieses merkwürdige, im Grunde aber harmlose Ereignis im Zusammenhang mit dem toten Mädchen für die Kriminalpolizei womöglich von Bedeutung sein könnte, habe sie sich zu einer Mitteilung entschlossen.
In der Tat. Frau Meißners Wahrnehmung wird vorsorglich als Zeugenaussage protokolliert, vor allem, weil sie eine bestechende Personenbeschreibung des Mannes vom Block 101 abgeben und den Ermittlern versichern kann, ihn jederzeit

wiederzuerkennen. »Der stammt nicht von hier«, meint sie schließlich, »er sprach wie einer aus dem Norden!«
Bereits am Abend ist klar, daß die harmlos erscheinende Aussage der Zeugin Meißner die Aufklärung des Falles tatsächlich in Gang gesetzt hat. Denn die Ermittler erfassen eilig alle Bewohner der Arbeiterunterkunft, um sie zu überprüfen. Dabei stoßen sie folgerichtig auf Frank Romanowski, der auf der Stelle ihren Schnüffeltrieb weckt. Denn: Der Mann stammt aus Rostock, hält sich seit 4. Oktober in Schwedt auf, ist seit 5. Oktober im petrolchemischen Kombinat beschäftigt, weshalb er in der fraglichen Arbeiterunterkunft wohnt, in deren Keller der Leichnam des vermißten Kindes gefunden wurde. Schon beim ersten Erkundungsgespräch zu seinem Alibi für den Sonntagnachmittag plumpst Frank Romanowski in die Falle seiner eigenen Widersprüche, indem er starrköpfig vorgibt, sich um die fragliche Zeit gar nicht im Wohnheim, sondern irgendwo in der Stadt aufgehalten zu haben. Da die Polizei es besser weiß, wird gegen ihn gleich ein Ermittlungsverfahren wegen des dringenden Verdachts, Annegret Kühnel getötet zu haben, eingeleitet. Vehement weist er den Tatvorwurf zurück. Als er geraume Zeit später jedoch der Zeugin Meißner gegenübergestellt wird, die ihn auf Anhieb als den Mann mit dem beigefarbenen Anorak wiedererkennt, der sie am frühen Nachmittag des letzten Sonntags vor dem Block 101 angesprochen hatte, widerruft er seine bisherigen Alibiangaben und gesteht den Mord an dem ihm unbekannten Mädchen …

Rückblick: Als er am Tage seiner frühen Ankunft in Schwedt im Arbeiterwohnheim einige Stunden geschlafen hat, weckt ihn nicht allein sein knurrender Magen. Auch eine geile Phantasie, die in der Phase des Erwachens plötzlich von ihm Besitz ergreift und ein heftiges sexuelles Verlangen auslöst, ist daran beteiligt. Einen Moment lang spielt er mit dem Gedanken,

sich selbst zu befriedigen, nimmt dann aber Abstand davon, weil er »sich nicht richtig darauf konzentrieren« kann. Dann macht er sich sogleich auf den Weg zum Bahnhof, um dort etwas zu essen und den Koffer aus dem Schließfach zu holen. Doch libidinöse Wachträume begleiten ihn die ganze Zeit.
Später, als Romanowski seinen Koffer im Wohnheim abgestellt hatte, kommt ihm plötzlich die Idee, ein kleines Mädchen sexuell zu mißbrauchen. Es sollte möglichst fünf, höchstens jedoch sieben Jahre alt sein. Er will es »nur anfassen«, aber auch von ihm verlangen, daß es an ihm masturbieren soll.
Obgleich in seinen heimlichen Phantasien kleine Kinder schon lange eine Rolle spielen, selbst in intimen Situationen, in denen er gerade mit seiner Frau Marlies zusammen ist, hätte er sich bisher noch niemals an einem Kind vergriffen, behauptet er später vor der Kriminalpolizei. Lediglich an diesem Sonntagnachmittag wollte er einmal »Ernst machen«. Der Argwohn der Ermittler ist verständlich, bestätigt sich aber nicht, denn ihre Nachforschungen ergeben: Romanowski ist weder vorbestraft, noch stand er bisher jemals im Fadenkreuz polizeilichen Interesses.
Jetzt folgt er triebhaft seiner verlockenden Idee und verläßt das Haus. Draußen vor der Tür begegnen ihm zwei kleine Mädchen, die dem Anschein nach noch keine Schulkinder sind. Ohne zu zögern steuert Romanowski auf sie zu: »Habt ihr 'n Augenblick Zeit?«
Die Kinder bleiben stehen, verdutzt und scheu fragen sie: »Was ist denn?«
»Ich muß schnell mal was erledigen, könnt ihr solange auf mein Baby aufpassen?« erkundigt er sich scheinheilig. Die Kinder weichen mißtrauisch einen Schritt zurück und zucken verlegen mit den Schultern.
»Ich weiß nicht«, sagt das eine ängstlich. Frank Romanowski erkennt die Unentschlossenheit der Mädchen und verspricht: »Es dauert auch nicht lange, ihr kriegt auch was dafür!«

Er hindert die Kleinen am Weitergehen und versucht, sie mit sanfter Gewalt ins Haus zu drängen. Dabei blickt er wachsam um sich, ob andere ihn bemerken könnten. In der Ferne erblickt er zwar eine Frau, die nimmt aber offenbar keine Notiz von ihm.

»Wir müssen nach Hause«, reagieren die Mädchen gereizt. Und ehe sich Romanowski versieht, laufen die Kinder davon.

Enttäuscht macht er kehrt, verschwindet im Haus und wartet im Korridor, von dem aus er unbemerkt auf die Straße blicken kann, auf eine neue Gelegenheit. Es dauert auch nur wenige Augenblicke, als er eine junge Frau erspäht. »Die muß so um die dreißig sein«, schätzt Romanowski und im Nu packt ihn die Lust zu einem gewaltsamen Geschlechtsverkehr. Er verläßt flugs das Haus, gibt der Frau mit heftigen Armbewegungen zu verstehen, etwas von ihr zu wollen und geht ein paar Schritte auf sie zu. Sie bleibt sofort stehen.

»'schuldigung, können Sie mir mal helfen, den Kinderwagen runterzutragen?« fragt er und mustert sie aufdringlich von oben bis unten, was sie offenbar bemerkt.

»Wo steht denn Ihr Kinderwagen?« fragt die Frau kühl zurück und läßt einen kurzen prüfenden Blick über ihn streifen.

Romanowski zeigt nach oben auf irgendein Fenster des Blocks: »Da in der dritten!« Doch die junge Frau schüttelt nur den Kopf, geht unbeirrt weiter und wimmelt ihn mit den Worten ab: »Nee, nee, tut mir leid. Lassen Sie sich mal von jemand anderem helfen. Ich geh nicht mit fremden Männern mit!«

Ernüchtert verschwindet er wieder hinter der Eingangstür, doch sein frevlerisches Vorhaben hat er noch längst nicht aufgegeben. Im Gegenteil. Da er keine weitere Panne mehr zulassen will, nimmt er sich sogar vor, seine Absicht nun mit Gewalt durchzusetzen. Wieder lauert er hinter der Flurscheibe wie ein gefährliches Raubtier.

Dann erspäht er ein kleines Mädchen, das nach seiner Schätzung sechs oder sieben Jahre alt sein müßte, und schlägt zu. »Hilf mir mal, den Kinderwagen runterzutragen!« fordert er das Kind mit scharfem Ton auf. Und es folgt ihm bis in sein Zimmer. Als er die Tür von innen verschließt, erkennt es die Gefahr und will fliehen. Vergeblich. Romanowski stürzt sich auf sein Opfer, umfaßt mit festem Griff dessen Hals und drückt zu. Beide stürzen auf den Fußboden. Das Kind strampelt noch ein paar Mal heftig mit den Beinen und schnappt verzweifelt nach Luft. Aber Romanowskis grobe Hände lassen den zarten Hals erst los, als das Mädchen keine Reaktion mehr zeigt. Ihm ist klar, es starb durch seine Hand. Dann will er seine absurde Wollust entladen und einen Geschlechtsverkehr. Gierig öffnet er die Bekleidung seines Opfers. Als er jedoch festellt, daß infolge reflektorischer Darm- und Blasenentleerung während des Sterbevorgangs Unterleib und Höschen des Mädchens durch Exkremente verschmutzt sind, schreckt er vor einem Coitus zurück und ist mit einem Schlag ernüchtert. Von nun an wird sein Verhalten nur noch durch Mechanismen des Selbstschutzes und der Angst geleitet. Hastig ordnet er die Bekleidung des Kindes wieder und trägt den Leichnam unbemerkt in den Hauskeller, wo er ihn in einer Nische unter Gerümpel versteckt. Danach läuft einige Stunden rast- und ziellos in der Stadt umher und raucht eine Zigarette nach der anderen. Um sich abzulenken, sucht er eine Kneipe auf und will etwas essen. Doch er bekommt keinen Bissen herunter. Eine bleischwere Müdigkeit treibt ihn schließlich zurück zur Arbeiterunterkunft. Bevor er sich in sein Zimmer verkriecht, sieht er nochmals nach der Leiche, korrigiert deren Lage und vervollständigt die Abdeckung.
Romanowski fällt auch gleich in tiefen Schlaf und erwacht erst, als in den frühen Morgenstunden der Wecker klingelt. An die Leiche im Hauskeller denkt er eigentlich nicht mehr, so gut beherrscht er die zweifelhafte Kunst der Verdrängung

seiner Untat. Ziemlich gefaßt bereitet er sich auf das Einstellungsprozedere im Kombinat vor, duscht, frühstückt ausgiebig und erscheint pünktlich im Einstellungsbüro. Von dort aus geht es zum Gesundheitscheck in die Betriebspoliklinik. Am Nachmittag empfängt er seine Arbeitsbekleidung, wird über den Arbeits- und Brandschutz belehrt und tritt sogleich die erste Schicht an. Zwei Tage später erblickt er zufällig im Büro seines Brigadiers das Fahndungsblatt der VP. Plötzlich hat er das schreckliche Bild des toten Mädchens wieder vor sich. Im Nu verfliegt seine innere Gelassenheit, und ihm wird speiübel. Er stürmt zur Toilette, muß sich übergeben. Als er zu seinem Arbeitsplatz zurückkehrt, empfangen ihn bereits mehrere Männer in adretten Anzügen, zeigen ihre messingfarbenen Marken und herrschen ihn an: »Herr Romanowski, Sie sind festgenommen!«

Das Verfahren verläuft zügig und ohne Hemmnisse. Frank Romanowski ist durchweg aussagebereit und kooperativ. Hauptsächlichste Beweismittel für die gerichtliche Hauptverhandlung vor dem Bezirksgericht bilden seine Vernehmungen, das gerichtsmedizinische Obduktionsgutachten, eine dokumentierte Rekonstruktion des Tatablaufs und diverse Zeugenaussagen.
Zur Klärung der Schuldfähigkeit wird ein psychiatrisches Gutachten beigezogen. Danach ist Romanowski eine gutmütige, warmherzige, im Denken eingeengte, ungeordnete und schwerfällige Persönlichkeit, die sich gegenüber seinen Brüdern wegen deren herausragendem Bildungsstand seit vielen Jahren insuffizient und minderwertig fühlt. Die klinische Untersuchung erbrachte einen frühkindlichen Hirnschaden im Sinne einer postnatalen Enzephalopathie, der die festgestellte Symptomatik partieller Retardierung und Verhaltensstörung begründet. Die Tat sei eine unkontrollierte affektive Entladung. Deren Ursache liegt nach Auffassung des Sachverstän-

digen in einer langfristigen, affektiven Aufstauung, ausgelöst durch eheliche Probleme, den Leidensdruck erzeugenden, gewissermaßen unfreiwilligen Verzicht auf das Kapitänspatent und die Seefahrt, um mit der Ehefrau zusammenbleiben zu können. »Dies erklärt die abnorme Reaktion, die wegen der ihr innewohnenden Brisanz eindeutig Krankheitswert im Sinne des § 16 StGB besitzt.«

Mit anderen Worten: Aus den genannten Gründen ist Frank Romanowski vermindert zurechnungsfähig. Es bedeutet zwar, daß seine strafrechtliche Verantwortlichkeit prinzipiell bestehenbleibt, doch wird die psychiatrisch erklärbare »schwerwiegend abnorme Entwicklung seiner Persönlichkeit« bei der Strafzumessung berücksichtigt. Er wird wegen Mordes gem. § 112 Abs. 1 StGB mit 14 Jahren Freiheitsentzug bestraft.

Haftgrund Irrtum

Der Fall Bernd Fröhlich

Aktenzeichen 131-1-72 Bezirksstaatsanwalt Halle/Saale, Tgb.-Nr. 505/67 VPKA Zeitz

Mitte Mai 1982. Seit einigen Tagen liegt über dem Treppenhaus in den obersten Etagen des Wohnblocks 618 in Halle-Neustadt ein widerlicher, süßlich-stechender Geruch. Die beunruhigten Hausbewohner fahnden nach seiner Entstehungsquelle und finden bald heraus, daß der Gestank aus der kleinen Wohnung des alleinstehenden dreißigjährigen Georg Fröhlich dringt – ein junger Mann, der sich offenbar nur wenig zu Hause aufhält, denn er wird von den Nachbarn kaum wahrgenommen. Nur wenige wissen, daß dieser alleinstehende junge Mann als Matrose bei der Handelsmarine viele Wochen auf den Meeren der Welt unterwegs ist und tatsächlich nur selten nach Hause kommt. Freilich, ab und zu dringt auch mal laute Musik durch die Wände seiner Wohnung bis zu den Nachbarn. Dann sind auch Stimmen zu hören, die mit der Zeit lauter und ausgelassener werden. Feuchtfröhliche Zusammenkünfte, vermuten die toleranten Nachbarn. Ansonsten scheint der Hausgenosse ein eher unauffälliges, zurückgezogenes Leben zu führen.

Doch der ungewöhnliche Gestank stört den Hausfrieden, läßt nichts Gutes ahnen. Deshalb wird die VP benachrichtigt, die kurzentschlossen die Wohnung öffnet. Drinnen im Wohnzimmer bietet sich ein grausames Bild: Auf der ausgezogenen Schlafcouch liegt der hochgradig in Fäulnis übergegangene Körper eines kräftigen, untersetzten, nackten Mannes, offenbar der Wohnungsinhaber. Mehrere Obstmesser liegen lose auf dem Oberkörper des Toten, ein Schraubendreher steckt tief in der linken Brust, ein Messer leicht in der Vorhaut seines Penis. Unordnung in der Umgebung des Toten. Teppich und Sessel verschoben, Bücher, darunter ein blutverschmiertes Olympiahandbuch westlicher Prägung, der Schutzumschlag fehlt. Lebensmittelreste, eine fast geleerte Flasche Wodka, ein kleines Handbeil ganz in der Nähe der Leiche. Schnell ist klar, daß hier ein Verbrechen stattgefunden hat. Eine wahre Tötungsorgie, vermutlich nach einem heftigen Kampf zwischen Täter und Opfer. Die Mordkommission wird aktiv. Auch Staatsanwalt Wiesner ist präsent, trampelt zum Mißfallen der Kriminalisten ziemlich unsachgemäß am Tatort umher.

Bei dem Toten handelt es sich zweifelsfrei um den Wohnungsinhaber Georg Fröhlich. Einunddreißig Stiche mit dem Schraubendreher und den Messern, aber auch zwei Hiebe mit dem Zierbeil gegen den Kopf findet der Obduzent des Hallenser Gerichtsmedizinischen Instituts am Franzosenweg. Inneres Verbluten ist die Todesursache. Unter Berücksichtigung der Temperaturen in der fernbeheizten Wohnung nimmt er eine Todeszeit von mehreren Wochen an. Ein Ermittlungsverfahren gegen Unbekannt läßt die Kriminalpolizei auf Hochtouren arbeiten. Sie bringt bald in Erfahrung, daß der trinkfeste Matrose Georg Fröhlich in der zweiten Aprilhälfte einige Tage Heimaturlaub hatte, unterdessen seine Arbeitsstelle, die »MS Jena«, in Rostock auf der Reede lag. Die ersten mühevollen Ermittlungen richten sich auf die systematische Einengung des Tatzeitraums und die Persönlichkeit des Opfers. Jede Menge Zeugen werden vernommen.

Ganz in der Nähe des Tatortes wohnen die nächsten Verwandten Georg Fröhlichs, nämlich sein Bruder Bernd, beschäftigt als Hausmeister, dessen Ehefrau Martina, die in einer benachbarten Schule als Reinigungskraft arbeitet, und ihre beiden Kinder. Sie sind wichtige Zeugen für die Bestimmung der Tatzeit. Ihre Auskünfte belegen, daß Georg am 20. April in Halle eintraf, zunächst eigennützig seinen ebenfalls sauffreudigen Bruder besuchte, weil im eigenen Haushalt keine Nahrungsvorräte vorhanden waren. Die Brüder seien dann mit einem Beutel voller Lebensmittel und Alkoholika zu Georgs Wohnung gegangen. Eine Zeitlang habe sich Bernd dort aufgehalten, etwas getrunken und schließlich den Schraubendreher, den er gewöhnlich bei sich führte, liegenlassen. Dann die Aussage eines Nachbarn. Der hat in der Nacht zum 22. April aus Georgs Wohnung Geräusche einer ziemlich lautstarken Auseinandersetzung vernommen. Schließlich kann die Tatzeit auf diese Nacht festgelegt werden. Fieberhafte Ermittlungen folgen. Aber ein Monat nach dem anderen verstreicht, ohne dem unbekannten Täter ein Gesicht geben zu können. Auch das Tatmotiv ist unklar. Die anfängliche Vermutung, die Auffindungssituation des Opfers weise auf homosexuelle Präferenzen hin, wird langsam aufgegeben. Der potente Seemann hat stets nur Frauen beglückt, keine Männer. Hinweise auf ein Raubdelikt lassen sich auch nicht finden. Neue Verdächtigungen werden laut – und wieder verworfen. Schließlich scheinen die Ermittlungen in eine Sackgasse zu geraten. Dann gilt es, den Fall von vorn aufzurollen. Deshalb werden die bisherigen Zeugen erneut vernommen, manche mehrmals. Man will ihr Wissen, ihre Wahrnehmungen, ihre Vermutungen so genau wie möglich herausfinden.

Fast ein Jahr verstreicht. Dann richtet sich aller Verdacht gegen Bernd Fröhlich, den Bruder des Ermordeten. Hauptsächlich beteiligt an dieser Wende ist seine Gattin Martina. Sie wird schließlich zur Hauptbelastungszeugin gegen ihren Mann. In mühselig erlangten Aussagen, die mit suggeriertem Täterwissen nur so gespickt sind, bekennt sie aus einer Mischung von Dichtung und Wahrheit, am Abend des 21. April 1982 dabeigewesen zu sein, als ihr Mann im Zuge einer Auseinandersetzung seinen Bruder mit dem Schraubendreher tötete. Aus Angst vor seiner Brutalität habe sie ihm nicht nur geholfen, den toten Schwager auf die Bettcouch zu hieven, sondern auch später über die schrecklichen Vorgänge Stillschweigen gewahrt. Richtig ist: Martina Fröhlich hat seit langem ein intimes Verhältnis mit ihrem Schwager. Ihren eigenen Mann jedoch haßt sie. Am Nachmittag des Tattages war sie einer heimlichen Verabredung folgend zu einem erotischen Stelldichein in der Wohnung des Schwagers erschienen, während der Gatte seinem Broterwerb als Hausmeister nachging. Früher als erwartet war Bernd aber heimgekommen und in dunkler Vorahnung schnurstracks zu seinem Bruder geeilt. An der Art, wie es an Georgs Wohnungstür klingelte, schloß sie messerscharf, daß es nur ihr ungeliebter Gatte sein konnte. Sie hatte nicht einmal Zeit, sich wieder komplett anzukleiden. Da er angetrunken war, hatte er die verräterische Szene gar nicht richtig wahrgenommen. Einträchtig leerten die Brüder in wenigen Stunden mehr als eine Flasche Wodka. Bernd war gegen 20.00 Uhr so stockbetrunken, daß Martina sich aufmachte, ihren hilflosen Mann nach Hause zu schleppen. Danach verließ auch Georg seine Wohnung und suchte die nächste Destille auf …

Bei der Kripo erzählt Frau Fröhlich jedoch einen völlig anderen Verlauf der abendlichen Ereignisse: Danach seien die Brüder im Zuge alkoholischer Enthemmung angeblich heftig aneinandergeraten. Ein Wort habe das andere, ein Schlag den nächsten ergeben. Der Streit hätte erst mit Georgs Tod ein Ende gefunden.

Wild entschlossen stürzen sich die Ermittler auf Bernd Fröhlich. Immerhin: Spurenkundlich stimmen die Einlassungen der Ehefrau mit der vorgefundenen Tatsituation überein. Der Ehemann hat ein plausibles Motiv, die Eifersucht. Auch die Inszenierung am Tatort findet plötzlich eine Erklärung: Das Messer unter der Vorhaut symbolisiert die Vernichtung jenes verhaßten Körperteils, mit dem sich Bernd Fröhlich betrogen fühlen muß.

Dieser kann sich jedoch nur schemenhaft an den Beginn jenes

verhängnisvollen Abends bei seinem Bruder erinnern, der überdies bereits ein Jahr zurückliegt. Ein »absoluter Filmriß« hat seine Erinnerung außer Kraft gesetzt, und er bedauert das schreckliche Ende der brüderlichen Zusammenkunft. Das habe er nicht gewollt.

Er wird verhaftet. Seine leisen Zweifel an seiner Täterschaft im Suff und sein Argument »Das kann ich mir nicht vorstellen!« überzeugen nicht. Das tödliche Resultat dieses Abends spricht für sich. So muß er nach Lage der Dinge hilflos akzeptieren, daß nur er allein es verursacht haben kann. Ferner kann man ihm nachweisen, daß alkoholbedingte Handgreiflichkeiten und Erinnerungsausfälle nichts Ungewöhnliches bei ihm sind. Alles in allem ist er ein äußerst schlechter Zeuge in eigener Sache. Wehrlos den Beschuldigungen seiner ihn wenig liebenden Gattin ausgeliefert und durch lange Vernehmungen zermürbt, resigniert er schließlich und findet sich widerstandslos damit ab, seinen Bruder im Suff getötet zu haben. Im Glauben an die Unfehlbarkeit einer objektiven Beweisführung verinnerlicht er seine vermeintliche Täterschaft nach der Devise: »Wenn Sie es sagen, dann muß ich es eben ausbaden!«

Seine Volltrunkenheit an diesem verhängnisvollen Abend beeindruckt das Gericht nicht. Sie hat nach DDR-Recht keine schuldmindernde Wirkung, weil nach § 15 Abs. 3 StGB ein Täter, der »sich in einen die Zurechnungsfähigkeit ausschließenden Rauschzustand versetzt und in diesem Zustand eine mit Strafe bedrohte Handlung begeht, nach dem verletzten Gesetz bestraft wird«. Ergebnis: Das Bezirksgericht erkennt für Recht, den Angeklagten Bernd Fröhlich wegen Mordes zu lebenslanger Freiheitsstrafe zu verurteilen. Er geht in Berufung, die prompt zurückgewiesen wird.

Fortan erwartet ihn ein tristes Leben hinter den unüberwindlichen Mauern der berüchtigten Strafvollzugseinrichtung Brandenburg-Görden.

Dann wird seine Akte geschlossen und archiviert. Monate später denkt niemand mehr an seinen Fall.
Am frühen Morgen des 20. Mai 1983 erhält die Mordkommission Halle einen Einsatzbefehl. Mit einem Großaufgebot rückt sie zum ersten Angriff aus. Auch Staatsanwalt Wiesner ist wieder dabei. Ziel des Einsatzes: Ein Doppelmord in der Parterrewohnung des Blocks 324 in Halle-Neustadt, nahe Gimritzer Damm. Opfer sind die vierundvierzigjährige Wohnungsinhaberin Felicitas Sänger und ihre zehnjährige Tochter Kathrin. Im Schlafzimmer bietet sich den Ermittlern das grauenvolle Bild einer Gewaltorgie. Überall Blut. Die nur halb bekleidete Frau im Bett, durch mehrere heftige Messerstiche ins Herz getötet. Ihre Brüste sind aufgeschnitten. Im übel zugerichteten Genitale steckt das Tatwerkzeug. Kampfspuren und Abwehrverletzungen. Im Wohnzimmer ein voller Aschenbecher und Essenreste. Trinkgläser und Schnapsflaschen sprechen für ein prädeliktisches Gelage. Das mit einem Schlafanzug bekleidete tote Kind liegt einige Meter neben der fast nackten Mutter in einer großen Blutlache. Sein durchtrennter Hals und die Stiche in seinem Leib lassen das eiskalte, erbarmungslose Vorgehen eines Killers erkennen. Die Situation am Tatort bietet keinen Anhalt für ein Raubmotiv. Hingegen sprechen die vorgefundenen Umstände für einen sexuell getönten Eliminationsmord an der Frau und eine auf Tatverdeckung ausgerichtete Tötung des Kindes.
Fieberhafte Ermittlungen setzen ein. Noch am gleichen Tag erfahren die Fahnder, daß Frau Sänger einen Freund hat, ein großer Blonder von kräftiger Statur. Es ist der sechsundzwanzigjährige, wegen Eigentums- und Gewaltdelikten mehrfach vorbestrafte Kraftfahrer Reinhard Prieslich, der eine schäbige Bude in der Altstadt von Halle bewohnt. Als die Polizei wenig zaghaft an seiner Wohnungstür klopft, sitzt er in der Stube, hält sich einen aus einer Dübel- und Bolzenschußkartusche gebastelten, beschußfähigen Revolver an die Stirn und

drückt ab. Klick, die Waffe versagt. Ladehemmung. Der starke Arm des Gesetzes vereitelt ein weiteres Durchladen. Prieslich wird auf der Stelle festgenommen, die Waffe beschlagnahmt. Bei der Durchsuchung seiner Behausung stellt die Polizei fest, daß er ein Motorrad besitzt, aber keine dazu gehörenden Papiere. Er hat es vor Monaten geklaut und kurzerhand ein falsches Kennzeichen angebracht. So blieb er unbehelligt, bis jetzt.

Kaum der Einsamkeit seiner Arrestzelle ausgeliefert, versucht er, sich mit einer im Saum seines Jacketts versteckten Rasierklinge die linke Pulsader aufzuschlitzen. Es blutet stark, doch die Wunde ist nicht gefährlich. Eine kleine chirurgische Naht, ein fester Verband, das genügt. Deshalb kann die erste Vernehmung erst tags darauf erfolgen. Den Diebstahl des Motorads und den illegalen Waffenbesitz gesteht er sofort. Den Vorwurf, seine Freundin und deren Kind ermordet zu haben, weist er zunächst hartnäckig zurück. Die Ermittler müssen große Mühe aufbringen, den polizei- und hafterfahrenen Prieslich bei Gesprächslaune zu halten. Manchmal gelingt es mit einem Stück Streuselkuchen, später gar erst nach Eisbein mit Sauerkraut.

Irgendwann haben die Kriminalisten Erfolg, und er gesteht den Doppelmord. Ja, er war betrunken, räumt er ein, hatte bis spät in die Nacht mit seiner Freundin Felicitas Sänger in deren Wohnungen »einen draufgemacht«. Dann waren sie in Streit geraten, weil er lautstark und handgreiflich seinem Zorn über ihre Untreue Ausdruck verlieh. Sie erhob ein Messer gegen ihn. Beim Versuch, es ihr zu entreißen, hat er sie unabsichtlich verletzt. »Wie am Spieß hat sie geschrien. Ich hatte Angst, die Nachbarn könnten es hören und die VP rufen!« Deshalb überkam ihn eine mächtige Wut. Jetzt wollte er sich »rächen für ihre Fremdgeherei«. Mit dem Messer hat er sie deshalb niedergestreckt. Unglücklicherweise hatte der Lärm ihre Tochter Kathrin geweckt, die in der Stube nebenan

schlief. Sie stand plötzlich im Schlafzimmer. Als sie ihre blutüberströmte, sterbende Mutter erblickte und angstgeschüttelt zu schreien begann, mußte er auch sie vernichten. Rachsüchtig und voller Haß hat er dann der toten Felicitas Brüste und Genitale verstümmelt und das Messer in die Scheide gestoßen. »Ich habe mich an dem gerächt, mit dem sie mich betrogen hat«, rechtfertigt er seine Untat.
Die spurenkundlichen Befunde am Tatort und die übrigen Ermittlungsergebnisse lassen keinen Zweifel an seiner Täterschaft. Aber längst nicht genug! Ein Krimineller vom Schlage Reinhard Prieslichs verbirgt gewöhnlich weitere dunkle Geheimnisse. Und tatsächlich redet er. Zur großen Überraschung der Ermittler gesteht er einen weiteren Mord. Er will ihn irgendwann im April 1982 begangen haben. Auf einer Sauftour sei er zufällig mit einem gewissen Georg aus Haneu, wie der Volksmund Halle-Neustadt bezeichnet, zusammengetroffen. Dieser Georg war Seemann und einige Tage auf Landurlaub. Die beiden hätten sich über Dinge ohne Belang unterhalten und ausgiebig gezecht. Nach Lokalschluß habe Georg seinen neuen Freund zu sich in die Wohnung gebeten. Bereitwillig sei Prieslich der mitternächtlichen Einladung gefolgt. In Georgs Behausung hörten sie Musik, blätterten in einem Olympiahandbuch, unterhielten sich und tranken Hochprozentigen. Es wurde draußen bereits hell, als Georg einmal von der Toilette zurückkam und dabei splitternackt war. Er wollte Prieslich zu sexuellen Spielchen verleiten. Der aber habe entschieden abgewehrt. Schließlich sei Georg immer zudringlicher geworden. Doch Prieslich wollte nicht. Erst fielen Worte »schwule Sau, fick dich selbst«, ihnen folgte Gerangel, dann flogen Fäuste. Prieslich habe einen Schraubendreher gegriffen, der zufällig auf dem Couchtisch lag, und zugestochen. Weil Georg wie am Spieß schrie, sei Prieslich erst recht in Rage geraten, Grund genug, ihm den Schraubendreher in den Leib zu rammen. »Danach verpaßte ich ihm mit dem kleinen

Beil, was da rumlag, ein paar Hiebe auf die Rübe«, bekennt er sich ungerührt und ergänzt auf eine diesbezügliche Frage des Vernehmers, »die Obstmesser habe ich dann auf Georgs Körper verteilt, mit einem Messer habe ich unter die Vorhaut seines Pimmels gestochen und es dann so liegen gelassen. Alles sollte so aussehen, als wäre der Täter ein Verrückter!« Und schließlich: Nach der Tat habe er flugs die Wohnung verlassen, jedoch die Brieftasche und das Schlüsselbund des Toten, aber auch den Schutzumschlag des Olympiabuches, mitgehen lassen. Am Tag darauf hätte er diese Gegenstände zusammen mit seinem blutigen Hemd, in einer Plastiktüte verpackt, irgendwo in der Dölauer Heide vergraben.
Reinhard Prieslichs ungeheuerliche Enthüllung ist ein Paukenschlag, der bis zum Generalstaatsanwalt der DDR nach Berlin dringt. Sie bedeutet nämlich, ein längst abgeschlossenes Verfahren mit geständigem Täter und rechtskräftigem Urteil neu aufzurollen. Was ist schiefgelaufen in dem damaligen Prozeß? Höchstpersönlich greift der stellvertretende Generalstaatsanwalt der DDR in die weiteren Untersuchungen ein, die zunächst auf eine hieb- und stichfeste Objektivierung des Eingeständnisses von Reinhard Prieslich abzielen.
Alle Spuren und Beweismittel müssen überprüft und erneut bewertet werden. Die Ermittlungsmaschinerie in der Sache Georg Fröhlich läuft erneut an. Die Ehefrau des unschuldig Verurteilten, die ihn am meisten belastet hatte, ist besonders ausführlich zu vernehmen. Sie steht im Verdacht, den Straftatbestand der falschen Anschuldigung erfüllt zu haben. Mit bestechender Sicherheit führt Prieslich die Kriminalpolizei später an die Stelle, an der er fast zwei Jahre zuvor die in einer Plastiktüte verstauten verräterischen Sachen in der Dölauer Heide vergraben hatte. Es gibt bald keinen Zweifel, der Seemann Georg Fröhlich wurde Ende April 1982 von dem mehrfach vorbestraften Kraftfahrer Reinhard Prieslich vorsätzlich getötet.

Und ganz am Rande: Einige offene Spuren am Tatort, deren Urheber damals nicht ermittelt wurde, können mit einem Mal geklärt werden: Sie stammen von Staatsanwalt Wiesener, die er bei seinem wenig sachgerechten Aufenthalt in der Wohnung des Opfers hinterlassen hat. Die Herren in der Berliner Instanz sind verstimmt, erteilen ihm einen gründlichen Rüffel und einen Platzverweis.
Damit nicht genug! Zum großen Erstaunen der Ermittler wartet Prieslich mit einem ungeheuerlichen Nachschlag auf und gesteht ein viertes Verbrechen. Wort für Wort entlocken die Vernehmer ihm die Einzelheiten. Eiskalt schildert er, ein dreiviertel Jahr nach der Tötung Georg Fröhlichs einen weiteren Mord begangen zu haben: Damals traf er des öfteren mit seinem alten Kumpel Hans-Werner Dahl (35), den er vor Jahren im Knast kennenlernte, zu einem Trinkgelage zusammen. Sie hatten großes Vertrauen zueinander, tauschten neben ihren Gedanken vor allem ihre kriminellen Geheimnisse aus. Einmal hatte Prieslich im Überschwang alkoholischen Leichtsinns und aus Prahlsucht seinem Kumpel anvertraut, einen beschußfähigen Revolver gebastelt zu haben. Die Waffe und ihr Versteck im Türrahmen seiner Wohnstube hatte er ihm auch gezeigt. Dahl zollte seinem tollen Kumpel einen Riesenrespekt. Alle Achtung. Und er schwor absolutes Stillschweigen. Einige Zeit später eröffnete ihm Prieslich, Anfang des Jahres in Halle-Neustadt einen schwulen Seemann »allegemacht« zu haben. Freilich versicherte er sich wieder der Verschwiegenheit Dahls.
So ging alles gut bis zu jenem Abend Ende November 1982: Die beiden Knast- und Saufbrüder saßen wieder einmal in Prieslichs liederlicher Bleibe beisammen und gaben sich ihrer dumpfen Trunksucht hin. Urplötzlich entbrannte ein heftiger Streit, weil Dahl seinen Kumpel des Gelddiebstahls beschuldigte. Prieslich war außer sich, widersprach der Unterstellung mit einem derben Faustschlag, der Dahl zu Boden zwang. Als

er sich erhob, drohte er hilflos und ohne Folgeneinsicht, die bislang behüteten Geheimnisse publik zu machen. Das war zuviel für Prieslich. »Der verrät mich nicht!« zuckte es durch sein verbrecherisches Hirn. Prompt hatte er einen Hammer zur Hand und erschlug mit sieben kräftigen Schlägen seinen besten Kumpel, daß das Blut nur so spritzte. Die Leiche zersägte er in »handliche« Stücke und vergrub sie in seinen beiden Hauskellern. Anschließend beseitigte er die Blutspuren in seiner Stube ... Den abgetrennten, zertrümmerten Kopf Dahls wagte er nicht mehr zu berühren. Um ihn transportieren zu können, bohrte er ein Loch in die Schädeldecke, ließ den Bohrer im Knochen stecken und benutzte ihn als Tragegriff.

Die stummen Überreste seines vollstreckten Grauens findet die Polizei unverändert so vor, wie Prieslich es beschreibt. Nach Abschluß des Ermittlungsverfahrens überreicht der Staatsanwalt zwölf dicke Bände unter dem Aktenzeichen 161-63-83 an das Bezirksgericht Halle zur Anklageerhebung. Reinhard Prieslich erwartet als gerechte Reaktion auf seine Schändlichkeiten eine lebenslängliche Freiheitsstrafe.

Von all den schrecklichen und zugleich wundersamen, im Verborgenen ablaufenden Geschehnissen, die langsam aber stetig seine Freiheit vorbereiten, ahnt der Strafgefangene Bernd Fröhlich im fernen Brandenburger Knast allerdings nichts.

Nach achtzehn Monate dauernden fieberhaften Ermittlungen im umfangreichen Fall Prieslich liegt ausreichendes Beweismaterial für Fröhlichs Unschuld vor. Auf Antrag des Generalstaatsanwalts faßt das Bezirksgericht den Beschluß zur Durchführung eines Wiederaufnahmeverfahrens, das im sprichwörtlichen Sinne nach kurzem Prozeß mit einem Freispruch endet.

Frohgemut nimmt Bernd Fröhlich nach zweijähriger Haft das freisprechende Urteil an. 20 000,– DM Entschädigung, eine Wohnung und Arbeit in einer Stadt seiner Wahl erleichtern ihm den Start in ein neues, vielleicht alkoholabstinentes Leben.

Der Fall Karl-Heinz Dürrenberg

Aktenzeichen unbekannt

Ende Juli 1983, ein Jahrhundertsommer und noch kein Ende. Auch in der Bezirksmetropole Neubrandenburg, dem wirtschaftlichen und kulturellen Mittelpunkt im östlichen Mecklenburg. Im VPKA wird eine junge Frau vorstellig, um ihren zweiundzwanzigjährigen Bruder Jörg Dehmel als vermißt zu melden, weil er seit 16. Juli nicht mehr heimgekehrt ist. Routinemäßig und emotionslos nimmt die Polizei die Mitteilung entgegen. Denn für sie ist der Vermißte – ein labiler, junger Mann, der die Arbeit scheut, aber Müßiggang, Alkohol und Frauen liebt – kein Unbekannter. Bereits in der Vergangenheit ist er zum Leidwesen der Eltern und der Polizei mehrfach durch tagelanges Herumtreiben aufgefallen. Um seinen Unterschlupf herauszufinden, reicht es, daß der für Vermißtensachen zuständige Kriminalist sich ein wenig in den Spelunken umhört. So verfährt er auch und stößt dabei auf Dehmels besten Kumpel, den dreiundzwanzigjährigen mittelgroßen Blondschopf Karl-Heinz Dürrenberg, ein kräftiger, schlag- und trinkfester Bursche, der gleichwohl das zweifelhafte Hobby des Nichtstuns liebt. Dürrenberg glaubt sich vage zu erinnern, seinen Kumpel Dehmel letztmalig einige Tage vor dem 16. Juli gesehen zu haben. Er könne deshalb nicht wissen, was dieser am Samstag, dem 16. Juli, getrieben hat. Vielleicht ist er »bei irgendeiner Mieze« untergeschlüpft. Der Polizist fertigt über das Gespräch ein Befragungsprotokoll und heftet es ab. Da kein akuter Gefährdungsgrad, geschweige denn ein Umstand vorliegt, der die Vermißtensache zu einer dringenden Angelegenheit machen könnte, rechnet er insgeheim damit, daß sich der Fall in wenigen Tagen von selbst löst.

Plötzlich aber überschattet ein Verbrechen die Stadt Neubrandenburg: Am späten Abend des 26. Juli zeigt ein besorgter Vater beim VPKA an, daß sein zehnjähriger Sohn Dirk Lühmann vermißt ist. Der Junge war mit anderen Kindern am Strand des Tollensesees zum Baden, von dort gegen 17.30 Uhr aufgebrochen, um wie vereinbart pünktlich um 18.00 Uhr zu Hause zu sein. Weil er aber nicht erschien, unternahm der Vater eigene Nachforschungen bei Dirks Spielkameraden und suchte die Umgebung des Wasserwerks ab, wo der Weg am Gätebach entlang führt, den das Kind für die Rückkehr vom Badestrand gewöhnlich benutzt. Die Einsatzleitung des VPKA reagiert sofort, trommelt mehr als vierzig uniformierte und zivile Suchkräfte zusammen, unter ihnen der Vater des Jungen. Bis in die frühen Morgenstunden durchkämmen sie das Gebiet zwischen Innenstadt und Tollensesee. Im dichten Buschwerk innerhalb des Trinkwasserschutzgebietes finden sie die nahezu vollständig mit den großen Blättern des wilden Rhabarbers abgedeckte Leiche des Jungen. Die Suchkräfte erkennen sofort, daß das Kind Opfer eines abscheulichen Verbrechens wurde. Die Mordkommission nimmt ihre Arbeit auf. Gewürgt, gedrosselt und erstochen, finden die Experten heraus und bestimmen das Tatwerkzeug als einschneidiges Messer, mit etwa 2 cm breiter und 12 cm langer Klinge. Bei der gerichtsmedizinischen Obduktion wird ein Befund erhoben, der auf das mögliche Tatmotiv hinweist: »... Die Blutungen im Umgebungsgewebe des Mastdarms sprechen dafür, daß hier eine direkte stumpfe Gewalt eingewirkt hat, wobei das Kreuzbein als Widerlager aufgefaßt werden muß. Eine derartige Verletzung könnte beispielsweise durch einen Analverkehr oder durch Manipulation mit einem Finger entstehen. Bemerkenswert ist in diesem Zusammenhang allerdings, daß keinerlei Verletzungen der Dickdarmschleimhaut vorhanden waren und daß die bestehenden Blutungen auch nicht vom Dickdarmlumen aus sichtbar waren ...«

Damit verfügt die Kriminalpolizei über eine plausible Motivversion. Die Tötung des Jungen erfolgte also nach sexuellem Mißbrauch in Verdeckungsabsicht.

Die Vernehmung etlicher Zeugen, die am Nachmittag des 26. Juli den Badestrand am Tollensesee besuchten, erlaubt eine brauchbare tatzeitbezogene Analyse der Personenbewegung. Sie weist auf einen blonden, mittelgroßen etwa zwanzigjährigen Mann hin, der sich zur fraglichen Zeit an dieser Stelle längere Zeit aufgehalten hat, kleine Kinder ansprach und ihnen auffällig nachlief.

Während die Kriminalisten der Mordkommission bei ihren fieberhaften Ermittlungen im Fall des kleinen Dirk unter Hochdruck stehen, bahnt sich ein weiteres aufsehenerregendes Ereignis an. Es ist Montag, der 1. August. Ein Tierpfleger des nahe der Gaststätte »Werderbruch« im Kulturpark gelegenen Ziegengeheges meldet der VP den Fund einer toten Person. Er hat sie in einer dichten Gebüschgruppe entdeckt, als er der Ursache des sich dort ausbreitenden Gestanks auf den Grund gehen wollte. Flugs ist die Kriminalpolizei mit großem Aufgebot zur Stelle. Der unkenntliche Leichnam befindet sich im Zustand erheblicher Fäulnis, doch findet sich in dessen Bekleidung ein Personalausweis auf den Namen des vermißten, polizeibekannten Jörg Dehmel. Dieses Dokument bildet die Grundlage für die Identifizierung, die kurze Zeit später anhand der bei der Polizei einliegenden Fingerabdrücke sicher erfolgen kann. Tod durch innere und äußere Verblutung bei gleichzeitigem Lungenstich, stellen die Obduzenten fest und schlußfolgern, daß der junge Mann durch eine Vielzahl von Stichen mit einem einschneidigen Messer von etwa 2 cm Klingenbreite getötet wurde. Kein Zweifel, es war Mord. Eine weitere Fahndung wird eingeleitet, die

Neubrandenburger Bürger werden durch die Presse und Fahndungsaushänge zur Mithilfe aufgerufen.
Wenige Tage später weiß die Polizei, daß am Abend des 16. Juli Jörg Dehmel und seine üblichen Kumpels in der Gaststätte »Badehaus« zechten. Unter den Trinkbrüdern befand sich auch Karl-Heinz Dürrenberg. Zwischen ihm und seinem Spezi war es bei diesem Saufgelage zu einem Streit gekommen, bei dem die Streithähne auch einen kurzen Schlagabtausch führten. Doch die Auseinandersetzung wurde schnell beendet, weil Jörg Dehmel die Szene schließlich verließ.
Aus dieser Erkenntnis schließt die Kripo folgerichtig, daß Dürrenberg bei seiner Befragung in der Anfangsphase der Vermißtensache nicht die Wahrheit sagte. Nun wächst das kriminalistische Interesse an ihm. Aber auch bei einer erneuten Befragung bestreitet er seine Anwesenheit in der abendlichen Trinkerrunde des 16. Juli. Weiteres Material wird gegen ihn gesammelt. Schließlich soll er zu einer Zeugenvernehmung auf die Dienststelle geholt werden. Doch die Kriminalisten pochen einige Male vergeblich an seine Wohnungstür. Dann reißt ihnen der Geduldsfaden. Kurzerhand öffnen sie die Tür. Eine rechtliche Begründung wird sich später finden. Die Schnüffler sehen sich in der Wohnung um. Welch ein Erfolg: An der Garderobe hängt eine blutverschmierte Kutte, auch am Rahmen der Wohnzimmertür haften offensichtlich Blutwischspuren. Grund genug, das Textil für eine spurenkundliche Beurteilung zu beschlagnahmen und die Spuren an der Tür zu sichern. Der Verdacht gegen Dürrenberg, seinen Freund Jörg Dehmel erstochen zu haben, verdichtet sich durch diese objektiven Befunde. Denn nicht allein die an der Kutte und am Türrahmen gesicherten Blutspuren sind mit denen des Toten identisch. Auch der Nachweis von Fasern der Bekleidung Dehmels auf Dürrenbergs Textilien spricht für seine Täterschaft. Außerdem finden sich an der Rückenpartie seiner Kutte Staubabwischungen einer exakt analysier-

ten Zusammensetzung von einem Gebüsch am Fundort des toten Dehmel. Ihrer Lage nach sind sie vermutlich durch rückwärtiges, gebücktes Eindringen in das Gebüsch auf der Kutte entstanden. Auch das Sohlenprofil einer am Fundort der Leiche gesicherten Schuheindruckspur stimmt mit Dürrenbergs Schuhen weitgehend überein. Und schließlich ist er im Besitz eines frischgeschliffenen Messers von 12 cm Klingenlänge.

Am 7. August 1983 wird gegen Karl-Heinz Dürrenberg Haftbefehl erlassen. Von nun an erwarten ihn unzählige, nervenzehrende Vernehmungen. Anfangs leugnet er hartnäckig, doch den Vorwurf, am 16. Juli mit seinem Kumpel im Badehaus zusammengewesen zu sein, kann er nicht mehr entkräften. Unter der Last der ihm vorgelegten Beweise bekennt er sich schließlich zu dem Mord an Jörg Dehmel. Er beschreibt den Tatablauf in allen Einzelheiten und in verblüffender Übereinstimmung mit den spurenkundlichen Befunden und demonstriert ihn anhand einer Puppe. Einziger Makel bei dem ansonsten zufriedenstellenden Ermittlungsstand: das fehlende Tatmotiv. Es will sich trotz speziell dazu wiederholter Vernehmung einfach nicht finden lassen, wird allenfalls Dürrenbergs Trunkenheitszustand geschuldet. Damit könnte die Mordkommission den Fall Jörg Dehmel eigentlich abschließen. Klar ist, Karl-Heinz Dürrenberg ist keineswegs ein biederer, ehrlicher Mitmensch. Er ist ein primitiver Egoist mit flacher Gefühlswelt und ohne wahres Rechtsempfinden. Jede Gemeinheit könnte man ihm zutrauen. Freilich, überwiegend öde und lieblos verlief sein bisheriger Lebensweg. Aufgewachsen in einem fragwürdigen Milieu mit sechs Geschwistern, erzogen von völlig überforderten Eltern, entwickelte er sich zu einem haltlosen, schnoddrigen und sturen Jungen von naiver Einfalt und ziemlich dürftiger intellektueller Begabung. Er besuchte die Hilfsschule bis zum Abschluß der 5. Klasse, fiel durch permanentes Schwänzen auf und verbrachte

wegen seiner Disziplinlosigkeit zwei Jahre in einem Mecklenburger Jugendwerkhof. Offenbar versagten die sonderpädagogischen Bemühungen in dieser Einrichtung, denn nach seiner Entlassung wurde er asozial und erst richtig kriminell, beging mehrfach Diebstähle, die ihn für zwei Jahre hinter Schloß und Riegel brachten. Einen Beruf zu erlernen ist für ihn ebensowenig ein Thema wie ein regelmäßiger Broterwerb. Lustlos geht der inzwischen Vierundzwanzigjährige gerade mal solange einfachen Tätigkeiten nach, daß die Behörden ihm nicht den Straftatbestand der »Gefährdung der öffentlichen Ordnung durch asoziales Verhalten« vorwerfen können. In seiner Freizeit hängt er stumpfsinnig in den Kneipen der Stadt herum und trifft sich mit Gleichgesinnten.
Vor dem Hintergrund seiner auffällig kriminogenen Biografie wollen die Untersucher nun prüfen, ob Dürrenberg womöglich auch für andere Untaten, so auch für den Mord an dem kleinen Dirk Lühmann infrage kommen könnte.
Weitere, lange und harte Vernehmungen folgen. Dann wird er einem Zeugen gegenübergestellt, der ihn am Nachmittag des 26. Juli 1983 am Badestrand des Tollensesees beobachtet haben will. Nicht, daß dieser Zeuge ihn auf Anhieb wiedererkennt, er kann ihn nur »nicht sicher als den Mann ausschließen, der in der fraglichen Zeit mit den Kindern zusammen« war. Dürrenberg ist so labilisiert, daß er seine Anwesenheit am Badestrand einräumt.
Wie seine selbstbelastenden Aussagen zustandekommen, welche Druckmechanismen, Verlockungen und suggestiven Einflüsse sein Aussageverhalten steuern, bleibt für alle Zeit im dunkeln. Tatsache ist jedoch, daß er letzten Endes ein weiteres Geständnis ablegt: Ja, er allein habe den zehnjährigen Dirk Lühmann ermordet! Betrunken sei er gewesen an diesem Nachmittag. Warum er den Jungen getötet hat? Das weiß er allerdings nicht.
Wieder erfolgt eine sorgfältig dokumentierte Rekonstrukti-

on. An einer Puppe zeigt Dürrenberg, wie der den Jungen erst gewürgt haben will, ihn dann an seinem Kopf packte, den Körper auf diese Weise nach hinten ins Dickicht wegzog, wobei die Fersen auf dem Boden schleiften. Gewissenhaft demonstriert er an der Puppe die Beibringung der tödlichen Stichverletzung. Um zu zeigen, wie er den toten Jungen schließlich verlassen hat, bringt er das Scheinopfer in eine bestimmte Liegestellung und deckt jede Menge Papierbögen darüber, als ob er aus der Umgebung des Tatorts zusammengetragene Blätter des Wilden Rhabarbers über die Leiche legt.

Einlassung und Demonstration entsprechen damit im wesentlichen den spurenkundlichen Befunden am Fundort und Körper des Jungen. Dazu heißt es in der gutachterlichen Feststellung des Kriminalistischen Instituts u. a., daß die trassologische Untersuchung der Sandalen des Jungen die Feststellung von Schleifspuren ergab, die durch rückwärtige Bewegung entstanden sind.

In der späteren Beweisführung wird allerdings die im gleichen Gutachten geäußerte wichtige Aussage großzügig vernachlässigt, daß »die Bodenanalyse am Fundort lehmartigen Humusboden ergab, wobei an den Stiefeln des Tatverdächtigen Karl-Heinz D. und an dessen Arbeitsbekleidung keinerlei solche Anhaftungen festgestellt wurden«. In der Zusammenfassung desselben trassologischen Gutachtens ergeben sich allerdings schwerwiegende Indizien für die Täterschaft Dürrenbergs:

»Auf den Prenabandabzügen, die vom Hollunderbusch am Fundort des Opfers gefertigt wurden, konnten unter anderem einzelne blaue Baumwollfasern nachgewiesen werden, die mit dem Material der Arbeitsjacke des Karl-Heinz D. übereinstimmen. Eine Faser, die ebenfalls der Arbeitsjacke zuzuordnen ist, ließ sich im Abzug vom rechten Oberarm/Achselbereich des Opfers nachweisen. Dunkelblaue Baumwolle, wie sie auch zur Herstellung der Arbeitshose des Beschuldigten verwendet wurde, konnte in den Präparaten vom linken und rechten Oberschenkel des Opfers festgestellt werden … An der Badehose des Opfers konnten neben anderen Textilfasern je eine blaue und dunkelblaue Baumwollfaser festgestellt werden. Diese Fasern stimmen in allen untersuchten Eigenschaften mit dem Material der Arbeitsjacke bzw. Arbeitshose überein.«

Damit ist klar, Dürrenberg ist überführt. Selbst wenn er nun sein Geständnis widerrufen würde, an seiner Täterschaft gibt es keinen Zweifel mehr. Stolz verkündet die VP-Führung am 9. August 1983 im Bezirksorgan »Freie Presse«, daß die beiden Morde »durch die unermüdliche und intensive Ermittlungstätigkeit aller eingesetzten Kräfte der Volkspolizei aufgeklärt« wurde.

Anfang März 1984 steht Karl-Heinz Dürrenberg wegen Mordes an Jörg Dehmel und Mordes an Dirk Lühmann in Tateinheit mit sexuellem Mißbrauch vor den Schranken des Bezirksgerichts. Die Beweisführung stützt sich, ungeachtet der bereits angeführten Beweise im ersten Mord, im Fall des getöteten Dirk zusammengefaßt darauf, daß Dürrenberg für den Tatzeitraum kein Alibi hat und sein Aufenthalt am Badestrand des Tollensesees belegt ist. Auch die am Körper der Kindesleiche gesicherten Fasern stimmen mit seiner Bekleidung überein. Die in Dürrenbergs Vernehmungen geschilderten Gewalthandlungen entsprechen dem tatsächlichen Geschehnisablauf. Der von ihm bei der Tatrekonstruktion vorgeführte Drosselmechanismus und der Stich in die linke Brustseite decken sich mit den Befunden der gerichtsmedizinischen Sektion. Auch die Aussagen zum Tatmesser bestätigen sich. Danach hat Dürrenberg nämlich ein Messer benutzt, das einem Zeugen namens Friedrich gehörte. Dieses Messer habe er aus dem Umkleideraum seines derzeitigen Betriebes mitgehen lassen. Nach der Tat versteckte er es im Werkzeugkasten eines Betriebs-LKW, wo es auch gefunden wurde. Zur Vernichtung der Tatspuren hätte er die Klinge beidseitig abgeschliffen. Die Schleifspuren waren identisch mit Experimentalspuren, die mit der von Dürrenberg genannten Schleifscheibe erzeugt wurden. Größe und Form des Messers waren für die Verursachung der an der Leiche festgestellten Stichverletzungen geeignet. Und schließlich bewies Dürrenberg mit seiner Aussagedemonstration zum Verstecken und Abdecken der Leiche spezifisches Täterwissen, denn nur der Täter wußte, daß er das Opfer mit Blättern der Filsinger Klette, die gewöhnlich Wilder Rhabarber genannt wird, nahezu abgedeckt hatte.

Am 7. März 1984 wird der Angeklagte Karl-Heinz Dürrenberg wegen mehrfachen Mordes vom Bezirksgericht zu einer lebenslangen Freiheitsstrafe verurteilt. Hinsichtlich der Tötung des Kindes wird ihm eine Verdeckungstötung nach sexuellem Mißbrauch unterstellt. Er legt durch seinen Verteidiger deswegen Berufung gegen das Urteil ein.

Die Berufung hat nur einen geringen Erfolg. Der 5. Strafsenat des Obersten Gerichts beanstandet lediglich die haltlose Urteilsbegründung hinsichtlich des vermeintlich sexuellen Tatmotivs, bestätigt ansonsten aber das erstinstanzliche Urteil. Es bleibt also dabei, Dürrenberg muß lebenslang hinter Gitter.

Monate vergehen. Längst liegt der erste Staub über dem Aktenbündel der Strafsache Dürrenberg. Sein Fall ist bald vergessen. Die Kriminalpolizei hat unterdessen alle Kraft auf einen Fall konzentriert, der ihr lange schon großes Kopfzerbrechen bereitet: Bereits im September 1983 wurden nämlich in der Oranienburger Heide, zwischen Borgsdorf und Birkenwerder, nördlich Berlins, die zehn und elf Jahre alten Brüder René und Stefan Kölling, die zum Pilzesammeln unterwegs waren, von einem Unbekannten auf bestialische Weise umgebracht. Das ungewöhnlich brutale Vorgehen ließ einen äußert gefähr-

lichen Gewalttäter vermuten, der jederzeit erneut zuschlagen könnte. In wenigen Tagen wuchs die Fahndung nach dem Unbekannten zu einer gigantischen Polizeiaktion an. In der regionalen Presse wurde die Bevölkerung zur Mithilfe aufgerufen.
Immer noch müssen Hunderte von Spuren verfolgt werden, so daß die personell aufgestockte Mordkommission von der eingehenden Informationsflut beinahe erdrückt wird. Trotzdem gelingt es nicht, den Täter zu fassen. Nach einiger Zeit jedoch geraten die Ermittlungen ins Stocken, worauf der Fall schließlich ergebnislos eingestellt wird.
Der ungeklärte Knabenmord lastet schwer auf der enttäuschten Volksseele zwischen Oranienburg und Bernau, weckt zugleich aber eine erhöhte Wachsamkeit.

Mönchmühle bei Schildow, nördlich Berlins, am 24. Juni 1984. Der elfjährige Daniel Krause und sein jüngerer Bruder Marco kommen beim abendlichen Plausch mit ihren Eltern beiläufig auf ein merkwürdiges Nachmittagserlebnis zu sprechen. Die Buben berichten, daß sie zunächst durch den Wald, dann auf dem sich durch das mannshohe Schilf schlängelnden Trampelpfad am Schildower Kiessee geradelt waren. Dabei fuhr der kleine Marco voraus, sein großer Bruder folgte ihm in kurzem Abstand. An einer holprigen Stelle sei Daniel vom Fahrrad gestürzt, aber ohne sich zu verletzen. Während er sein Gefährt nach einem möglichen Defekt überprüfte, vergrößerte sich der Abstand zu seinem Bruder so, daß er ihn im dichten Schilf nicht mehr sehen konnte. Daniel wollte gerade weiterfahren. Da sei plötzlich ein mit einer schwarzen Lederjacke bekleideter Mann aus dem Dickicht getreten und habe ihm den Weg versperrt. Der Mann packte den Jungen, schob ihn mit schmerzhaftem Nackengriff einige Meter vor sich her. In diesem Moment kam der kleine Marco zurückgefahren, rief lauthals nach seinem Bruder, worauf der Mann wieder von ihm ließ und verschwand.

Mit wachen Sinnen nehmen die Eltern den Bericht ihrer Buben entgegen, die den Unbekannten obendrein noch recht gut beschreiben können. Das suspekte Verhalten des Fremden veranlaßt die Eltern, vorsichtshalber die Nachbarschaft in der Siedlung Mönchmühle zu informieren, um deren kritische Aufmerksamkeit zu wecken.

Drei Wochen später spielt sich am gleichen Ort ein ähnlicher Vorgang ab: Die zehnjährigen Knaben Daniel Krause und Tino Ramelow sind mit ihren Rädern im Wald am Schildower Kiessee unterwegs, als plötzlich aus dem Dickicht ein Mann, bekleidet mit schwarzer Lederjacke, hervorspringt und ihnen drohend den Weg versperrt. Er zwingt die Kinder zum Absteigen, packt sie jeweils am Genick und will sie gewaltsam in das dichte Unterholz drängen. Die Kinder wehren sich aus Leibeskräften. In dem Wirrwarr gelingt Daniel die Flucht. Er schwingt sich auf sein Fahrrad und fährt laut schreiend in Richtung Siedlung davon. Offenbar ist der Mann von dieser unerwarteten Reaktion so überrascht, daß er für einen Augenblick seinen Griff um Tinos Nacken löst. Dadurch gelingt auch ihm die Flucht. Laut hilfeschreiend folgt er seinem Spielgefährten.

Die Kinder schlagen in der Siedlung Alarm. Beherzte Männer sind sofort zur Stelle und durchsuchen in breiter Front das Gelände. Sie wissen, daß der Unbekannte ihnen nicht entwischen kann, denn der See verhindert ein Entkommen. Es dauert gar nicht lange, und sie zerren den Unbekannten in der Lederjacke unsanft aus seinem Versteck hervor. Mit drohenden Gebärden eskortieren sie ihn zur Siedlung, wo er von nun an unter starker Bewachung bleibt. Neugierige kommen hinzu. Auch die Geschwister Daniel und Marco Krause sind dabei. Sie erkennen den Mann in der Lederjacke sofort wieder und rufen: »Ja, das ist der Mann!« Irgendwer verständigt die Polizei. Bald darauf erscheint ein Funkstreifenwagen. Nichtsahnend überprüfen die Wachtmeister den

Mann, identifizieren ihn an Hand seines Militärpasses als Feldwebel der NVA Mirko Steinitz, finden in seinem Stoffbeutel unter anderem einen Fotoapparat, Lederhandschuhe, Messer, Heftpflaster und reißfeste Schnüre. Und weil der Festgenommene dazu noch ziemlich schwammige Argumente liefert, weshalb er sich in dieser Gegend aufhält und Kinder belästigt, wird er »zur Klärung eines Sachverhalts« zum VPKA Oranienburg gebracht.

Der Vorfall in Mönchmühle löst bei den Polizisten des Kreisamts höchste Verblüffung aus, als Feldwebel Steinitz nach langem Zaudern plötzlich einräumt, daß er die beiden Jungen vom Kiessee eigentlich töten wollte. Hektische Betriebsamkeit ist die Folge. Die zuständige Mordkommission aus Potsdam nimmt sich des Mannes in der Lederjacke an und hält ihm gleich einen Haftbefehl unter die Nase. Und noch in den späten Abendstunden gesteht Steinitz, ein knappes Jahr zuvor im Wald zwischen Borgsdorf und Birkenwerder zwei Knaben aus sexueller Mordlust umgebracht zu haben. Schnell wird den Fahndern klar, daß ein Serientäter vor ihnen sitzt. Eilig machen sie sich auf den Weg, um Steinitz' Berliner Wohnung und sein Zimmer im Ledigenwohnheim des Militärs am Standort Cölpin zu durchsuchen. Was sie dort finden, verschlägt selbst hartgesottenen Morduntersuchern die Sprache: Sie finden nicht nur diverse Messer, tatbedeutsame Negativfilme, schriftliche Anleitungen zum Anlegen von Fesseln, akkurat archivierte Personaldokumente und Fotos seiner Opfer, sondern vor allem Aktenordner mit ausführlichen Berichten über seine scheußlichen Verbrechen. Dieses Material bildet eine wesentliche Grundlage für seine Geständnisbereitschaft. In beinahe dreißig langen Vernehmungen kommentiert und ergänzt er seine schriftlichen Berichte und beschreibt weitere Einzelheiten seiner Verbrechen. Fünf vollendete, zwanzig vorbereitete Morde sowie ein Mordversuch sind seine gräßliche Bilanz. Damit endet die kriminelle Karriere eines der gefährlichsten sadistischen Serientäter in der Kriminalgeschichte der DDR. Doch das Schlimmste ist: Mit Bittermiene und großer Betroffenheit müssen die Untersucher nämlich zur Kenntnis nehmen, daß Steinitz' teuflisches Konto nicht allein einen bisher ungeklärten Knabenmord in Strasberg und einen Mordversuch in Datzeberg aufweist. Auch der Mord an dem zehnjährigen Dirk Lühmann am Badestrand des Tollensesees und der Mord an dem zweiundzwanzigjährigen Jörg Dehmel nahe des Lokals »Badehaus« in Neubrandenburg im Juli 1983 müssen hinzugerechnet werden, derentwegen Karl-Heinz Dürrenberg längst rechtskräftig verurteilt ist.

Bleibt die Frage, wie es zu den beiden Geständnissen kam. Es gibt keine zufriedenstellende Antwort, weil die Aussagenentstehung nicht mehr nachvollzogen werden kann. Am 26. Juli 1983 war Dürrenberg so besoffen, daß der Filmriß seine schnurgerade auf Täterschaft gerichtete Vernehmung begünstigte, zumal ein unsicherer Zeuge ihn am Badestrand gesehen haben will, was er wegen seiner Erinnerungsdefizite nicht einmal leugnet. Der beweisrelevante Umstand, daß der Leichnam Dirk Lühmanns vom Täter mit Blättern abgedeckt wurde, ist nicht nur der Mordkommission, sondern auch den Suchkräften bekannt gewesen. Der Einwand muß erlaubt sein, daß dadurch ein Durchsickern von Täterwissen in die Öffentlichkeit denkbar wäre, womit seine Beweiskraft verpufft.

Wahr ist, daß Dürrenberg am 16. Juli 1983 im »Badehaus« mit seinem Kumpel Jörg Dehmel viele Glas Bier in sich hineinschüttete. Wahr ist auch, daß es zum Streit zwischen ihnen kam, in dessen Folge Dehmel das Lokal verließ, sich draußen auf eine Parkbank legte und einschlief. Genau zu dieser Zeit kam unbemerkt Feldwebel Steinitz hinzu. Der schlafende Trunkenbold war sein erstes Opfer, an dem er eine bestimmte Tötungstechnik erproben wollte. Nach dem Mord versteckte

er die Leiche im Dickicht. Geraume Zeit später verließ der alkoholisierte Dürrenberg das Lokal und fand seinen toten Kumpel. Er nahm an, daß der Vollrausch Dehmel niedergestreckt hatte. Er grapschte an dem Leblosen herum, fingerte aus dessen Hosentasche die Geldbörse, entnahm das Geld und steckte den Personalausweis zurück. Die leere Geldbörse warf er später irgendwo ins Gelände, das gestohlene Geld setzte er in Alkohol um.
Dann nahm das Verhängnis seinen Lauf. Da waren zunächst die alkoholbedingten Erinnerungslücken, die offenbar durch geschickte Vernehmungsführung systematisch gefüllt wurden. Dann: Er hatte nicht bemerkt, daß er durch den Körperkontakt mit Dehmel dessen Blut auf seine Kutte übertrug. Weiter: Mit blutverschmierten Händen betrat er seine Behausung und verursachte die ihn belastenden Wischspuren. Und schließlich: Das anfänglich hartnäckige Leugnen, mit seinem Kumpel an diesem fraglichen Abend zusammengewesen zu sein, machte ihn in hohem Maße tatverdächtig. Doch geschah dies nur aus einem einzigen Grund: Er wollte den Diebstahl des Geldes nicht eingestehen.

Von der erneuten jähen Wende in seinem Lebensweg erfährt Dürrenberg erst, als das Wiederaufnahmeverfahren in Gang gesetzt wird. Am 5. Dezember 1984 hebt das Kassationsgericht das Urteil vom 7.3.1984 auf. Dürrenberg ist unschuldig und wird unverzüglich auf freien Fuß gesetzt.

Eine Nachbemerkung zum Thema Fehlurteile und Ermittlungsfehler:
Gerichtliche Entscheidungen aufgrund falscher Beweise, irriger Tatsachenbewertung oder Gesetzesauslegung enden in Fehlurteilen und werden gemeinhin als Justizirrtümer bezeichnet. Ihre Zahl ist groß. Sie kamen auch in der DDR vor. Doch Fehlurteile sind nicht nur Resultat von Irrtümern im

Ermittlungsprozeß oder in der rechtlichen Bewertung des Verbrechens. Auch die in der DDR-Strafjustiz festzustellende Rechtsbeugung, insbesondere in politischen Prozessen, zählt dazu. Sie hatte durch zweckdienliche Auslegung schwammig formulierter Tatbestände und überzogene Strafzumessung eine Reihe von Fehlurteilen unbekannten Ausmaßes zur Folge (z. B. bei Verfahren gegen Oppositionelle oder wegen Republikflucht).

Nach dem DDR-Rechtsverständnis wurde freilich ein Makel nicht gesehen, weil die Einschätzung der Tatumstände durch das Gericht den »Zusammenhang mit der konkreten Situation der gesellschaftlichen Entwicklung, den Schwerpunkten des ökonomischen, politischen und ideologischen Klassenkampfes ...« verbindlich einschloß (Lehrbuch des Strafrechts). Aber nicht nur politische Tatbestände wurden nach diesem Grundsatz beurteilt. Selbst Delikte der gewissermaßen unpolitischen, allgemeinen Kriminalität unterlagen vielfach der politischen Interpretation und konnten zu drastischen Urteilen führen.

Urteilskorrekturen waren äußerst schwierig, weil das Urteil nach Ablauf der Fristen für die Anwendung der gesetzlich zulässigen Rechtsmittel (Protest des Staatsanwaltes, die Berufung des Angeklagten und die Beschwerde) nicht mehr angefochten werden konnte. Ein Wiederaufnahmeverfahren war nur nach Auffinden neuer Tatsachen und Beweise möglich. Zusätzlich bestand in der DDR ein prozessual besonders ausgestalteter Rechtsbehelf gegen rechtskräftige Gerichtsentscheide in Form der sogenannten Kassation, die auf Antrag des Generalstaatsanwaltes oder des Präsidenten des Obersten Gerichts beim Obersten Gericht zu einer erneuten Hauptverhandlung führen konnte.

In der Rechtsprechung der Bundesrepublik sind Korrekturen des Urteils ähnlichen Hindernissen ausgesetzt. Jedoch können Justizirrtümer – so sie denn bekannt werden – wenigstens medial mit großem Eifer aufbereitet, öffentlich gemacht und mit

Hilfe emsiger Anwälte mitunter erfolgreich zu Wiederaufnahmeverfahren geführt werden.
In der DDR hingegen gab es keine öffentliche Klarstellung, allenfalls wurden interne Auswertungen vorgenommen oder man sprach darüber hinter vorgehaltener Hand. Zwar sah das Gesetz gem. § 323 StPO der DDR vor, »auf Veröffentlichung des freisprechenden Urteils zu erkennen, wenn das aufgehobene Urteil veröffentlicht war«. Weil aber den sozialistischen Medien die Berichterstattung insbesondere über rechtlich heikle Fälle ohnehin versagt blieb, kamen sie auch nicht ans Licht der Öffentlichkeit.
Fehlurteile erschüttern das öffentliche Vertrauen in die Justiz und bedeuten für die unschuldig Verurteilten neben Ehr- und Existenzverlust eine gewaltige Traumatisierung. Und selbst nach erfolgreichen Wiederaufnahmeverfahren können Betroffene trotzdem dann zeitlebens unter dem Odium des nichtbegangenen Verbrechens leiden, wenn der Freispruch mit der verbotenen Floskel »mangels Beweises« garniert wird. Allerdings: Fehlurteile – vor allem bei politischen, aber auch Wirtschafts- und Steuerstrafprozessen – können auch zu Gunsten des Delinquenten ausfallen und bis zum Freispruch führen. Diese Fälle dürften die anderen allerdings zahlenmäßig überragen.
Herausragend skandalös sind Justizirrtümer bei Prozessen, die, wie in vielen Ländern üblich, mit einem vollstreckten Todesurteil enden. Der Mythos von der abschreckenden, präventiven Wirkung hält sich zwar beharrlich, widerspricht aber jeder kriminologisch-pönologischen Erkenntnis. Derlei irreversible Vorgänge machen ein Wiederaufnahmeverfahren selbst unter den bestechenden Beweismöglichkeiten moderner DNA-Analysen für den Betroffenen sinnlos, abgesehen von der Vielzahl anderer Argumente gegen diese Strafart. Insbesondere durch die Geschichte der USA-Justiz zieht sich die blutrote Spur der unschuldig zum Tode Verurteilten.

Während die Todesstrafe in der Bundesrepublik im Jahre 1949 abgeschafft wurde, bildete sie in der DDR, vor allem in den Jahren des Kalten Kriegs, einen festen Bestandteil der Strafjustiz. Die Begründung für diese schwerste Kriminalstrafe liefert das 1957 herausgegebene verbindliche »Lehrbuch des Strafrechts der DDR«:

»Die Beibehaltung dieser Strafe in unserem Strafsystem resultiert aus der historischen und gesellschaftlichen Notwendigkeit, die friedlichen Beziehungen zwischen den Völkern, die Menschenrechte und die Macht der Arbeiter und Bauern als der Garanten des gesellschaftlichen Fortschritts vor den gefährlichen Anschlägen der untergehenden, menschenfeindlichen imperialistischen Kräfte wirksam zu verteidigen ... Folglich fällt die Hetze, die von der westlichen Propaganda gegen die Beibehaltung und Anwendung der Todesstrafe in der Deutschen Demokratischen Republik betrieben wird, auf ihre Urheber zurück. Denn diese selbst nötigen durch die systematische Organisierung verbrecherischer Anschläge auf die Arbeiter-und-Bauern-Macht und die sozialistischen Errungenschaften der Werktätigen unsere demokratische Staatsmacht zur Beibehaltung dieser Strafe ...«

Zur Machtsicherung der führenden Rolle der SED wurde die Rechtsprechung entsprechend instrumentalisiert. Folgerichtig entschied in bestimmten Fällen die Partei, welche Urteile die vermeintlich unabhängigen Gerichte auszusprechen hatten. Das implizierte von vornherein Fehlurteile. In den Jahren von der Gründung der DDR, 1949 bis 1981, wurden 227 Todesurteile verhängt, von denen 166 vollstreckt wurden. Wie viele Fehlurteile sich darunter befinden, ist ungewiß. Daß sie vorhanden sind, beweisen allein schon die Fälle, in denen der Generalsekretär des ZK der SED und Vorsitzende des Staatsrats, Walter Ulbricht, gerichtlich ausgesprochene Freiheitsstrafen kurzerhand in Todesurteile umwandelte. Einen letzten wichtigen Hinweis für Unrechtsurteile liefern die Geheimprozesse vor dem 1. Militärsenat des Obersten Gerichts gegen die MfS-Offiziere Winfried Baumann (59) und Dr. Werner Teske (39) in den Jahren 1980/81. Sie wollten sich in den Westen absetzen. Beide wurden zum Tode verurteilt. Es waren die letzten Todesurteile in der DDR.

Erich Mielke, Mitglied des SED-Politbüros und Minister für Staatssicherheit, wertete 1981 auf einer großen internen Dienstversammlung diese Vorkommnisse aus. Das folgende Zitat aus einem Tondbandmitschnitt belegt, daß demokratische Rechtsgrundsätze, die ja durchaus in der DDR bestanden, für einen der mächtigsten Partei- und Staatsfunktionäre offenbar keine Gültigkeit besaßen:

»Wir sind nicht davor gefeit, daß wir einmal einen Schuft unter uns haben. Wenn ich das jetzt schon wüßte, würde er morgen nicht mehr leben. Kurzer Prozeß – weil ich ein Humanist bin. Das ganze Geschwafel von wegen nicht Hinrichtung und nicht Todesurteil – alles Käse, Genossen! Hinrichten, wenn notwendig auch ohne Gerichtsurteil!«

Unabhängig von einer solchen, selbst das DDR-Recht mißachtenden Äußerung, und unabhängig von den mitunter erfolgten spektakulären Eingriffen der SED-Obrigkeit in die Strafjustiz darf nicht unerwähnt bleiben, daß im übrigen die Spielregeln der Gesetzlichkeit bei der Strafverfolgung eingehalten wurden.

Justizirrtümer durchziehen die gesamte Rechtsgeschichte der Menschheit. Auch ihre Gründe sind nahezu immer die gleichen. Hans-Dieter Otto hat in seinem eindrucksvollen Vademekum »Das Lexikon der Justizirrtümer« (Ullstein 2003) eine Reihe von Einzelursachen für Fehlurteile aufgelistet. Berücksichtigt man die DDR-Spezifik, lassen sich vier Ursachenkomplexe zusammenfassen:

1. Fehleinschätzung des Beweiswertes der strafprozeßrechtlich zulässigen Beweismittel (gem. § 24 StPO DDR Aussagen von Zeugen und Aussagen sachverständiger Zeugen, Sachverstän-

digengutachten, Aussagen von Beschuldigten und Angeklagten, Beweisgegenstände und Aufzeichnungen sowie Aussagen von Vertretern der Kollektive, soweit sie die Mitteilung von Tatsachen zum Inhalt haben).
2. Sachgerechte Würdigung von strafprozeßrechtlich zulässigen Beweismitteln, deren rechtswidriges Zustandekommen dem Gericht allerdings nicht bekannt ist. Die Frage nach der Unvermeidlichkeit von Fehlurteilen auf Grund von Irrtümern läßt sich demnach nicht mit einem klaren Ja oder Nein beantworten. Auch der Richter ist mitunter der Gefahr subjektiver Überzeugung vom Wahrheitsgehalt eines objektiv falschen (unzulässig entstandenen) Beweismittels ausgesetzt.
3. Verstöße gegen den (auch in der DDR geltenden) Rechtsgrundsatz »in dubio pro reo«, im Zweifel für den Angeklagten.
4. Rechtsbeugung, d. h., wenn Richter, Staatsanwalt oder Angehörige des Untersuchungsorgans wissentlich, meist politisch motiviert, gesetzeswidrig Entscheidungen zu Ungunsten des Beschuldigten oder Angeklagten treffen.

Die Wurzeln gerichtlicher Fehlurteile können bis weit in das kriminalpolizeiliche Ermittlungsverfahren reichen. Dort befindet sich der fruchtbare Boden, auf dem sie sich, manchmal sogar unbemerkt, ausbreiten und verästeln können. Zunächst ist festzuhalten, daß die Praxis der Morduntersuchung in der DDR vom Willen der Beteiligten bestimmt war, den Fall mit den rechtlich zulässigen Mitteln alsbald aufzuklären. Voraussetzung dafür war das untersuchungsmethodisch vernünftige, planmäßige und kompetente Vorgehen, was für die weitaus meisten Mordfälle zutraf. Insofern wahrte eine sachgerechte Ermittlung und Bestrafung des »echten« Täters den allgemeinen Rechtsfrieden.
Doch konnten dienstlicher oder parteilicher Aufklärungsdruck und sporadisches Eingreifen in die Systematik der

Untersuchungen den Blick für die Objektivität leicht versperren und damit Fehler begünstigen. Der akute, einem genauen Plan folgende Ermittlungsprozeß wurde durch derlei Einmischung empfindlich gestört.

Übersehene oder falsche Spuren, inkompetente Gutachten, lügende Zeugen, falsche Beschuldigungen, kriminalistische Voreingenommenheit und Betriebsblindheit, sich irrende Wiedererkennungszeugen, unzulässige Beweiserlangung – sind nur einige Gründe, die vom Weg zur objektiven Wahrheit abweichen lassen und zu falschen Verdächtigungen führen.

Aus der DDR-Rechtspraxis sind nur wenige Mordprozesse bekannt geworden, in denen auf diese Weise Unschuldige verurteilt wurden, zumindest lange Zeit in Untersuchungshaft kamen. Daß diese »Täter« durchweg sogar überzeugende Tatgeständnisse abgelegt haben, wirft komplizierte Fragen nach ihrem Zustandekommen auf. Erschöpfende Antworten ließen sich nur nach gründlicher wissenschaftlicher Analyse finden. Diese jedoch allein auf die Auswertung der archivierten Gerichtsakten zu beschränken, würde nur ein unvollkommenes Bild vermitteln, weil ein Großteil der Antworten nämlich im kriminalpolizeilichen Ermittlungsverfahren liegt und deshalb unerkannt bleibt.

Geständnissen von Unschuldigen liegen sehr unterschiedliche, multifaktorielle Entstehungsursachen und -bedingungen zu Grunde. Diese finden sich einmal im Beschuldigten selbst (psychiatrische Symptomatik, eigener Irrtum, intellektuelle Defizite mit hoher Suggestibilität, Selbstbezichtigung durch Renommierverhalten usw.), zum anderen bei den ermittelnden Kriminalisten, wenn sie nämlich auf unlauterem Wege (Versprechen, Nötigung, Drohung, Gewalt) zu passenden Aussagen gelangen. Sie können dem Beschuldigten aber auch unbedacht Täterwissen vermitteln, das dieser hernach irgendwann im Sinne einer Selbstbelastung von sich gibt. Mit der gleichen Fahrlässigkeit geben mitunter auch Haftrichter,

Staatsanwälte und Ermittlungssachverständige tatbedeutsames Detailwissen an den Beschuldigten weiter. Dem praktischen Erfahrungssatz folgend, »wer über Täterwissen verfügt, ist entweder Ermittler oder steht unter dringendem Tatverdacht«, lassen sich bei derartigen taktischen Gedankenlosigkeiten die Tore zu Fehlurteilen leicht öffnen.

Von den durch das Oberste Gericht fristgemäß (innerhalb des Jahres seit Eintritt der Rechtskraft des Urteils) kassierten und korrigierten Fällen von Fehlurteilen abgesehen, fällt auf, daß ansonsten – wie auch die beschriebenen Fälle Fröhlich und Dürrenberg zeigen – die Aufdeckung und Aufklärung gewöhnlich erst dann erfolgte, wenn im Zusammenhang mit der Untersuchung eines anderen Tötungsdelikts der ermittelte Täter sich auch zu jenem Verbrechen bekannte, für das ein Unschuldiger längst einsaß. Freilich setzte dieser Umstand gem. § 382 StPO ein Wiederaufnahmeverfahren in Gang. Gleichwohl wirft er die heikle Frage nach der Dunkelziffer und ihren Gründen auf.

Fazit: Vielzählige Ursachen für spätere gerichtliche Fehlurteile liegen bereits im Ermittlungsverfahren. Welcher Art und Qualität diese Fehler auch sein mögen und egal, in welcher Untersuchungsetappe sie auftreten, sie wirken sich letzten Endes immer auf Menschen aus, entscheiden über ihre Schuld oder Unschuld, Freiheit oder Unfreiheit.

Anhang

Erläuterung wichtiger Begriffe und Abkürzungen

Aberkennung der staatsbürgerlichen Rechte – Bei Mord dauernder Verlust der durch Wahl erworbenen Rechte, Verlust der leitenden, staatlichen, wirtschaftlichen oder kulturellen Funktionen, Verlust staatlicher Würden, Titel, Auszeichnungen, Dienstgrade, Orden, Medaillen und Preise, Verlust des Wahlrechts

ABV – Abschnittsbevollmächtigter der Volkspolizei, entspricht etwa dem heutigen Kontaktbereichsbeamten

Agonie – Todeskampf

Akzeleration – Beschleunigung, besonders der körperlichen Entwicklung

Astrologie – Pseudowissenschaft, die sich mit der Voraussage des menschichen Schicksals nach der Stellung der Gestirne befaßt

autoerotisch – sexuelle Hinwendung zum eigenen Körper, sexuelle Selbstbetätigung

Autopsie – gerichtsmedizinische oder pathologische Leichenöffnung, auch Obduktion oder Sektion

AWG – Arbeiter-Wohnungsbau-Genossenschaft

AWO – Motorradtyp des Herstellers VEB Fahrzeug- und Gerätewerk Simson-Suhl

Barkas – vom VEB Barkas-Werk Karl-Marx-Stadt gebauter Kleintransporter (Kastenwagen, Krankentransporter, Kleinbus)

Befragung – formloses Erkundungsgespräch in der polizeilichen Ermittlung, in Abgrenzung zur Vernehmung

Beschuldigter – Person, gegen die ein Ermittlungsverfahren eingeleitet wurde

Brennpunkt – in Serie begangene Straftaten eines Täters oder einer Tätergruppe, die untereinander einen Zusammenhang aufweisen

Daktyloskopie – kriminalistisches Verfahren zur Identifizierung an Hand der Abdrücke von Fingern, Handflächen, Zehen und Fußsohlen

Destruktion – Zerstörung, Vernichtung

DNA – engl. Abkürzung für DNS, Desoxiribonukleinsäure, Träger menschlicher Erbeigenschaften

DTSB – Deutscher Turn- und Sportbund, 1957 gegründete Massenorganisation aller Turner und Sportler in der DDR

Dunkelfeld – Gesamtheit aller Delikte, die der Polizei und Justiz nicht bekannt sind und nicht in der Kriminalstatistik erscheinen

Dunkelziffer – s. Dunkelfeld

Eilfahndung – neben Großfahndung und Dauerfahndung eine der Fahndungsarten der VP

Enzephalopathie – allgemeine Bezeichnung für organische Erkrankungen des Gehirns

Epithelien – Zellen aus dem Epithel, der obersten Schicht des Haut- und Schleimhautgewebes

Ermittlungsverfahren – erster Hauptabschnitt des Strafverfahrens bei begründetem Verdacht einer Straftat

FDJ – Freie Deutsche Jugend

forensisch – gerichtlichen, kriminologischen oder kriminalistischen Zwecken dienend

Gesellschaftliche Gerichte – Gremien zur Ahndung von strafrechtlichen Verfehlungen und Disziplinarverstößen. In Betrieben bestanden Konfliktkommissionen, in den Wohngebieten Schiedskommissionen

Haftrichter – Richter, der einem vorgeführten Verhafteten den Haftbefehl verkündet und zu der darin enthaltenen Beschuldigung eine Vernehmung durchführt

Herzzeichen – gerichtsmedizinischer Befund am rechten Herzen beim Ertrinkungstod

Indizien – indirekte Beweismittel, die in ihrem Zusammenhang in einer Kette von logischen Schlußfolgerungen Beweistatsachen ergeben, aber hinsichtlich der Beweisführung nur hinweisenden Charakter besitzen

Immission – Einführung, Einsetzung

Kampfgruppen – Betriebskampfgruppen, 1954 geschaffene bewaffnete Organe in Betrieben, Genossenschaften und Verwaltungen

KI bzw. KTI – Kriminaltechnisches Institut, naturwissenschaftlich-technische und taktische Expertisen- und Forschungseinrichtung des Ministeriums des Innern

Konfabulation – Ausfüllen von Erinnerungslücken durch freie Erfindung

konspirativ – im kriminalistischen Sinne: geheim, verdeckt

Körperverletzung, schwere – wenn durch die vorsätzliche Körperverletzung eine lebensgefährliche Gesundheitsschädigung, eine nachhaltige Störung wichtiger körperlicher Funktionen oder eine erhebliche oder dauernde Entstellung des Verletzten fahrlässig verursacht wurde (§ 116 StGB DDR)

KPD – Kommunistische Partei Deutschlands
Kriminalistik – komplexe Wissenschaft und Praxis zur Untersuchung von Straftaten oder kriminalistisch bedeutsamen Sachverhalten
Kriminologie – Zweig der Rechtswissenschaft, der die Ursachen, Bedingungen und Struktur der Kriminalität untersucht, Wissenschaft von der Kriminalität
Latenz – kriminologisch, kriminalistisch: Synonym für Dunkelfeld, Dunkelziffer
MfS – Ministerium für Staatssicherheit
Mitropa – Mitteleuropäische Schlafwagen- und Speisewagen-AG
MS – Motorschiff
MTA – medizinisch-technische Assistentin
NVA – Nationale Volksarmee
Oberstes Gericht – in der DDR höchstes Organ der Rechtsprechung
Observation – kriminaltaktische Maßnahme der Beobachtung
Osteologie – im forensischen Sinne die Lehre von den Knochen (für Identifizierungszwecke)
Ovulationshemmer – Medikament zur Schwangerschaftverhütung
Phänomeologie – unter kriminalistischem Aspekt die Lehre von den Erscheinungsformen und Begehungsweisen von Straftaten
Pitaval – Sammlung von Kriminalfällen, benannt nach dem französischen Rechtsgelehrten Francois Gayot de Pitaval (1673–1743), der erstmalig eine umfangreiche Sammlung berühmter und interessanter Fälle herausgab
Politbüro – Büro des Zentralkomitees der SED, Organ der politischen Leitung zwischen den Plenartagungen des Zentralkomitees der SED
postnatal – bezogen auf das Neugeborene die Zeit nach der Geburt betreffend
Präferenz – Vorzug, Vorrang
Promiskuität – Geschlechtsverkehr mit häufig wechselnden Partnern
Rasterelektronenmikroskopie – kriminalistisches Untersuchungsverfahren zur Sichtbarmachung feinster Oberflächenstrukturen (Werkstoff- und Materialanalyse)
Regressionsanalyse – statistisches Verfahren, das sich mit der funktionalen Beschreibung zufälliger Funktionen anhand einer Stichprobe bestimmten Umfangs befaßt
Retardation – in der Entwicklung verzögert
Rundumermittlung – polizeiliche Ermittlung im möglichen Wahrnehmbarkeitsbereich eines kriminalistisch relevanten Ereignisses
Schuldfähigkeit – Spezielle Bezeichnung der strafrechtlichen Verantwortlichkeit Jugendlicher (§§ 66, 69 StPO DDR)

Sektion Kriminalistik – bis 1994 existierender selbständiger Fachbereich an der Humboldt-Universität zu Berlin mit eigenem Studiengang

Stomatologie – Lehre von der Entwicklung, Struktur und Funktion sowie Erkrankung der Gewebe in der Mundhöhle

Suggestibilität – individuelle Beeinflußbarkeit psychomotorischer und psychischer Funktionen, besonders von Urteils- und Denkprozessen, Wahrnehmungen. Ausdruck zeitweiliger, situationsgebunden fehlender Selbständigkeit im Urteilen und Erinnern

Suizid – strafrechtlich irrelevante, vorsätzliche Selbsttötung

Thorax – Brustkorb

Trapo – Transportpolizei

Trassologie – in der Kriminalistik der DDR bezeichnete Lehre von den mechanischen Spuren (z. B. durch Werkzeuge)

UHA – Untersuchungshaftanstalt

Ulnarschlinge – Begriff aus der Daktyloskopie: Schlingenförmiges Papillarleistenmuster an der Fingerbeere, das zur Kleinfingerseite weist

Vademekum – Leitfaden, Taschenbuch

Vernehmung – formgebundenes, polizeiliches Erkundungsgespräch mit Belehrung über Rechte und Pflichten. Ziel ist die Erlangung und beweiskräftige Fixierung der Aussagen von Zeugen und Beschuldigten

Version – begründete Vermutung oder Hypothese über den Tatablauf, einzelne Details, die Täterpersönlichkeit, Tatmotive u. a.

Verwesung – späte Leichenerscheinung, oxidativer Abbau von Körpergewebe bei Anwesenheit von Sauerstoff (im Gegensatz zur Fäulnis, die einen bakteriellen, reduktiven Abbau darstellt)

VKSK – Verband der Kleingärtner, Siedler und Kleintierzüchter

Vorsatz – unter strafrechtlichem Aspekt die Entscheidung zur Tat, unterschieden in unbedingter Vorsatz (bewußte Tatentscheidung) und bedingter Vorsatz (Verwirklichung des Tatbestandes nicht angestrebt, aber bewußt damit abgefunden, daß sie eintreten könnte)

VP – Volkspolizei

VPKA – Volkspolizeikreisamt, höchste Polizeidienststelle in einem Kreis

Zurechnungsfähigkeit – subjektive Voraussetzung eines Täters, für sein strafrechtlich relevantes Handeln persönlich verantwortlich gemacht zu werden

Literaturverzeichnis

Autorenkollektiv, Sozialistische Kriminalistik, Bd. 2, Berlin 1979 und 3/1 sowie 3/2, Berlin 1984.

Blaha, R. und D. Krause, Leichenschau und Fundortbesichtigung, Berlin 1987.

Dienstanweisungen und Instruktionen des Ministeriums des Innern.

Gerats, H., Lekschas J. und J. Renneberg (Hrsg.), Lehrbuch des Strafrechts, Berlin 1957.

Girod, H., Die kriminalistische Untersuchung verdächtiger Todesfälle, Berlin 1990.

Lekschas, J., Jugendkriminalität und ihre Bekämpfung in der sozialistischen Gesellschaft, Berlin 1965.

Ochernal, M., Einführung in die forensische Psychiatrie, Humboldt-Universität zu Berlin 1973.

Otto, H.D., Das Lexikon der Justizirrtümer, Berlin 2003.

Reinmann, W. und O. Prokop, Vademekum Gerichtsmedizin, Berlin 1980.

Strafgesetzbuch der DDR und andere Strafgesetze, Kommentar, Berlin 1969 und 1981.

Strafprozeßordnung der DDR, Kommentar, Berlin 1968 und 1987.

Szewczyk, H. (Hrsg.), Die Begutachtung und Behandlung erwachsener und jugendlicher Täter, Ztschr. Medizinisch-juristische Grenzfragen, Jena 1966.

Wörterbuch der sozialistischen Kriminalistik, Berlin 1981.

Zeitschrift »Forum der Kriminalistik«.

Zeitschrift »Kriminalistik und forensische Wissenschaften«.

Ein Wort des Dankes

Für Recherchenunterstützung und Auskünfte sei herzlich gedankt:

OMR Prof. Dr. sc. med. Manfred Ochernal, Berlin
KHK Rolf Deutschmann, Schwerin
Erster KHK Gerd Ihlau, Eichwalde bei Berlin
Kriminalrat a.D. Hans Jakubitz, Cottbus
Wolfgang Berghold, Plauen
Stadtbibliothek Bützow
den ungenannten Informanten aus Artern, Tarnow und Neugattersleben

Ganz besonders bedanke ich mich bei Charlotte, die mein hartnäckiges Zurückziehen in meine Schreibstube schon viele Jahre lang geduldig erträgt.